U0446424

**重庆出版社科学学术著作
出版基金指导委员会**

主 任 委 员：蒋树声
副主任委员：伍　杰

委员（以姓氏笔画为序）：
丁石孙　于光远　王梓坤　卢　云
卢　强　白春礼　冯之浚　伍　杰
刘　杲　汝　信　李重庵　李振声
张梅颖　陈　颙　周光召　郎景和
胡亚东　饶子和　徐崇温　黄长著
蒋树声　程理嘉　瞿林东

逝世委员（以姓氏笔画为序）：
钱伟长（首任主任委员）
马　洪　卢鸣谷　任继愈　刘大年
刘东生　邱式邦　宋叔和　张致一
罗涵先　季羡林　费孝通

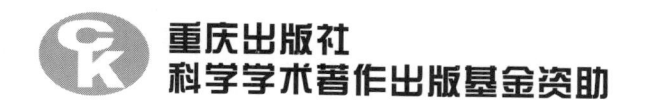

重庆出版社
科学学术著作出版基金资助

中国古代
教学活动简史
ZHONGGUO GUDAI JIAOXUE HUODONG JIANSHI

熊明安　熊焰 /著

重庆出版集团
重庆出版社

图书在版编目(CIP)数据

中国古代教学活动简史 / 熊明安,熊焰著. —重庆：重庆出版社, 2013.6
　ISBN 978-7-229-06383-2

Ⅰ.①中…　Ⅱ.①熊…　②熊…　Ⅲ.①教学活动—教育史—中国—古代　Ⅳ.①G529.2

中国版本图书馆 CIP 数据核字(2013)第 062072 号

中国古代教学活动简史
ZHONGGUO GUDAI JIAOXUE HUODONG JIANSHI
熊明安　熊　焰　著

出　版　人：罗小卫
责任编辑：别必亮
责任校对：何建云
版式设计：重庆出版集团艺术设计有限公司·吴庆渝

重庆出版集团
重庆出版社　出版

重庆长江二路 205 号　邮政编码：400016　http://www.cqph.com
重庆出版集团艺术设计有限公司制版
重庆川外印务有限公司印刷
重庆出版集团图书发行有限公司发行
E-MAIL:fxchu@cqph.com　邮购电话：023-68809452
全国新华书店经销

开本：787mm×1092mm　1/16　印张：26.25　字数：398 千
2013 年 6 月第 1 版　2013 年 6 月第 1 次印刷
ISBN 978-7-229-06383-2
定价：59.00 元

如有印装质量问题，请向本集团图书发行有限公司调换：023-68706683

版权所有　侵权必究

目 录

引 言 / 1

第一章 夏、商、西周时期的教学活动 / 1

第一节 夏朝的教学内容 / 1
第二节 商朝的教学内容 / 2
第三节 西周的教学内容 / 3
  一、政治伦理课程"礼" / 3
  二、综合艺术课程"乐" / 4
  三、军事训练课程"射"、"御" / 6
  四、基础文化课程"书"、"数" / 7
第四节 夏、商、西周的教学形式、方法和教师、学生及其
    活动 / 9
  一、教学形式与方法 / 9
  二、教师和学生及其活动 / 9

第二章 春秋、战国时期私学教学活动和学者们的
    教学主张 / 11

第一节 春秋时期的教学内容 / 11
  一、老子的教学内容主张 / 11
  二、孔子私学的教学内容 / 15
  三、墨子私学的教学内容 / 18
第二节 战国时期的教学内容 / 20
  一、孟子私学的教学内容 / 21
  二、荀子私学的教学内容 / 21
  三、庄子的教学内容主张 / 23

四、黄老学派的教学内容　/26
　　五、商鞅的教学内容主张　/27
　　六、韩非的教学内容主张　/29
　第三节　春秋、战国时期的教学组织形式与方法　/31
　　一、教学组织形式　/31
　　二、教学方法　/32
　第四节　春秋、战国时期的教师和学生及其活动　/33
　　一、教师　/33
　　二、学生　/35
　　三、学生活动　/35

第三章　秦朝学校的教学活动　/36

　第一节　教学内容　/37
　　一、"吏学"的教学内容　/37
　　二、"吏师"施教的教学内容　/38
　　三、私学的教学内容　/38
　第二节　教学组织形式与方法　/40
　　一、教学组织形式　/40
　　二、教学方法　/41
　第三节　教师和学生及其活动　/41
　　一、教师和学生　/41
　　二、学生活动与"焚书坑儒"　/42

第四章　西汉学校的教学活动　/44

　第一节　教学内容　/46
　　一、中央官学的教学内容　/46
　　二、中央官学教学内容的确立及其变化　/47
　　三、地方官学的教学内容　/49
　　四、私学的教学内容　/61
　第二节　教师及其活动　/72
　　一、官学教师的选拔任用　/72
　　二、官学教师的教学及其活动　/73
　　三、私学教师的教学及其活动　/76

四、师生关系 / 78
第三节　学生及其活动 / 79
一、太学学生的来源与发展 / 79
二、太学学生的活动 / 82

第五章　东汉学校的教学活动 / 86

第一节　教学内容 / 86
一、中央官学的教学内容 / 86
二、地方郡国学的教学内容 / 92
三、私学的教学内容 / 94

第二节　教师和教学活动 / 111
一、官学教师的选拔任用 / 111
二、教师的教学与活动 / 113
三、师生关系 / 115

第三节　太学的学生及其活动 / 116
一、太学学生的入学选拔概况 / 116
二、太学生的出路 / 116
三、太学生的学习生活概况 / 118
四、太学生的政治活动 / 120

第六章　魏晋时期学校的教学活动 / 126

第一节　三国、两晋、十六国的教学内容 / 126
一、官学的教学内容 / 126
二、私学的教学内容 / 133

第二节　三国、两晋、十六国的教师及其活动 / 139
一、官学教师的选拔任用 / 139
二、教师的教学及其活动 / 140

第三节　三国、两晋、十六国的学生及其活动 / 141
一、学生概况 / 141
二、学生活动 / 142

第七章　南北朝时期学校的教学活动 / 144

第一节　南朝的教学内容 / 144

一、官学的教学内容 / 144
二、私学的教学内容 / 150
第二节 北朝的教学内容 / 153
一、官学的教学内容 / 153
二、私学的教学内容 / 159
第三节 南北朝的教师和学生 / 161
一、教师及其教学 / 161
二、学生与活动 / 166

第八章 隋朝学校的教学活动 / 170

第一节 教学内容 / 170
一、中央官学的教学内容 / 170
二、地方官学的教学内容 / 172
三、私学的教学内容 / 173
第二节 教师和学生 / 177
一、官学教师的待遇 / 177
二、官学学生的待遇 / 178
第三节 教师的教学和学生活动 / 178
一、教师的教学 / 178
二、学生活动 / 179

第九章 唐朝学校的教学活动 / 180

第一节 教学内容 / 181
一、中央官学的教学内容 / 181
二、地方官学的教学内容 / 185
三、统一经学教学内容 / 187
四、私学的教学内容 / 190
第二节 教师的教学及活动 / 193
一、教师的政治地位和待遇 / 193
二、教师的教学和活动 / 198
第三节 学生及其活动 / 202
一、入学标准 / 202
二、生活待遇 / 203

三、毕业后的出路 / 204
四、学生的活动 / 205

第十章　宋朝学校的教学活动　/ 209

第一节　教学内容　/ 209
一、中央官学的教学内容 / 209
二、地方官学的教学内容 / 216
三、私学和书院的教学内容 / 217

第二节　教师和教学活动　/ 225
一、教师的选拔任用 / 225
二、教师的教学 / 226

第三节　学生及其活动　/ 231
一、入学资格和定额 / 231
二、生活待遇和毕业后的出路 / 232
三、学生的活动 / 233

第十一章　辽朝学校的教学活动　/ 239

第一节　教学内容　/ 239
一、中央官学的教学内容 / 239
二、地方官学的教学内容 / 240
三、私学的教学内容 / 242

第二节　教师教学和学生活动　/ 244
一、教师的选拔任命概况 / 244
二、教师的教学概况 / 244
三、学生及其活动 / 245

第十二章　金朝学校的教学活动　/ 247

第一节　教学内容　/ 247
一、中央官学的教学内容 / 248
二、地方官学的教学内容 / 250
三、私学的教学内容 / 251

第二节　教师和学生　/ 252
一、教师的品级与选拔任用及考核 / 252

二、学生名额和入学条件 / 253
三、官学经费和学生待遇 / 255
四、教师教学和学生活动 / 256

第十三章　元朝学校的教学活动 / 258

第一节　教学内容 / 259
一、中央官学的教学内容 / 259
二、地方官学的教学内容 / 261
三、书院的教学内容 / 263
四、私学的教学内容 / 264

第二节　教师和教学 / 267
一、教师的职责和选拔条件及任免概况 / 267
二、教师的品级和待遇 / 269
三、教师的教学 / 270

第三节　学生及其活动 / 272
一、入学条件和名额 / 272
二、生活待遇和出路 / 273
三、学习、学术活动与社会服务活动 / 274

第十四章　明朝学校的教学活动 / 276

第一节　教学内容 / 277
一、中央官学的教学内容 / 277
二、地方官学的教学内容 / 280
三、书院的教学内容 / 282
四、私学的教学内容 / 283

第二节　教师和教学 / 283
一、教师的选拔任用 / 283
二、教师政治地位和待遇 / 285
三、教师的教学 / 286
四、教师的活动 / 291

第三节　学生及活动 / 293
一、入学条件与名额 / 293
二、生活待遇和毕业出路 / 296

三、社会服务和政治活动 /299

第十五章 清朝初年至鸦片战争前学校的教学活动 /303

第一节 教学内容 /303
一、中央官学的教学内容 /303
二、地方官学的教学内容 /309
三、书院的教学内容 /311
四、私学的教学内容 /313

第二节 教师和教学活动 /317
一、教师的选拔任用与待遇 /317
二、教师的考核与升迁 /320
三、教师的教学与活动 /322

第三节 学生及其活动 /329
一、学生入学条件和名额设置 /329
二、学生待遇和毕业出路 /335
三、学生活动概述 /342

结束语 /348

一、教师的选拔任用考核升迁都认真严格 /348
二、教师地位高,待遇优厚 /355
三、教学内容逐步发展,课程开设遍及各个学科 /360
四、教学形式与方法多样而灵活 /364
五、学生入学条件逐渐向平民倾斜 /370
六、学生积极参与维护社会正义、反对贪污腐败和保卫国家民族利益的斗争 /376
七、官立学校学生待遇和毕业出路 /382
八、官立学校经费来源的初步探讨 /391

参考文献 /397

后记 /399

引 言

　　《中国古代教学活动简史》，主要探讨中国古代学校的教学活动。实际上，古代的教学活动包含着教师活动和学生活动这两个方面。因此，本书就围绕教师活动与学生活动问题展开讨论。

　　我国古代学校在西周及其以前，还处在"政教合一"与"官师合一"的状态，即学校还没有独立设置，所谓"学在官府"。到了春秋时期官学逐渐废弛，私学逐步兴起，即"天子失官，学在四夷"。从此以后，官学和私学就贯穿于我国古代的各个历史时期。

　　本书所讨论的教学活动，就包含着各个朝代的官学和私学，以及宋元与它之后各朝的书院。我国古代学校的教学程度，虽然没有明确的等级划分，仍然可以区别为初等、中等和高等各个层次；但既为"简史"，就只作扼要叙述，不区分学校等级与教学程度，又无论是中央官学与地方官学，或者私学的教学和学生活动都只作概括、笼统的介绍。

　　谈到学校教学就必须涉及到教学内容、教学组织形式、教学方法和教学的实施者与接受者——教师、学生。因此，在叙述的过程中就简略地讨论了教学内容、教学形式与方法和教师、学生等相关问题，及其发展变化的简况。

　　教学内容主要探讨设置了哪些科目，及其变化，力图以历史事实为依据，阐明中国古代学校教学内容是不断变化的，又是丰富多彩的，既有文科，也有理科与艺术科等等。它并不是某些不了解中国古代教育史的人所误解的那样，认为中国古代学校教学内容十分单一，只是"四书"、"五经"，以及《三字经》、《百家姓》、《千字文》等。

教学组织形式也是在教学实践中,采取灵活多样的方式,而不像有的人认为的那样:中国古代学校教学都是个别教学,没有集体教学。但实际上是既有个别教学,又有集体教学,而且还是以集体教学为主。教学方法也是生动活泼的,并不是只有朗读、默读、背诵,即所谓的"死记硬背",仍然是采用多种多样的方法,除了朗读、默读、背诵之外,还有论辩法、讲解法、报告法、讨论法、问答法、实习法、演习法、实验法、实践法、启发诱导、因材施教等。

教师是教学的组织者和领导者,他们是教学活动的主体。官学的教师是通过一定程序选聘或任命的,私学的教师则是由教师本人和学生及其家长认定、或推荐选聘的;或者由政府选任的。他们的绝大多数,除了教学和学习与研究学术之外,还积极参加社会政治、经济和文化活动;并尽力引导学生努力学习,参与各项活动,以及维护社会正义的斗争。他们并不是某些人误解的那样,都是所谓的一群统治者的"御用文人"或"奴仆"、不懂世事的"教书匠"。本书力图以历史事实为证据,使人们对中国古代学校的教师有一个正确的看法,澄清某些错误观念。

学生是教师教学的对象,又是学习的主体。学生活动,着重讨论学生参与教学活动和教学以外的学术活动、政治活动(包括政治宣传,政治运动)、社会服务活动等(它不是指现代意义的课外活动)。试图用史实说明中国古代学校的绝大多数学生是既关心学校的教学和学术研究,又关注国家大事与社会状况。对于古代学校的学生,曾经产生过不少误解,有人认为,中国古代学校的学生大都是"读死书"、"死读书"、"读书死"的一群所谓的"书蠹",或统治者的"应声虫"、他们"读书是为了升官发财",等等。其实,他们中的绝大多数是有志气追求学术的热血青年,热爱祖国,关心民族利益,对中国古代教学发展和社会进步都产生过一些积极的影响,有的学生曾为维护民族利益、支持社会正义而英勇斗争,甚至牺牲了自己的生命。通过对古代学生活动的叙述,使人们对古代学校学生的总体,有一个正确的理解。

当然,就中国古代学校教学来讲,的确有许多落后、陈旧,乃至反动的内容,及教学组织形式和方法的古板、生硬,革新的速度十分缓慢等。而且古代教学内容、形式与方法,还曾经对中国社会的发展与进步,其中特别是教育的发展和进步,产生过一些妨害和破坏作用。在教师和学生中,确实也有不少落后分子极力维护封建统治者的利益,残酷压迫人民,这些都是毋庸讳言的,并且是应当深刻批判、揭露和抛弃的。

但是,有关古代学校教学、教师和学生方面的问题,自从20世纪"五四新文化运动"以来,就不断地对中国古代封建社会的教育展开了批判,特别是在中华人民共和国建立后,更进行了充分的揭露和批判。尤其在"文化大革命"中,更做了严酷、彻底的批判,几乎全盘否定了中国古代的学校教育。不过,在20世纪五六十年代对"旧教育"的批判和"文革"中对中国古代学校教育的批判,大都是采用群众运动的形式进行,尽管其中有不少从理论到事实都很好的批判文章,击中了中国古代学校教学问题的要害,读了之后令人痛快。可是,由于参与批判的许多人员,并不很熟悉中国古代的学校教育,即使有的人了解古代学校教育状况,却迫于当时的政治形势,不得不使用过激的语言,从而缺乏实事求是的科学态度,把教育历史上曾经起过一定进步作用的东西也予以否定而抛弃掉。

撰写本书的一个目的,就是试图将中国古代学校教学的发展过程中一些可取的,有某些积极意义的部分,进行简要的清理,尽可能地使人们对古代学校教学历史有较为确切的看法,求得人们对中国古代学校教学内容和教师、学生,以及教学形式、方法有一个比较正确的认识和理解。并从古代学校教学与学生的活动中,吸取某些经验、教训,以为我国教育事业的发展、改革,提供历史的借鉴和参考。

本来,已经出版的中国教育史著作,对以上提到的教学方面问题作过了详细论述。但由于篇幅浩繁,难以卒读,而且,相关内容又比较分散。本书则将教学内容、教师学生与教学活动这几个问题,集中进行叙述,使关注古代教学问题的读者,利用比较少的时间,就能明白古代学校教学的基本状况，澄清某些误解，获得点滴有益启示，这是撰著此书的主要动机。至于能否达到预期的设想，则应由读者作出判断。

中国古代学校的教学活动，与各个王朝的政治、经济、文化的变化发展有着不可分割的关系。历朝历代的政治、经济和文化，是以学校教育、教学培养的人才为主要推动力而发展的，因为人才是社会进步的推动力。而政治、经济和文化又是学校教学活动的社会基础，并制约着学校教学活动的发展。同时，各个王朝的文教政策、教育制度和学校的教学活动更有十分密切的关系，学校教育、教学现实是制定文教政策、教育制度的基本根据，但反过来，文教政策、教育制度又制约着学校教学活动的发展。概括地说，学校培养的人才，是推动各个王朝政治、经济、文化、文教政策、教育制度发展变化的基本动力，而教育、教学的发展变化既受到政治、经济、文化、文教政策、教育制度的推动与促进，又受到政治、经济、文化、文教政策、教育制度的阻碍与限制。这是学校教学发展变化和政治、经济、文化发展变化的客观规律，是不可跨越的鸿沟。所以，应当在探讨学校教学活动的过程中，阐明各个朝代的政治、经济、文化状况，以及它的文教政策、教育制度，才能弄清楚为什么学校教学活动发生了那样的变化，以及产生那种状况的根本原因。但是，又觉得详细阐述各个朝代的政治、经济、文化状况和其文教政策、教育制度等，不只是和《中国通史》与《中国教育通史》、《中国教育制度通史》等著作的部分内容重复，还使《中国古代教学活动简史》显得内容庞杂、臃肿，主题不突出。所以对各个朝代的政治、经济、文化，及其文教政策、教育制度等，不予叙述，只在描述中认为十分必要时才做简要说明。选择这样的处理方法，仍旧有些迷茫，不太合乎常规。可又没有找到更为适当的办法，故姑且如此，希望得到朋友们的理解。

熊明安

2009 年 5 月 14 日于成都

第一章
夏、商、西周时期的教学活动

夏(约前21世纪—前16世纪),我国历史上第一个朝代。据史书记载,夏为夏后部落领袖禹的儿子启建立的国家。建都阳城(今河南登封东)、斟鄩(今登封西北)、安邑(今山西夏县西北)等地。传到桀,为商汤所灭。共传十三代、十六王。

商(约前16世纪—前11世纪),始祖契,居于商(今河南商丘南),传到孙相土时,势力达到今渤海一带。相土三世孙冥,善于治水。冥子王亥,从事畜牧业。传至汤,灭夏建立商朝。建都亳(今山东曹县南),曾多次迁移。后盘庚迁都殷(今河南安阳小屯村)。传到纣,被周武王攻灭。共传十七代、三十一王。

西周(约前11世纪—前771年),始祖后稷,原居邰(今陕西武功),传到公刘,迁到豳(今陕西彬县),古公亶父时,定居于周(今陕西岐山),日渐强盛。周文王时迁都于丰(今陕西西安沣河以西)。周武王灭商后,建立周朝。公元前771年申侯联合犬戎杀周幽王。次年周平王迁都洛邑(今河南洛阳)。历史上称平王东迁以前为西周,共历十三代、十二王。

第一节 夏朝的教学内容

夏朝已经有建立学校的条件,这是我国教育史学界基本一致的见解,并从古代文献和考古发掘的成果中得到了印证。据《孟子·滕文公上》说:"设为庠序学校以教之。庠者,养也。校者,教也。序者,射也。

夏曰校,殷曰序,周曰庠。学则三代共之,皆所以明人伦也。"又,《礼记·王制》记载:"有虞氏养国老于上庠,养庶老于下庠。夏后氏养国老于东序,养庶老于西序;殷人养国老于右学,养庶老于左学;周人养国老于东胶,养庶老于虞庠,虞庠在国之西郊。"①郑玄在对这段引文作注释时写道:"东胶亦大学,在国中王宫之东;西序,虞庠,亦小学也,西序在西郊。"②唐朝学者杜佑也写道:"夏后氏大学为东序,小学为西序;殷制,大学为右学,小学为左学,又曰瞽宗。"③从这些文献记载说明:夏朝的"校"、"东序"、"西序"等,尽管在名称上不同,但肯定具有教育的职能,即都是对青年一代进行教育的地方,同时也是王朝的政治、军事、宗教释奠活动的中心。而且,这种进行教育的场所,还与商朝和西周的学校有着前后相连接的因革关系。它们都有养老、习射、视学、合乐、释奠、择士、讲武等职能。

关于夏朝的教学内容,据马端临《文献通考·学校考》,夏朝"以射造士"来看,夏朝的教学内容,着重于军事训练,特别是习射是主要的教学项目。除了教射之外,还有"孝"的教育,即养老、敬老教育。夏朝的养老教育有所谓"飨礼",这种"飨礼"的要求是"体荐而不食,爵盈而不饮,依尊卑而为献取数毕而已"。由此可见,尊卑等级的伦理观念,是夏时进行孝教育的重要内容。又《礼记·文王世子》记载:"凡三王教世子,必以礼乐。"这里所说的"三王"是指夏、商、周,所以说"礼、乐"也是夏朝教育的重要内容。概括起来说,夏朝的教学内容主要有"射、孝、礼、乐"。

第二节 商朝的教学内容

商朝的学校在继承夏朝的基础上,有了进一步的发展,除了"庠"、"序"、"学"等之外,还有"瞽宗"。而且,还有"右学"、"左学"、"大学"

---

① 《礼记·王制》,《四书五经》(中),中国书店1985年版,第78—79页。
② 郑玄《礼记·王制注》。
③ 杜佑《通典·礼十三》。

等区别。这些学校已有不少的文物、典籍和近现代考古研究的成果予以证明。但是,这时的学校仍然和夏朝一样,统治者从事政事活动的场所,也就是对青年一代进行教育的所在地,即政教合一、官师结合。还没有建立独立的学校。

关于教学内容,据《左传·成公十三年》记载:商朝的教学内容主要是祭祀的"习礼"、"习乐"、"习舞"和军事的"习射"、"习御"等。又《中国教育史》(先秦卷)的研究指出:"商代已进行读、写、算的教学。"再有《中国教育制度通史》(参见第1卷第49—51页)也指出:"甲骨文中有'册'字,像许多书写材料穿在一起的形状。笔册工具的出现,表明商代学校已有读写习字的教学条件,这些典册可能就是商代学校教育的教材。"还写道:"商代在天文、历法方面已有很大进步。它们都离不开数学,甲骨文中出现的数字最大的已达到3万。出土文物表明,商代已能进行一般的算术运算,并能绘制较复杂的几何图形,所以算学也已成为学校教学的内容。"也就是说:从唐、虞、夏时代即已萌芽的"六艺教育",已经成为商朝的主要教学内容。更具体地讲,就是商代学校已开始将礼、乐、射、御、书、数等作为基本的教学内容。

第三节 西周的教学内容

西周是指周武王到周幽王时期。这段时间的教育,在商朝教育的基础上,又有了一些新的发展,形成了"学在官府"的教育体制,并建立了从中央官学即国学(包括大学和小学)到地方官学即乡学(包括乡校、州序、党庠、家塾)的学校教育制度。不过,这种教育制度的特点,仍旧是政教合一、官师不分,教育仍然依附于普通行政机关,还没有形成专门的教育机构。但是,学校的"六艺"教学内容却进一步完善了,并明确地设置了"礼、乐、射、御、书、数"六门课程。

一、政治伦理课程"礼"

礼教的主要内容,《礼记·曲礼上》写道:"夫礼者,所以定亲疏、决嫌疑、别同异、明是非也。……道德仁义,非礼不成;教训正俗,非礼不

3

备;分争辩讼,非礼不决;君臣、上下、父子、兄弟,非礼不定;宦学事师,非礼不亲;班朝制军,莅官行法,非礼威严不行;祷祠、祭祀,供给鬼神,非礼不诚不庄。……是故圣人作,为礼以教人,使人以有礼,知自别于禽兽。"《左传·隐公十一年》:"礼者,经国家,定社稷,序人民,利后嗣者也。"又《左传·昭公五年》:"礼所以守其国,勿失政令,无失民者也。"这几段论述,指出了礼教的重大意义。在西周的学校中,关于礼教的具体内容,有所谓的"五礼"、"六仪"。五礼是:吉礼、凶礼、宾礼、军礼、嘉礼。吉礼主要是讲祭祀、敬鬼神的礼;凶礼是有关丧葬凶荒,以敬患分灾,哀悼死亡的礼;宾礼是讲朝会过从,使诸侯亲附的礼;军礼是讲兴师动众,以征讨不服的礼,嘉礼是讲宴饮婚冠等喜庆活动的礼。"五礼"共36目,都是邦国的大典礼,所以官师都必须用五礼教导年轻一代,而且要求学习之后,还要进行实习,使他们熟悉这些典制。"六仪"指祭祀之容、宾客之容、朝廷之容、丧纪之容、军旅之容、车马之容等。概括起来看,礼的内容包含了政治、经济、军事和社会生活各个方面的法律与道德规范。

二、综合艺术课程"乐"

乐教和礼教是互为表里的,其意义正如《文王世子》所说:"乐,所以修内也;礼所以修外也。礼乐交错于中,发形于外,是故其成也怿,恭敬而温文。"《乐记》曰:"礼乐不可斯须去身。致乐以治心,则易直子谅之心油然生矣。易直子谅之心生则乐,乐则安,安则久,久则天,天则神,天则不言而信,神则不怒而威。致乐以治心者也。"[①]关于乐教的内容,郭沫若指出:"中国旧时的所谓乐,它的内容包含得很广,音乐、诗歌、舞蹈,本是三位一体可不用说,绘画、雕镂、建筑等造型美术也包含着,甚至于连仪仗、田猎、肴馔等都可以涵盖。所谓'乐者,乐也',凡是使人快乐,使人的感官可以得到享受的东西,都可以广泛地称之为'乐'。"[②]可见"乐"教的内容十分广泛。又依据《中国教育制度通史》(第1卷),乐

[①] 转引自孟宪成等编《中国古代教育史资料》,人民教育出版社1980年8月版,第39页。

[②] 转引自李国钧等著《中国教育制度通史》(第1卷),山东教育出版社2000年版第78页。

教包含有乐德、乐语、乐舞三项内容：

(1)"乐德之教的'德'既有政治宗教思想的教育,也有人伦道德的教育。""西周统治者明确要求乐为政治服务,因此,等级名分教育便是乐德的核心。西周统治者规定了严格的音乐制度,对于乐队和舞队的排列、人数、所用乐器多少,都根据乐舞主人的等级而有相应的规定。""西周统治者以德配天,所以乐还要服务于'敬天'的宗教活动。在祭祀、求雨、驱瘟等活动中,要借助乐来显示上帝、鬼神的威严和人们的崇敬。这都是用乐对贵族子弟所进行的政治思想教育。"此外,还要"对贵族子弟灌输'中和、祗庸、孝友'等道德观念"。"其中尤以'中和'之德的培养最为重要。所谓'中和'是指王道的和谐,即协调统治阶级内部以及统治者与被统治者之间的各种矛盾。"

(2)"乐语"之教,"包括兴、道(以物喻事、以古刺今)、讽、诵(背熟文词、吟诵赋诗)、言、语(直叙己意,答人论难)。""兴和道,是有关阅读和写作知识的教育。所谓'讽',即指读书背文。所谓'诵'是指吟诵、配乐赋诗等,即'春诵夏弦的内容',讽与诵主要讲的是诗歌教学。""言语之教近乎今天的作文教学"。

(3)"乐舞"之教,包括大舞和小舞两类。大舞指云门、大卷(黄帝乐)、大咸(尧乐)、大磬(舜乐)、大夏(禹乐)、大濩(汤乐)、大武(武王乐)等六代乐舞,也称六乐。小舞指帗舞(手持五彩缯而舞,也有说是持彩色鸟羽而舞)、羽舞(手持鸟羽而舞,用以祭四方)、皇舞(持五彩羽以舞,用以祈雨)、旄舞(持牦尾以舞,用以祀辟雍,也用于燕乐)、干舞(持盾牌以舞,用以祭山川)、人舞(徒手挥袖而舞,用以祀星辰),还有持干而舞的"象舞"。

此外,乐舞又分为文舞和武舞两类。手持龠(乐器)、翟(鸟羽)而舞的为文舞,手持干(盾牌)、戚(斧)而舞的为武舞。"云门"、"大章"、"大韶"、"大夏"属于文舞,"大濩"、"大武"属于武舞。[1]

---

[1] 参见李国钧等主编《中国教育制度通史》(第1卷),山东教育出版社2000年版,第77—80页。

三、军事训练课程"射"、"御"

在西周国学和乡学中,"射"、"御"都是主要学科。首先,对射箭教学提出了五条具体的要求:

一曰"白矢"——穿透箭靶,露出箭头。重在训练开弓的臂力。

二曰"参连"——第一箭射出之后,跟着三箭连发。重在发射的速度。

三曰"剡注"——矢入箭靶,羽颈高,箭头低。重在训练猛锐,使箭能穿物而过。

四曰"襄尺"——"襄"与让相通。是说君臣在一起射箭,臣不得与君并立而射,须后退一尺,以别尊卑。

五曰"井仪"——四箭射中箭靶,成"井"字形。重在射箭的准确。

对"御"(即驾车)教学也提出了五条要求:

一曰"鸣和鸾"——"鸣"与"鸾"都是车上装饰的铃(鸣在轼,鸾在衡),车行时,铃声共鸣而有节奏。

二曰"逐水曲"——沿着曲折的水边驰驱而不颠坠。

三曰"过君表"——"君表"指插着旌旗的辕门(一般是在险阻处)。辕门中间放置石磴为障碍物,车驰入辕门,车头两边与石磴的间隙只有五寸,如碰撞石磴,即不准通过。

四曰"舞交衢"——在交叉道上,往来驰驱,像舞蹈一般轻盈而有旋律。

五曰"逐禽左"——驱车追赶野兽,使向左边逃奔,以便君主射之(射礼规定君主田猎自左方射)。①

"射"、"御"是西周国学和乡学的重要科目。《礼记·射义》:"古者天子之制,诸侯岁献,贡士于天子,天子试之于射宫,其容体比于礼,其节比于乐。而中多者,得与于祭,其容体不比于礼,其节不比于乐;而中少者,不得与于祭。"可见"射"要达到一定的技术标准,才能参加王族的祭祀大典。而且还根据射者的德行和射的技能水平,授予不同等级的官

---

① 见陈学恂主编《中国教育史研究》(先秦卷),华东师范大学出版社1991年版,第25页。

爵。所谓"行同而能偶,别之以射,然后爵之"①"御"同样要求达到规定的标准,用以区别长幼、参与祭祀典礼,和参加选士等活动。

四、基础文化课程"书"、"数"

据《大戴礼记·保傅》:"古者八岁而就外舍,学小艺焉,履小节焉。"再依《汉书·食货志》:"八岁入小学,学六甲五方书计之事,始知室家长幼之节。"也就是说:"小艺"是指"六甲五方书计";而"小节"就是"室家长幼之节"。这些可能是八岁入小学的学习内容。

首先,关于"书"的教学。在西周已出现了供小学文字教学的字书。据《汉书·艺文志》:"《史籀》十五篇。"注曰:"周宣王时太史籀作大篆十五篇。"又注:"《史籀篇》者,周时史官教学童书也。"说明周时的儿童教育是从识字、书写开始。所以,《礼记·内则》说:"九年教之数日"、"十年学书计"。所谓"数日"就是认识、背诵由天干地支组成的六十甲子;而"学书"即学习、书写六十甲子,认识、书写东、南、西、北、中五方的名称。西周的识字教学大概是按字的构成方法分类进行的。②据《汉书·艺文志》:"古者八岁入小学,故周官保氏掌养国子,教之六书,谓象形、象事、象意、象声、转注、假借,造字之本也。"汉朝的许慎在《说文解字》中,对"六书"作了如下解说:"《周礼》,八岁入小学,保氏教国子,先以六书:一曰指事,指事者,视而可识,察而可见,上下是也。二曰象形,象形者,画成其物,随体诘诎,日月是也。三曰形声,形声者,以事为名,取譬相成,江河是也。四曰会意,会意者,比类合谊,以见指㧑,武信是也。五曰转注,转注者,建类一首,同意相受,考老是也。六曰假借,假借者,本无其字,依声托事,令长是也。"③从许慎以上注释说明,那时的文字教学是按汉字的构成方法进行的。

其次,关于"数"的教学。据《中国教育制度史》(先秦卷)的研究:西周时,六岁儿童开始学习从一到十的数数。九岁儿童学习甲子记日

---

① 参见陈学恂主编《中国教育史研究》(先秦卷),华东师范大学出版社1991年版,第82页。

② 参考李国钧等主编《中国教育制度通史》(第1卷),山东教育出版社2000年版,第83—84页。

③ 许慎《说文解字》,中华书局影印本,1963年版,第314页。

法，然后再逐渐加深。十岁儿童才开始学习"书计"。培养儿童的计算能力，首先学习十进制的记数方法。其次，才学习计算方法。

　　《周礼·地官·保氏》提出"六艺"中的"数"，为"九数"。东汉学者郑玄注解"九数"，提出了"九数"的内容是："方田、粟米、衰分、少广、商功、均输、盈不足、方程、勾股。"而"九数"的具体内容则包括：(1)"方田"，讲的是田亩面积计算等问题。(2)"粟米"，讲按比例交换问题。(3)"衰分"，"衰"是等级，讲按比例分配问题。(4)"少广"，"少"指多少，"广"指宽广，讲在体积计算中运用开平方和开立方的方法。(5)"商功"，"商"是商贾，"功"是工程，讲工程计算，特别是体积的计算。(6)"均输"，讲按人口、路途等条件，合理安排运输赋粟和分配徭役等问题。(7)"盈不足"，讲运用假设的方法解决难题。(8)"方程"，讲联立一次方程以及正负数。(9)"勾股"，讲"勾股定理"。① 从以上引用关于"六书"、"九数"的资料，就能够看出：汉代学者对"六书"、"九数"的注释，加进了他们研究的成果，而西周的历史事实却是没有这么完善的。但是，在西周时，"六书"的教学运用文字构成的进步方法，以及"九数"教学中所包含的丰富内容，却是不可否认的。

　　综合上述，说明西周学校的教学内容，是以"礼、乐、射、御、书、数"等"六艺"为基本内容。国学中的大学和小学略有区别，"在大学以礼、乐、射、御为重点，在小学以书、数为重点。而射、御的学习，除了传授和培养有关的知识、技能外，还着重与礼、乐之教相配合"。"在西周乡学之中更侧重礼、乐之教，其教育内容主要为'乡三物'，即德、行、艺三方面。"② 总括起来看，西周的教学内容里已经包含有德、智、体、美等多种教学因素，为我国后世的教学奠定了最基本的基础。

　　应当指出的是：西周的教学内容，从可以作为充分根据的史料来看，并没有上述那么完美、丰富。其所以又似乎有依据地写了以上那些，是

―――――――――――――
　　① 参考陈学恂主编《中国教育史研究》(先秦卷)，华东师范大学出版社1991年版，第26—27页。
　　② 参考李国钧等主编《中国教育制度通史》(第1卷)，山东教育出版社2000年7月版，第86页。

汉代学者在记录这段历史时期的教学和注释古代典籍时,渗进了他们的研究成果与其所处时代的一些教学因素。但值得肯定的是:"六艺"教育内容的确是在夏、商、西周时期逐渐形成的,并对青少年一代实施过"六艺"教育,这确是无疑的。而且,"六艺"教育对春秋、战国时期的儒家学派、墨家学派等都造成了很大的影响。

另据《汉书·艺文志》记载,西周史官还编写了一本儿童识字课本《史籀篇》,即所谓"周时史官教学童书也"。说明西周时期的教学内容,除了"六艺"之外,在儿童识字阶段,还有识字教材《史籀篇》。

第四节 夏、商、西周的教学形式、方法和教师、学生及其活动

一、教学形式与方法

在夏、商、西周时期,虽然具备了学校诞生的基本条件,特别是西周时期还建立了学校教育制度。但是,在这个历史阶段学校还没有独立设置,即使是西周时期,也只具备了学校的雏形。教育、教学活动还与政事活动及其他社会活动结合在一起进行,即"政教合一"。所以,开展政事活动或其他社会活动的场所,也就是进行教学活动的所在地。教学的组织形式,一般是集体的,即在集体的政事活动、社会活动的过程中,对年轻一代开展教学。当然,有些活动则是少数人,甚至一个人参与的,因此,也有小组教学和个别教学的形式。教学的方式通过实践活动来进行,即在活动的实践中实施教学。教学的方法有:演说法、演示法、讲解法、练习法、实践法等等。

二、教师和学生及其活动

在这个历史阶段,进行教学的教师是由各级职官担任,即"官师合一"。如大司乐、大乐正、小乐正、大师、少师、大胥、小胥、龠师、执礼者、典书者等就是执教者的教师。学生则是各级贵族和大、小奴隶主中的青壮年者或他们的子弟,因为他们是贵族和奴隶主的未来继承人,才有资格参加贵族统治者组织的活动,才有享受教育、教学的权利。学生的社会活动主要是参与由统治贵族组织的政事活动,如战争胜利后的庆祝、

献俘活动;祭祀祖先、神灵活动等。

夏、商、西周的教学充分说明,从人类社会的学校教育的诞生开始,教学就是一种实践性活动。而且,这种活动是与政治活动、社会活动紧密联系在一起的。

第二章

春秋、战国时期私学教学活动和学者们的教学主张

从公元前770年周平王迁都洛邑（今河南洛阳）以后，历史上称为东周。东周又分为春秋、战国时期，历二十五王，至公元前256年为秦所灭。在这个历史阶段各派私学和著名学者，关于教学活动问题有如下见解：

第一节 春秋时期的教学内容

自周平王迁都洛邑，到公元前476年，这段历史称春秋时期。在这个历史阶段，周朝中央统治者的权力旁落，而由周王分封的诸侯齐、晋、秦、楚、吴、越等相继兴起，争霸天下，战争频仍，原来的统治贵族逐渐土崩瓦解，士阶层迅速兴起，形成了所谓"礼坏乐崩"的政治局面。这一时期西周制定的"学在官府"的教育制度被彻底打破，私学则应运而生，并在各地迅速发展。所以，孔子说："天子失官，学在四夷。"这个大变革促使中国教育发展进入一个崭新的时代，教学内容、组织形式、方法、教师和学生等都发生了巨大的变化。在春秋时期，最著名的私学大师老子、孔子和稍后于孔子的墨子，他们都对教育、教学问题提出了各自的主张，兹就几位著名私学大师关于教学内容的主张简述于下，以了解春秋时期教学内容变革的概况。

一、老子的教学内容主张

老子姓李名耳，生于公元前571年，楚国苦县（今河南鹿邑县）厉乡

曲仁里人。据《史记·仲尼弟子列传》记载,他是孔子的老师。"孔子之所严事,于周则老子。"孔子去周的都城,问礼、问道于老子,回来之后,对他自己的弟子赞叹说:"吾今日见老子,其犹龙耶。"据有关史料记载,老子和孔子这两位世界伟人,在他们一生中曾有过五次见面。

老子在春秋时代末期,曾作过东周王室的守藏吏,管理文献、典籍。公元前516年,周王室内乱,王子朝争权失败,不得不"奉周之典籍以奔楚"。因此,老子就失去了文献、典籍管理的工作,于是"免而归居"。他因担任周王室的守藏吏,故熟悉历史、典籍,学识广博,思想精深,对后世产生了很大的影响。曾游居过鲁、秦、沛等国,向他求教的人很多,还有弟子跟随着他学习。在《史记》、《礼记·曾子问》、《庄子》等书中,都有老子教学的记载,说明他一生也不断地开展教育、教学活动。[①] 老子晚年过着隐居著述的生活,写成论述"道德"含义的著作五千言,就是迄今还流传的《老子》一书,汉以后又称之为《道德经》。从古至今,注解《老子》一书的有三千多家,翻译成外国文字有近三百种,为中华传统经典海外译本之最。后世尊老子为诸子百家之祖,道家奉他为创始人,道教奉他为宗祖,近现代学术界称老子为中国哲学之父、世界哲学之父。这些尊号有它深刻的历史渊源和充分的史料根据。

老子提出"道"的学说,认为"道"是世界万物的总根源和内在生命力,最高的实体范畴和发生、发展、消亡、转化的根本规律,人类社会生活必须遵循的行为总规范和认识万事万物的思维方法。进而主张人们的教育、教学也要以"道"为中心。教育、教学内容都要围绕着"道法自然"来设计。他还指出"道"的本质特征是"无为",教育、教学就是要培养具有"无为"品质的人才。

老子以"道"为中心的教育、教学思想,主张培养具有"无为"品质的人才。在教学内容方面的见解,既不同于夏、商、西周以来形成的"六艺"教学,又异于以孔子为代表的儒家学派倡导的"六经"教学。他要求"不以智治国";强调"学绝无忧";反对人为的"知"与"学"的礼、乐知识

---

① 陈学恂主编《中国教育史研究》(先秦分卷),华东师范大学出版社1991年版,第295—296页。

教学,要求学生顺应自然,"辅万物之自然而不敢为"。根据这种无为、自然之道,他就不可能规划、制定具体的教学科目与内容,但是,却提出了选择教学内容的原则,并对确定这些原则的理由进行了扼要的分析。兹概括介绍于下:

(一)尚无

老子提出"道"的本质是"无为",它包括两种含义,即"无事"与"无欲"。教育、教学活动应当做到"无事"与"无欲"。而人们教育、教学活动的所谓"无事",就是对待万事万物要顺其自然,不勉强进行人事干预。所谓的"无欲",就是去除私心杂念,不据万物为己有,万物的成长不自居有功,为万物之长而不主宰万物。他希望培养具有这种"无为"品质的人。他对孔子提出积极的"人为"教学,采取否定态度,认为那种教学是违背自然的,是社会紊乱,家庭不和的重要根源。因此,最理想的教学内容,应当是以"无为"为核心的。他认为,无为则民自化、自正、自富、自朴。他写道:"我不为,而民自化;我好静,而民自正;我无事,而民自富;我无欲,而民自朴。"又说:"圣人处无为之事,行不言之教。"为此,他把"尚无"作为选择教学内容的重要原则。

(二)不争

"不争",即不争个人名利。一个人不与他人争地位,争功名,争财利。若如此,就接近"道"了。他写道:"上善若水。水善利万物而不争,处众人之所恶,故几于道。"[①]他以水为例子,称赞水的不争美德,水灌溉滋润万物而不与万物相争;相反,它默默地流向人们所厌恶的低洼之处。一个人如果能像水那样,既能有利于众人,又乐于处在众人不愿意处的地位,那么他就具有"不争"的品德了。

他还分析了"不争"的具体内容及其优越性,写道:"不自见,故明;不自是,故彰;不自伐,故有功;不自矜,故长。"[②]

[①]《老子·八章》。有关老子的教学内容参考毛礼锐、沈灌群主编《中国教育通史》(第1卷)山东教育出版社1985年版,第425—428页。熊明安主编《中国教学思想史》,西南师范大学出版社1989年版,第22—26页。特予注明。

[②]《老子·二十二章》。

（三）知足

这是又一个选择教学内容的重要原则。他写道："罪莫大于可欲，祸莫大于不知足，咎莫憯于欲得。故知足之足，恒足矣。"[1]老子认为，最大的罪孽没有比纵欲更大，最严重的祸患没有比不知足更严重，最惨重的过失没有比贪得无厌更为惨重。一个人毫无节制地放纵自己的欲望，而拼命地追求，不知道满足，必然会招来灾祸，获得悲惨的结局。假如能知道满足，不是无限度地去追求，反而能得到满足。他还进一步指出为什么不知道满足会获得悲惨的结局。他写道："名与身孰亲？身与货孰多？得与亡孰病？甚爱必大费，多藏必厚亡。故知足不辱；知止不殆；可以长久。"[2]就是说，一个人的名誉和生命哪个最可爱？生命和财产哪个更宝贵？得与失哪个更有害？他认为，事物总是向它的反面变化。过分地爱惜，一定会走向巨大的浪费；太多的储藏，必定会造成很大的损失。因此，他主张教育、教学也应当时刻注意教导知足，凡事不要走极端，知道满足才不会遭受耻辱；知道适可而止，不要过分，才能避免遭遇挫折，也才可以生存长久。老子从事物的矛盾转化中，总结的这些见解和以知足为选择教学内容的原则，具有鲜明的辩证法思想。

（四）贵柔

这是老子提出的又一确定教学内容的原则性要求。老子写道："物壮则老，是谓不道，不道早已。"[3]他的意思是说，事物壮盛了就会走向衰老和死亡。要避免衰老和死亡，就需要教育人们遵循"柔"的规律，培育"贵柔"的品德，施行"贵柔"的教育。

他又写道："人之生也柔弱，其死也坚强。草木之生也柔脆，其死也枯槁。故曰：坚强死之徒也，柔弱生之徒也。"[4]就是说，凡坚强的东西属于衰败、死亡的一类，而柔弱的东西则属于发展、成长的一类。他还提出"柔之胜刚，弱之胜强"的见解。认为，时常"贵柔"就能够由柔变刚，由

---

[1] 《老子·四十章》。
[2] 《老子·四十四章》。
[3] 《老子·三十章》。
[4] 《老子·七十六章》。

弱变强。长期处于不衰、不败的境地。

还说:"大成若缺"、"大盈若冲"、"大辩若讷、大巧若拙。"①即要求人们随时保持一种"柔"的姿态。最圆满,好似残缺,最充实,好似空虚,最雄辩,好似口吃,最灵巧,好似笨拙。像这样随时处于一种柔弱的,"虚怀若谷"的状态里,就能够生气蓬勃地,不断地得到发展、进步。

如果相反,即不"贵柔",那么,就会是目空一切、盛气凌人,锋芒毕露。这样,就容易招至灾祸。所谓"揣而锐之,不可长保"。磨炼得很尖的东西,一经碰撞就会损坏,怎能保留久远?

老子提出以"贵柔"作为选择教学内容的原则性主张,认识到教学过程中正反方面的互相转化,是有积极意义的。不过,他没有指出这种转化,是在一定条件下进行的。

老子主张"尚无"、"不争"、"知足"、"贵柔"的教学内容原则,以培养人们养成无事、无欲,不争个人名利,不要过分,适可而止,保持谦逊的态度等等品质,对于调整人际关系,建立和谐社会,具有积极的意义。

二、孔子私学的教学内容

孔子名丘,字仲尼,鲁国陬邑(今山东曲阜)人。他生于鲁襄公二十二年(前551年),夏历八月二十七日,卒于鲁哀公十六年(前479年),夏历二月十八日。享年七十三岁。据《史记·孔子世家》记载,孔子的父亲孔纥,母亲颜徵在"野合而生孔子",因此,后人看不起他,说他是"私生子"。孔子三岁丧父,十七岁丧母。所以,孔子说"吾少也贱"。司马迁也说:"孔子贫且贱。"孔子十五岁才开始立志求学,他说:"吾十五有志于学。"从鲁国保存的中国古代文化中,寻求治国教人之道。

孔子二十岁左右,在季氏门下做过两次小吏,一次是当管理仓库的"委吏";一次是作管理畜牧牛羊的"乘田"。在三十岁时,从事创办私学的活动,开始了他的教学生涯,并终其一生,从来没有间断,任教四十余年。其中虽然做了几年官,当过鲁国的大司寇,兼摄相事,但没有停止教学工作,在带领弟子周游列国时,仍然是走到哪里教到哪里。他抱着

① 《老子·四十五章》。

"有教无类"的伟大胸怀,和"学而不厌,诲人不倦"的精神,从事于教学工作,取得了辉煌的成就。

在教学内容方面,孔子继承了西周"六艺"教育的传统,并对教学内容进行了巨大的改革、发展。他在四十多年的教学实践中,把所收集到的历史文献资料,加以整理、编辑成他教学用的教材,这些教学用书,被后世学者尊为儒家经典,他本人也成为儒家学派的创始人。他教学的主要科目和内容是"诗"、"书"、"礼"、"乐",在晚年教学中,还将"易"、"春秋"也作为教学内容。

(一)《诗》

即流传到现在的《诗经》。原是西周以来的诗歌,传说古诗原来有三千篇,经过孔子删订,留存三百零五篇,概称三百篇。其产生年代大概是从西周初期到春秋的中期,那时诗还没有成为一个独立的文学门类,还只是乐的歌词。这本诗歌选集根据乐调不同,分为"风"、"雅"、"颂"三类。"风"是地方音乐,大部分是民歌。"雅"是王廷音乐。"颂"是周王和诸侯宗庙里用的音乐,都是由乐官掌握的歌曲。孔子说:"思无邪。"[①]就是说"诗"的内容合乎"礼"的基本准则。孔子认为诗的教育作用有四个方面:第一,"诗""可以兴"——比喻联想,因物寄兴,可以激发情感和意志。第二,"可以观"——通过具体的生活形象,就能观察到社会风俗的盛衰。第三,"可以群"——引起情感上的共鸣,能够增进情谊。第四,"可以怨"——运用讽刺的形式,可以批评现实的政治。基于这几点认识,所以孔子很强调"诗"的教学。

(二)《书》

即历史,孔子将唐、虞、夏、商、西周时期官方的政治历史文件进行汇编,用它作为教材,史称《尚书》,又名《书经》。其中保存了春秋以前的重要文献资料,包括尧、舜、禹、汤、文、武历代的政治、经济、文化制度、政策;施行德政、任贤与用人的历史功绩;政治与道德理想等。孔子以《书》作为教材,在《论语·述而》里有记载:"子所雅言:《诗》、《书》、执

[①]《论语·为政》:"子曰:'诗三百,一言以蔽之,曰思无邪。'"

礼,皆雅言也。"

(三)《礼》

又称《士礼》,相传为孔子订定,共17篇,50卷,是先秦时代"士礼"的汇编。《史记·儒林列传》写道:"秦焚书,书散亡益多,于今独有《士礼》,高堂生能言之。"所谓《士礼》,就是流传至今的《仪礼》,孔子用它作为教材,认为通过"礼"的教育,可以培养统治者所需要的坚定卫士。所以他说:"不学礼,无以立。"通常所说的"三礼"是:《周礼》、《礼记》、《仪礼》。其中《礼记》指《小戴礼记》,是西汉戴圣所编,他的叔父戴德则编有《大戴礼记》。《礼记》虽然是西汉时编写,但来源于先秦,计49篇,都是孔门弟子所作,故《史记·孔子世家》说:"《礼记》出孔氏。"这里的"孔氏"是泛指孔子一派学者,而不是指孔子本人。所以说,孔子只是将《仪礼》作为教育学生的教材。

(四)《乐》

在孔子的教学中,"诗"、"礼"、"乐"三者是紧密联系的。而且对"诗"、"礼"、"乐"的教育十分重视,他认为人的修养应该从学"诗"开始,用以激发其意志;进而学"礼",用以约束其言行;再加上学"乐",用以形成其性格。所以"子曰:'兴于诗,立于礼,成于乐。'"[1]又说:"安上治民,莫善于礼;移风易俗,莫善于乐。"[2]这些都说明孔子对"乐"教意义的认识和重视。孔子十分爱好音乐,他说"在齐闻《韶》,三月不知肉味"。他不仅只是爱好音乐,还研究过音乐,曾说:"吾自卫返鲁,而后乐正,《雅》、《颂》各得其所。"就是说他把那些《诗》与《乐》不相配合的进行整理,配律合乐。《史记·孔子世家》写道:"三百五篇,孔子皆弦歌之,以求合《韶》、《武》、《雅》、《颂》之音。"在历史文献中有不少关于儒家传述"乐"的记载,如:《礼记》中的《乐记》、《经解》和《周礼》的《大司乐》等篇中,都有传授"乐"的记述;战国时期的《庄子》中记载:孔子谓老聃曰"丘治《诗》、《书》、《礼》、《乐》、《易》、《春秋》六经,自以为久矣"。这些都表明孔子施行过《乐》教是有一定的历史依据的。

---

[1] 《论语·泰伯》。
[2] 《孝经·广要道章》。

(五)《易》

相传为周人所作,故名《周易》。《史记·孔子世家》记载:"孔子晚而喜《易》……读《易》,韦编三绝。"又依据《论语》记载,孔子曾自述"加我数年,五十以学《易》,可以无大过矣"。从这些史料可以推断孔子晚年研究过《易》,在他的教学中用研究所得来教育学生,是完全可能的事情。

(六)《春秋》

原来是鲁国史书的名称,相传由孔子进行过整理删定。《春秋》记载了鲁隐公元年(前722年)至鲁哀公十四年(前481年)这段历史时期的政治、经济、军事、天文、地理、灾异等方面的材料共有1232条。司马迁在《史记》中评论《春秋》写道:"约其文辞而旨博"、"子夏之徒不能赞一辞。"说明在孔子的教学中,曾经和学生研究讨论过《春秋》,把它列为孔子为代表的儒家教学内容,也是有根据的。

西周官学施行"礼、乐、射、御、书、数","六艺"教学的衰落,孔子私学倡导的"六经"教学的兴起,是古代教学内容的巨大改革与发展。正是这项变革发展,才逐渐形成古代经学教学内容的基本体系。

三、墨子私学的教学内容

墨子,名翟。他的生卒年月、生平活动和籍贯,文献记载不详,只在《史记·孟轲荀卿列传》后附有二十四言:"盖墨翟,宋之大夫,善守御,为节用。或曰并孔子时,或曰在其后。"他的生卒年月与籍贯已没有办法确定。学术界一般认为,墨子当生于周定王元年至十年之间(前468年至前459年),约卒于周安王十二年至二十年之间(前390年至前382年),春秋战国之交的宋国人。他还可能在宋国作过手工业技师或管理手工业的工长之类的官吏。司马迁所写的"宋之大夫",大约就是指此而言。

墨子倡导"兼相爱,交相利",以利人为义,亏人利己为不义,把是否有利于人民作为衡量是非的标准。孟子说"墨子兼爱,摩顶放踵,利天下为之"。在政治上,墨子主张尚贤、尚同。在教育上,他从"农与工肆之人"的利益出发,主张以"匹夫徒步之士"为教育对象。墨子和墨家学派私学教学内容,是以墨子的政治主张和思想体系为核心而设计的,从课程内容来看,它既吸取了儒家的《六经》教学的部分内容,又有所突破和创新。具体的教学内容包括以下三部分。

(一)自然科学知识与技术

主要包括生产科学知识和军事技术。墨子本人直接参加了手工生产劳动,具有手工工匠的专门技术,而且,他以"农与工肆之人"为招生对象,所以他把各种工艺技术作为教学内容。在《墨子》一书中的《经上》、《经下》、《经说上》、《经说下》、《备城门》等篇中记录了科技教学的丰富内容。用20世纪的词语来分析墨家的自然科学知识与技术教学内容,其范围已经涉及到数学、光学、声学、力学、机械制造等各个方面。由此就能看出:墨子开创了我国古代自然科学知识与技术教学的先河,为中国的科学技术史写下了最光辉的一页,具有划时代的重要意义。

(二)认识论和逻辑学的知识理论

在《墨子》一书中的《墨经》是有关认识论与逻辑学方面的教材,是墨家教学内容最有价值的部分。墨子在认识论和逻辑学方面的贡献很多,提出的许多概念,并对概念作了明确的解释,如墨子说:"夫辩者,将以明是非之分,审治乱之纪,明异同之处,察名实之理,处利害,决嫌疑。"[1]他把明是非、审治乱、别同异、察名实、处利害、决嫌疑等作为逻辑学的研究目标和方法。这些都对后世认识论与逻辑学的发展产生了很大的影响,而且,迄今仍然还有它的积极的意义。墨子将这些作为教学内容,其先进性就不言而喻了。

(三)选用《诗》、《书》和《春秋》中的部分内容

例如"墨子出行,载书甚多,他还看过《百国春秋》,常称引《诗》、《书》。例如《明鬼》篇载有《禹誓》,《尚书》作《甘誓》"。[2] 即可作为墨家利用儒家教学内容的证据。但墨子的主张与孔子有许多不同,如墨家的著作:《兼爱》、《非攻》、《节葬》、《节用》、《非乐》等,其中阐述的观点,

---

[1] 《墨子·小取》,《诸子集成》(4),第250页。
[2] 参见陈学恂主编《中国教育史研究》(先秦分卷),华东师范大学出版社1991年版,第141页。

就和孔子的主张有显著区别。因此,墨子对儒家的教学内容,采取了择善而从之,其不善者而拒之的态度。特别对《礼》与《乐》之教不感兴趣。墨子说:"繁饰礼乐以淫人,久丧伪哀以谩亲,立命缓贫而高浩居,倍本弃事而安怠傲,贪于饮食,惰于作务,陷于饥寒,危于冻馁,无以违之。"[①]从此,就可以了解墨家学派和儒家学派的教学内容既相容又相区别的根本原因,是在于其自身学派发展的需要。

从上述墨子的教学内容,充分说明墨家是中国教育史上设置自然科学知识与技术教育课程的开创者,同时,又是实验教学和教学与生产相结合的首倡者,这些主张推动了中国古代教学内容的巨大革新和重大进步。

第二节 战国时期的教学内容

从公元前476年至公元前221年,这个历史阶段称战国时期。在各诸侯之间,经过不断的争霸战争,形成了齐、楚、燕、赵、韩、魏、秦七个强大的诸侯国。各个诸侯国的统治者,为了继续扩大自己的势力,取得战争的胜利,巩固其统治权力与地位。于是竞相"养士",并充分地利用所"培养"的知识分子,为其出谋划策,从而为知识阶层的发展提供了社会基础。"士"阶层的出现,及其各种见解的互相争论,推动了社会思想的活跃,导致了学派林立,形成了儒家、道家、墨家、法家、农家、兵家、名家、阴阳家、黄老学派等百家争鸣的局面。诸子百家为发展各自的思想主张、扩大自身的影响力,广招门徒,设立私学,传授政治、学术观点及其相关的知识、理论。各自选择适合学派发展与统治者需要的内容,进行教学活动。在这一时期著名的私学主要是儒家、墨家、道家、法家所创立。而稷下学宫则是各个私学的汇集中心,是一所"民办公助"、集百家学术于一处的著名高等学府。兹将各家著名私学和学者主张的教学内容简述于下。

---

① 《墨子·非儒(下)》,《诸子集成》(4),第180页。

一、孟子私学的教学内容

孟子,名轲,字子与,战国中期鲁国邹邑(今山东邹县)人,孔子儒家学说的继承者和传播者、发扬者,他把孔子创立的儒家学说进一步系统化和伦理化。他的生卒年代,史籍没有确切的记载,大约生于公元前372年,死于公元前289年。孟子是鲁国贵族孟孙氏的后裔,他的父亲死得很早,由母亲倪氏抚养。根据《列女传·母仪》的记载:"孟轲之母,其舍近墓,孟子之少也,嬉戏为墓间之事,踊跃筑埋。孟母曰:'此非所以居子也。'乃去市舍,其嬉戏为贾市。孟母曰:'此非所以居子也。'乃徙舍学宫之旁。其嬉戏乃设俎豆,揖让进退。孟母曰:'此真可以居子也,遂居之。'"据史料记载:孟子受业于孔子的孙子子思的弟子,通《五经》。后世学者称子思、孟子的学说为思孟学派。孟子在青年时代就开始在他的家乡山东邹县东南讲学。四十岁以后,带着他的弟子周游列国,先后到过宋、齐、藤、魏、梁、鲁、薛等国,历经二十年时光。他一面讲学,一面游说诸侯,宣传他的"仁政"、"王道"学说,在当时诸侯割据互相争霸的情况下,不合时宜,因而得不到采纳。司马迁在《史记·孟子荀卿列传》写道:"当是之时,秦用商君,富国强兵,楚、魏用吴起战败弱敌。齐威王、宣王用孙子、田忌之徒,而诸侯东面朝齐。天下方务于合纵连横,以攻伐为贤。而孟轲乃述唐虞三代之德,是以所如者不合,退而与弟子万章之徒,序《诗》、《书》,述仲尼之意。"孟子到了晚年仍然和孔子一样,在家乡教授生徒与著述,弘扬孔子为代表的儒家学说。

孟子教学的内容是以孔子删定的《诗》、《书》、《礼》、《易》、《春秋》等为教材,尤其重视《诗》、《书》的传授。他在"序《诗》、《书》,述仲尼之意"及游说诸侯的过程中,除了阐述孔子之意,还渗入了自己的见解与主张。《孟子》一书,就记录了他的部分言行,体现了他独特的思想观点。

二、荀子私学的教学内容

荀子名况,又称孙卿,战国末期赵国(今山西南部的安泽一带)人,生卒年不能确定,但其主要活动于公元前298—公元前238年之间。少年时,游学到齐国稷下学宫(在今山东临淄北),而逐渐成为稷下学宫的名师,并三次被推举为学宫的祭酒。荀子中年时候(约前264年),应秦昭王的聘请西游于秦,会见过秦昭王和秦相范雎,并考察过秦国的政治。他向秦昭王陈述了自己的政治主张,建议重用儒生,实行仁义王道。但因秦国重武功,轻德教,不愿意"节威反文",所以没有采纳荀子的意见。他仍旧到齐国稷下学宫讲学,同各个学派的学者进行学术讨论,后来因受谗言离开齐国。楚国宰相春申君黄歇邀请他到楚国,并派他做兰陵(今山东苍山县兰陵镇)令。不久又遭人诽谤,离楚返赵,从事教学工作。以后,春申君又派人再次去邀请他去楚国,仍然担任兰陵令。春申君逝世后,荀子辞职,定居兰陵,讲学著书而终其一生。司马迁写道:荀子"推儒、墨、道德之行事兴坏,序列著数万言而卒"。他是孔子学说的继承者、弘扬者,并批判地吸取了诸子百家的研究成果,成为集先秦学术思想于一身的著名学者。

荀子十分重视儒家经学的整理,在《荀子》一书中,引《诗》82次,引《书》13次,引《易》3次,就足以证明。荀子在传授儒家经学方面有特别重要的贡献,他讲学的内容是孔子删定的《诗》、《书》、《礼》、《乐》、《春秋》。荀子写道:"《书》者,政事之纪也;《诗》者,中声之所止也;《礼》者,法之大分,类之纲纪也;故学至乎《礼》而止矣。夫是之谓道德之极。《礼》之敬文也,《乐》之中和也,《诗》、《书》之博也,《春秋》之微也,在天地之间者毕矣。"[①]他认为儒学的"五经"是儒家实施教化的必读的教材。他说:"《诗》言是,其志也,《书》言是,其事也,《礼》言是,其行也,《乐》言是,其和也,《春秋》言是,其微也。"[②]

荀子传授儒家经学,并不是把孔子的学说简单地继承下来,而是有所取舍和发挥,对后世经学的发展产生了很大的影响。"据清人汪中考证,在《诗》方面,与荀子直接有关的是《鲁诗》和《毛诗》。《鲁诗》为今文《诗》,在汉初为鲁人申公所传,而申公则师承荀子之弟子浮邱伯;《毛诗》为古文《诗》,所传者毛亨乃荀子弟子。陆玑曾作《毛诗草木虫鱼鸟兽疏》,内云:'荀卿授鲁国毛亨。毛亨作《训诂传》,以授赵国毛苌。时

---

① 《荀子·劝学》,《诸子集成》(2),第7页。
② 《荀子·儒效》,《诸子集成》(2),第84—85页。

人谓亨为大毛公,苌为小毛公。'《韩诗》似乎也与荀子有关,《韩诗》中引荀子说《诗》者44处。《春秋》有三传,荀子以《谷梁传》传浮邱伯,浮邱伯再传申公。以《左传》授张苍,张苍再传贾谊。《礼》,现在《礼记》(指《小戴礼记》)中的《乐记》、《三年问》、《乡饮酒》就是《荀子》一书中的《礼论》和《乐论》,《大戴礼记》中的《曾子立事》篇即《荀子》中的《修身》和《大略》,可见《大戴礼记》与《小戴礼记》均与荀子有关。"所以说:"秦汉儒生所习《五经》及其解说,大多源自荀子。"[①]他的学生儒、法兼有,韩非、李斯是著名的法家。浮邱伯、毛亨、张苍是当世的名儒。从以上引述的史实,就足以说明荀子传授儒家经学的巨大贡献及其深远的影响。

三、庄子的教学内容主张

战国时期,道家私学进一步兴盛起来,并分为两派。一派是以庄子为代表,继承老子以"道"为中心的教育、教学思想,并演化为崇尚自然,追求个人的精神解脱,主张培养"圣人"、"真人"、"至人"。另一派是以田骈、尹文、接子、环渊、慎到等为代表的稷下黄老学派,这一派号称道家的革新派。他们既以承袭老子的思想为主,又有选择地吸取儒、墨、阴阳、名家的一些因素,而独树一帜,从而形成新的流派。兹分别简述于下。

庄子,名周,字子休。生卒年已不可详考,据史料记载,他的活动年代大约在公元前360年—公元前286年,宋国蒙(今河南商丘县,一说山东曹县)人。庄子与孟子同时而稍晚,曾做过蒙地的漆园吏,但为时不久就隐居了。他继承老子以"道"为中心的教育思想,并加以发挥,提出了培养"圣人"、"真人"、"至人"的教育目的。所谓的"圣人"、"真人"、"至人",就是一种无己、无功、无名、无情的完全自由人,这种人能彻底理解和觉悟到复杂的世界和人生都是无差别的。他认为,要培育能领悟大千世界和人生都是无差别的,"无己"、"无功"、"无名"、"无情"的自由人才,选择教学内容的原则性要求是"三齐"、"四无"。

第一,"三齐",是指齐是非、齐善恶、齐美丑。

齐是非。庄子认为是非是相对的,没有绝对的界限,"是亦彼也,彼

[①] 李国钧、王炳照总主编《中国教育制度通史》(第1卷),第153—154页。

亦是也。彼一是非,此亦一是非"。① 究竟谁是谁非,分不清楚,何必人为地去分清哪个是哪个非呢？应该有齐是非的观念。他还认为,齐是非是接近"道"的要津。他写道:"彼是莫得其偶,谓之道枢。"②"和之以是非,而休乎天钧,是之谓两行。"③因此,他要求在教学活动中要教育学生对是非曲直不要斤斤计较,要听其自然均衡发展,不必进行人为的干预。而且还指出:"是不是,然不然。是若果是也,则是之异乎不是也,亦无辩；然若果然也,则然之异乎不然也,亦无辩。"④他要求人们对是非采取含混不清的态度,既可以把是当成不是,也可以把非看成不非。并不必为是与非,对和不对进行分辩。像这样,人世间的纷争也就没有了。

齐善恶。善与恶同齐是非一样,没有绝对的界限区别。从其为善的一方来说,都有他为善的理由；从其为恶的一方来说,同样有他为恶的道理。人们可以从尧与桀的自以为善,而指责另一方为恶的史例中去求得证明。庄子曾经说:"因其所然而然之,则万物莫不然,因其所非而非之,则万物莫不非；知尧、桀之自然而相非,则趣操赌矣。""由此观之,争让之礼,尧桀之行,贵贱有时,未可为常也。"⑤尧、桀的品行善恶是因时而异的,没有固定的界限。教学内容要符合齐善恶的观念,如此才能使受教育者达到"道"的精神境界。所以,庄子强调说:"与其誉尧而非桀也,不如两忘而化其道。"⑥

齐美丑。在庄子看来,美和丑也是相对的,没有绝对的界线划分。他举例说:"毛嫱、丽姬,人之所美也；鱼见之深入,鸟见之高飞,麋鹿见之决骤,四者孰知天下之正色哉？"⑦这就是说,尽管毛嫱、丽姬是普天下的美人,可是,鱼认为不美,见了就远游,鸟也觉得不美,见了便高飞,麋

---

① 《庄子·齐物论》。有关庄子的教学内容,参考毛礼锐、沈灌群主编《中国教育通史》(第1卷),山东教育出版社1985年版,第435—438页。熊明安主编《中国教学思想史》西南师范大学出版社1989年版,第26—28页。特此注明。
② 李国钧、王炳照总主编《中国教育制度通史》(第1卷),第153—154页。
③ 李国钧、王炳照总主编《中国教育制度通史》(第1卷),第153—154页。
④ 李国钧、王炳照总主编《中国教育制度通史》(第1卷),第153—154页。
⑤ 《庄子·秋水》。
⑥ 《庄子·大宗师》。
⑦ 《庄子·秋水》。

鹿同样认为不美,见了就急跑。这四者有哪个能懂得真正的美色呢？由此就足以说明,世界上是没有绝对不同的美与丑。因而教学内容应当合乎齐美丑的观念,以教育人们形成齐美丑的思想品质。

庄子主张"齐是非、齐善恶、齐美丑"的选择教学内容原则,虽然与社会实际事物相矛盾。因为客观世界毕竟存在着是非、善恶、美丑的事实,不可能否定社会存在的客观性。所以,庄子的这些主张是和现实脱离的。但是,仍然应当看到他的见解之中,有着丰富的辩证法思想。

第二,四无,是指无己、无功、无名、无情。庄子认为,要培养"圣人"、"真人"、"至人"。在教学内容的选择方面,还应当坚持"四无"的原则。

无己,是指人具有一种忘却自我的精神境界而言。庄子在《逍遥游》中讲明了"无己"的含义；他说"至人无己"。"无己"之人能够"吸风饮露,乘云气,御飞龙,而游乎四海之外"。这就是说"圣人"能完全物我两忘,丝毫不考虑自己,不受任何外界事物的牵累,过着自由自在的逍遥生活。

无功,是指人具有不追求功劳的精神品质。庄子认为,"圣人"既能泯灭人己的界限,又能混同于万物,他就具有"无功"的品质。因此,庄子说:"神人无功。"

无名,是指人具有不企求名位的品德。庄子认为,只有圣人才具有无名的品德。所以,他说:"圣人无名。"

无情,是指人始终处于不动声色,不动感情的状态。对于功名、利禄,甚至个人的一切,都无动于衷。正如庄子说:"有人之形,无人之情。"始终不以好恶喜怒哀乐的情感伤害自己的身心。

庄子认为,以无己、无功、无名、无情作为选择教学内容原则,才能够养成人们的"四无"品质,从而进入"道"的境界。这些主张从表面看起来,只是一种理想主义,或者说是近乎幻想主义。可是,他的见解却是有积极意义的。即他能看透名利的危害性,教导人们不要把名利作为追求的目标；而且,他的上述主张,对后世自由思想的发展,或者是自由主义的形成,有着重要的启迪和影响作用。

四、黄老学派的教学内容

黄老学派兴起于战国中期齐威王、齐宣王年间,其中心人物集中在齐国的首都临淄稷门的"稷下学宫"。司马迁在《史记·孟荀列传》写道:"慎到,楚人。田骈、接子,齐人。环渊,楚人。皆学黄老道德之术,因发明序其旨意。"因此,才有"稷下黄老学派"的名称。这一派学者,既学习老子的学说,又融合法家的法治思想,还吸取了儒家、墨家、名家、阴阳家的精神,开创了兼容并包中国传统学术思想的先河。

关于黄老学派的教学思想,由于史料缺乏,为研究者们造成很多困难。毛礼锐、沈灌群主编的《中国教育通史》(第 1 卷),根据 1973 年长沙马王堆三号汉墓中出土的《老子》甲、乙两种帛书,其中乙种本的前面有《经法》、《十大经》、《称》、《道原》四种古佚书,学者们认为这是"黄老学派"的重要著作。于是,他们依据这些"黄老学派"的著作,对黄老学派的教育思想进行了研究、评论。1989 年,我们在编写《中国教学思想史》时(1989 年 12 月由西南师范大学出版社出版),参考他们及相关的研究成果,认为黄老学派"使用的教材主要有《黄帝四经》,即《经法》、《十六经》、《称》、《道原》、《老子》、《文子》等"。综合起来探讨黄老学派教学内容的具体主张,从黄老学派的教育目标培养"有为"精神的"君子"来考虑,要实现这个教育目的,他们对教学内容提出了以下主张。

第一,文化知识。即他们所强调的"[文]武并行,则天下从矣"。"文武并立,命之曰上同"[①]。这里所讲的"文",应当是指文化知识而言。或者说,这就是儒家强调的知识教育。如果按 20 世纪教育学概念来理解所谓的"文",就是通常讲的智育,这是黄老学派十分重视的教学内容。

第二,道德伦理。在上面引文中的"文",按作者们的教育思想体系综合分析,其写作含义,还包含道德伦理教育的内容。这就是儒家十分重视的道德教育;用现代教育学概念来说,就是他们既重视"智育",又很注重"德育"。

第三,军事技能与体育。上面引文中的"武",应当是指"军事"而言。在《经法》中,他们写道:"文则[明],武则强。"就足以说明:他们在强调

---

① 《经法》。

文化知识与伦理道德教育的同时,还非常注重军事技能及体育教育。

黄老学派认为,"有为"的"君子",必须具有广泛的文化知识,高尚的道德品质,健全的身体和军事才干。只有这样才能建设起文兴武强的国家及其政权。从以上叙述可以看出,黄老学派在教学内容方面,主张智育、德育、军事和体育等并重。已经逾越了传统道家教学内容的界限,而吸取了儒家、墨家、法家等的教学内容因素。所以,有学者认为黄老学派不墨守成规,开创了融合各家学术的先例,是道家中的改革派确实有事实依据。

五、商鞅的教学内容主张

商鞅(约前390年—前338年)是战国法家的奠基人。商鞅姓公孙,名鞅,原名公孙鞅。由于他是卫国人,又称卫鞅。入秦,得到秦孝公充分信任,因其功绩突出,孝公"封鞅为列侯,号商君"①,所以又称商鞅。

商鞅"少好刑名之学"。② 他从卫国到秦国后,辅佐秦孝公实行了两次变法,主张"农战"。采取了废井田、开阡陌、燔诗书、废私学、以吏为师等政策措施,加强中央集权,促进了秦国经济的发展和国力的强大。但他的改革政策伤害了秦国贵族的利益,所以在秦孝公死后,秦国的许多宗室十分怨恨商鞅,并诬陷他谋反、叛国,而车裂死。尽管商鞅遭到杀害,车裂尸身,灭其全家,可是他的变法政策已在秦国扎了根。所以,韩非说"商君死……秦法未败也"。③ 商鞅死后一百多年,秦始皇在商鞅变法的基础上,实现了灭六国而统一全国的愿望。

商鞅认为实施"农战"和法治政策,才是富国强兵的根本。因此,他反对儒家的"礼教"治国方略,指斥儒家的仁义道德说教,是"巧言虚道"、"烦言饰辞而无实用"。他说:"礼乐淫佚之征也;慈仁,过之母也。"④也就是说"礼乐"会将人引上邪路,"仁慈"是一切罪恶的根源。所以,他主张"燔诗书而明法令"。⑤ 以奖励耕战为中心内容的法治教育,

---

① 《史记·商君列传》。
② 《史记·商君列传》。
③ 《韩非子·定法》。
④ 《商君书·说民》。
⑤ 《韩非子·和氏》。

用以取代《诗》、《书》、《礼》、《乐》等儒家典籍。而且,还首倡"以吏为师"的教育制度。他说:"今先圣人为书无传之后世,必师受之,乃知所谓之名;不师受之,而人以其心意议之,至死不能知其名与其意。故圣人必为法令置官也、置吏也,为天下师,所以定名分也。"①在商鞅看来,政策法令作为教学内容,也和圣人著作的书一样,要通过师的传授,才能"知其名与其意"。从商鞅的遗著《商君书》分析,商鞅的教学内容主张,大约包括三个部分:国家颁布的政策法令;"耕战"的作用与意义;在法治教育中寓以法家的道德观念。

第一部分,国家颁布的政策法令。商鞅在变法的过程中,非常强调法制和法令教育,而且要求法令应当"明白易知",才会使所有的老百姓都懂得国家的政策法令,然后"万民皆知所避就"。他说:"法令者,民之命也,为治之本也。"②又说:"明主慎法制,言不中法者,不听也;行不中法者,不高也;事不中法者,不为也。"③说明商鞅的教学内容主张是以"法"为核心的,言、行、为事都要以政策法令作为准则。商鞅还指出:"王者以赏禁,以刑劝,求过不求善,籍刑以去刑。"④他认为作为国家的最高统治者,采用刑法的目的是为了废除刑法,使老百姓不犯罪过。他觉得人们的心理都是趋利避害的。所以,他说:"民之性,饥而求食,劳而求逸,苦则索乐,辱则求荣,此民之情也。"⑤假如能好好地针对老百姓趋利避害的心理采取法令措施,使守法的人得到最大的好处,使犯法的人遭到最大的伤害,那么,他们自然就不再敢于犯上作乱了。

第二部分,耕战的作用和意义。商鞅认为国家要富强,拥有实力,就必须实行"耕战"政策;要使老百姓努力"耕战",就要求国君应当得到老百姓的真心拥护,只要这样,老百姓才会努力"耕战"。他说:"国之所以重,主之所尊者力也。于此二者力本。世主莫能致力者,何也?使民

---

① 《商君书·定分》。
② 《商君书·定分》。
③ 《商君书·君臣》。
④ 《商君书·开塞》。
⑤ 《商君书·算地》。

之所苦者无耕,危者无战,二者。孝子难以为其亲,忠臣难以为其君。"①这就是说,耕战是国家实力的来源,使民不耕不战,国家就会处于贫弱、危乱状态,为臣的既不能尽忠,为子的也难以尽孝。又说:"圣君之治人也,必得其心,故能用力。力生强,强生威,威生德,德生于力。王君独有之,能述仁义于天下。"②这就是说,惟有实行法治,推行法治教育,才能使老百姓心悦诚服而努力耕战,这样国家才能富强,才拥有雄厚的实力,国君也才有威望,然后才能施行仁义于天下。

第三部分,法治教育中寓以法家的道德观念。商鞅主张"贵法","不贵义",做到"法必明,令必行"。空谈"仁义"是没有任何实际意义的。他说:"圣人有必信之性,又有使天下不得不信之法。所谓义者,为人臣忠;为人子孝;少长有礼;男女有别;非其义也,饿不苟食,死不苟生。此乃有法之常也。圣王者不贵义而贵法,法必明,令必行,则已矣。"③这段论述说明,商鞅讲的"不贵义",并不是不要仁义道德,而是不要以仁义道德的说教为贵。以法治教育为贵,在法治教育中寓以法家的仁义道德观念的教育,也就是以法治教育为前提,来施行仁义道德的教育。

综合起来看,商鞅的教学内容主张,核心是政府颁布的政治、经济和文化教育等各项政策法令、耕战的作用意义、法家的仁义道德观念。

六、韩非的教学内容主张

韩非(约前280年—前233年)是战国末期韩国人,他和李斯都是荀子的弟子。韩非是韩国的贵族,目睹韩国逐渐贫弱,便上书韩王,建议变法革新。但是,韩王不接受他的改革建议。于是就写下了《孤愤》、《五蠹》、《内外储》、《说林》、《说难》等十余万言,阐明他的政治理想和主张。在他的这些著作中,吸取了管仲、李悝、吴起、申不害、商鞅等法家关于"法"的思想理论,还总结了先秦法家中"法、术、势"三家的许多见解,从而形成了他的法治理论体系,成为先秦时期法家的集大成者。当他的著作流传到秦国,秦王见到《孤愤》、《五蠹》等篇后,非常欣赏其中的主

---

① 《商君书·慎法》。
② 《商君书·靳令》。
③ 《商君书·画策》。

张。经李斯的介绍，秦王才知道韩非是韩国人，于是便派兵进攻韩国，韩王被逼无奈，只得派韩非出使秦国。他到秦国不到一年，李斯害怕自己的地位受到韩非的威胁，就伙同姚贾诬害韩非，秦始皇在李斯的挑唆下杀害了韩非，可是，他却利用韩非的"法治"理论，统一了全国。

韩非继承春秋初年以来兴起的法家传统，主张"去无用，不道仁义"①，以"法"作为教学内容。韩非说："明主之国，无书简之文，以法为教。无先王之语，以吏为师。"②又说："法者，编著之图籍，设立于官府，而布之于百姓也。"③按照韩非的主张，以"法"为教的内容，又大致可以划分为三个部分。

第一部分是以既成法为内容。即他所说"编著之图籍"，这显然是指当世之前由政府公布过的政策法令，并已经编撰成"图籍"的法律文本。选择其中有利于加强统治权力的内容，对人们进行灌输。自管仲、商鞅实施改革开始，颁布了很多政策、法令，所谓"藏商管之法家有之"。即几乎每家都保存有商鞅、管仲实行改革时制定的政策、法令。韩非主张把这些既有的"法"列为教学内容。

第二部分是当时政府颁布的政策、法令。所谓"设立于官府，而布之于百姓也"。这是指由当前执政的政府所颁布的有关政治、经济和文化教育等方面的政策、法令，要求社会生活各方面都必须遵守与执行，也是人人必学的内容。

第三部分是在"法"的内容中，还包含有道德教育的部分内容。尽管韩非曾经表明：圣人治国，"不务德而务法"④，但他继承商鞅"以杀刑之反于德"⑤的主张，认为："正明法，陈严刑，将以救群生之乱，去天下之祸，使强不凌弱，众不暴寡，耆老得遂，幼孤得长，边境不侵，君臣相亲，父子相保，无死亡系虏之患。此亦功之至厚者也。"⑥在韩非看来，实行法

---

① 《韩非子·显学》。
② 《韩非子·五蠹》。
③ 《韩非子·难三》。
④ 《韩非子·显学》。
⑤ 《商君书·开塞》。
⑥ 《韩非子·奸劫弑臣》。

治和推行法治教育,就能够达到培养人们良好道德的目的。值得注意的是韩非虽然主张"陈严刑",却反对实行暴政,所以他说:"暴者心毅而易诛也。""心毅则憎心见于下,易诛则妄杀加于人。""憎心见则下怨其上,妄诛则民将背叛","暴人在位,则法令妄而臣主乖。民怨而乱心生。""仁暴者皆亡国者也。"①由此可见,韩非十分注意人们的道德培养,只是他把道德教育寓于法治过程和法治教育之中,或者说他将执行法令及其教育和道德教育融合在一起,而且不赞成儒家的传统道德,主张以法家的道德伦理体系来进行教导。

从上述可以明确地看出,法家主张的教学内容主要是既成法、当今法和寓法家道德伦理于"法"教之中,这些主张和其他学派有着明显的差别。

春秋、战国时期各派私学的发展,在教学内容方面发生了巨大的变革,除了继承西周时期的一些内容之外,其创新部分已经涉及到政治哲学、自然哲学、逻辑学、伦理学、文学、历史学、法律学、军事学、农学、医学、自然科学、技术科学等学科的内容,为此后学校选择教学内容产生了深远的影响。

第三节 春秋、战国时期的教学组织形式与方法

一、教学组织形式

春秋、战国时期在继承西周以来的集体教学和个别教学传统的基础上,又有了许多新的发展。首先,就集体教学来说,它已经不完全是西周时期和政事活动相结合的那种集体形式,而是专门传授知识、学术、伦理道德等内容的集体教学形式。而且,这种集体教学形式还有一定流动性,没有固定的场所,教师带着学生游历教学;这种形式在春秋、战国时期十分流行。集体教学形式在齐国稷下学宫更是广泛采用,"学宫"里的各派学者带领自己的学生自由安排教学,大都采用集体讲述或讨论的形式,除了本派的学生之外,其他学派的学生也可以自由参加听讲和辩

---

① 《韩非子·八说》。

论。同时"学宫"还以召开"期会"的形式,开展全学宫的讲学活动。在召开"期会"时,不仅全学宫的教师和四方游学之士可以自由参加,学生也可以自由参与听讲和辩论而不受任何约束。可以与不同学派进行辩论,也可以在自己学派内进行辩论。既可以在学生之间进行辩论,还可以在师生之间进行驳难,而且还可以与齐王及其大臣进行争论。其次,个别教学形式也有了许多改变。在各学派的私学里,针对学生的学识程度的不同实施个别教学,一般是初入学而且人数很少的就进行个别讲述;还有少数是学识水平较高的学生采用个别讲述和指导的方式开展教学。

在春秋、战国时期发展和创造的上述教学组织形式,成为我国古代学校教学的基本组织形式,历朝历代的官、私学校大都采用这些形式组织教学活动,只是随着时代的变革和教学发展的需要,稍有变通而已。

二、教学方法

春秋、战国时期教学方法和西周时期有很大的进步,各派学者在教学的实践中创造了许多教学方法兹分别简述于后。

首先,从儒家学派来看,孔子总结的方法有:学、思、行结合,因材施教,启发诱导,能近取譬,循序渐进,叩其两端;孟子除了继承孔子的有些方法还提出的方法有:"由博返约","言近指远","深造自得";荀子总结的方法有:学以致用,解蔽与兼陈中衡,虚一而静,锲而不舍,隆师亲友等等。

其次,墨家墨子总结的方法有:不叩必鸣"强说人"的主动教学,"述而又作"的创造,"学必量力之所能至","察类明故",研究事物之所以然,"强力而行"的刻苦磨炼方法。

再次,道家老子、庄子提出的教学方法有:绝学弃智,涤除玄监,顺乎自然,而特别强调"顺乎自然"。

最后,法家商鞅对吏师教学方式、方法的规定十分具体,教学方式是:国家每年向吏民们公布一次法令,吏师们则按照禁室的法令文本学习法令的内容,然后教民。采用的主要方法是"问答法"。凡是官吏和民众向吏师询问法令条文内容,吏师都要明确地给予回答。而且还规定:当有百姓向吏师问法时,吏师要制作一个长一尺六寸的符作为证件,上面明确写上年、月、日、时某人所问法令的条文,存档备查。等到询问法令的人恰巧违反了他答问过的那条法令,这时就查档,如果当时吏师并没有给予答复,或答复错了,那就按照吏民所问法令上规定的罪,来惩处吏师。这也就是说,吏师必须精通法令,必须耐心细致地回答吏民所问的问题,如有失误,将受到惩罚。战国时期的法家没有"尊师"和"师道尊严"的观念,吏师与吏民一样,都受制于法。①

韩非继承商鞅的法治思想并加以发展。总结的方法有:"其教易知"反对儒家的理论思辨和道家的虚玄,采用"参验"即用事实验证,以注入代替启发,以强制代替感化等方法。

除了各个学派总结的教学方法之外,在战国末期的有关著作中也总结了一些教学原则与方法。如《吕氏春秋》一书提出的教学原则有"顺应自然,因势利导"、"激发学生兴趣"、"感化与惩罚结合"、"教学须适应学生的接受能力"等。又如《学记》中,总结的教学原则有:"启发诱导原则"、"预防性原则"、"及时施教原则"、"循序渐进原则"、"长善救失原则"。提出的基本教学方法有:"问答法"、"讲解法"、"练习法"。② 以上这些教学方法,在我国古代学校教学中得到了充分应用和发扬,成为古代学校教学的基本方法。

第四节 春秋、战国时期的教师和学生及其活动

一、教师

春秋、战国时期,教师已经成为一种专门而独立的社会职业。从事教学的人员与西周时期的"官师合一"完全不同,即不再是只有官员才能担任教师,而主要是掌握了丰富、渊博的文化知识、理论的"士"担任教师,或者是曾经在政府机构担任过某项职务,又脱离开政府而专门开

---

① 参考陈学恂主编《中国教育史研究》(先秦分卷),华东师范大学出版社1991年版,第244页。

② 以上分别参见熊明安主编《中国教学思想史》,西南师范大学出版社1989年版,第49—50页、57—60页。

办学校进行教学的人员。他们已不属于官吏系统,其教学内容也不由官府规定,如老子、孔子、墨子、孟子、子思、荀子等都是春秋、战国时期的著名学者和私学教师。

另,据陈学恂主编《中国教育史研究》(先秦卷)的作者写道:"从史籍中可以找到春秋时期晋、齐、鲁、楚等国设置师、保、傅的若干记载,他们的职务是教育太子,多选有资望的近臣担任。"这可算是为统治者子弟专门设置的教师,他和新兴的私学教师是不同的。

到了战国的中后期齐、秦两国的变法改革,师的身份又发生了一些变化。据《管子》记载:齐国在"乡置师而说道之"。[①] 这个"乡师"与作为社会职业的"师"在身份上显然有区别,"乡师"是国家的职官,具有官吏的身份,同时又是"师"。这是专门设立的教师,不是"以吏为师"。他的主要任务是推行教化。齐国实行乡师制,但不禁止私学。

秦国商鞅变化,实行"以吏为师"制。但是,并不是所有官吏都是教师,只有那些经过精心培育与选拔的主管法律、法令的官吏才能担任教师。换句话说,商鞅主张以法官、法吏为师。商鞅在《商君书·定分》中详细地论述了吏师的选拔培养。他要求各地把那些通晓政策法令的人,推荐给国君,由国君分别任命他们去各地主管法令。一旦有主管法令的官吏调动或死亡,就立刻派人向富有经验的吏师学习,通读法令条文,不合格的,就用法令治他的罪,合格者就顶替吏师的位置。商鞅还制定了吏师的设置体制:朝廷设置三位法官,一在国君殿,一在御史府,一在丞相府,御史府还加设法吏。这是中央一级的法官。在地方上,诸侯和郡县都分别设置一名法官和法吏,而且都受朝廷法官的辖制。在中央和地方都设置吏师,是为了把法制教育普及到所有的官吏和民间的各个老百姓,使他们知法守法,这样才不至于违法与犯上作乱,以保持统治政权的稳定。韩非对商鞅"以吏为师"加以发展,按照他的设想,全体官吏都有责任给老百姓宣传讲解法律、法令,都是教师,才彻底走向了"以吏为师"的道路,或者说又恢复了西周时期的"官师合一"制度。

---

① 《管子·权修》。

二、学生

春秋、战国时期的学生和西周时期也截然不同,他们的大多数是新兴的上层人士中的青壮年或他们的子弟,还有在政府机构担任了职务的一些官吏。他们都有相对自由独立的人格和地位,可以自由地选择教师和学习内容、开展学习活动,发表自己的见解。但在战国时期的秦国商鞅变法实行法治教育和"以吏为师"制度,学生则是全国所有的官吏和老百姓。韩非则对商鞅的主张稍微有些变动,依据韩非法治教育的设想,全国老百姓都是学生,都要接受全国官吏施行的法治教育。

三、学生活动

春秋、战国时期的学生活动,最主要的有两个方面值得重视。

一是学习、学术活动。学生在学习过程中的主体性、积极性都增强了,可以自由选择教师和学习内容,叙述学习的心得,表明个人的学习意见。在学术讨论中,学生可以自由参加,并和各个学派的学生、教师及执政的官员进行争论、辩驳,阐述自己的学术见解。

二是评论政治时事和品评政治人物。据刘向《新序》记载:"齐有稷下先生,喜议政事。邹忌既为齐相,稷下先生淳于髡之属七十二人皆轻忌。"这段史实说明了齐国稷下学宫的教师和学生们评议政事,品评政治人物的事实,就是当时担任齐国宰相的邹忌都遭到评论而为教师和学生们所轻视。在战国时期的齐国稷下学宫里,学生议论时事,评论政治人物是十分普遍而平常的事情。齐王对于这些"不治而议论"的教师和学生,还给予鼓励并给以优厚的物质待遇。如齐宣王为了挽留孟子不离开稷下学宫,曾经许诺:"我欲中国而授孟子室,养弟子以万钟,使诸大夫国人皆有所矜式。"①

由此可见,我国教育史上,教师和学生议论政事,品评政治人物的风气早在战国时期就已经形成。但在战国后期的秦国商鞅变法以后,学生学习的内容则主要是政府规定的法律、法令,学习活动必须按照法律、法令的规定进行。学生的活动与稷下学宫的"百家争鸣"相比较,就相距甚远了。

---

① 《孟子·公孙丑下》。

第三章

秦朝学校的教学活动

秦原来是处于西戎的嬴姓部族,相传是伯益的后代。非子做部落首领时,居于犬丘(今陕西兴平东南),善养马,被周孝王封于秦(今甘肃张家川东),作为附庸。传到秦仲,周宣王命为大夫。秦仲被犬戎杀死,其长子庄公又把犬戎打败。秦庄公的儿子秦襄公,护送周平王东迁有功,周幽王五年(前777年)被分封为诸侯。自秦襄公立国后,逐步兼并戎族地区,遂占有西周故地。春秋时期建都于雍(今陕西凤翔东南)。到秦穆公时曾经攻灭十二国,称霸西戎。到战国时,秦孝公任用商鞅变法,国力强大,并迁都咸阳(今陕西咸阳东北),成为战国七雄之一。至秦王嬴政执政元年(前246年)已有531年的历史。公元前221年秦王嬴政灭六国,结束了全国分裂割据的局面,建立起统一的中央集权制的秦王朝,至公元前206年为农民起义推翻,总计秦存在570年,而全国统一的时间则只有15年。全国统一后,为了进一步加强中央集权,在全国实行郡县制,废除西周推行的分封制。郡县的长官由秦朝廷任命,并可随时更换,不像分封制的诸侯国君那样实行世袭制。其治国方略仍然沿袭法家的政治主张,既继承了自商鞅变法以来的各项政策措施,又以韩非的"法治"理论体系为指导,并在法家李斯的直接主持下,采取了许多巩固统一的措施:如"书同文"、"行同伦"、"车同轨"等。把"以法治国"、"禁锢言论",作为秦朝的基本国策;"禁私学"、"以法为教"、"以吏为师"作为秦朝教育制度的出发点。这些专制政策,不仅彻底摧毁了春秋、战国时期私学繁荣,学术发达的"百家争鸣"大好局面,而且,还发生了灭绝文化教育的"焚书坑儒"事件,从而导致中国产生了思想、学术、文化、教育大倒退的历史悲剧。

第一节　教学内容

一、"吏学"的教学内容

秦朝设立有两种官学,一种是专门培养"吏员"的"吏学";另一种是"吏师"实行"法律"、"法令"教学的官学。

所谓"吏学"是专门培养官府衙门中的低级公务人员或从事具体操作性工作的办事人员,也就是做官员的属吏。秦从商鞅变法开始,实行中央集权政治,官吏的任用由中央政府决定,随着秦国版图的不断扩大,官吏的需要也越来越多。为了满足这种现实的需要,并保证官吏能够胜任工作,除了建立合理的选用制度外,还很注意官吏的培养,特别是低级的吏员,要求的数量多,职能具体繁杂,又是维系官府衙门正常运作的主力,更需要进行培养。在秦国已建立起从中央到地方郡县的"吏员"培养制度,称之为"吏学",又可称为"宦学"。

"吏员"学习的内容,也就是"吏学"的教学内容,具体的教学内容有两部分:一部分是识字教学。所用的教材是秦朝中央政府官员编纂的识字课本:《苍颉》、《爰历》、《博学》三种。《汉书·艺文志》记载:"《苍颉》七章者,秦丞相李斯所作也。《爰历》六章者,车府令赵高所作也。《博学》七章者,太史令胡毋敬所作也。文字多取《史籀篇》,而篆体复颇异,所谓秦篆者也。是时始建隶书矣,起于官狱多事,苟趋省易,施之于徒隶也。"说明这些识字课本是适应"吏学"发展而编写的教材。另一部分是官吏道德行为规范的教学。据秦简整理小组考证,云梦秦简中的《为吏之道》就是培训"吏员"所用的教材。要求官吏"必精洁正直,慎谨坚固,审悉毋(无)私,微密纤察,安静勿苛,审当赏罚",即做到正直,廉洁,出以公心,谨慎,沉稳,治事得当。[①]

[①] 参见李国钧、王炳照主编《中国教育制度通史》(第1卷),山东教育出版社2000年版,第199—203页。

二、"吏师"施教的教学内容

秦朝的"吏学"制和"以吏为师"制是两个不同的制度,"吏学"的"吏"是学生;"以吏为师"的"吏"是专门施教的官员,是教师。"吏师"教学的内容,是依据商鞅和韩非的主张确定的,具体内容包括两部分的法律、法令:一部分是秦朝既成的法律、法令,即秦朝过去颁布的法律、法令,并已经编辑成法律、法令的文本,所谓法令图籍;另一部分是秦朝政府每年颁布的法律、法令和文告。由吏师向吏员和普通老百姓进行讲解,使他们知法、守法、不犯法。一般的吏、民如果对法律、法令和文告有不了解的,可以直接向"吏师"咨询或提问,由吏师详细地给以解答。有学者研究指出:"云梦睡虎地出土的秦简中大部分都是与法律有关的内容,其中的《法律问答》就是一部法律教材。"[1]这个法律"教材"可能就是"吏师"教学时回答"吏"及老百姓有关法律问题的记录。

三、私学的教学内容

商鞅在秦国变法时,虽然提出"贱游学之人"[2],"禁游宦之民"[3]与禁私学的主张,却并没有实行禁止私学。到全国统一后的秦始皇三十四年(前213年),接受丞相李斯的建议,才下令严格禁止私学。李斯指出:"今皇帝并有天下,别黑白而定一尊。私学而相与非法教,人闻令下,则各以其学议之,入则心非,出则巷议,夸主以为名,异取以为高,率群下以造谤。如此弗禁,则主势降乎上,党羽成乎下。禁之便。"他提出建议说:"臣请史官,非秦记皆烧之;非博士官所职,天下敢有藏《诗》、《书》、百家语者,悉诣守尉杂烧之。有敢偶语《诗》、《书》弃市,以古非今者族。吏见知不举者,与同罪。令下三十日不烧,黥为城旦。所不去者,医药、卜筮、种树之书。若欲学法令,以吏为师。"[4]李斯这些主张和建议得到秦始皇的批准,并立即颁布了"挟书律"的法令。禁止私学和藏匿《诗》、《书》、《礼》、《乐》等儒家著作。

---

[1] 参见李国钧、王炳照主编《中国教育制度通史》(第1卷),山东教育出版社2000年版,第185页。

[2] 《商君书·壹言》。

[3] 《商君书·赏刑》。

[4] 《史记·秦始皇本纪》。

秦朝统一全国后,是否存在私学?可以"挟书律"的颁布为界限来进行分析。在"挟书律"颁布前,从李斯向秦始皇的建议中透露出秦统一全国后,私学教育仍然非常普遍而活跃。他所谓的"私学而相与非法教,人闻令下,则各以私学议之。入则心非,出则巷议,夸主以为名,异取以为高,率群下以造谤"。这里所说的"私学",既包含了各派学者私人所学及其学术观点,以及不同意秦朝政府的政策、措施的思想主张,因而"人闻令下,则各以私学议之",又指当时秦朝统治区域内的私立学校,在这些私学里师生们也议论诽谤政府的政策,不赞同政府的改革措施,"而相与非法教";其中说的"率群下以造谤"的"率领者"既有当时某学派的著名学者,又有私学的主持者;而所谓的"群下",既有赞成某学派的诸生、学者,又有学者设立的私学的学生;只有著名的学者和私学的主持人老师,才有号召力率领"群下以造谤"。正是有各派学者与私学师生们的"非法教"、"巷议"、"造谤"等因素,妨害了秦政府推行统一的各项措施,于是李斯就向秦始皇建议禁止私学。在丞相李斯以朝廷的名义,下达了非常严酷的禁止私学和藏书的命令,即"挟书律"以后,秦朝的疆域内仍然有《诗》、《书》和私学存在。一则是秦朝中央政府成立初期,其统治的权力还没有深入到各个区域,有儒生对"挟书律"不予理睬,而把书藏起来是完全可能的事情。所以,司马迁在《史记·儒林列传》写道:"秦时焚书,伏生壁藏之。"二则是"挟书律"颁布后四年,秦始皇就死了,次年就爆发了陈涉、吴广起义,秦朝的中央集权统治政权很快就被农民运动推翻。因此,私学教育和《诗》、《书》、《礼》等在秦朝并没有彻底禁绝。

私学的教学内容大致包括儒家的《诗》、《书》、《礼》、《易》、《春秋》及黄老学派与刑名、法律等各派的教学内容。在《史记·儒林传》、《汉书·儒林传》记述汉初私学状况时,就描述了秦统一六国后的私学教学内容。兹引用几段史料就能够窥见这个时期私学教学内容的概况。

第一,《史记·儒林传》记载:"陈涉之王也,而鲁诸儒持孔氏之礼器往归陈王。于是孔甲为陈涉博士,卒与陈涉俱死。"这里所记述的是陈涉起义后,鲁国的儒学先生都纷纷持孔氏的礼器去投奔他,孔子的八世孙孔甲还担任了陈涉的博士。说明在鲁国的旧地仍然存在私学,传授以孔子为代表的儒家学说。

第二,《汉书·儒林传》写道:"高皇帝诛项籍,引兵围鲁,鲁中诸儒尚讲诵习礼,弦歌之音不绝,岂非圣人遗化好学之国哉?"这段史料记述了汉高祖刘邦率领军队包围鲁国时,还听到鲁国的儒生讲诵、习礼的歌声。又,同一书还写道:"申公,鲁人也,少与楚元王交俱事齐人浮邱伯受《诗》。汉兴,高祖过鲁,申公以弟子从师入见于鲁南宫。"这段史实是说申公和楚元王都是浮邱伯的弟子,在刘邦经过鲁国时,他曾经跟随他的老师去见过汉高祖。说明了齐人浮邱伯也在鲁国旧地开办私学,以《诗》为教材进行教学活动;在秦朝末年的鲁国旧地,仍然存在着私学的教学。

第三,《史记·叔孙通传》记载:"叔孙通者,薛人也。秦时以文学征,待诏博士。叔孙通之降汉,从儒生弟子百余人。"这段史实说明叔孙通在秦末仍旧在进行私学的教学,到他投降汉高祖时有儒生弟子一百多人,可见他的私学规模还相当可观。他是秦朝的博士、著名的儒家学者,办的私学当然是以传授儒家学术为教学内容。

第四,《史记·乐毅传》记载:"太史公曰:……乐臣公学黄帝、老子,其本师曰河上丈人,不知其所出。河上丈人教安期生,安期生教毛翕公,毛翕公教乐瑕公,乐瑕公教乐臣公,乐臣公教盖公。盖公教于齐高密、胶西,为曹相国师。"司马迁记述了乐毅的先辈乐臣公学黄老学说及其传承的过程,从其经历的时间段来推算,这所私学,应该在秦朝统治时期就已经存在了,由此也能说明这个时期的私学内容,除了儒家的《诗》、《书》、《礼》、《易》、《春秋》之外,还有传授黄帝、老子学说的私学。

第二节 教学组织形式与方法

一、教学组织形式

从前述秦朝两类"官学"教学,可以探知其采取的教学组织形式是集体教学和个别教学相结合。在"吏学"里,讲书(包括识字和书写)一般应当是集体式,而背诵则应该是个别式的;学习《为吏之道》则是讲述与实际应用结合进行的,先使吏员理解《为吏之道》的含义,再到实际中应用。讲述是采用集体的形式,应用时则实施个别指导。据有的学者研究指出:"当时的弟子学吏是被当作劳动力供使唤的,带有艺徒性质,因为学习吏事和学徒一样,主要是边干边学。"[①]这种艺徒式的边干边学,必然是由教师进行个别指导。"吏师"进行法律、法令和文告的宣传、教化,一般也是集体讲述和个别回答问题相结合的方式进行。私学教学仍旧沿袭战国时期私学的教学组织形式。

二、教学方法

秦朝教学常用的方法有背诵法、练习法、讲解法、问答法等。背诵法是因为秦朝选用吏员规定有背诵的制度,还要测试八体。据《说文解字序》引《尉律》所说:"学童十七已上始试,讽籀书九千字,乃得为吏。又以八体试之郡,移太史并课最者,以为尚书吏。"又说:"秦书有八体:一曰大篆,二曰小篆,三曰刻符,四曰虫书,五曰摹印,六曰署书,七曰殳书,八曰隶书。"另,据《战国策·秦策五》的记载,王子楚从赵国回秦国,见秦昭王,"王使子诵(书),子曰:'少弃捐在外,尝无师傅所教学,不习诵。'王罢之",也说明了秦朝政府要求统治阶级的子弟都要学习背诵和练习写字,并通过测试合格才能为吏。因此,"吏学"的教师就必须运用背诵法和练习法来教导弟子。"吏师"宣讲法律、法令和文告的宣传教化一般都运用讲述法与问答法。

第三节 教师和学生及其活动

一、教师和学生

秦朝"吏学"的教师是政府从全国各地选拔、任命精通法律、法令的人员担任,在商鞅变法的战国时期,就建立起"吏学"制度。秦统一全国后,"吏学"制度仍旧延续;"以吏为师"制度则发生了变化。在商鞅变法

---

① 李国钧、王炳照主编《中国教育制度通史》(第1卷),山东教育出版社2000年版,第201页。

时的"以吏为师"的"吏师",只能是熟悉法律、法令的官员;也就是掌管律令的官员才能担任"吏师",这时的教师还有一定的专业性要求。到秦统一全国后,由李斯主持推行的"以吏为师"制度则规定各级官吏都是"吏师",都要给老百姓讲解法律、法令,也就是说又倒退到"官师合一"的历史状态。再据史料记载,秦在地方基层还建立了专门负责教化的吏员,称之为"三老",也属于当时"教师"队伍的成员。至于私学的教师和战国时代的私学教师基本相同,只是教师的教学和学术上的自由风气,遭到严格的限制。概括起来说,秦朝的教师有专职的"吏学"和私学的教师,还有兼职的"吏师"。

秦朝"吏学"的学生是经过官府录取手续的正式弟子。据《秦律十八种·内史杂》规定:"非史子也,毋敢学学室,犯令者有罪。"[①]这里的"史"是指从事文书档案及文献编纂及保管等业务的吏员,"史子"就是说这类吏员是经过正式注册的弟子。

秦朝的"以吏为师"、"以法为教"制度是一种社会化的法治宣传教育,所教导的学生,则是各地的老百姓。

二、学生活动与"焚书坑儒"

秦朝的学生(专门指儒生和私学诸生而言,不包括"吏师"宣教过的学生亦即各地的普通老百姓)活动,仍然继承着战国时期稷下学宫的一些风气。在学习活动之外,主要还是评论朝政,品评人物。秦统一全国后,采取了加强专制统治的措施,引起了诸生的议论和反对。李斯在斥责诸生以学乱政时说:"语皆道古以害今,饰虚言以乱实。人善其所私学,以非上之所建立。"这说明了当时的学生们,关心国家大事,评议政府的政策,才引起了最高执政当局对诸生的批评。在颁布"挟书律"的次年,又有为秦始皇求长生不老仙药而不得的方士、儒生,侯生和卢生在私下里指责秦始皇,说他贪于权势、刚愎自用、专任狱吏、以刑杀为威等等,后被秦始皇知道了,因惧怕遭到杀害,而被迫逃亡。秦始皇非常愤怒,借此机会把由他养着却又对他的政策不满的儒生、方士严加惩处。

---

① 《睡虎地秦墓竹简》。

《史记·秦始皇本纪》记载:"于是使御史悉案问诸生,诸生传相告引乃自除,犯禁者四百六十余人,悉坑之咸阳。"另外,还流放了一些儒生。"坑儒"事件虽然是偶然发生的,但也有它的必然性,这是秦朝执政的法家反对儒家采取的一项打击措施,也是秦朝实行中央集权政治的产物。这个事件的发生既表现了儒生们为维护自己理想的勇敢抗争精神,又体现了秦朝政府贯彻法治与实施统一思想的决心。尽管"焚书坑儒"事件发生了,儒生们并没有完全被吓倒而哑口无言,秦朝政府同样也没有彻底拒绝儒生参政。在陈涉起义后,秦二世胡亥元年(前209年),曾经召集博士诸生数十人,咨询对起义事件的看法,就有不少诸生直言是百姓被逼造反。这个认识和统治者认为是盗贼蜂起的见解相悖,于是这些儒生又再次遭到迫害。由此表明诸生们,并不畏惧统治者的镇压,不甘当统治者的应声虫,而敢于直言犯上,这种反抗强权的斗争精神是十分可贵的。

第四章
西汉学校的教学活动

西汉是我国历史上一个强大的封建王朝。公元前206年刘邦(即汉高祖)灭秦,后来又打败项羽,于公元前202年在长安(今陕西西安)称帝,国号汉,历史上称为西汉。其统治区域辽阔,东、南至海,西到巴尔喀什湖、费尔干纳盆地、葱岭,西南至云南、广西以及越南北、中部,北到大漠,东北迤至朝鲜半岛北部。汉武帝时成为亚洲最富强繁荣的多民族国家,并和亚洲各国建立了经济、文化上的密切联系。西汉后期,政治经济日益腐败,阶级矛盾十分尖锐。初始元年(8年),外戚王莽代汉称帝,国号新。天凤四年(17年)爆发赤眉、绿林农民起义。在农民军的沉重打击下,新朝于地皇四年(23年)为起义队伍推翻,王莽则为起义军所杀。汉朝从公元前202年刘邦称帝起,至初始元年(8年)王莽代汉止,共历十二帝,统治210年。

汉朝初年,吸取秦王朝的暴戾统治而迅速灭亡的教训,采取了较为缓和的统治策略,既废除了秦朝的苛政严法,又吸取了秦朝的政治、经济制度,实行与民休养生息,奖励农耕的政策。如在汉高祖时,即减免田租为十五税一,文帝又减田租之半,并有12年全免;高祖规定成年人每年在本郡服劳役1个月,文帝又改为3年服劳役1个月。据《汉书·刑法志》写道:"当孝惠、高后时,百姓新免毒蠚,人欲长幼养老。萧、曹为相,填以无为,从民之欲,而不扰乱。是以衣食滋殖,刑法用稀。及孝文即位,躬修玄默,劝趣农桑,减省租赋。"正由于汉初实施"轻徭薄赋"政策,才使经济和社会生活迅速得到恢复。

分析汉初政策的思想根源,是来自于战国末期兴起的"黄老"学说。

自汉惠帝到文帝、景帝都十分推崇黄老学术。据《汉书·循吏传序》写道:"孝惠垂拱,高后女主,不出房闼,而天下晏然。"又,《史记·礼书》说:"孝文即位,有司欲定仪礼。孝文好道家之学,以为繁礼饰貌,无益于治,躬化谓何耳?故罢之。"另,《史记·外戚世家》写道:"窦太后好黄帝、老子言,帝及太子、诸窦不得不读《黄帝》、《老子》,尊其术。"说明了皇帝和外戚都相信并崇拜"黄老"学说。在汉初的高级官员中也有不少崇尚"黄老"的学者。如《汉书·循吏传序》写道:"汉兴之初,反秦之弊,与民休息,凡事简易,禁罔疏阔,而相国萧、曹,以宽厚清静,为天下师。"除萧、曹之外,还有继曹参之后担任左丞相的陈平,"好读书,治黄帝、老子之术"①。汲黯"学黄、老言,治官民,好清静,择丞史任之,责大指而已,不细苛"。"东海大治,称之。上闻,召为主爵都尉,列于九卿。"②直不疑,为郎,事文帝。"学《老子》言。其所临,为官如故,惟恐人知其为吏迹也。不好立名称,称为长者"③。上述史实说明,汉初在思想意识形态方面,是以"黄老"学派为主导,同时,儒家学者也十分活跃,儒家倡导的"仁政"思想对汉初政治也有不少影响。到文帝、景帝时,儒学就逐渐受到重视,对经学有专门研究的学者置为博士官。如文帝时韩婴治《诗》为博士,晁错治《尚书》为博士。景帝时,辕固治《诗》为博士,董仲舒、胡毋生治《公羊春秋》为博士。可见汉初官方并不排斥其他学派,而任其发展。

汉初尊崇"黄老"学说为指导思想,采用"无为"而治的策略,以求得社会的安定,逐步走向国家的富强繁荣。在文教方面,也是顺其自然发展,于汉惠帝四年(前191年)宣布废除秦朝的"挟书律",允许办学、藏书。此后,私学和官学逐渐兴起,但没有建立官学制度。到汉武帝时,为了加强中央集权制度,接受儒家学者董仲舒的建议,实行罢黜百家独尊儒术的文教政策,并以儒家的学术思想为核心,逐步建立起中央和地方官学教育制度,学校教学内容也以儒家的"五经"为主导。从此,儒学成

---

① 《汉书·陈平传》。
② 《汉书·汲黯列传》。
③ 《史记·万石张叔列传》。

为整个封建社会历代王朝的统治思想,一直延绵到封建制度被彻底推翻为止。

第一节 教学内容

一、中央官学的教学内容

西汉设立的中央官学是太学,这所由统一的中央政府设立的高等学府,始于汉武帝元朔五年(前124年)下诏为博士置弟子员。前面已经提到在文、景时期已经开始设置《诗》、《尚书》、《公羊春秋》三个经学博士。到武帝建元五年(前136年)下令罢免原来设置的几十个诸子博士,专置《五经》博士,这是"独尊儒术"的最典型表现。据《史记·儒林传》说:"武帝立《五经》博士。……初,《书》唯有《欧阳》,《礼》后,《易》杨,《春秋》公羊而已。"按照汉武帝诏令所立的五经博士,实际上只有四经,因为在文帝、景帝时,已经立韩《诗》与辕固《诗》为博士,所以称为五经。这《五经》也就是太学的教学内容。后来,随着太学弟子员不断增加,学校规模逐步扩大,经学的设置也迅速增多,太学的教学内容也随之得到发展。

《汉书·儒林列传》写道:"自武帝立《五经》博士,开弟子员,设科射策,劝以官禄,迄于元始,百有余年,传业者寖盛,支叶蕃滋,一经说至百余万言,大师众至千余人,盖禄利之路然也。初,《书》唯有欧阳,《礼》后,《易》杨,《春秋》公羊而已,至孝宣世,复立大小夏侯《尚书》、大小戴《礼》、《施氏易》、《孟氏易》、《梁丘易》、《谷梁春秋》。至元帝世,复立《京氏易》。平帝时,又立《左氏春秋》、《毛诗》、《逸礼》、《古文尚书》。所以网罗遗失,兼而有之,是在其中矣。"[①]从上述记叙,描写出西汉时期中央官学的教学科目和教材设立的发展过程,如果加上文、景时设置的韩《诗》与辕固《诗》及晁错《尚书》,胡毋生、董仲舒《公羊春秋》,总计太学《五经》曾经选用了22种不同学派的教材,足以说明教学内容十分丰

---

① 《汉书·儒林列传第五十八》卷八十八,中华书局1960年版,第3620—3621页;合订本第919—920页。

富。不过,随着汉朝统治者好恶与各学派消长的变化,比较稳定的只有十四种,即:《诗》齐、鲁、韩;《书》欧阳、大小夏侯;《易》施、孟、梁丘、京;《礼》大、小戴;《春秋》严、颜。

其中所记"《书》唯有欧阳",指的是"欧阳生,字伯和,千乘人也。事伏生,授倪宽,宽又受业孔安国……宽有俊才……欧阳、大小夏侯氏学皆出于宽,宽授欧阳生子,世世相传,至曾孙高子阳,……高孙地余……由是《尚书》世有欧阳氏学"。"《礼》后",指的是"后仓字近君,东海郯人也,事夏侯始昌,始昌通《五经》,仓亦通《诗》、《礼》为博士,至少府,有弟子戴德、戴圣、庆普。授萧望之、匡衡"等。"《易》杨",指的是杨何,字叔元,元光中征为中大夫。杨何事王同、周王孙、丁宽、服生四人。而四人皆著《易传》。这四人的老师是齐田何,后齐田何迁往杜陵,号杜田生,故杨何《易》是田生所传授。"《春秋》公羊",是指公羊子所传授的《春秋》。其他,如"大小夏侯"指夏侯胜、夏侯建所传授的《尚书》;"大小戴《礼》",是指戴德、戴圣所治《礼》;"《施氏易》",是施长卿,沛人也,传授的《易》,"《孟氏易》",是孟喜,兰陵人,传授的《易》,"《梁丘易》",是梁丘贺,琅邪诸人,传授的《易》,这三人都是田王孙的弟子,而田王孙受业于丁宽;"《京氏易》",是京房所传授的《易》,京房受于梁人焦延寿;"《谷梁春秋》"是指沛人蔡千秋所治的《春秋》;"《左氏春秋》",是指左丘明所传《春秋》;"《毛诗》",指赵人毛公所治《诗》等等,都先后立为太学教学的内容。[①]

二、中央官学教学内容的确立及其变化

自汉武帝立太学,设置《五经》博士以后,太学教学内容的确立、扩充是经过儒学学者和主管官僚讨论后,才由最高执政者决定的。从汉宣帝起到汉末平帝元始四年止,开展了三次比较大的扩充教学内容的辩论。

第一次,宣帝甘露三年(前51年)三月,"诏诸儒讲《五经》同异,太子太傅萧望之等平奏其议,上亲称制临决焉,乃立梁丘《易》、《大小夏侯

---

① 《汉书·儒林列传第五十八》。

尚书》、《谷梁春秋》博士"①。这次主要讨论增立经学博士，评论《公羊》、《谷梁》的同异问题。宣帝刘询亲自参加，由萧望之主持会议，讨论的地点在藏书的石渠阁，参加的有韦贤、施仇、戴圣等许多博士名儒学者，讨论结果增设了梁丘《易》、大小夏侯《尚书》、《谷梁春秋》四个博士，也就是太学的教学内容，又扩充了四个科目。

第二次是哀帝时，刘歆"欲建立《左氏春秋》、《毛诗》、《逸礼》、《古文尚书》皆列于学官。哀帝令歆与《五经》博士讲论其义，诸博士或不肯置对，歆因移书太常博士，责让之曰……，'往者博士《书》欧阳、《春秋》公羊，《易》则施、孟，然孝宣皇帝复广立《谷梁春秋》、《梁丘易》、《大小夏侯尚书》，义虽相反，犹并立之……'其言甚切。诸儒皆怨恨，是时名儒光禄大夫龚胜以歆移书上疏深自罪责，愿乞骸骨罢。及儒者师丹为大司空，亦大怒，奏歆改乱旧章，非毁先帝所立。上曰：'歆欲广道术，亦何以为非毁哉？'歆由是忤执政大臣，为众儒所讪。惧诛，求出补吏，为河内太守。以宗室不宜典三河，徙守五原，后流转在涿郡，历三郡守。数年，以病免官"。② 以上史料说明：刘歆为了扩大太学教学内容的范围，而遭到执政大臣、儒者们的反对，幸亏哀帝保护，才免于被害，并被迫去地方郡县作官，后来仍然怕受到报复，便以病为借口辞职回家。可见历史上的教学改革，也是很困难的。它从另一个方面证明了凡是改革都会有阻力，只不过是阻力的大小而已。

第三次是汉平帝元始四年，王莽执政扩建太学完成，又欲扩充和统一经学的内容，于是召集全国各地的教授、学者到京师进行讨论。

据《汉书·王莽传》记载："莽起明堂、辟雍、灵台。为学者筑舍万区，作市、常满仓，制度甚盛。立《乐经》，益博士员、经各五人。征天下通一艺教授十一人以上，及有逸《礼》、古《尚书》、《毛诗》、《周官》、《尔雅》、天文、图谶、钟律、月令、兵法、《史篇》文字，通知其意者，皆诣公车。网罗天下异能之士，至者前后千数，皆令记说廷中。将令正乖谬，壹异说

---

① 《汉书·宣帝纪八》卷八，中华书局1960年版，第272页；合订本第77页。
② 《汉书·楚元王传》卷三十六，中华书局1960年版，第1967—1972页；合订本第504—505页。

云。"又写道:"莽意以为制定则天下自平,故锐思于地里,制礼作乐,讲合《六经》之说。公卿旦入暮出,议论连年不决,不暇省狱讼冤结民之急务。县宰缺者,数年守兼,一切贪残日甚。"①

这段史料,记述了汉平帝四年的几件事情:第一,起明堂、辟雍、灵台,为学者筑舍万区,作市、常满仓,其规模十分宏大、壮观。第二,整理《乐经》,增加博士员,每经各增设5人。第三,征集天下精通一艺教授十一人以上。第四,汇集全国通晓逸《礼》、古文《尚书》、《毛诗》、《周官》、《尔雅》、天文、图谶、钟律、月令、兵法、《史篇》文字等方面的人才,以及一些有特殊才能的各类人士,聚集到京师,汇集者前后有千余人。他们的任务有两条,一是讨论、讲解各种学术的准确性和错谬之处,以便得出一致的结论,即所谓的"正乖谬";二是给当时流行的各类学术的不同说法,做一个统一的解释,就是要求"壹异说"。第五,这次讨论的中心是"讲合《六经》之说"。参加辩论的"公卿旦入暮出,议论连年不决",以至于没有时间去审理"狱讼冤结民之急务",县官缺了就由守令兼任,造成"贪残日甚"也没有去进行处理。这几点说明王莽在当权期间,十分重视太学建设,发展地方教育,又费尽心力考订《六经》,扶持各类学说,而忽视政务亦在所不顾。通过讨论增设了《左氏春秋》、《毛诗》、《逸礼》、《古文尚书》列入官学,扩充了教学内容。

三、地方官学的教学内容

西汉地方行政区划以郡、国为单位,郡以下设置若干个县,列侯所食县称为国,县以下又分为乡、亭、里。地方官学是指郡、国所立学校而言,在没有制定地方学校教育制度之前,地方官学是由地方郡、国官员自动设立,创始于汉景帝时期。从现有的史料来看比较有影响的地方官学有以下几所。

(一)献王刘德在其封地河间国设立国学,以《六艺》和《毛氏诗》、《左氏春秋》等为教学内容

据《汉书·景十三王传》说:"河间献王德以孝景前元二年(前155年)立,修学好古,实事求是。从民得善书,必为好写与之,留其真,加金

---

① 《汉书·王莽传》,中华书局1960年版。

49

帛赐以招之。繇是四方道术之人不远千里,或有先祖旧书,多奉以奏献王者,故得书多,与汉朝等。是时,淮南王安亦好书,所招致率多浮辩。献王所得书皆古文先秦旧书,《周官》《尚书》《礼》《礼记》《孟子》、《老子》之属,皆经传说记,七十子之徒所论。其学举六艺,立《毛氏诗》、《左氏春秋》博士。修礼乐,被服儒术,造次必于儒者。山东诸儒[者][多]从而游。武帝时,献王来朝,献雅乐,对三雍宫及诏策所问三十余事。其对推道术而言,得事之中,文约指明。立二十六年薨。中尉常丽以闻,曰:'王身端行治,温仁恭俭,笃敬爱下,明知深察,惠于鳏寡。'大行令奏:'谥法曰:聪明睿知曰献。'宜谥曰献王。"

这段史料说河间献王于"孝景前元二年立,修学好古",设立国学,推崇儒术,"其学举六艺,立《毛氏诗》、《左氏春秋》博士。""山东诸儒[者][多]从而游。"也就是说献王所立的国学,全是以《六艺》即《诗》、《书》、《易》、《礼》、《乐》、《春秋》和《毛氏诗》、《左氏春秋》等儒学典籍为教学内容,山东的许多儒生、学者都来他设立的国学学习、研究。可见,在当时是颇有名气的地方学校,才吸引了许多外地儒者来此游学。

据《河间县志》[①]记载,刘德在位期间,曾经在河间国的都城乐城(今河北省献县河城街)建立日华宫征请毛苌为博士讲授《毛诗》。除了在河间国的都城乐城建立学馆,还相继在河间国辖区的武垣(今河间市西南)、中水(今河间市西南)、弓高(今阜城市西南)和今河间市西北诗经乡诗经村,以及侯井(今东光)、阿武(今河间的西南,肃宁的东南)等县设立学馆,由毛苌轮流去学馆传授《毛诗》。这些学馆实际上就是献王设立的地方官学。依《嘉靖河间府志》卷八记载:"汉,河间国十一城,户九万三千七百五十四户,口六十三万四千四百二十一。"这里的"汉,河间国十一城"指西汉献王刘德的河间国。因为紧接着此条后是:"东汉,河间国十二城。"说明刘德的河间国疆域宽广,包括了现今河北省的沧州市西部各县以及保定、廊坊的一部分。而且人口众多,是一个比较大而富庶的诸侯国,具有创办地方官学的一定条件。

---

① 赵景春主编,《河间县志》,书目文献出版社1992年版。

又，根据《河间县志》及其相关资料，毛亨原来是战国末期鲁国人（今山东曲阜一带），后因避秦时乱世，逃亡到河间，结庐落户，整理《诗经》。历代子孙在河间繁衍生活，而成为河间人。河间国所辖区域，有一部分在战国时期为赵国所有，故有的文章、著作称毛亨、毛苌为赵人。孔子删定《诗经》，后来传给弟子子夏，子夏传给曾申，曾申传给李克，李克又传给孟仲子，孟仲子传给根牟子，根牟子传给荀卿，荀卿传给毛亨，史称大毛公。毛亨传给他的侄儿毛苌，历史上称小毛公。毛苌继承伯父毛亨传《诗》的事业，在他的家乡今河北省河间县的诗经乡的诗经村设立学馆讲授《毛诗》。后来刘德发现了在他的辖区里有这位大学者，于是接见了毛苌，并征请他为博士，还在诗经村北边三里处，设立君子馆，一面由毛苌在君子馆继续主持讲学，修订《诗经》；一面招聘天下贤才，至此学习、研究儒家学术。毛苌传授《诗经》培养出的著名弟子是河间人贯长卿。后来贯长卿又传给阿武县令解延年，解延年又传授给同县人徐敖，阿武徐敖再传给九江陈侠。后来，陈侠担任王莽的讲学大夫。到了东汉，《毛诗》经过马融、郑玄的训诂、笺注后逐渐通行于全国各地。

又清康熙十三年（1674年）刻本《河间县志·毛公书院精垒记》的记载："毛公者，汉儒毛苌也，公赵人。武帝时，河间献王响儒术，访礼、乐，得鲁人毛亨《诗诂训传》，献王征公为博士，公善为讲说，演释其义号为《毛诗》。卒，葬河间城北三十里①，世代既邈，士人俱称为毛精垒，而郡志亦因之。元，至正间，总管王思诚即其地②建立书院，设山长一人以奉祀。……汉兴，言诗者于鲁有申公，于齐有辕固生，燕有韩太傅。然皆词多同异，戾于经旨。维公之学，出自子夏，而其释诗与《金縢》、《孟子》、《国语》、《左传》、《仪礼》诸书合一。时学《诗》者翕然宗之，而三家之《诗》俱废。厥后以授同国贯长卿，卿授解延年，延年授阿武徐敖，敖授九江陈侠，侠为莽讲学大夫。东汉毛诗遂盛传焉，迄今数千年，学士大夫犹私淑之。宋之大儒称之曰：毛诗之义最得其精。又曰：汉有儒者三

---

① 据1992年11月版《河间县志》，此处为毛苌的衣冠冢。
② 即诗经村和君子馆的西北面，今河间市郭村乡三十里铺——原名崇德里——引者注。

人,毛公、董仲舒、扬雄,则其翼教裨世之功,夫岂浅哉。"据上引明朝大学士李时所写《毛公书院精垒记》,也证明刘德的确在其封国地域的河间今诗经村、君子馆村等处设立国学,征请毛苌为博士,为国学弟子讲授《毛诗》,创下了不可磨灭的功绩。

再吴山凤在清乾隆《河间县志》序中写道:"河间之著也,由献王始也。王之墓在今献邑之东,其时毛公授《诗》则于河间城北三十里,今所名诗经村、君子馆是也。二邑相比,始合而分,无可疑者。"

又《历代教育名人志》在介绍刘德的事迹时写道:刘德"于封国之内设立了当时朝廷所不立于学官的《毛诗》、《左氏春秋》等古文经学博士,由是《毛诗》、《左氏春秋》得以广泛传授"。还在同一书里记述毛亨事迹写道:毛亨"西汉初人(一说战国末期人)。鲁(今山东曲阜)人,一说河间(今河北献县东南)人。为河间献王(刘德)博士(郑玄认为任博士者为毛苌)。相传孔子删订《诗经》授与子夏,经六传授与毛亨。作《毛诗诂训传》,简作《毛传》,以授赵人毛苌,故世称亨为'大毛公'苌为'小毛公'"。[1] 上述资料,进一步证明刘德曾经在其国学里设立了当时朝廷没有设立的《毛诗》、《左氏春秋》,并诏请毛苌为博士传授《毛诗》。

以上列举的古今史料说明,刘德在河间国区域内设立国学是有依据的地方官学。那么,刘德所设立的国学究竟始于何时?史籍没有确切的记载,但从西汉设置博士的历史来看,只有文帝、景帝时期和武帝初即位时,才设置有诸子百家博士。文帝时,韩婴以《诗》为博士,晁错以《尚书》为博士,贾谊以颇通诸家之书为博士。景帝时辕固以《诗》为博士,董仲舒、胡毋生以《春秋》为博士。刘德遵循他父亲景帝的做法,才有可能在国学立《毛诗》、《左氏春秋》博士。《中国教育制度通史》(第1卷)也写道:"景帝时刘德……'其学举六艺,立《毛诗》、《左氏春秋》博士'。"待景帝逝世,武帝于建元元年(前140年)立为皇帝,建元五年(前136年)春,推行独尊儒术的政策,废除诸经博士专门立《五经》博士。这就是说武帝即位五年,就下令取消诸子博士,专立欧阳《尚书》、后仓

---

[1] 《历代教育名人志》编纂出版委员会编,湖北教育出版社1994年版,第15页。

《礼》、杨氏《易》、公羊《春秋》博士(加上文帝、景帝分别立韩《诗》、《齐诗》为博士,共为《五经》)。如果刘德的国学建立于武帝建元五年后,就不可能立《毛诗》、《左氏春秋》博士,因为他不会违背武帝的命令。由上述可知,刘德的地方国学应是建立于景帝时期才合乎史实。

又,司马光纂《资治通鉴》第十八卷《汉纪十·世宗孝武皇帝上之下》记载:武帝元光"五年(前130年),冬,十月,河间王来朝,献雅乐,对三雍宫及诏策所问三十余事。其对,推道术而言,得事之中,文约指明,天子下太乐官常存肄河间王所献雅声,岁时以备数,然不常御也。春,正月,河间王薨"。① 以这段史料来分析,也可以判断刘德的河间国学始建于何时。献王于景帝前元二年立为河间王(即武帝出生的第2年),至武帝16岁即位时,他已经做了15年的河间王。于武帝元光五年(前130年),至长安朝见武帝,已经在位25年。按他的年龄和身体健康条件,从今河北献县赴京都长安,然后又返回献县,一定很劳累。所以,次年春就逝世了,总计在位26年。从此也说明他的国学建立于景帝时期,假如建立于武帝即位后的建元五年内,在短短的几年里,他的国学不可能有那么大的影响,也不会招致许多学者来游学。因此,中国历史上最早的地方官学应是刘德于景帝时期,在河间国的都城乐城和河间县君子馆村等地建立的学馆。

正由于刘德任河间王时的贡献大,影响广,逝世后才谥为献王。班固在《汉书·景十三王传》里赞颂道:"昔鲁哀公有言,'寡人生于深宫之中,长于妇人之手,未尝知忧,未尝知惧。'信哉斯言也。虽欲不危亡,不可得已。是故古人以晏安为鸩毒,无德而富贵,谓之不幸。汉兴,至于孝平,诸侯王以百数,率多骄淫失道。何则?沉溺放恣之中,居势使然也。自凡人犹系于习俗,而况哀公之伦乎!夫唯大雅,卓尔不群,河间献王近之矣。"充分肯定刘德品德高尚、勤于王事,特别是在搜集、整理、保存儒学经籍,创办国学传播、宣扬古代学术方面的巨大成就,在以百数的诸侯王中"卓尔不群"。宋代学者司马光专门写了一篇《河间献王赞》称颂

---

① 司马光纂《资治通鉴》第18卷,《汉纪·孝武皇帝纪》,岳麓书社2009年版,第196页。

说：“河间献王，生为帝子，幼为人君。是时，列国诸侯，苟不以宫室相高，狗马相尚，则衰奸聚猾，僭逆妄图。惟献王厉节治身，爱古博雅，专以圣人法度遗落为忧。聚残补缺，较实取正，得周官、左氏春秋、毛氏诗而立之。周礼者，周公之大典，毛氏言诗最密，左氏与春秋为表里，三者不出，六艺不明，噫微献王，六艺其遂殪乎，故其功烈至今赖之。且夫，观其人之所好，足以知其心。王公贵人，不好侈靡，而喜书者，固鲜矣。不好浮辩，而乐正道，知之明，信之笃，守之纯，而行之勤者，百无一二焉。武帝虽好儒，好其名而不好其实。慕其华而废其质，是以好儒愈于文景，而德业后之。景帝之子十有四人，栗太子废，而献王最长。响若遵大义，属重器，用其德，施其志，无神仙祠祀之颂，宫室游观之费，穷兵黩武之劳，赋役转输之敝。宜其仁丰义洽，风移俗变，焕然帝王之治复还，其必贤于文景远矣。嗟乎！天实不欲礼乐复兴耶？抑四海之不幸而已矣。”①足以说明献王刘德人品高尚及对儒学的极度推崇与保存、传播六经的重大贡献。司马光认为，刘德除了立《毛诗》、《左氏春秋》，还立《周礼》，他进一步指出：“三者不出，六艺不明，噫微献王，六艺其遂殪乎，故其功烈至今赖之。”假如景帝传位于刘德，则其治理国家将优于武帝，还"必贤于文景远矣"。以上这些都充分说明刘德保藏"六艺"，创立国学，传授儒术所造成的深远影响。

那么，《汉书·循吏传·文翁》所记"至武帝时，乃令天下郡国皆立学校官，自文翁为之始云"该如何理解呢？第一，要搞清楚武帝是在何时"令天下郡国皆立学校官"。从现有史料来看，可能是献王赴京师长安朝见武帝时或以后。献王是武帝的兄长，他们兄弟在一起讨论了三十多件事情，而且谈得很投机、畅快，就有可能涉及到建立地方郡国学的问题。因为"刘德一是主张履行孔子'庶、富、教'的方针，认为这是'治国之本'。二是主张人人都须勤学，惟学问可以广明德慧；并认为'学圣王之道'则如目之明；'独居静思'则如火之明。火之明只可以见小，不可以用大。"②这些思想和他当皇帝的弟弟刘彻独尊儒术政策基本一致。

---

① 转引自《康熙河间县志》清康熙十三年刻本。
② 《历代教育名人志》编纂出版委员会编，湖北教育出版社1994年版，第16—17页。

所以，武帝有可能在和刘德探讨问题时，即席讲了"令天下郡国皆立学校官"。第二，武帝在怎样的状况下会即兴讲"令天下郡国皆立学校官"？从史料来看，可能是刘德和武帝会面时，刘德向武帝汇报河间国的国情民风及国学的情况。武帝得知他的兄长把河间国治理得老百姓足食守礼，风俗淳厚，国学办得生气勃勃，吸引了众多学者来游学，就可能在这种情况下，对刘德讲了"令天下郡国皆立学校官"，以表示对刘德设立国学的支持和赞扬。当然，也不能否认是在其他情况下，比如当武帝知道文翁的蜀郡学办得很好之后，于是"令天下郡国皆立学校官"。第三，"至武帝时，乃令天下郡国皆立学校官，自文翁为之始云"这段话讲的是两件事。前者是班固记述武帝的讲话："至武帝时，乃令天下郡国皆立学校官。"后者是班固阐述自己的观点："自文翁为之始云。"前边是引述武帝讲的话，不需要争辩；后边是《汉书》作者班固提出的一种见解，还可以作进一步研究。

这里，还有一个问题需要说明。既然认为汉武帝对刘德建立国学给以肯定，还可能即兴讲了"令天下郡国皆立学校官"。那为什么班固在《景十三王传》里又没有叙述这件事，也没有写郡国学"自献王为之始云"，这有两方面的原因：第一，体现了班固高超的写作技巧，他编著《汉书》选取史实材料，抓住最重要和关键的内容，详重略轻，主次分明。河间王刘德的主要功业是搜集、整理、保存和宣扬《六经》与诸子百家典籍，以及他个人的广博学识、高尚品德。从班固、司马光、李时等对刘德的评价，充分说明了这个问题。尽管刘德办了国学，但其成绩和他搜集先秦古籍，整理经学相比就差得太远了。因此，班固着重论述了刘德最主要的功绩，而对兴办国学只简略介绍，假如在《景十三王传》里写上武帝讲的那句话，再加一句"自献王为之始云"，岂不冲淡主题，这似乎就是画蛇添足了。第二，班固在西汉以百数的诸侯王中，颂扬刘德的品德和任河间国王时，用金帛招求四方善书、增辑先秦典籍、采礼乐古事等的功业，树立这样一个典型人物，于当时和后世的诸侯王都有教育、影响作用。从汉朝皇帝对诸侯王的要求来说，只希望各诸侯国王固守本分，拥护并护卫朝廷，不要有谋反企图。如果过于宣扬地方侯国政权的执政功绩，不仅有损皇帝的威望，而且还会怀疑有其他不轨图谋。刘德恰巧是一个沉溺于搜集、清理百家学术，又恪守儒道的诸侯国王，他的作为正合乎中央朝廷期望。班固的描述正好满足了最高统治者的需要，还有必要去奢谈创办地方国学之事么？

至于究竟河间献王刘德设立的河间国学是早于文翁的蜀郡学，或晚于蜀郡学，前面已经谈到，文翁于景帝末年为蜀郡守（景帝末大约指前143—前141年），他不可能上任就立即兴办蜀郡学，而是担任了蜀郡守之后，才选送下县子弟至京师受业博士，"数岁，蜀生乃成就归"。这些学生学习了数年，才从京师回到成都，这时已经是武帝时期了。就以文翁在派遣弟子赴京师学习的同时，又在成都修起学官，招收下县子弟以为学官弟子，也是在武帝即位后才建立起蜀郡学。《中国教育制度通史》（第1卷）的作者也指出："从办学需具备必要的条件看，此当为文翁任蜀郡守数年后之举，故很可能是在汉武帝即位（前140年）之后了。"①从时间上来看，河间献王在景帝时设置河间国学，应该早于文翁设立的蜀郡学。如此，地方郡国学就不是"自文翁为之始"，而是献王刘德的河间国学"为之始"。因此，《汉书·循吏传·文翁》所写"自文翁为之始云"不确切。不能笼统说地方官学的建立是以文翁为之始。应当把设置地方郡学和国学分开来说，文翁是郡学之始，而刘德为创办国学之始，这样就没有疑义，才不会造成历史的误解。②

（二）蜀郡守文翁设立的蜀郡学，以律学、经学为内容

据《汉书·循吏传·文翁》写道："文翁，庐江舒人也。少好学，通《春秋》，以郡县吏察举。景帝末，为蜀郡守，仁爱好教化。见蜀地僻陋有蛮夷风，文翁欲诱进之，乃选郡县小吏开敏有材者张叔等十余人亲自饬厉，遣诣京师，受业博士，或学律令。减省少府用度，买刀布蜀物，赍计

---

① 李国钧、王炳照主编《中国教育制度通史》（第1卷），山东教育出版社2000年版，第382—383页。

② 参见石室中学徐敦忠、钟欣泰、朱泽荪著《石室史话》，1994年11月石室印刷厂印内部学习资料：作者认为文翁石室始建于公元前141年。因此，在四川成都市文翁石室旧址基础上建立的现成都市石室中学，特别在2009年秋，举行了建校2050年校庆，并认为他们学校是全国第一所最早成立的地方官立学校。

吏以遗博士。数岁,蜀生皆成就归,文翁以为右职,用次察举,官有至郡守刺史者。"

"又修起学官于成都市中,招下县子弟以为学官弟子,为除更繇,高者以补郡县吏,次为孝悌力田,常选学官僮子,使在便坐受事。每出行县,益从学官诸生明经饬行者与俱,使传教令,出入闺阁。县邑吏民见而荣之,数年,争欲为学官弟子,富人至出钱以求之。由是大化,蜀地学于京师者比齐、鲁焉。至武帝时,乃令天下郡国皆立学校官,自文翁为之始云。文翁终于蜀,吏民为立祠堂,岁时祭祀不绝。至今巴蜀好文雅,文翁之化也。"

文翁担任蜀郡守之后,派遣郡县小吏到京师去随博士受业,学成归来,在郡政府任职,或推荐至中央派往各地做官。文翁又在成都市里建立学官,招收各县弟子入学学习。而且,还依据弟子们的学习成绩,分别授予官职。在文翁的倡导下,蜀郡的文化教育迅速发展起来,在京师学习的学生和齐、鲁差不多。至今四川文化繁荣,都是文翁倡导文化教育造成的结果。

文翁在成都设立郡学的教学内容是什么?史籍没有明确的记载,据他选派到京师"受业博士,或学律令"来分析,在当时的中央政府,既有诸子博士,也有经学博士,那么,到京师受业的内容是既有诸子的法律学,又有儒家的经学;在成都的郡学的内容,仍有可能保持京师所学习的内容。再,《汉书·地理志下》说:"景、武间,文翁为郡守,教民读书法令……及司马相如游宦京师诸侯,以文辞显于世,乡党慕循其迹。后有王褒……扬雄之徒,文章冠天下。由文翁倡其教,相如为之师。"这段史料进一步证明文翁的蜀郡学,确实以法令为教学内容之一,同时经学、文辞等也是教学内容的一部分。

河间献王刘德设立的国学是早于文翁的蜀郡学,或晚于蜀郡学,前面已经作了讨论。依现有史料来看,文翁于景帝末年(约公元前143—前141年)才为蜀郡守。而景帝在位的时间是公元前156—前141年。文翁担任了蜀郡守之后,选送下县子弟至京师受业博士,"数岁,蜀生乃成就归"。这些学生学习了数年,才从京师回到成都,这时已经是武帝时期了。就以文翁在派遣弟子赴京师学习的同时,即在成都修起学官,招收下县子弟以为学官弟子,也是在武帝即位后才建立起蜀郡学。从时间上来看,河间献王在景帝时设置国学,应该早于文翁设立的蜀郡学。①

(三)韩延寿在东郡设立郡学,以经学为基本内容

汉昭帝时,韩延寿先后担任颍川、东郡太守,并在郡设立学校。《汉书·韩延寿传》说:"韩延寿,少为郡文学,迁淮阳太守。治甚有名,徙颍川。'令文学校官诸生皮弁执俎豆为吏民行丧嫁娶礼。百姓遵用其教,卖偶车马下里伪物者,弃之市道。数年,徙为东郡太守。……延寿为吏,上礼义,好古教化,所至必聘其贤士,以礼待用,广谋议,纳谏争;举行丧让财,表孝弟有行;修治学官,春秋乡[射],陈钟鼓管弦,盛升降揖让,及都试讲武,设斧钺旌旗,习射御之事。'"又,《汉书·地理志下》写道:"韩延寿为太守,先之以敬让,黄霸继之,教化大行,狱或八年亡重罪囚。……宣帝时韩延寿为东郡太守,承圣恩,崇礼义,尊谏争,至今东郡号善为吏,延寿之化也。"从上述史实说明韩延寿本人年少时做过地方的郡文学;担任太守后,十分重视郡学的教学;郡学的教学内容从他要求诸生"为吏民行丧嫁娶礼","及都试讲武","承圣恩,崇礼义"等等来分析,仍然是以经学为基本内容。

(四)何武任扬州刺史时在所属各郡建立有学校,以经学为内容

成帝时,何武担任扬州刺史,他每次到各郡巡察都要去学校了解学生的学习情况,听取学生的意见。

《汉书·何武传》写道:他把检查学校作为到地方巡视的首要任务,"行部必先即学官见诸生,试其诵论,问以得失,然后入传舍,出记问垦田顷亩,五谷美恶,已乃见二千石,以为常"。可见他十分重视地方学校教育。其教学内容,以"试其诵论",再加上当时已经实行"独尊儒术"的文教政策来分析,仍旧以《五经》为基本内容。

汉武帝虽然下诏令天下郡、国设皆立学校官,实际上立学的郡、国却甚少。其原因正如《文献通考·卷四十六·学校七》所说:"按武帝时,

---

① 参考熊明安《古代最早的地方官学辨》,载《教育评论》2010年第4期。

始为博士学官置弟子员,前此所谓博士者,虽有弟子,要皆京师自授其徒,其徒自愿受业,朝廷未尝有举用之法,郡国亦无荐送之例。而蜀化僻陋非齐、鲁诸儒风声教化之所被,故文翁遣其民就学,必以物遗博士而使教之。及武帝既兴学校,则令郡国县官谨察可者与计偕诣太常受业如弟子,则郡县皆有以应诏而博士弟子始为国家选举之公法也。"当地方郡、国能够荐选学官弟子到太学受业,地方官学才逐步设立。

以上史料还表明,在汉昭帝、宣帝时期,地方郡、国已经设置有"郡文学"、"文学校官"等负责教化的职官。到元帝时,专门为郡、国设置《五经》百石卒史,《汉书·儒林传序》说:"元帝好儒。……郡国置《五经》百石卒史。"但仍然没有创立地方教育制度。直到汉平帝元始三年(3年)由王莽倡议,才制定地方学校教育制度,以后地方学校开始逐渐设立。《汉书·平帝纪》写道:"平帝元始三年立学官,'郡国曰学,县、道、邑、侯国曰校。校、学置经师一人。乡曰庠,聚曰序。序、庠置《孝经》师一人'。"这是我国最早的地方学校教育制度。在汉平帝时,统治的区域内有郡、国103个,县、道、邑1587个,乡6622个,亭21635个。① 按照这项规定应当在郡、国和县、道、邑设立1690位学、校的经师;在庠、序设置27857位《孝经》师;而依当时的政治环境与经济等条件,要在这么宽广的地方各立学、校、庠、序,聘请这么多的经师和《孝经》师是根本不可能的。但早在公元初年,我国就制定了这样宏大的地方教育建设规划,还是值得大书特书的,它既唤醒了人们发展教育的意识,又为后世学校制度的发展奠定了初步基础。

关于汉朝中央太学和地方学校的教学内容,王国维有一段研究值得注意,他认为:"刘向父子作《七略》,六艺一百三家,于《易》、《书》、《诗》、《礼》、《乐》、《春秋》之后,附以《论语》、《孝经》、《尔雅》附《小学》三目;六艺与此三者,皆汉时学校诵习之书。以后世之制明之,《小学》诸书者,汉小学之科目。《论语》、《孝经》者,汉中学之科目,而六艺则大学之科目也。武帝罢传记博士专立《五经》,乃除中学科目于大学之中,

---

① 参见《汉书·百官公卿表》。

非遂废中小学也。汉时教初学之所名曰书馆,其师名曰书师,其书用《苍颉》、《凡将》、《急就》、《元尚》诸篇,其旨在使学童识字习字。……汉人就学,首学书法,其业成者,得试为吏,此一级也;其进则授《尔雅》、《孝经》、《论语》,有以一师专授者,亦有由经师兼授者。"[①]王国维还说,这是"以后世之制明之",而得出的研究结论。即太学设置的科目是《五经》;地方郡国学设置的科目是《论语》、《孝经》、《尔雅》;小学设置的科目是《苍颉》、《凡将》、《急就》、《元尚》等,这些概括是有史实根据的。但西汉究竟什么时候开始设立地方小学,史书上没有确切记载。在《东观汉纪·卷一·帝纪》中,记述汉光武帝年少时入过小学,其中写道:光武"年九岁而南顿君卒,随其叔父在萧(今江苏萧县),入小学。长之长安,受《尚书》于中大夫庐江许子威"。汉光武帝刘秀生于哀帝建平元年(前6年),九岁时入小学是平帝元始三年(3年),说明在汉平帝颁布地方教育制度的当年,有些地方就设立了小学。

另外,在西汉平帝元始三年(3年),王莽专权时期,关于郡、国学的教学内容发生了一件有趣的事值得记述。事情的经过是这样:王莽为了排挤平帝的母家卫氏,封平帝"母卫姬为中山孝王后,赐帝舅卫宝、宝弟玄爵关内侯,皆留中山,不得至京师"。王莽的儿子王宇及其妻吕氏和妻兄吕宽,以及王宇的老师吴章等商议,他们非常担心王莽这样做,等到平帝成年后,会怨恨王莽排挤了他的母亲和舅父而遭到严厉惩办,但又不敢当面去劝谏王莽,他们知道王莽信神,于是就由吕宽出手用血涂在王莽府邸的大门上,试图引起王莽的警觉,改变对母后卫姬及其兄弟的态度。岂知王莽借此机会杀害反对他专权的官吏、王公等一百多人,包括他的儿子王宇和已经怀孕的儿媳(生产后才被杀)及其兄吕宽、老师吴章在内。事后,王莽写了八篇文章以戒子孙。于是有"大司马褒奏言:'安汉公遭子宇陷于管蔡之辜,子爱至深,为帝室故不敢顾私。惟宇遭罪,喟然愤发作书八篇以戒子孙。宜班郡国以教授。'事下群公,请令

[①] 转引自孟宪承等主编《中国古代教育史资料》,人民教育出版社1980年版,第141页。

天下吏能诵公戒者，以着官簿，比《孝经》"。① 这就是把王莽写的八篇文章作为郡、国学的教学内容的一部分，考选官吏时，作为考试内容之一，凡能背诵者就可以进入官员的行列。这是我国历史上将最高统治者写的文章作为教学内容的最早记录，它相当于后世及现代社会有些国家把皇帝或最高领导人的讲话、写的文章，作为学校学生学习内容与考试内容一样。也许这种把皇帝等国家领导人当成神圣崇拜并将他的讲话写的文章当作教材的做法，就是王莽统治时所开创，而其影响及于后世的结果。

四、私学的教学内容

西汉自汉武帝制定"罢黜百家，独尊儒术"的文教政策后，经学教育不仅立于官学，许多经学家也开门授徒，开展经学教育，其规模和盛况远胜于先秦时期。但是，学者们并不是只研究经学，仍然有不少学者研究、传授周、秦诸子各家学说；同时，随着西汉社会的稳定，经济的发展，自然科学也达到一个新的水平。因此，研究和传授自然科学的私学也应运而生。私学的教学内容由主办的教师选择决定，比官学灵活，一般设置一至二个科目。兹分别予以简略介绍。

（一）以经学为内容的私学

儒家的经学私学一般可以划分为三个层次，即初级如蒙学程度的"书馆"、"小学"；中级如郡国学程度的《孝经》、《论语》私学；高级如太学程度的"精庐"、"精舍"。由于它们教学程度的差别，其经学教学内容也略有不同。

1. 蒙学程度的私学"书馆"、"小学"的教学内容。

汉朝的"书馆"主要是识字、习字。识字是从教史书开始。这里所讲的史书是字书的通称。西汉朝教童蒙识字、习字的字书有《苍颉篇》、《训纂篇》、《凡将篇》、《急就篇》等。

《汉书·艺文志》描述了字书的编写过程，其中写道："汉[兴]，闾里书师合《苍颉》、《爰历》、《博学》三篇，断六十字以为一章，凡五十五章，

---

① 《汉书·王莽传上》，中华书局1960年版，第4065—4066页。

并为《苍颉篇》。武帝时司马相如作《凡将篇》，无复字。元帝时黄门令史游作《急就篇》，成帝时将作大匠李长作《元尚篇》，皆《苍颉》中正字也。《凡将》则颇有出矣。至元始中，征天下通小学者以百数，各令记字于庭中，扬雄取其有用者以作《训纂篇》，顺续《苍颉》，又易《苍颉》中重复之字，凡八十九章。"这些字书，就是"书馆"、"小学"的教学内容，而且还为汉以后的书馆、小学所选用。

2. 中级如郡国程度私学的教学内容。

汉初，儿童学完识字课本以后，还要学习《孝经》、《论语》，然后，才阅读经书。一般儒学学生都沿着这种不十分明显的层次，逐步进入最高阶段。就是当时的王公、贵族也不例外，如汉昭帝、宣帝就是如此。

《汉书·昭帝纪》写道："昭帝曰：朕修古帝王之事，通保傅，传《孝经》、《论语》、《尚书》。"《汉书·宣帝纪》说："昭帝崩，霍光奏曰：孝武皇帝曾孙病己，有诏掖庭养视，至今年十八，师受《诗》、《论语》、《孝经》。"又，《汉书·疏广传》写道："地节三年，立皇太子，疏广为太子太傅。皇太子年十二，通《论语》、《孝经》。"这些史实说明《孝经》、《论语》，或某一种专经，是在紧接着识字、习字后进行的教学内容。在民间设立的私学，有不少就是有以《论语》、《孝经》为内容，或者再加上某一种经书配合着进行教学。

3. 高级如太学层次的"精庐"、"精舍"的教学内容。这类经学史籍记载较多又十分详细。特选录几例如下：

（1）以鲁《诗》、《春秋》为内容的私学。

"申公鲁人也。少与楚元王交，俱事浮邱伯受《诗》。汉兴，高祖过鲁，申公以弟子从师入见高祖于鲁南宫。吕太后时，浮邱伯在长安，楚元王遣子郢与申公俱卒学。元王薨，郢嗣立为楚王，令申公傅太子戊。戊不好学，病申公。及戊立为王，胥靡申公。申公愧之，归鲁退居家教终身不出门。复谢宾客，独王命召之，乃往。弟子自远方至受业者千余人，申公独以《诗经》为训故以教，亡传，疑者则阙弗传……弟子为博士十余人。……其学官弟子行虽不备，而至于大夫、郎、掌故以百数。申公卒以《诗》、《春秋》授。而瑕丘江公尽能传之，徒众最盛。及鲁许生、免中徐公,皆守学教授。韦贤治诗,事大江公及许生,又治《礼》……传子玄成……玄成及兄子赏以《诗》授哀帝。……由是《鲁诗》有韦氏学。"①

又,韦贤字长孺,鲁国人也。"为人质朴少欲,笃志于学,兼通《礼》、《尚书》,以《诗》教授,号称邹鲁大儒。""征为博士,给事中,进授昭帝《诗》,稍迁光禄大夫詹事,至大鸿胪。"宣帝即位,"以先帝师,甚见尊重。"②

韦贤曾经担任丞相,封扶阳侯。那时韦贤已经七十多岁,作丞相五年,以年老多病请求辞职回归故里,享年八十二,与世长辞。中国历史上丞相自动辞职从韦贤开始。

申公自西汉初年就开始以《诗》、《春秋》两个科目教授生徒,学生千余人,他的弟子江公尽传授其学于许生、徐公,再传至韦贤及其儿子,又传授给哀帝。直到西汉王朝结束,都一脉相传。这是汉代学术传播的重要特点,可见那时私学教学是按照导师决定科目的原则,来选择教学内容,它与中央太学的教学相比要灵活,至少教师有一些主动权,可以自选教学科目和内容。

(2)以《尚书》、齐《诗》为内容的私学。

夏侯胜,其先夏侯都尉,从济南张生受《尚书》,以传族子始昌。"夏侯始昌,鲁人。通《五经》,以《齐诗》、《尚书》教授。""族子胜亦以儒显名。……胜少孤,好学,从始昌受《尚书》及《洪范五行传》,说灾异。后事简卿,又从欧阳氏问,为学精孰。所问非一师也。善说礼服。征为博士,光禄大夫。"宣帝立,大将军霍光"以为群臣奏事东宫,太后省政,宜知经术,白令胜用《尚书》授太后"。后来,因不赞成宣帝为武帝立庙于各郡而下狱,在狱中,仍授同狱的丞相长史黄霸经术。至宣帝四年,关东四十九郡地震,死六千余人,宣帝因而责备自己,下令大赦天下,胜出狱,为谏议大夫给事中,黄霸为扬州刺史。"胜为人质朴守正,简易亡威仪。

---

① 《汉书·儒林列传第五十八》卷八十八,中华书局 1960 年版,第 3608—3609 页;合订本第 915—916 页。

② 《汉书·韦贤传第四十三》卷七十三,中华书局 1960 年版,第 3102—3107 页;合订本第 789—791 页。

……后复为长信少府,迁太子太傅。受诏撰《尚书》、《论语说》。……九十卒于官"。又,"始,胜每讲授,常谓诸生曰:'士病不明经术;经术简明,其取青紫如俯拾地芥耳。学经不明,不如归耕。'""胜从兄子建字长卿自师事胜及欧阳高,左右采获,又从《五经》诸儒问与《尚书》出入者,牵以次章句,俱文饰说。胜非之曰:'建所谓章句小儒,破碎大道。'建亦非胜为学疏略,难以应敌。建卒自颛名经,为议郎博士,至太子少傅。"[1]

从《大小夏侯尚书》的传授渊源和过程,可以明白如下几点:第一,夏侯始昌把《洪范五行传》作为教学内容,还教授灾异之说。从教学内容来看,突破了儒家《五经》的范围,是有历史意义的。第二,私学的学生可以自由选择老师,夏侯胜就曾经分别向夏侯始昌、简卿、欧阳氏受业。夏侯建既向夏侯胜受业,又跟着欧阳高学习,还向通《五经》的诸儒求问《尚书》中的不同解释。第三,夏侯胜既为太后的老师,又作同在狱中的狱友的老师,说明教师也可以自由招收学生。第四,夏侯胜还按照皇帝的指令,编写了教学所用的教材:《尚书》和《论语说》,这是官定的教学用书,是颇有意义的教学用书编辑事件。第五,教师和教师之间,可以对教学和教材的不同观点,开展批评,就是在大小夏侯的叔侄之间也是这样,总之,可以坚持各人的见解,表现了汉代私学教师有一定的学术思想自由。

又,"周堪字少卿,齐人也。与孔霸俱事大夏侯胜,霸为博士,堪译官令,论石渠,经为最高,后为太子(后为元帝)少傅,而孔霸以太中大夫授太子(后为元帝)。及元帝即位,堪为光禄大夫,与萧望之并领尚书事,为石显等所谮,皆免官。望之自杀,上憨之,乃擢为光禄勋,……。堪授牟卿及长安许商长伯。牟卿为博士。霸以帝师赐爵号褒成君,传子光,亦事牟卿,至丞相,……。由是大夏侯有孔、许之学。商善为算,著《五行论历》。四至九卿,号其门人沛唐林子高为德行;平陵吴章伟君为言语;重泉王吉少音为政事;齐炔钦幼卿为文学。王莽时,林、吉为九卿,自表上师冢,大夫博士郎吏为许氏学者,各门人,会车数百两。儒者荣

---

[1] 《汉书·眭两夏侯京翼李传第四十五》卷七十五,中华书局 1960 年版,第 3153—3159 页;合订本第 802—804 页。

之。钦、章皆为博士徒众尤盛"①。

孔光字子夏,孔子十四世之孙也。父孔霸治《尚书》,事太傅夏侯胜。昭帝末为博士,宣帝时为太中大夫,以选授皇太子经迁詹事。元帝时,以帝师赐爵关内侯……

光,霸之第四子也。经学尤明,年未二十,举为议郎,又举光方正,为谏议大夫。"坐议有不合,左迁虹长,自免归教授。"②

孔光为谏议大夫,因为议事和上级的意见不合,被降为沛县的县长。他便自动辞职去做私学的教师。说明当时有选择职业的自由;还表明作私学的教师,比当县长更受到人们的尊重。

上述史料说明西汉《大夏侯尚书》的传授情况:夏侯胜授周堪、孔霸,周堪授牟卿、许商。于是大夏侯有孔、许之学。许商授唐林、吴章、王吉、炔钦;孔霸授太子(元帝)及子孔光。王莽执政时,唐林、王吉为九卿,自动上表到师冢祭祀老师许商。参加这次祭奠活动的大夫、博士、郎吏曾经是许氏的学生及这些大夫、博士、郎、吏教导过的学生,总计有车数百辆,就足以看出那时的盛况。

又,以欧阳《尚书》为内容的私学。

著名的有"林尊字长宾,济南人也。事欧阳高,为博士论石渠。后至少府、太子太傅,授平陵平当、梁陈翁生。当至丞相,自有传。翁生信都太傅,家世传业。由是欧阳有平、陈之学。翁生授琅邪殷崇、楚国龚胜。崇为博士,胜右扶风,自有传。而平当授九江朱普公文、上党鲍宣。普为博士,宣司隶校尉,自有传。徒众尤盛,知名者也"③。

以上记载说明,西汉时期欧阳《尚书》除了中央太学规定为统一的科目之外,在私学中,则是由教师自己选择作为教学内容,而且是以"师法"相授受,师生关系十分亲密。

(3)以《论语》、《礼服》为内容的私学。

---

① 《汉书·儒林列传第五十八》卷八十八,中华书局1960年版,第3604—3605页;合订本第915—916页。
② 《汉书·匡张孔马传第五十一》卷八十一,中华书局1960年版,第3352—3353页;合订本第852页。
③ 《汉书·儒林列传第五十八》,中华书局1960年版,第3604页。

中国古代教学活动简史

"萧望之字长倩,东海兰陵人也,徙杜陵。家世以田为业,至望之,好学,治齐《诗》,事同县后仓七年。以令诣太常受业,复事同学博士白奇,又从夏侯胜问《论语》、《礼服》。……为太子太傅,……以《论语》、《礼服》授皇太子。"宣帝崩,元帝立,萧望之以师傅受重用。与刘向、周堪、金敞等辅政,颇得元帝赞赏。①

萧望之被选送到京师受业,他已经跟后仓学《诗》七年,复事同学博士白奇,又向夏侯胜学习。说明当时的太学学生可以自由选择教师和学习的科目。当萧望之担任了太傅后,他本来是治《齐诗》的,但在给太子授业时,却讲述的《论语》、《礼服》,而不传授《齐诗》。这就揭示出,教师可以选择教学内容和科目,选择的原则是针对学生的需要。因为太子将来要作皇帝,学习《论语》、《礼服》,有利于太子当了皇帝以后,能够以德、孝治理天下,做个好帝王。

从萧望之的事迹足以说明:他作太学生时,自由地选择导师和学习的课程;为导师后,又根据教学对象的不同,而自由地选择教学内容。

又,"张禹字子文,河内轵人也……从沛郡施雠受《易》,琅邪王阳、胶东庸生问《论语》,既皆明习,有徒众,举郡文学……,久之,试为博士。初元中,立皇太子,……荐禹授太子《论语》,……元帝崩,成帝即位,……禹以师赐爵关内侯……拜为诸吏光禄大夫……领尚书事……河平四年为丞相,封安昌侯。为相六岁,鸿嘉元年以老乞骸骨"。"初,禹为师,以上难数对己问经,为《论语章句》献之。始鲁扶卿及夏侯胜、王阳、萧望之、韦玄成皆说《论语》,篇第或异。禹先事王阳,后从庸生,采获所安,最后出而尊贵。诸儒为之语曰:欲为'论'。念《张》文。"②

张禹以一位私学教师被推荐为郡文学,又经过考试而为博士,说明了汉朝选举有才能的人才,是有公平意味的。他的教学有独到之处,即给太子讲经,太子不能应对,于是就改授《论语》;可见他是自选教学内容;而且,他讲述《论语》吸取了夏侯胜、王阳、萧望之、韦玄成等讲《论

---

① 《汉书·萧望之传第四十八》,中华书局1960年版,合订本第832—836页。
② 《汉书·匡张孔马传第五十一》卷八十一,中华书局1960年版,第3347—3353页;合订本第851—852页。

语》的经验教训，还编写了教材《论语章句》，很得成帝的欣赏和赞扬，又得到学者们的称赞。

（4）以《谷梁春秋》、《洪范五行传》等为内容的私学。

刘向"字子政，本名更生。以父德任为辇郎。既冠，用行修饬擢为谏议大夫。是时，宣帝循武帝故事，招选名儒俊才置左右。更生以通达能属文辞，与王褒、张子侨等并进对，献赋数十篇"。后因宣帝喜欢神仙方术之事。更生献治金术之书，而方不验，得罪下狱，其兄以所属国的一半财富归于宣帝，以赎更生的罪过，因得免死。"会初立《谷梁春秋》，征更生受《谷梁》，讲《五经》于石渠……"元帝在位期间，石显等小人弄权，更生多次上书揭露奸人的罪恶，被迫害下狱，或贬为庶人。"成帝即位，更生乃复进用，更名向。……诏向领校中《五经》秘书。若《洪范五行传论》……"后，又任命向为中垒校尉。"向为人简易无威仪，廉靖乐道，不接交世俗，专积思于经术，夜观星宿或不寐达旦。""向三子皆好学……少子歆，最知名。……少以通《诗书》能属文召见成帝，待诏宦者署，为黄门郎。河平中，受诏与父向领校秘书，讲六艺传记、诸子、诗赋、数术、方技，无所不究。向死后，歆复领中垒校尉。……歆乃集六艺群书八种别为《七略》……"①

刘向、刘歆父子都是西汉时期的知名儒家学者，虽然居官多年，但又被迫害而贬为庶民，闲居教授。他们在当时学习、研究及讲述的内容，已经不只是《五经》，而是包括了诸子、洪范五行传、数术、方技等，这就表明教学的内容有了很大的发展。

（5）以《诗》、《易》为内容的私学。

据《汉书》卷七十二，《王贡两龚鲍传》第四十二的记载：王吉字之阳，"琅邪皋虞人也，少好学明经，以郡吏举孝廉为郎。补若卢右丞，迁云阳令。举贤良为昌邑中尉"。后昌邑王为天子，王吉又多次上书劝谏，不听。旋昌邑被废。宣帝时，复为益州刺史，病去官。复征为博士谏议大夫。上书言得失。帝以为迂阔，不甚宠异。吉遂谢病归琅邪。元帝

---

① 《汉书·楚元王传第六》卷三十六，及《汉书·王莽传六十九（下）》卷九十九下，中华书局1960年版，第4187—4188页；合订本第1062页。

即位,遣使者征吉,年老病卒道中。"初,吉兼通《五经》,能为邹氏《春秋》,以《诗》、《论语》教授,好梁丘贺《易》,令子骏受焉。"

上述史料表明,西汉时许多官员被免职后,都自主设立私学,招收生徒进行教学。私学的教授虽然通《五经》,但教学内容则根据当时的情况选定。王吉的教学科目就只有《诗》、《论语》,还授梁丘贺《易》给他儿子王骏。

(二)以诸子学说为内容的私学

(1)道家学说在独尊儒术政策发布以后,仍然在各地流行。如有"杨王孙者,孝武时人也。学黄老之术,家业千金,厚自奉生,亡所不致"。① 再据《汉书·晁错传》记载:有位邓章,"以修黄老言显于诸公间"。又,《汉书·王贡两龚鲍传序》记述汉成帝时期,道家学者严君平在成都市以为人卜筮谋生,"裁日阅数人,得百钱足自养,则闭肆下帘,而授《老子》。博览亡不通,依老子、严(庄)周之指,著书十余万言。扬雄少时从游学"。

(2)法律学。先秦时期的律学在西汉官、私学中仍旧是教学内容的一部分。据《汉书·郑弘传》说郑弘兄弟俩都精通法律。"兄昌字次卿,亦好学,皆明经,通法律政事。次卿为太原、琢郡太守,弘为南阳太守,皆著治迹,条教法度,为后所述。"《汉书·于定国传》记载于定国"少学法于父,父死,后定国亦为狱吏,郡决曹,补廷尉吏。……为光禄大夫,平尚书事,甚见任用。……其决疑平法,务在哀鳏寡,罪疑从轻,加审慎之心"。又,《汉书·丙吉传》写道:丙吉"治律令,为鲁狱吏。……代魏相为丞相。吉本起狱法小吏,后学《诗》、《礼》,皆通大义"。

上述事例足以说明学习法律的知识分子,在西汉时都受到重用。

(3)谶纬学。西汉时期推阴阳说灾异,并招收生徒进行传授比较盛行。但是,这些推阴阳说灾异的学者大都没有好结果。

据《汉书·眭两夏侯京翼李传》记载,翼奉,"治《齐诗》与萧望之、匡衡同师。而奉惇学不仕,好律历阴阳之占"。总的来说从事谶纬学的学

---

① 《汉书·杨王孙传》。

者,"孝武时有董仲舒、夏侯始昌,昭、宣则眭孟、夏侯胜,元、成则京房、翼奉、刘向、谷永,哀、平则李寻、田终术。此其纳说时君著明者也。察其所言,仿佛一端。假经设谊,依托象类,或不免乎'亿则屡中'。仲舒下吏,夏侯囚执,眭孟诛戮,李寻流放,此学者之大戒也。京房区区,不量浅深,危言刺讥,构恐疆臣,罪辜不旋踵,亦不密以失身,悲夫"。

(4)音律。西汉时期音律的学习、研究与传授,仍在各地进行。

据《汉书·艺文志》记载:"河间献王好儒,与毛生等共采《周官》及诸子言乐事者,以作《乐记》,献八佾之舞,与制氏不相远。其内史丞王定传之,授常山王禹。"又,《汉书·律历志上》写道:"元始中王莽秉政,欲耀名誉,征天下通知钟律者百余人,使羲和刘歆等典领条奏,言文最详。"

以上这些史实说明了音律的传授相当流行。

(三)自然科学为内容的私学

(1)天文、星历。西汉时,天文、历法有了重要发展。武帝元封七年(公元前104年),司马迁与天文学家唐都,大历数学家落下闳,历官邓平等人制定了《太初历》(又称邓平历、三统历),这是我国第一部比较完整的统一历法。研究和传授天文星历这门学科的学者也不少,比较有影响的是翟方进和李寻、田终术等人。

据《汉书·翟方进传》:"方进虽受《谷梁》,然好《左氏传》、天文星历,其《左氏》则国师刘歆,星历则长安令田终术师也。"

又,《汉书·眭两夏侯京翼李传》记载:李寻,"治《尚书》,与张孺、郑宽中同师。宽中等守师法,寻独好《洪范》灾异,又学天文月令阴阳。事丞相翟方进,方进亦善为星历。"

(2)医学。医学在秦焚书时不属于被焚的禁书,因而被保存下来。汉兴,医学继续在社会上广泛传播,医学学者们治病救人,开门授徒者不少。其中最著名的有淳于意师徒阳庆、宋邑、高期、王禹学、杜信等,教学内容有:《黄帝内经》、《素问》、《扁鹊难经》、《脉经》、《药论》、《本草》,还有五色诊、奇咳术、汤法等多种,医学教师针对学生的具体情况,选择不同内容,因材施教。

据《史记·仓公传》记载:"太仓公者,齐太仓长,临菑人也,姓淳于氏,名意。少而喜医方术。高后八年(前180年),更受师同郡元里公乘阳庆。庆年七十余,无子,使意尽去其故方,更悉以禁方予之,传黄帝、扁鹊之脉书,五色诊病,知人死生,决嫌疑,定可治,及药论,甚精。受之三年,为人治病,决死生多验。"

"文帝四年中,意家居,诏召问所为治病死生验者几何人也,主名为谁。诏问故太仓长臣意:'方伎所长,及所能治病者?有其书无有?皆安受学?受学几何岁?尝有验,何县里人也?何病?医药已,其病之状皆何如?具悉而对。'臣意对曰:'自意少时,喜医药,臣药方试之多不验者。至高后八年得见师临菑元里公乘阳庆。庆年七十余,意得见事之。谓意曰:尽去其方书,非是也。庆有古先道遗传黄帝、扁鹊之脉书、五色诊病,知人生死,决嫌疑,定可治,及药论书,甚精。我家给富,心爱公,欲尽以我禁方书悉教公。'臣意即曰:'幸甚,非意之所敢望也。'臣意即避席再拜谒,受其脉书上下经、五色诊、奇咳术、揆度阴阳外变、药论、石神、接阴阳禁书,受读解验之,可一年所。明岁即验之,有验,然尚未精也。要事之三年所,即尝已为人治,诊病决死生,有验,精良……文帝四年中,……问臣意曰:'吏民尝有事学意方,及毕得意方不?何县里人?'对曰:'临菑人宋邑。邑学,臣意教以五诊,岁余。济北王遣太医高期、王禹学,臣意教以经脉高下及奇络结,当论俞所居,及气当上下出入邪[正]逆顺,以宜镵石,定砭灸处,岁余。菑川王时遣太仓马长冯信正方,臣意教以案法逆顺、论药法、定五味及和齐汤法。高永侯家丞杜信,喜脉,来学,臣意教以上下脉五诊,二岁余。临菑召里唐安来学,臣意教以五诊上下经脉、奇咳、四时应阴阳重,未成,除为齐王侍臣。'"

再据《汉书·游侠传·楼护》,楼护的祖辈世代以医为业,他跟随父亲到长安学习医学,其学习的内容有《医经》、《本草》、《方术》等。《楼护传》写道:"父世医也,护少随父为医长安,出入贵戚家。诵医经、本草、方术数十万言,长者咸爱重之。"

总结以上所举私学的概况,能够得出如下结论:第一,私学教师不仅民间的学者可以自由设立私学开展教学活动,而且,政府的在职官僚,甚至担任了太子老师的学者,仍然可以开设私学招收门徒进行教学。官员被免职或退休后,同样可以开门授徒。这就充分说明西汉的私学是由那时的知识分子自由设立,自主办学,自定科目,自选、自编教材,自招学生,自己安排教学时间,不受限制,没有干扰。第二,私学的学生可以自己选择导师,这个导师既可以是当时的名儒、大官、学者;又可以是一般的小吏、儒生,甚至是自己的同学;而且,还能同时选择几个老师。学习的内容可以按照教师的擅长,自由进行选择;可以学习一种内容,还能够同时攻读几个科目;学习的时间不受限制,可以几月,几年,十几年;入学、休学、停学、退学,学生都可以自己决定。还可以去私学老师那里记名作他的学生,即著录弟子,不到私学去直接受教,只在学习和精神道德上追随和仰慕这位学者为自己的导师。

假如采用20世纪80年代教育科学的词语来分析,在西汉时期的私学教学中,教师的主导、主体作用和学生的主体作用都得到了充分发挥。而这样的教学活动,却是发生在公元前100年的教学实践中,其重大的历史意义,无论怎么评价都不算过分。私学比较普遍设置和学生可以自由入学,促进了教育、教学的迅速发展,提高了人们的文化水平和思想素质,扩大了知识分子的队伍,推动了西汉经济实力的增强和学术科学的繁荣,使得西汉王朝在公元前100年,成为世界上最富强的东方大国。

总括起来,西汉先后立于官学的经学教学科目有:《齐诗》、《鲁诗》、《韩诗》、《毛诗》、《欧阳尚书》、《大夏侯尚书》、《小夏侯尚书》、《古文尚书》、《后仓礼》、《大戴礼》、《小戴礼》、《逸礼》、《杨氏易》、《京氏易》、《施氏易》、《孟氏易》、《梁丘易》、《谷梁春秋》、《公羊春秋》、《左氏春秋》等二十种。这些内容同时还分别在私学中传授,而且除此之外,私学的教学内容还有:《论语》、《周官》、《尔雅》、《孝经》、《天文图谶》、《钟律》、《月令》、《兵法》、《史篇》、《历算》、《小学》、《本草》、《脉经》、《难经》、《方术》等十多种。合计官、私学校教学内容共有三十余种,它包括儒家经学、诸子学说、文学、史学、自然科学等各种学术知识和理论,足以说明在西汉时期,古代学校的教学内容十分广泛,即使是《五经》,也包含了各派学者传授的经学,而不只是少数几个学者传授的内容。这些教学内容大都为汉以后历代学校教学所选用,影响异常深远。

第二节 教师及其活动

一、官学教师的选拔任用

西汉官学教师主要是指中央太学的教师,太学教师通称为博士,博士中的首领称为仆射。在汉初博士是一种备咨询的官吏,到汉武帝兴太学,博士便成了太学的专门教师,主要担任太学的教学工作,同时还参加政府政治、学术讨论,以及奉使巡查地方政教之类的工作。

西汉博士选拔任用的主要途径是召请、征拜和荐举,大都是由学界名流充任。《汉书·贾谊传》说:贾谊,"颇通诸家之书,文帝召以为博士"。《汉书·张苍传》写道:"鲁人公孙臣上书,陈终始五德传。……文帝召公孙臣以为博士。"《汉书·公孙弘传》说:公孙弘,"武帝初即位,招贤良文学士,是时弘年六十,以贤良征为博士"。《汉书·平当传》说:平当,"以明经为博士"。《汉书·翟方进传》说:翟方进"举明经,迁议郎。……河平中,方进转为博士"。以上这些博士,都是由皇帝征召或转为、迁为博士的例子。

荐举博士见于汉成帝时,在《汉书·成帝纪》里就记述了成帝下诏给丞相、御史、二千石以上的官僚荐举博士,还谈了选举博士的意义和条件及博士地位的重要等。其中写道:阳朔二年(前23年)诏曰:"古之立太学,将以传先王之业,流化于天下也。儒林之官,四海渊源,宜皆明于古今,温故知新,通达国体,故谓之博士。否则学者无述焉,为下所轻,非所以尊道德也。'工欲善其事,必先利其器'。丞相、御史其与中二千石、二千石杂举可充博士位者,使卓然可观。"

在同一本书里,还描写了成帝鸿嘉年间,在召见博士的会议上,再次阐明选举博士的原因、条件和对博士的期望。写道:"三月,博士行饮酒礼……诏曰:'古之选贤,傅纳以言,明试以功,故官无废事,下无逸民,教化流行,风雨和时,百谷用成,众庶乐业,咸以康宁。朕承鸿业十有余年,数遭水旱疾疫之灾,黎民屡困于饥寒,而望礼义之兴,岂不难哉。朕既无以率道,帝王之道日以陵夷,意乃招贤选士之路郁滞而不通与,将举者未得其人也？其举敦厚有行义能直言者,冀闻切言嘉谋,匡朕之不逮。'"

以上列举的例子说明,对博士的要求是很高的,要"明于古今","通达国体","敦厚有行义能直言者"。也就是说,博士既要学识渊博,品德高尚,还要有独特的政治见解,敢于对政事提出自己的意见和建议,能"切言嘉谋",指出皇帝的不足之处,这样的人才能充任博士。事实上,西汉博士确实有不少是一代儒宗,或能成一家之言,无滥竽充数者。它进一步表明了汉朝统治者对选拔教师的重视及对教师的尊重。

二、官学教师的教学及其活动

(一) 太学教师的教学

西汉学校的教学组织形式,仍然是集体讲述和个别辅导与自学相结合。但是董仲舒和翟方进在实践教学中,却对教学组织形式加以改进与创新,在西汉学校教学中比较流行他们创造的方法,太学的教学也采用这种形式。

董仲舒采用了先传授给高年级的学生,再由高年级学生教授新入学学生的方式进行教学。《汉书·董仲舒传》写道:"董仲舒,广川人也。少治《春秋》,孝景时为博士。下帷讲诵,弟子传以久次相授业,或莫见其面。盖三年不窥园,其精如此,进退容止,非礼不行,学士皆师尊之。"这里的"下帷讲诵",就是用幕布将师生分隔开,师生不面对面进行讲诵;而且,由教师传授给先入门的高年级弟子,再由这些弟子传授给刚入学的弟子,或者说由高年级的学生,教授低年级的学生。这个方式很有创意和特色,既能使弟子对教师有一种神秘感,从而增强学生对教师的敬重;也能提高旧有学生的学识水平与教学实践能力,促使学生加强自身的学习,所谓"教然后知困"。既知困则加紧学习,以充实学识满足教学的需要。周而复始地采用先入学的学生教后进校的学生,使学生们在亦学亦教的环境中得到提高。这种方式不只锻炼了学生,还能减轻老师的教学负担,并尽可能扩大招生数量,以容纳更多的青少年入学。

据《汉书·翟方进传》描述,翟方进在太学读书时,因为家贫,又没

73

有政府的供给,就一面学习,一面招收学生授业,获得佣资以自养。"翟方进字子威,汝南蔡上人也。家世微贱……年十二三,失父孤学。给事太守府为小史……数为掾史所骂辱……乃病归,辞其后母,欲西至京师受经。母怜其幼,随之长安,织屦以给方进读,经博士受《春秋》。积十余年,经学明习,徒众日广,诸儒称之。以射策甲科为郎。二三岁举明经,迁议郎。是时宿儒有清河胡常,与方进同经。常为先进,名誉出方进下,心害其能,论议不右方进。方进知之,候伺常大都授时(都授,谓总集诸生大讲授也),遣门下诸生至常所问大义疑难,因记其说。如是者久之,常知方进之宗让己,内不自得,其后居士大夫之间未尝不称述方进,遂相亲友。"

以上讲述了胡常和翟方进两人在太学教学的情形。胡常不满翟方进的教学比他好,就故意讲翟方进的坏话。而翟方进并不在意胡常的诽谤,反而在胡常召集他的全体学生讲课时,派自己的学生去胡常那里听课,向胡常请教经书的大义与疑难问题,以表示对胡常的尊敬。胡常的教学就是集体讲述与个别指导相结合,学生可以当堂提问,教师给以解答。不是胡常的学生,而是翟方进的学生也可以参加胡常进行的"都讲",并允许提问,不受任何约束。同样,翟方进授课也是如此,不是他的弟子也可以听他的"都授",提出疑难问题,仍然给以解答。在"都授"、解答疑难之后,则由学生自学、讨论或辩难。可见太学的教学与学生的学习相当自由、灵活、宽松。

(二)太学教师的活动

首先是政事活动。西汉博士的职责有参加政府政治事务的规定。据史料记载博士参与议定朝政的范围很广泛。"如武帝时议封禅,议立诸侯王,议与匈奴和亲,议置博士弟子,议判江都王罪,议改历,昭、宣之际议废昌邑王帝位等等,涉及改正朔、定制度、处分朝臣乃至废立皇帝等要事。史载两汉博士议政共43例。""武帝一朝有7例,占两汉博士议政总数的1/6,显见是独尊儒术的作用。""朝廷派官员出使地方(相当于后世的钦差大臣),也常有博士参加甚至由博士率领。"①说明博士的政治地位与朝廷的大臣相等,并不是单纯的教书先生,而是肩负着国家命运的重要人物。

其次是学术活动。这类活动比较经常进行,汉代在学术上发扬先秦时期自由辩论的学风。如前面已经谈到汉昭帝时,在石渠阁讨论《五经》会议;哀帝时,刘歆提议设置古文《尚书》等科目于太学的会议;平帝时,王莽主持辩论经学的所谓"正乖谬"、"壹异说"的会议,都有太学博士参与辩论。

又如元帝时,讨论《梁丘易》会议,集诸儒和博士,有少府五鹿充宗依仗皇帝宠幸又善辩,不少儒者都害怕和他辩论,借故生病不出席会议。有人推荐朱云与五鹿充宗辩论,朱云应召,结果获得胜利而被任命为博士。

《汉书·朱云传》:"朱云,从白子友受《易》,又事前将军萧望之受《论语》,皆能传其业……是时,少府五鹿充宗贵幸,为《梁丘易》。自宣帝时善梁丘氏说,元帝好之,欲考其异同,令充宗与诸《易》家论。充宗乘贵辩口,诸儒莫能与抗,皆称疾不敢会。有荐云者,召入……抗首而请,音动左右。既论难,连拄五鹿君,故诸儒为之语曰:'五鹿岳岳,朱云折其角。'由是为博士。"

再次是社会服务活动。博士除了参加朝廷重要事件的议定之外,还要参与社会服务活动,包括作社会调查、抚恤鳏寡孤独、考察水旱灾等。据史书记载有以下事例:

《汉书·武帝纪》:元狩六年(前117年)诏"遣博士大等六人分循行天下,存问鳏寡废疾无以自振业者贷与之,谕三老孝弟以为民师,举独行之君子征诣行在所"。"详问隐处亡位,及冤失职、奸猾为害、野荒治苛者,举奏"。这段史实记述了武帝给六个博士循行天下四项具体任务:慰问鳏寡孤独并给以优抚;举荐贤才隐士和倡导教化;查访失职官员及百姓的冤情;调查为害地方的奸人与苛政,一并向皇帝举报。这就是要

---

① 李国钧、王炳照主编《中国教育制度通史》(第1卷),山东教育出版社2000年版,第235页。

求博士代替皇帝到全国各地去做社会调查，了解民情，选拔人才，考察官吏执政状况等。

再如，汉成帝时多次派中央政府的官员和太学博士去沿河的郡县考察水灾与赈济灾民。其中有一次派去的博士，所作的调查、处理搞得不好，使成帝很不满意。并特别为此事下诏，要求各地选举博士一定要认真、慎重，使所选的博士能名副其实，不然有辱博士的名望。《汉书·成帝纪》写道：河平四年（前29年）三月"遣光禄大夫博士嘉等十一人举濒河之郡水所毁伤困乏不能自存者，财振贷"。又，阳朔二年（前23年）"秋，关东大水……遣谏大夫博士分行视……九月，奉使者不称"。又，《汉书·匡张孔马传》记载：孔光于成帝初年举为博士之后，曾经被派去审查冤狱、赈赡流民等。"成帝初即位，举为博士，数使录冤狱，行风俗，振赡流民，奉使称旨，由是知名。"

另外，博士除了上述社会服务活动，还承担朝廷选拔人才的一些具体事情，诸如在太常的领导下，参与讨论和提出选举人才的初选建议，以及推荐所知的隐逸之士等教学以外的服务工作。

三、私学教师的教学及其活动

（一）私学教师的教学

私学的教学和官学大体上相同，但比官学灵活主动。其组织形式仍然是集体讲述和个别辅导、自学结合进行。前面介绍的董仲舒、翟方进、胡常的教学就是这样。有的私学人数少，则由教师针对学生的不同水平，实施个别讲述与指导。有些学业程度比较低的私学，如蒙学或近似于郡国学的私学，就采用讲解、朗读、背诵、默读，学生提问，教师答疑等方法进行教学。总的来说，私学的教学较为活泼多样，不限于某种形式和方法。凡是认真从事教学和研究的私学，其实是很注意培养学生的。有的私学老师为了使学生受到更好的教益，主动派自己的学生去向其他教师求教。如梁丘贺让自己的门徒张禹等人和自己的儿子梁丘临一同去拜师兄施雠为师求学。并坦率承认自己比不上师兄的学识，像这样谦逊、对学生学业负责的私学老师很多。正由于教师认真教学，潜心治学，不少私学的教师和培养出来的学生成为著名的学者，其学术造诣与博士相比并不逊色,甚至还超过博士的水平。

(二)私学教师的活动

私学教师虽然不像官学教师那样承担议政或被派去郡县做巡查工作,但仍然参与讨论有关教学与学术问题。

前面已经记述过:汉平帝元始四年(4年),就有许多私学教师应诏至京师讨论《六经》,记说于安汉公王莽府中,以"正乖谬"、"壹异说","至者前后千数"。

私学教师聚会研究讨论教学和学术问题,最有影响,而且规模大,人数多是平帝元始五年(5年)。《汉书·平帝纪》写道:"征天下通知逸礼、古记、天文、历算、钟律、小学、《史篇》、方术、《本草》及以《五经》、《论语》、《孝经》、《尔雅》教授者,在所为驾一封轺传,遣诣京师。至者数千人。"这段史实证明在西汉末年,学校教学内容已经十分丰富,各地公私立学校教授的课程(或者说教学科目)包括:《逸礼》、《古文尚书》、《天文》、《历算》、《钟律》、《小学》、《方术》、《本草》、《五经》、《论语》、《孝经》、《尔雅》等十余门。而且,担任这些课程的教师,按照诏书到京师的就有数千人,比前一年到京讨论、讲解各种学术,"正乖谬"与"壹异说"的还多了至少一千人以上,才能称之为"数千人",这个"数千人"不只说明私学设置较为普遍、教学内容丰富,更表明它的发动范围和规模,都超过了前一年,即元始四年。看起来,这次汇集到京师的"数千人"和前一年不同的是:前一年只"征天下通一艺教授十一人以上"。显然到京的教授还不足二十人,这"至者前后千数"中的绝大多数是对各种学科"通知其意者"及"天下异能之士",而不是搞教学的教书先生。这次是"教授者","至者数千人"。主要是号召"教授者"至京师。既然"教授者"有数千人聚集到京师,其目的主要应当是讨论、研究教育、教学问题。而那时的教育、教学最突出的问题是什么?如果把前一年讨论、研究的问题是"正乖谬"、"壹异说"联系起来看,就能够发现,那时最关键的教育、教学问题是教学内容的问题。因此,可以说这次全国"教授者"的大聚会是一次教育工作会议,或者说在公元5年,召开了我国历史上第一次全国教师会议。这次会议的主题,是在公元4年会议的基础上,

77

进一步议论《六经》和其他各个学科内容的异同，交流学术观点与传播教学经验。到京师长安赴会的各个学科的私学教师有"数千人"。而公元4年用公车迎接来京师的"通一艺教授十一人以上"，加起其他学科私学教师与学者才是"至者前后千数"。可见，公元4年的会议，只能算是一个预备性质的会议。公元5年这次到会的人数，至少也应在两千人以上，才能说是数千人，所以说它是我国教育史上，第一次规模最大的教育工作会议；乃至是世界教育史上，最早、规模最大的一次全国性的教育工作会议。它对奠定我国古代教学内容起了决定性的作用。不仅如此，它还对我国的教学组织形式、方法，也产生了重大影响，其历史意义绝对不能低估。从先后两次会议，还可以获知西汉时期，私学教育十分发达，远远地超过了官学，教学内容也是丰富多彩，包括了文、理、法等各个学科。

四、师生关系

西汉学校的教师和学生保持着十分亲密友好的关系。在儒家的礼制中，教师和君主与父母属于同一个等次。事师如事父，皇帝对老师都不能按臣下对待。

首先，是学生很尊敬老师。在汉朝尊师的事例很多，如夏侯胜曾经给窦太后教授过《尚书》，到他逝世时，窦太后"赐钱二百万，为胜素服五日，以报师傅之恩，儒者以为荣"。又如，前面介绍过的儒学大师韦贤、萧望之、张禹、孔光等都因曾经担任过皇帝的老师而官高爵显，备受尊敬。

其次，老师被冤枉杀害后，弟子不惧怕遭到惩罚而为师收尸安葬。如"云敞字幼儒，平陵人也。师事同郡吴章，治《尚书经》，为博士"。后来，因为王莽的长子王宇担心王莽"隔绝帝母及外家卫氏"，会遭到皇帝和外家卫氏的惩办与报复。但又不敢当面向王莽提出建议，为了警戒王莽注意，王宇就和吴章等商量，决定派一亲信用血去涂污王莽府第的大门，以便引起王莽的警觉。这件事发生后，王莽异常气愤，下令追查是什么人干的，并立即把有关的人员一律诛杀，包括他的儿子王宇在内。吴章是王宇的老师，因此"章坐腰斩，磔尸东市门。初，章为当世名儒，教授尤盛,弟子千余人,莽以为恶人党皆当禁锢,不得仕宦。门人尽更名他师。敞时为大司徒掾,自劾吴章弟子,收抱章尸归,棺敛葬之,京师称焉"。① 云敞不怕丢官削职,认师收尸的行动,得到京师人们的高度赞扬。

从以上这段史实,可以明白吴章的私学有学生千余人,尽管有的可能是著录弟子,并不上门求教,但及门弟子也很多,可见私学的规模不小;这些学生当然有许多是慕名而来求学的,其中也有不少是为了作官、升官来投师的,一旦不能达到作官或升官的目的,反而会被禁锢,就马上不承认吴章是自己的老师。他们仍然是在政治形势逼迫下采取弃师行动的。可是,仍旧有像云敞这样有品德、有正义感,真正为了追求学术来投师问道的学生,他对老师很有感情,不怕丢掉官职,大胆地承认自己是吴章的学生,还勇敢地为被冤枉杀害的老师收尸安葬。这就揭示出当时私学的学生虽然很滥,什么人士都可以自由、自愿地入学,但他们并不都是所谓追求名利的"书蠹",仍然有不少是有血性、有正义感的年轻人。

第三节 学生及其活动

一、太学学生的来源与发展

(一)太学学生的来源

西汉太学的学生称为"博士弟子",或简称"弟子"。博士弟子的来源有两种:一是从中央由太常选送年十八以上,仪状端正的五十名为正式生;另一种是从地方选送"好文学、敬长上、肃政教、顺乡里、出入不悖"的特别生;从这些规定来看,太学生并不都是贵族子弟,平民子弟也可以入学。正式生都有官俸,即享受公费待遇,特别生则费用自给。另外,还可以自愿、自费去太学求学,所以太学里有不少穷苦学生,他们一面学习,一面劳作,赚取佣金来维持生活,相当于西方国家在中世纪时才出现的"半工半读"的学习方式,而我国却在公元前就已经实行"半工半

---

① 《汉书·杨胡朱梅云传第三十七》卷六十七,中华书局 1960 年版,第 2927—3928 页;合订本第 745 页。

读"。如《汉书·儿宽传》写道：儿宽"以郡国选诣博士,受业孔安国。贫无资用,尝为弟子都养。时行赁作,带经而锄,休息辄读诵,其精如此"。又如《史记·张丞相传》记载,匡衡"从博士受《诗》,家贫,衡佣作以给食饮"。还有,前面已经引述过的翟方进家贫,母亲跟他一起到长安"织履"挣钱和翟方进自己既当学生,又招收生徒当教师,即又学又教,以解决学习、生活费用。这些例子说明汉代太学可以自己申请入学,不一定都要经过郡国的推荐,但是自己入学的学生,国家不提供生活补贴。

（二）太学学生的发展

太学的博士弟子在武帝时为50人,以后历代都有增加。据《汉书·儒林传序》的记载,昭帝将博士弟子增加为100人。宣帝又将博士弟子翻一番为200人。从元帝起,博士弟子迅速增加。"元帝好儒,能通一经者皆复",就是通一经的都可以入太学,享受官费待遇,免除徭役,不再受名额限制。这样一来造成政府经费开支陡然增加,"数年,以用度不足,更为设员千人"。和宣帝时相比增加了五倍。"成帝末,或言孔子布衣,养徒三千人,今天子太学弟子少,于是增弟子员三千人。岁余,复如故。"自此以后正式弟子员额不再增加,而且还有所减少。但不享受政府待遇的非正式弟子则继续增加,因为他们只是来太学求学,又不需要国家负担经费。到平帝时,王莽辅政又大力扩大太学,《六经》博士每经增加为5人,总计30人。太学学生的来源也有了一些变化,增加元士官子弟可以入太学受业,从此才改变了"公卿子弟不养于太学而任子尽隶光禄勋"的状况。据《太平御览》卷五三四引《三辅黄图》,当时太学"五经博士领弟子员三百六十,六经三十博士,弟子万八百人"。在公元初年的西汉末年,太学学生达到万人以上,在当时世界上是唯一的规模最大一所最高学府。

（三）太学学生的出路

太学学生通过考试授予官职,在汉武帝元朔五年最初立博士弟子员制度时规定每年考试一次,并依据考试成就的优劣授予官职。《汉书·儒林传序》写道："一岁皆辄课,能诵一艺以上,补文学掌故缺；其高第可以为郎中,太常籍奏。即有秀才异等,辄以名闻。其不事学若下材,及不通一艺,辄罢之,而请诸能称者。"

具体的考试方法有两种即射策和对策。《汉书·儒林传序》说:"自武帝立五经博士,开弟子员,设科射策,劝以官禄。"射策的方法,颜师古在《汉书·萧望之传注》里解释说:"射策者,谓为难问疑义书之于策,量其大小署为甲乙之科,列而置之,不使彰显。有欲射者,随其所取得而释之,以知优劣。射之,言投射也。"就是说由主考官提出若干问题,再根据难易程度分成甲乙两个等级,分别把题目写在纸帛上并加以密封。由被考试者抽取其中一二题来进行解答。这个考试法是太学的一种创造,它是后世学校的抽签考试法的来源。凡经过考试能通一经的太学学生,就可以候补郡国的文学。如匡衡经太学多次考试,才入仕任平原国文学。这是地方的学术官兼教官,是最低的正式官品,但后来匡衡官至宰相。前面已经引述的萧望之、翟方进都是以射策甲科为郎;《汉书·何武传》记载:何武,"诣博士受业,治《易》。以射策甲科为郎"。这些就是以射策获得好成绩而授予官职的事例。郎官总的职能是宿卫宫廷、侍奉君主。由于郎官在皇帝身边服务,参与政事,升迁的时机比其他官员优越。到西汉末年,王莽执政时对射策的甲、乙科改为甲、乙、丙三科,录取为官的人数增加为100人。即"岁课,甲科四十人为郎中;乙科二十人为太子舍人;丙科四十人为文学掌故"。[1] 太子舍人是太子宫中的宿卫,其职能类似于郎官。西汉末年虽然录取为官的人数增加了,而太学生以千数,能入仕的人仍旧很少。所以,太学生除了考试甲、乙、丙科之外,另一种途径是通过察举、对策而走上为官的道路。

察举、对策是另一种考试,具体办法是:"对策者,显问以政事经义,令各对之,而观其[文]辞定高下也。"一般来说对策是用于特殊情况下,由皇帝与朝廷大员征辟或郡国官僚推荐,而由皇帝亲自考问。《文献通考·卷三十三·选举考六》写道:武"帝即位,举贤文学之士前后百数。而董仲舒以贤良对策,天子览其对而异焉,乃复策之,对毕,复策之。遂以为江都相"。又《汉书·公孙弘传》记载:"元光五年,复征贤良文

---

[1] 《文献通考·卷四十·学校十一》。

学……上策诏诸儒……时对者百余人,太常奏弘第居下。策奏,天子擢弘对为第一。召入见,容貌甚丽,拜为博士,待诏金马门。"而后及至升为丞相。在西汉时期,太学还没有建立之前,就通过选举贤良方正、孝廉、秀才选拔人才。太学成立仍然是为了养士,以不断充实官僚系统。当太学生人数增多,超过了实际需要。不少太学生结业后,只得回归地方等待察举的时机,以经过对策而入仕。有的则在民间开办私学或谋求地方小吏就业,太学生的出路大致如此。

二、太学学生的活动

(一)学习活动和学术活动

西汉太学处于建立发展的初期阶段,学生的学习还没有制定明确的制度。学生除了听博士讲经与辅导之外,大部分时间是自学、研究和自由听校内、外专家学者讲学。尽管太学博士基本上是专经讲授,但太学生并不是只专一经,他们可以自由地去听本经以外的博士讲述经学。通过自由听讲和自学、研究,有的太学生能通几经。另外,太学生彼此之间,互相讨论、辩难、交流学习心得和体会,这类学术性的活动也很常见。有时太学生还参与博士们讨论经学异同的辩论。在汉平帝元始四年和五年,由王莽组织全国性的讨论经学及其他各种学说同异的过程中,除了从各地来京的教授、学者和太学博士,也有太学生参与辩难。

(二)社会活动

根据史料记载,西汉太学生参与的社会活动,影响比较大的有下列几件事情。

第一,据《汉书·匡张孔马传》记载,丞相孔光逝世后,举行了隆重的葬礼等祭祀活动,太学生也参与了祭奠活动。其中写道:孔"光年七十,元始五年薨……公卿百官会吊送葬……羽林孤儿诸生合四百人挽送,车万余辆"。显然,太学生参与这项活动,既表现了对著名儒家学者孔光尊敬的情意;又试图通过这种场合接近官僚阶层,为谋求出路寻找时机。

第二,太学生参与劝请著名学者龚胜到京任职。《汉书·王贡两龚鲍传》记载,哀帝时的谏议大夫龚胜,在哀帝逝世,平帝即位王莽秉政时，即辞官归乡里，有美名。"王莽既篡国，遣五威将帅行天下风俗，将帅亲奉羊酒承问胜。明年，莽遣使者即拜胜为讲学祭酒，胜称疾不应征。后二年，莽复遣使者奉玺书，太子师友祭酒印绶，安车驷马迎胜，即拜，秩上卿，先赐六月禄直以办装，使者与郡太守、县长吏、三老官属、行义诸生千余人以上入胜里致诏。"但是，龚胜始终称病不接受诏命。使者、太学生、子孙及门徒，都劝胜就任。胜知道儿子、门徒等和他的想法不同，尽管太学生和他的门徒极力劝说，都遭到拒绝。为了表明他至死都不愿意与王莽同流合污，绝食14日而死。太学生参与这项活动，既有关心社会政事和尊重龚胜大儒的因素，也包含着讨好王莽的心理动机。

第三，太学生参与王莽女儿选立皇后的闹剧。据《汉书·王莽传上》记载，王莽掌握朝廷大权后，为了巩固他的地位，设计将他的女儿立为皇后。他提出为12岁的平帝选立皇后应当"博采二王后及周公孔子世列侯在长安者适子女"。这项指令下达给有关部门，上报的候选人名单中，大多数是王氏的女儿，王莽又担心其他王氏女会与他的女儿争夺皇后，恐怕自己的女儿选不上。于是又向王太后上书说自己"身亡德，子材下，不宜与众女并采"。太后还以为他出于至诚之心，乃下诏书说："王氏女，朕之外家，其勿采"。这个诏令公布后，一些追随王莽的诸生、郎吏以上守阙上书者日千余人，公卿大夫或谙廷中，或伏省户下，都称赞说："明诏圣德巍巍如彼，安汉公盛勋堂堂若此，今当立后，独奈何废公女？天下安所归命！愿得安汉公女为天下母。"王莽见到这个状况后，明白女儿立为皇后已没有问题了。于是派遣长史以下官员分部晓止公卿及诸生，而上书者更多。太后不得已，"听公卿采莽女"。在太后决定选莽女为皇后之后，王莽再次说不宜选他的女儿，并提出请求太后及公卿见见他女儿，能否作皇后。在臣僚们见了之后，又齐声赞美他女儿品德高尚，容貌美丽，堪为皇后；王莽又说要经过占卜才能决定他女儿可否为皇后，占卜结果仍然认为可以为皇后。然后，就有官僚上书请求增加王莽的封地，因为他是"后父"。太后又增加王莽封邑并赏赐"黄金二万斤，为钱二万万"。王莽又辞让，只取三千万，其余分给王氏九族的贫者。从这件事的始末过程，既能知道王莽的丑恶用心，又看到了诸生和官僚们极不光彩的各种表演。太学生参与这些活动的目的,无非是得到王莽的赏识,以求得一官半职而已,这是太学生们思想、品德落后的具体表现。

和以上这种事情相类似的还有一件,《汉书·王莽传下》记载:王莽地皇四年秋,全国各地农民起义风起云涌。王"莽自知败,乃率群臣至南郊,陈其符命本末,仰天曰:'皇天既命授臣莽,何不殄灭众贼?即令臣莽非是,愿下雷霆诛臣莽。'因博心大哭,气尽,伏而叩头。又作告天策,自陈功劳,千余言。诸生小民会旦夕哭,为设飧粥,甚悲哀及能诵策文者除以为郎,至五千余人。"凡是参加痛苦求天,"甚悲哀及能诵策文者除以为郎",当时许多太学生都参与了这个极不应该参与的活动,这些史实说明太学生这些卑鄙行为的基本动机,就在于想求职当官。

(三)政治活动

太学学生参与政治活动发生在汉哀帝刘欣元寿二年(2年),为了营救受冤枉的鲍宣而爆发了我国历史上第一次学生运动。

事件的经过是这样:司隶鲍宣,因阻止丞相孔光的车马不得行驰道中,被指为侮辱了丞相而下狱治罪,鲍宣是当时的著名儒学学者,又比较耿直,敢于揭露外戚宦官引用私人,充塞朝廷,而阻碍贤人进路的丑恶行径。他这些意见正与太学学生的出路有关,得到太学学生的同情。太学学生王咸领导太学学生一千余人向皇帝请愿,营救鲍宣,才使他免于死罪改为髡钳。鲍宣受刑后,就离长安迁往上党闲居。这是中国历史上太学学生干预政治的最早记录。对这个政治事件的始末,《汉书·王贡两龚鲍传》写道:鲍宣"为谏大夫。宣每居位,常上书谏争,其言少文多实……丞相孔光四时行园陵,官属以令行驰道中,宣出逢之,使吏钩止丞相掾史,没入其车马,摧辱丞相事下御史,中丞侍御史至司隶官,欲捕从事,闭门不肯内。宣坐距闭使者,亡人臣礼,大不敬,不道,下廷尉狱。博士弟子济南王咸举幡太学下曰:'欲救鲍司隶者会此下。'诸生会者千余人。朝日,遮丞相孔光自言,丞相车不得行,又守阙上书,上遂抵宣罪,减死一等,髡钳"。我国历史上第一次学生运动,以皇帝宽容、让步,学生胜利而告终。

又,"郭丹字少卿,南阳穰人也……七岁而孤……后从师长安。既至京师,常为都讲,诸儒咸敬重之。大司马严尤请丹,辞病不就。王莽又征之,遂与诸生逃北地……建武十三年,大司马吴汉辟举高第,迁并州牧……永平三年……为司徒"[①]。在王莽秉政时,郭丹为太学"都讲",他反对王莽倒行逆施的政策,不接受王莽授予的官职,而且还与诸生联合起来反对王莽,率领他们逃往北地。说明了太学博士并不受黑暗统治者给以官位的诱惑,始终站在正义立场,对王莽政权表示了强烈的抗议。

---

① 《后汉书·郭丹传》。

第五章
东汉学校的教学活动

经历西汉末年的战争,远支皇族刘秀获得胜利,即汉光武帝,于建武元年(25年)重建汉朝政权,定都洛阳,历史上称为东汉。继承西汉的统治区域,维系西汉的基本政治制度及其独尊儒术的文教政策。尽管东汉历代皇朝都有些变更,但不过是细枝末节而已。到东汉末年宦官掌握政权,横征暴敛,残酷掠夺农民。中平元年(184年),爆发了黄巾农民大起义。在起义农民的沉重打击下,东汉王朝名存实亡。延康元年(220年)曹丕称帝,东汉灭亡。从建武元年(25年)刘秀称帝起,到延康元年(220年)曹丕代汉止,共历十二帝,统治196年。

第一节 教学内容

一、中央官学的教学内容

东汉中央官学有太学、宫邸学和鸿都门学,这三所学校的培养目标各不相同,入学的学识基础又有差异。因此,教学内容也有区别,特介绍于下。

(一)太学的教学内容

汉光武皇帝爱好经术,即位后,于建武五年(29年)就在洛阳修建太学,恢复太学《五经》的十四个博士,即设置十四个科目,作为太学的教学内容。据《后汉书·儒林列传》:"光武中兴,爱好经术,未及下车,而先访儒雅,采求阙文,补缀漏逸。先是四方学士多怀挟图书,遁逃林薮。自是莫不抱负愤策,云会京师……于是立《五经》博士,各以家法教授。

《易》有施、孟、梁丘、京氏,《尚书》欧阳、大小夏侯,《诗》齐、鲁、韩,《礼》大小戴,《春秋》严、颜,凡十四博士,太常差次总领焉。建武五年,乃修起太学,稽式古典,笾豆干戚之容,备之于列,服方领习矩步者,委它(蛇)乎其中。"

又,据陆机撰写的《洛阳记》说,"太学在洛阳城南开阳门外,去宫八里。讲堂长十丈,广三丈,堂前石经四部"。再据《后汉书·翟酺传》说,"光武初兴,愍其荒废,起太学博士舍,内外讲堂,诸生横巷,为内外所集"。

东汉太学教学设置什么科目?用哪些内容教导学生?曾经发生过多次争论,并在不断的辩论中逐步进行改变和完善。

第一次发生在汉光武帝建武四年(28年),为在太学立《费氏易》、《左氏春秋》博士而引起的争论。

据《后汉书·范升传》:"时尚书令韩歆上疏欲为《费氏易》、《左氏春秋》立博士,诏下其议。四年春正月,朝公卿、大夫、博士、见于灵台。帝曰:'范博士可前平说。'升对曰:'《左氏》不祖孔子,而出于丘明,师徒相传,又无其人,且非先帝所存,无因得立。'遂与韩歆及太中大夫许淑等互相辩难,日中乃罢。升退而奏曰:'近有司请置《京氏易》博士,群下执事,莫能据证。《京氏》既立,《费氏》怨望,《左氏春秋》复以类比,亦希置立。《京》、《费》已行,次复《高氏》,《春秋》之家,又有《骆》、《夹》。如令《左氏》、《费氏》得置博士,《高氏》、《骆》、《夹》,《五经》奇异,并复求立,各有所执,乖戾分争……今《费》、《左》二学,无有本师而多反异,先帝前世,有疑于此,故《京氏》虽立,辄复见废。疑道不可由,疑事不可行……今陛下草创天下,纪纲未定,虽设学官,无有弟子。《诗》、《书》不讲,礼乐不修,奏立《左》、《费》非政急务……愿陛下疑先帝之所疑,信先帝之所信以示反本,明不专己。天下之事所以异者,以不一本也。'"

上述史料说明范升反对设置《费氏易》和《左氏春秋》博士,理由是《左氏春秋》不是孔子所传,先帝也没有立《左氏春秋》;如果立《费氏》、《左氏》还会引起《高氏》、《骆》、《夹》等也要立博士;这样就会使《五经》奇异,而非所本等等。他的主张立即遭到韩歆、许淑等的驳斥,更引起名儒们的反对。

陈元在建武初年,与桓谭、杜林、郑兴都是儒学的宗师。在知道范升不赞成立《左氏春秋》博士后。乃诣阙上疏曰:"升等又曰'先帝不以《左氏》为经,故不置博士,后主所宜因袭'。……往者,孝武皇帝好《公羊》,卫太子好《谷梁》,有诏诏太子受《公羊》,不得受《谷梁》。孝宣皇帝在人间时,闻卫太子好《谷梁》,于是独学之。及即位,为石渠论而《谷梁》兴,至今与《公羊》并存。此先帝后帝各有所立,不必其相因也……方今干戈少弭,戎事略戢,留思圣艺,眷顾儒雅,采孔子拜下之义,卒渊圣独见之旨,分明白黑,建立《左氏》,解释先圣之积结,洮汰学者之累惑,使基业垂于万世,后进无复狐疑,则天下幸甚……臣元愚鄙,尝传师言。如得以褐衣召见,俯伏庭下,诵孔氏之正道,理丘明之宿冤,若辞不合经,事不稽古,退就重诛,虽死之日,生之年也。"

"书奏,下其议。范升复与元相辩难,凡十余上。帝卒立《左氏》学,太常选博士四人,元为第一。帝以元新忿争,乃用其次司隶从事李封,于是诸儒以《左氏》之立,论议讙哗,自公卿以下,数廷争之。会封病卒,《左氏》复废。"[①]

这场争论的结果,虽然设置了《左氏春秋》博士,但不久又取消了。这个事实表明,要改变太学的教学内容是多么困难。由此可知,任何革新都很不容易。究其根源则在于学派之争,《左氏春秋》属于古文经学,而当时太学所设置的博士都属于今文经学。

在《左氏春秋》博士被取消后,古文经学的学者并不甘心失败,于是采取迂回的策略,迎合朝廷重视谶纬的需要,提出《左氏春秋》与谶纬更相符合的见解。《后汉书·贾逵传》记载:贾逵,弱冠能诵《左氏传》及《五经》本文,"尤明《左氏传》、《国语》,为之《解诂》五十一篇,永平(汉明帝)中,上疏献之。显亲重其书,写藏秘馆……肃宗立,降意儒术,特好《古文尚书》、《左氏传》。建初元年(76年)诏逵入讲白虎观、南宫云台。帝善逵说,使出《左氏传》大义长于二传者。逵于是具条奏之曰:

[①] 《后汉书·陈元传》。

'臣谨摘出《左氏》三十事尤著明者,斯皆君臣之正义,父子之纪纲……《左氏》义深于君父,《公羊》多任于权变……今《左氏》崇君父,卑臣子,疆干弱枝,劝善戒恶,至明至切,至直至顺……又《五经》家皆无以证图谶明刘氏为尧后者,而《左氏》独有明文……'书奏,帝嘉之,赐布五百匹,衣一袭,令逵自选《公羊》严、颜诸生高才者二十人,教以《左氏》,与简纸经传各一通"。经过贾逵这番揣摩帝意而附和之后,使古文经学逐渐得到重视。

第二次发生在汉章帝建初四年(79年)11月,章帝下令召集学者、儒生、博士等辩论《五经》同异:"诏曰:'盖三代导人,教学为本。汉承暴秦,褒显儒术建立《五经》,为置博士。其后学者精进,虽昌承师,亦别名家。孝宣皇帝以为去圣久远,学不厌博,故遂立《大小夏侯尚书》,后又立《京氏易》。至建武中,复置《颜氏、严氏春秋》,《大小戴礼》博士。此皆所以扶进微学,尊广道艺也。中元元年诏书,《五经》章句繁多,议欲简省。至永平元年长水校尉(樊)鯈奏言,先帝大业,当以时施行。欲使诸儒共正经义,颇令学者得以自助。孔子曰:学之不讲,是吾忧也。又曰:博学而笃志,切问而近思,仁在其中矣。於戏,其勉之哉!'于是下太常,将、大夫、博士、议郎、郎官及诸生、诸儒会白虎观,讲论《五经》同异,使五官中郎将魏应承制问,侍中淳于恭奏,帝亲称制临决,如孝宣甘露石渠故事,作《白虎议奏》。"

这次议定《五经》会议的另一位建议者,是兰台校书郎杨终。据《后汉书·杨终传》:建初元年,杨终就上书章帝说:"'宣帝博征群儒,论定《五经》于石渠阁。方今天下少事,学者得成其业,而章句之徒,破坏大体。宜如石渠故事,永为后事则。'于是诏诸儒于白虎观论考问同异焉。"当时的名儒贾逵、丁鸿、楼望、成封、桓郁、李育等都参加了辩论。而作为提议者的杨终此时却"坐事系狱,博士赵博、校书郎班固、贾逵等,以终深晓《春秋》,学多异闻,表请之,终又上书自讼,即日贳出,乃得与于白虎观焉"。这件事表明章帝能够接受臣下的建议,召开白虎观会议,又赦免杨终使其参与辩论。在这次会上,除了与会者自由发言之外,章帝还指定都讲丁鸿与诸位儒学学者论定《五经》。"鸿以才高,论难最明,诸儒称之,帝数嗟美焉。时人叹曰:'殿中无双丁孝公。'"[1]李育"以《公羊》义难贾逵,往返皆有理证,最为通儒"。会后,以皇帝名义制成定论,作为太学的标准教材,并由班固"撰集其事"。"作《白虎通德论》",其内容可说是今文经学的政治提要。尽管如此,但编写者班固却是古文经学的著名学者,显示出古文经学仍旧占有重要地位。这次会议的四年后,章帝就下令将《古文尚书》、《毛诗》等古文经学的代表著作,列为太学的正式教材。

《后汉书·章帝纪》写道:建初八年,"诏曰:'《五经》剖判,去圣弥远。章句遗辞,乖疑难正,恐先师微言将遂废绝,非所以重稽古,求真道也。其令群儒选高才生,受学《左氏》、《谷梁春秋》、《古文尚书》、《毛诗》,以扶微学,广异义焉。'"于是,太学的教学内容又在光武帝设置十四个《五经》博士的基础上,增加四个扩展为十八个经学科目,原来的《五经》也增加为《九经》。

第三次发生在安帝时期,主要是校正《五经》文字。事情发端于汉安帝永初四年(110年)。据《后汉书·安帝纪》,永初四年二月"诏谒者刘珍及《五经》博士,校定东观《五经》、诸子、传记、百家艺术,整齐脱误,是正文字"。这次没有开展辩论,主要是补充文字的脱落,纠正错讹,以保持《五经》的统一完整。在这次之后七年,又进行了一次校正。《后汉书·宦者列传·蔡伦》记载:元初"四年(117年),帝以经传之文多不正定,乃选通儒谒者刘珍及博士良史诣东观,各仇校家法,令伦监典其事"。

第四次是汉顺帝永和元年(136年)。据《后汉书·伏堪传》记载:伏无忌,"博学多识,顺帝时,为侍中屯骑校尉。永和元年,诏无忌与议郎黄景校定中书、《五经》、诸子百家、艺术。元嘉中(约152年),桓帝复诏无忌与黄景、崔寔等共撰《汉记》,也自采集古今,删著事要,号曰《伏侯注》"。以上两次都只是文字的订正,以使《五经》统一,才不至于发生错谬。

---

[1] 《后汉书·丁鸿传》。

第五次统一《五经》是在汉灵帝熹平四年(175年)三月。这次校正《五经》的主要原因是射策考试时,有些人贿赂考官,私改经文以合乎己意,而引起诉讼。《文献通考·卷四十·学校一》写道:"诸博士试甲乙科,争第高下,更相告讼,亦有私行金货,定兰台漆书经字,以合其私文。熹平四年,灵帝乃诏诸儒正定《五经》刊于石碑。"《后汉书·灵帝纪》写道:"诏诸儒正《五经》文字,刻石立太学外。"事情的发端是由蔡邕等上书于灵帝而起。据《后汉书·蔡邕传》记载:蔡邕,建宁三年(170年)"召拜郎中,校书东观。迁议郎。邕以经籍去圣久远,文字多谬,俗儒穿凿,疑误后学,熹平四年,乃与五官中郎将堂溪典、光禄大夫杨赐……奏求正定《六经》,灵帝许之,邕乃自书(册)[丹]于碑,使工镌刻立于太学门外。于是后儒晚学,咸取正焉。及碑始立,其观视及摹写者,车乘日千余辆,填塞街陌"。

从以上简要记述辩论和整理《五经》的过程,可以明白在东汉时期,统治者非常重视太学讲述经学内容的统一性,其根本原因除了由于学派之争与保证家法的纯洁性之外,则是适应选举的需要,以利于考试内容的统一和制定一致的选士标准,做到人才选拔的公正与公平。

(二)宫邸学的教学内容

宫邸学是专门为皇室及贵胄子弟创办的贵族学校。创始于东汉明帝永平九年(66年),为外戚樊氏、郭氏、阴氏、马氏四个大姓所办,又称为"四姓小侯学",因为他们不是列侯,因此,称小侯。明帝为这个贵族学校置《五经》师。这说明宫邸学的教学内容仍然是《五经》。在《后汉书·明帝纪》写道:永平九年"是岁,大有年。为四姓小侯开立学校,置《五经》师"。后来,这所学校的招生对象扩大到功臣贵族子孙及匈奴的子弟均可以入学。又《后汉书·儒林传序》记载:明帝,"复为功臣子孙、四姓末属别立校舍,搜选高能以授其业,自期门羽林之士,悉令通《孝经》章句,匈奴亦遣子入学"。也就是说宫邸学的教学内容除了《五经》,还有《孝经》也是必修的课程。

汉安帝时,邓太后又为和帝弟济北王、河间王的子弟五岁以上四十余人及邓氏近亲子孙三十余人开设另一所贵胄学校,其教学内容仍然是以经书为主,并由她亲自督理。与此同时,邓太后还命令中宫近臣于东观受读经传,教授宫人。在《后汉书·邓太后纪》里,写明了她设立宫邸学的过程和原因:安帝元初六年(119 年)"太后诏征和帝弟济北、河间王子男女年五岁以上四十余人,又邓氏近亲子孙三十余,并为开邸第,教学经书,躬自监试。尚幼者,使置师保,朝夕入宫,抚循诏导,恩爱甚渥。乃诏从兄河南尹豹、越骑校尉康等曰:吾所以引纳群子,置之学官者,实以方今承百王之敝,时俗浅薄,巧伪滋生,《五经》衰缺,不有化导,将遂陵迟,故欲褒崇圣道,以匡失俗。传不云乎:'饱食终日,无所用心,难矣哉!'今末世贵戚食禄之家,温衣美食,乘坚驱良,而面墙术学,不识臧否,斯故祸败所以来也。永平中,四姓小侯皆令入学,所以矫俗厉薄,反之忠孝。先公既以武功书之竹帛,兼以文德教化子孙,故能束修,不触罗纲,诚令儿曹上述祖考休烈,下含诏书本意,则足矣。其勉之哉!"从根本上讲,创立宫邸学的目的是为了巩固皇亲国戚的地位,使他们的子孙后代继续效忠于皇室,获得高官厚禄,而不要胡作非为。

(三)鸿都门学的教学内容

鸿都门学因校址在帝宫的鸿都门而得名,创立于汉灵帝光和元年(178 年),它是一所文学、艺术的专门学院。教学内容主要是辞赋、小说、尺牍、字画等,与太学专门学习《五经》完全不同。从教学内容来看,突破了独尊儒术的经学传统是个重大的进步;从学校类别来说,它是我国乃至世界的第一所文学艺术专门学院,开创了专门学院的先河,为后世设立专门学校开辟了道路,具有巨大的历史意义。

二、地方郡国学的教学内容

西汉平帝元始三年,虽然颁布了地方学校教育制度,在郡国和县、道、邑、侯国,分别设立学校。但依据当时的情况,还没有具备实现地方立学的政治经济条件,这个地方教育制度也就没有实行。到了东汉各地方官吏仍旧以其个人对学校教育重要性的认识及地方的经济文化状况,决定建立地方学校事宜,仍然没有在各地普遍设置学校。就其教学内容来看,虽然都是儒学的《五经》,但不像太学那么正规,而带有一定的随意性,即由办学者和教师选择内容。不过,东汉时期设立的地方学校比西汉多,办得较好的地方学校,或比较有影响的地方学校有:

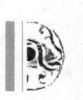

汉光武建武初年就有九真、武威、桂阳、汝南、常山、丹阳、辰阳等地。据《后汉书·循吏传·任延》：建武初，诏征九真（今越南清化）太守，后又迁武威（今甘肃省武威县），"造立校官，自掾［吏］子孙，皆令诣学业，复其徭役。章句既通，悉显选拔荣进之。郡遂有儒雅之士"。又，《后汉书·循吏传·卫飒》：建武二年，卫飒"迁桂阳（今湖南郴县）太守。郡与交州接境，颇染其俗，不知礼则。飒下车，修庠序之教，设婚姻之礼。期年间，邦俗从化"。又，据《后汉书·寇恂传》：寇恂，建武三年，拜汝南（今属河南）太守。"素好学，乃修乡校，教生徒，聘能为《左氏春秋》者，亲授学焉。"再，《后汉书·儒林传·伏恭》：伏恭，建武四年，"拜博士，迁常山（治今河北元氏）太守。敦修学校，教授不辍，由是北州多为伏氏学"。又，《后汉书·李忠传》：李忠，建武六年，迁丹阳（治今安徽宣城）太守，"以丹阳越俗不好学，嫁娶礼仪，弱于中国，乃起学校，习礼容，春秋乡饮，选用明经，郡中向慕之"。又，《后汉书·宋均传》：宋均，"调补辰阳（今湖南辰溪）长。其俗少学者而信巫鬼，均为立学校，禁绝淫祀，人皆安之"。

从以上所举的几所地方学校，可以明白其教学内容还是儒学的《五经》，所谓"章句既通，悉显选拔荣进之""选用明经"，"聘能为《左氏春秋》者"，"北洲多为伏氏学"（即以《诗》教授生徒）等等充分表明这些学校的教学内容；除了教学之外，地方学校还担负有宣传教化任务，如教导百姓的礼仪、婚姻礼则等社会教化的内容。

汉明帝十分重视地方学校教育，还亲自率领群臣到郡、县、道的学校举行祭祀周公、孔子的"乡饮酒礼"，促进了地方学校的发展。

汉章帝时期地方学校比较普遍设置，最有影响的是什邡、山阳、南阳等地方学校。据《后汉书·儒林传·杨仁》记载：杨仁，"拜什邡（今属四川）令。宽厚为政，劝课掾史弟子，悉令就学。其有通明经术者，显之右署，或贡之朝，由是义学大兴"。又，《后汉书·循吏传·秦彭》写道：秦彭，建初元年（76年），"迁山阳太守。以礼训人，不任刑罚。崇好儒雅，敦明庠序。每春秋飨射，辄修升降揖让之仪。乃为人设四诫，以定六亲长幼之礼。有遵奉教化者，擢为乡三老，常以八月致酒肉以劝勉之"。

再据《后汉书·鲍永传·鲍德》记载,鲍德,累官为南阳太守。"时多荒灾,……郡学久废,德乃修起横舍,备俎豆黻冕,行礼奏乐。又尊飨国老,晏会诸儒。百姓观者,莫不劝服。"再,《后汉书·张酺传》:"张酺,出为东郡太守,元和二年,帝东巡狩,幸东郡(治今河南濮阳),引酺及门生并郡县掾史并会庭中。帝先备弟子之仪,使酺讲《尚书》一篇,然后修君臣之礼。赏赐殊特,莫不沾谕。"

桓帝、灵帝时期社会动乱,地方教育虽然受到影响,但致力于地方教育的官吏仍然不少,如南阳太守刘宽、北新城长刘梁、蒲亭长仇览、北海相孔融,都在其管辖区内兴建学校。《后汉书·刘宽传》写道:刘宽,延熹八年(165年)征拜尚书令,迁南阳太守。"每行县止息亭传,辄引学官祭酒及处士诸生执经对讲。见父老慰以农里之言,少年勉以孝悌之训。人感德兴行,日有所化"。又,《后汉书·文苑列传·刘梁》记载:刘梁"桓帝时,举孝廉,除北新城(今河北徐水)长。告县人曰:'昔文翁在蜀,道著巴汉,……吾虽小宰,犹有社稷,苟赴期会,理文墨,岂本志乎!'乃更大作讲舍,延聚生徒数百人,朝夕亲自劝诫,身执经卷,试策殿最,儒哈大行。此邑至后犹称其教焉"。《后汉书·循吏传·仇览》写道:仇览,陈留考城(今河南民权)人也。"选为蒲亭长。劝人生业,为制科令,至于果菜为限,鸡豕有数,农事既毕,乃令子弟群居,还就骍黉学……期年称大化。"又《后汉书·孔融传》写道:孔融为北海(国都在今山东昌乐)相。"更置城邑,立学校,表显儒术。"

从以上列举的地方学校进一步说明,这些学校的教学内容仍旧是以儒家经学为主,辅之以礼仪、习俗等,除了生徒的教学还要开展社会的宣传教化。还值得注意的是这些地方学校的教学活动并不是经常进行,往往是时断时续,而且学校也是时兴时废。尽管如此,却仍然为后世地方学校教学内容的发展,奠定了一些基础。

三、私学的教学内容

(一)以经学为内容的私学

在东汉时期以经学为内容的私学遍及全国各地,特列举规模较大又有一定影响和特色的私学于下:

1. 以《尚书》为内容的私学。

据《后汉书·桓荣传》："桓荣字春卿,沛郡龙亢人也。少学长安,习《欧阳尚书》,事博士九江朱普。贫宴无资,常客佣以自给,精力不倦,十五年不窥家园……会朱普卒,荣奔丧九江。负土成坟,因留教授,徒众数百人。莽败,天下大乱,荣抱其经书与弟子逃匿山谷,虽常饥困而讲论不辍,后复客授江淮间。"

"建武十九年,年六十余,始辟大司徒府。时显宗始为太子,选求明经,乃擢荣弟子豫章何汤为虎贲中郎将,以《尚书》授太子。世祖从容问汤本师为谁,汤对曰:'事沛国桓荣。'帝即召桓荣,令说《尚书》甚善之,拜议郎……入使授太子……会《欧阳》博士缺,帝欲用荣。荣叩头让曰:'臣经术浅薄,不如同门生郎中彭闳、扬州从事皋弘。'……因拜荣为博士,引闳、弘为议郎。

"车驾幸太学,会诸博士论难于前,荣被服儒衣,温恭有蕴籍,辩明经义,每以礼让……不以辞胜人,儒者莫之及,特加赏赐。又诏诸生雅吹击磬,尽日乃罢……常令止宿太子宫。积五年,荣荐门下生九江胡宪侍讲,乃听得出,且一入而已。

"二十八年,大会百官,诏问谁可傅太子者……拜佚(博士张佚)为太子太傅,而以荣为少傅……三十年拜为太常……显宗即位,尊以师礼,甚见亲重……荣年八十,自以衰老,数上书乞身,辄加赏赐。乘舆尝幸太常府,令荣坐东面,设几杖,会百官骠骑将军东平王苍以下及荣门生数百人,天子亲自执业,每言辄曰:'大师在是'(《东观记》曰:'时执经生避位发难,上谦曰大师在是也。')既罢,悉以太官供具赐太常家。其恩礼若此。

"永平二年,三雍初成,拜荣为五更。每大射养老礼毕,帝辄引荣及弟子升堂,执经自为下说。乃封荣为关内侯……荣卒。帝谴责变服,临丧送葬……除兄子二人补四百石,都讲生八人补二百石,其余门徒多至公卿。子郁嗣。

"郁字仲恩,少以父任为郎。敦厚笃学,传父业,以《尚书》教授,门徒常数百人。荣卒,郁当袭爵,上书让于兄子汛,显宗不许,不得已受封,

95

悉以租入与之。帝以郁先师子,有礼让,甚见亲厚,常居中论经书,问以政事,稍迁侍中。帝自制度《五家要说章句》,令郁校定于宣明殿,以侍中监虎贲中郎将。永平十五年,入授太子经……肃宗即位……建初二年,迁屯骑校尉。和帝即位……迁长乐少府,复入侍讲……永元四年,为太常,明年,病卒。

"初,荣受朱普学章句四十万言,浮辞繁长,多过其实。及荣入授显宗,减为二十三万言。郁复删省定成十二言。由是有《桓君大小太常章句》……郁中子焉,能传其家学……焉字叔元,少以父任为郎。明经笃行,有名称。永初元年,入授安帝,三迁为侍中步兵校尉。永宁中,顺帝立为皇太子,以焉为太子少傅,月余,迁太傅……拜光禄大夫,迁太常……顺帝即位,拜太傅,并录尚书事。焉复入授经禁中……封阳平侯,固让不受。视事三年,坐辟召禁锢者为吏免。复拜光禄大夫。阳嘉二年……为大鸿胪,数日迁为太常。永和五年……为太尉。汉安元年,以日食免。明年卒于家。弟子传业者数百人,黄琼、杨赐最为显贵。

"焉孙典字公雅,复传其家业,以《尚书》教授颍川,门徒数百人……举高第,拜侍御史……灵帝崩,大将军何进秉政,典与同谋议,三迁羽林中郎将……献帝即位……拜御史中丞,赐爵关内侯……迁光禄勋,建安元年卒于官。"

荣曾孙"彬字彦林,焉之兄孙也。桓帝初为议郎,入侍讲禁中,以直道忤左右,出为许令,病免"。"彬少与蔡邕齐名,初,举孝廉,拜尚书郎"。

"论曰:伏氏自东西京相袭为名儒,以取爵位。中兴而桓氏尤盛,自荣至典,世宗其道,父子兄弟代作帝师,受其业者皆至卿相,显乎当世。(孔)子曰:'古之学者为己,今之学者为人。'为人者,凭誉以显物,为己者,因心以会道。桓荣之累世见宗,岂其为己乎!"桓荣原来是一位私学教师,先在九江及江淮海间创立私学,以《尚书》为内容进行教学,徒众常数百人,后由他的弟子何汤举荐入皇宫教授太子,而受到重用,官至极品。他的儿子桓郁传其家学仍以《尚书》教授,门徒常数百人。后因荣卒由郁嗣爵,入宫教授皇太子,因是帝师也很受重视。荣的曾孙桓典复传其家业,以《尚书》教授颍川,门徒数百人,举高第而进入皇室任官,祖孙数代皆为皇帝的老师。从桓荣受业开始,就习《尚书》,他教学的内容也是《尚书》,并自此世代相传,及至东汉灭亡。其间曾经对教材《尚书》章句,进行过多次修改删减,由四十万字改为二十三万字,再改成十二万字。说明了东汉儒学学者教学由教师选定的教学科目虽然没有变更,而教材却可以有所损益。

又,《后汉书·张酺传》写道:"张酺字孟侯,汝南细阳人也……少从祖父充受《尚书》,能传其业。又事太常桓荣。勤力不息,聚徒以百数。永平九年,显宗为四姓小侯开学于南宫,置《五经》师。酺以《尚书》教授,数讲御前。以论难当意,除为郎……遂入授太子。酺为人质直,守经义,每侍讲间隙,数有匡正之辞,以严见惮。及肃宗即位,擢酺为侍中、虎贲中郎将。数月,出为东郡太守……元和二年,东巡狩,幸东郡,引酺及门生并郡县掾史并会庭中。帝先备弟子之仪,使酺讲《尚书》一篇,然后修君臣之礼……和帝初,迁魏郡太守。永元五年迁酺为太仆……数月为太尉……酺虽在公位,而父常居田里……及父卒,既葬,诏遣使斋牛酒为释服。后以事与司隶校尉晏称会于朝堂……称辞语不顺,酺怒,遂廷叱之,称乃劾奏酺有怨言。天子以酺先帝师,有诏公卿、博士、朝臣会议……于是策免……酺归里舍,谢遣诸生,闭门不通宾客。"

张酺一生的事迹值得注意的是学、教结合与官、教结合。他在向太常桓荣求学《尚书》时,即聚徒百数教授《尚书》;后由显宗任命为四姓小侯学的经师,专门给这所贵族学校的学生教授《尚书》;因为讲述得到显宗的称赞,而升为皇太子的老师,并利用讲解《尚书》的间隙,给太子作思想工作,即所谓"数有匡正之辞";迁任东郡太守后,章帝到东郡巡视,仍以教师的身份给章帝讲解《尚书》;还在东郡任所招收生徒,传授《尚书》;直到被"策免"归乡里,才"谢遣诸生"。足见他把学习、教学、任官三者集于一身。在汉朝像他这样的学者,大都是担任了官职之后,仍然招收门徒从事教学活动,即一面作官,一面教学。

再《后汉书·杨震传》记载:杨震,字伯起,"父宝,习《欧阳尚书》。哀、平之世,隐居教授。震少好学,受《欧阳尚书》于太常桓郁,明经博览,无不穷究。诸儒为之语曰:'关西孔子杨伯起。'常客居于湖,不答州郡礼命数十年……震中子秉,秉字叔节,少传父业,兼明《京氏易》,博通书传,常隐居教授……子赐。赐字伯献。少传家学,笃志博闻。常退居隐约,教授门徒,不答州郡礼命"。

从杨震父亲杨宝,至儿孙杨秉、杨赐,祖孙三代皆为私学教师,并以《欧阳尚书》为内容,教授生徒数十余年,而且都不接受政府的礼聘去做官,安于从事民间教学,这样的事迹在汉代是屡见不鲜,他们的敬业精神值得称赞。

2. 以《春秋》为内容的私学。

据《后汉书·郑兴传》记载,"郑兴字少赣,河南开封人也。少学《公羊春秋》。晚善《左氏传》,遂积精深思,通达其旨,同学者皆师事之……建武六年……征为中大夫……九年……坐左转莲勺令……会以事免。兴好古学,尤明《左氏》、《周官》,长于历数,自杜林、桓谭、卫宏之属,莫不斟酌焉。世言《左氏》者多祖于兴,而贾逵自传其父业,故有郑、贾之学。兴去莲勺,后遂不复仕,客授阌乡,三公连辟不肯应,卒于家。子众……从父受《左氏春秋》精力于学,明《三统历》,作《春秋难记条例》,兼通《易》、《诗》知名于世……永平初,辟司空府,以明经给事中,再迁越骑司马……建初六年……为大司农……其后受诏作《春秋删》十九篇……子安世,亦传家业"。

郑兴一生的基本活动是开办私学,传授生徒和研究《春秋》为主的经学,并以研究《春秋》而闻名。而且,《左氏春秋》列为学校的教学内容,也以郑兴最有功劳。他在太学向博士金子严学习《左氏春秋》时,就以学优颇有名声,受到同学们的尊敬,一面学习,一面还教导向他求教的太学同学,这是汉代太学另一种形态的亦学、亦教,即不像倪宽、翟方进那样以谋生为出发点的亦学、亦教,而是因学习成绩优良,受到同学敬佩形成的亦学、亦教。汉代的"家法"传授,郑兴一家的所谓"郑学"也可以说是个典型的例子,从郑兴传给儿子郑众,再传给孙子郑安世,又传给众曾孙郑公业等,延续数十年,从而形成一种独具风格的学术派别。

又,《后汉书·儒林列传(下)》记载:"楼望字次子,陈留雍丘人也。

少习《严氏春秋》……永平初,为侍中、越骑校尉,入讲省内。十六年迁大司农……后为中郎将。教授不倦,世称儒宗,诸生著录九千余人。年八十永元十二年卒于官。门生会葬者数千人,儒者以为荣。"楼望因研究与讲述《严氏春秋》的学识渊博而获得高官,在担任官职期间仍继续教授生徒,逝世时学生数千为他送葬,足见他学术声望很高,当时尊师重教也蔚然成风,才形成了"会葬者数千人"的庄重局面。

《后汉书·承宫传》写道:"承宫字少子,琅邪姑幕人也。少孤,年八岁为人牧豕。乡里徐子盛者,以《春秋经》授诸生数百人,宫过息庐下,乐其业,因就听经,遂请留门下,为诸生拾薪。执苦数年,勤学不倦。经典既明,乃归家教授。遭天下丧乱,遂将诸生避地汉中,后与妻子之蒙阴山,肆力耕种。禾黍将孰,人有认之者,宫不与计,推之而去,由是显名。三府更辟,皆不应。永平中,征诣公车。车驾临辟雍,召宫拜博士。迁左中郎将……十七年,拜侍中祭酒。"

上述承宫的事迹说明:承宫由一个牧猪儿童自学成才并创办私学,自任教师,还实行半农、半教,耕、教结合;他的学生也实行半农、半读,耕、读结合。这就表明在汉代不仅在中央太学里有穷苦学生如倪宽、翟方进等为他人佣工以求得学习生活费用;在私学里,承宫也是"为诸生拾薪"以自给。足以看出早在公元一二世纪,我国的公、私学校里就创立了半工、半读,工、读结合;半耕、半读,耕、读结合的教学形式,它是近现代学校实行勤工俭学和产、学、研结合的先声。或者说汉以后的学校勤工俭学和产、学、研结合,起源于我国汉代的太学和私学。

再,樊鯈字长鱼,其父樊宏,南阳湖阳人也,光武帝舅父。建武五年,封长乐侯。十五年封寿张侯。宏少有志行,为人谦柔畏慎,不求苟进。二十七年卒。子鯈嗣爵……鯈曾"就侍中丁恭受《公羊严氏春秋》……永平元年(58年),拜长水校尉,与公卿杂定郊祀礼仪,以谶记正《五经》异说……初,鯈删定《公羊严氏春秋》章句,世号'樊侯学',教授门徒前后三千余人……永元十五年(103年),准(樊准,宏之族曾孙)上疏曰:'光武皇帝受命中兴,群雄崩扰,旌旗乱野,东西诛战,不遑启处,然犹投戈讲艺,息马论道。至孝明皇帝,兼天地之姿,用日月之明,庶政万机,无不简心,而垂情古典,游意经艺,每飨射礼毕,正坐自讲,诸儒并听,四方欣欣。虽阙里之化,矍相之事,诚不足言。又多征名儒,以充礼官……故朝多皤皤之良,华首之老。每宴会,则论难[侃侃],共求政化。详览群言,响如振玉。朝者进而思政,罢者退而备问。小大随化,雍雍可嘉。期门雨林介胄之士,悉通孝经。博士议郎,一人开门,徒众数百。化自圣躬,流及蛮荒,匈奴遣伊秩訾王大车且渠来入就学。八方肃清,上下无事。是以议者每称盛时,咸言永平……今学者盖少,远方尤甚。博士依席不讲,儒者竞论浮丽,忘謇謇之忠,习䚟䚟之词。"[1]以上所引史料说明樊鯈以《公羊严氏春秋》为教学内容,教授门徒前后有三千人,可见他教学的声望很高,才会有许多学生投到他的门下;樊准向汉和帝上疏,说明了汉明帝时期,学校教育的盛况,及汉和帝时期教育衰败的情形。分析其根本原因是作为最高统治者的皇帝对教育的重视与否。汉光武帝至明帝都十分注重教育,因此学校教育很发达,而此后的皇帝则不及东汉开国之初,教育逐渐衰落。

又,"张霸字伯饶,蜀郡成都人也……七岁通《春秋》……后就长水校尉樊鯈受《严氏公羊春秋》,遂博览《五经》。诸生孙林、刘固、段著等慕之,各市宅其傍,以就学焉。举孝廉光禄主事,稍迁,永元中为会稽太守……郡中争励志节,习经者以千数,道路但闻诵声"。

"初,霸以樊鯈《严氏春秋》犹多繁辞,乃减定为二十万言。更名《张氏学》……迁为侍中……疾卒,年七十……中子楷,字公超,通《严氏春秋》、《古文尚书》,门徒常百人。宾客慕之,自父党夙儒,偕造门焉。车马填街,徒从无所止,黄门及贵族之家,皆起舍巷次,以候过客往来之利。楷疾其如此,辄徙避之。家贫无以为业,常乘驴车至县卖药,足给食者,辄还乡里。司隶举茂才,除长陵令,不至官。隐居弘农山中,学者随之,所居成市,后华阴山南遂有公超市。五府连辟,举贤良方正,不就……汉安元年,顺帝特下诏告河南尹曰:'故长陵令张楷……郡时以礼发遣。'楷复告疾不到……桓帝即位……楷坐系廷尉诏狱,积二年,恒讽诵经籍,

---

[1] 《后汉书·樊宏传》。

作《尚书注》。后以事无验,见原还家。建和三年,下诏安车备礼聘之,辞以笃病不行。年七十,终于家。"①

上述张楷开办私学的事迹,说明当时一些著名的学者招收生徒,传授经学不是以营利为目的,而是把传输学术、培养人才当成自己的一种社会职责,他们办学不但没有赚钱,反倒是还要为家贫学生谋求生活费。张楷的私学办在弘农山中,无以为业,是靠他到县城卖药来供给生活费用。追随他求学的学生中有些富家子弟,还在私学所在的山里修建房屋,以致"所居成市"。张楷办学更不是为了当官,汉朝政府几次授予他官职,他都找出各种理由予以拒绝。这样不为名利,不求官位而以培养人才,传授学术为己任的精神品质值得赞扬。

3. 以《礼》为内容的私学。

据《后汉书·独行列传·刘茂》记载,刘茂,"家贫,以筋力致养,孝行著于乡里。及长,能习《礼经》,教授常数百人……会王莽篡位,茂弃官,避世弘农山中教授"。

再,据《后汉书·曹褒传》记载,"曹褒字叔通,鲁国薛人也。父充,持《庆氏礼》(《汉书》沛人庆普字孝公,为东平太傅,受礼于后苍,号《庆氏学》),建武中为博士,从巡狩岱宗,定封禅礼。还,受诏议立七郊、三雍、大射、养老礼仪。显宗即位……拜充侍中。作章句辩难,遂有《庆氏学》……褒少笃志,有大度,结发传充业,博雅疏通,尤好礼事……初举孝廉,再迁圉令,以礼理人,以德化俗……征拜博士。会肃宗欲制定礼乐"。元和二年、三年,先后下诏制定礼乐。"褒省诏,乃叹息谓诸生曰:'昔奚斯颂鲁,考甫咏殷,夫人臣依义显君,竭忠彰主,行之美也。当仁不让,吾何辞哉!'遂复上疏,具陈礼乐之本,制改之意……章和元年正月,乃诏褒诣嘉德门,令小黄门持班固所上叔孙通《汉仪》十二篇,敕褒曰:'此制散略,多不合经,今宜依礼条正,使可施行。于南宫,东观尽心集作。'褒既受命,乃次序礼事,依准旧典,杂以《五经》谶记之文,撰次天子至于庶人冠婚吉凶终始制度,以为百五十篇,写以二尺四寸简,其年十

---

① 《后汉书·张霸传》。

二月奏上。帝以众论难一,故但纳之,不复令有司平奏。会帝崩,和帝即位,褒乃作章句,帝遂以《新礼》二篇冠。擢褒监羽林左骑。永元四年,迁射身校尉。后太尉张酺、尚书张敏等奏褒擅制《汉礼》,破乱圣术,宜加刑诛。帝虽寝其奏,而《汉礼》遂不行……褒博物识古,为儒者宗。十四年,卒官。作《通义》十二篇,演经杂论百二十篇,又传《礼记》四十九篇,教授诸生千余人,《庆氏学》遂行于世。"曹充、曹褒传授《庆氏礼》和改制《汉礼》的过程,既表明当时改革礼仪制度遇到了很大的阻力;又可看出私学的教学内容是各有不同,教材的编写也有派别的差异,而不是统一的。所著《通义》、《演经杂论》及《礼记》等,是传授《庆氏礼》经的教科书。

4. 以《易》为内容的私学。

据《后汉书·儒林传上》记载,"刘昆字桓公,陈留东昏人……受《施氏易》于沛人戴宾……王莽世,教授弟子恒五百人……王莽以昆多聚徒众,私行大礼,有僭上心,乃繫昆及家属于外黄狱。寻莽败得免。继而天下大乱,昆避难河南负犊山中。建武五年,举孝廉,不行,遂逃,教授于江陵。光武闻之,则除为江陵令……征拜议郎、弘农太守。二十二年征为光禄勋……乃令入授皇太子及诸王小侯五十余人。二十七年,拜骑都尉。三十年,以老乞骸骨……中元二年卒。子轶,字君文,传昆业,门徒亦盛。永平中,为太子中庶子。建初中,稍迁中正,卒官,遂世掌中正焉"。

又,"张兴字君上,颖川鄢陵人也。习《梁丘易》以教授。建武中,举孝廉为郎,谢病去。复归聚徒……后举孝廉……稍迁博士。永平初,迁侍中祭酒。十年拜太子少傅。显宗数访问经术,既而声称著闻,弟子自远至者,著录且万人,为梁丘家宗。十四年卒于家"。

"孙期,济阴成武人也。少为诸生,习《京氏易》、《古文尚书》。家贫事母至孝,牧豕大泽中,以奉养焉。远人从其学者,皆执经垄畔以追之,里落化其仁让。黄巾贼起,过期里陌,相约不犯孙先生舍。郡举方正,遣吏斋羊酒请期,期驱豕入草不顾,司徒黄琬特辟,不行,终于家。"

以上刘昆、张兴、孙期都以《易》为教学内容教授生徒,可是他们的遭遇却有很大差别。刘昆、张兴均以私学教学而获得高官显爵并为《易》学宗师,孙期却穷困一生,他的事迹十分独特而为人们敬仰。孙期在太学求学时,学习了两个科目,表明东汉太学生可以自由选择学习内容,而不受限制。太学卒业后,回到故乡,由于家贫以牧猪获得经济收入侍奉母亲与养活自己。远方来向他求学的学生,追到他牧猪的垄畔,向他请教。他的教学不仅影响附近里落形成了优良的风气,而且,黄巾起义军都尊敬他,经过他的家乡时也不去干扰他的家舍;尽管他十分贫穷,但并不愿意作官,当地政府授予他官职、派使者带着礼品请他去当官,他却驱赶猪群入草丛而不顾,安于教书、牧猪的半牧、半教的清贫生活,这种精神品质很值得佩服。同时,他在放牧过程中进行教学的方式,在我国的教育史上,也是颇有特色的创举。

5. 以《诗》为内容的私学。

据《后汉书·儒林传·薛汉》记载,薛汉,"世习《韩诗》,父子以章句著名。汉少传父业,尤善说灾异谶纬,教授常数百人。建武初,为博士,受诏校定图谶。当时言诗者,推汉为长"。

薛汉父子在东汉初年,就是《韩诗》的著名学者,并被推为研究《韩诗》的首领,可见他们的私学是以《韩诗》为教学内容。

又据《后汉书·鲁恭传》,鲁恭,扶风平陵人。"年十二父卒,与弟丕七岁,服父丧成礼,乡里奇之。十五与母及丕俱居太学,习《鲁诗》,闭户讲诵,绝人间事,兄弟俱为诸儒所称,学士争归之……其后拜为《鲁诗》博士,由是……学者日盛……鲁丕,字叔陵,性忧深好学,孜孜不倦,遂杜绝交游,不答候问之礼。士友常以此短之,而丕欣然自得。遂兼通《五经》,以《鲁诗》、《尚书》教授……门生就学者常数百人,关东号之曰'《五经》复兴鲁叔陵'。"

再,《后汉书·儒林传·赵晔》记载:"赵晔字长君,会稽山阴人也……到犍为资中诣杜抚受《韩诗》,究竟其术。积二十年,绝问不还,家为发丧制服。(晔)卒(业)乃归。州召补从事,不就。举有道。卒于家。晔著《吴越春秋》、《诗细》、《历神渊》。蔡邕至会稽,读《诗细》而叹息,以为长于《论衡》。邕还京师,传之,学者咸诵习焉。"

赵晔到杜抚处学习《韩诗》二十年,穷究《韩诗》的一切学术问题后,才回到故乡。家里人以为他在外去世了,还为他发丧举哀,这样的求学事迹,在教育史是少见的。他的著作受到东汉著名学者蔡邕的高度称赞,特别是《诗细》,认为比王充的《论衡》还有价值,说明赵晔具有很高的学术地位。

6. 以《诗》、《书》、《礼》、《易》、《春秋》、《九章算术》等为内容的私学。

《后汉书·王充列传》记载:"王充字仲任,会稽上虞人也……少孤。乡里称孝。后到京师,受业太学,师事扶风班彪。好博览而不守章句。家贫无书,常游洛阳市肆,阅所卖书,一见辄能诵忆,遂博通众流百家之言。后归乡里,居家教授。仕郡为功曹,以数谏争不合去。充好论说,始若诡异,终有理实。以为俗儒守文,多失去真。乃闭门潜思,绝庆吊之礼,户窗墙壁各置刀笔。著《论衡》八十五篇,二十余万言,释物类同异,正时俗嫌疑。刺史董勤辟为从事,转治中,自免还家。友人同郡谢夷吾上书荐充才学,肃宗特诏公车征,病不行。年渐七十,志力衰耗,乃造《养性书》十六篇,裁节嗜欲,颐神自守。永元中病卒于家。"

王充在太学为诸生时,师事通儒班彪,正所谓"师高弟子强",他在导师的教导、培养、影响之下,再加上自己的勤奋学习、研究,成为汉代博通百家的著名学者,所著《论衡》具有划时代的意义。他居家教授数十年,其教学内容就是他学习和研究的内容,和其他私学的单科教学大有区别且有创新性,是我国古代私学文、理兼备教学内容的一位开创者。

又据《后汉书·郑玄传》:"郑玄字康成,北海高密人也……玄少为乡啬夫,得休归,常诣学官,不乐为吏,父数怒之,不能禁。遂造太学受业,师事京兆第五元先,始通《京氏易》、《公羊春秋》、《三统历》、《九章算术》。又从东郡张恭祖受《周官》、《礼记》、《左氏春秋》、《韩诗》、《古文尚书》。以山东无足问者,乃西入关,因涿郡卢植,事扶风马融。融门徒四百余人,升堂进者五十余生。融素骄贵,玄在门下,三年不得见,乃使高业弟子传授于玄。玄日夜寻诵,未尝怠倦。会融集诸生考论图纬,闻玄善算,乃召见于楼上,玄因从质诸疑义,问毕辞归。融喟然谓门人:

'郑生今去，吾道东矣。'玄自游学，十余年乃归乡里。家贫客耕东莱，学徒相随已数百千人。及党事起，乃与同郡孙嵩等四十余人俱被禁锢，遂隐修经业，杜门不出。时任城何休好《公羊学》，遂著《公羊墨守》、《左氏膏肓》、《谷梁废疾》；玄乃发《墨守》、针《膏肓》、起《废疾》。休见而叹曰：'康成入吾室，操吾矛，以伐我乎！'初，中兴之后，范升、陈元、李育、贾逵之徒争论古今学，后马融答北地太守刘环及玄答何休、义据通深，由是古学遂明。"

"灵帝末，党禁解，大将军何进闻而辟之。州郡以进权威，不敢违意，遂胁迫玄，不得已而诣之。进为设几杖，礼待甚优。玄不受朝服，而以幅巾见。一宿逃去。时年六十，弟子河内赵商等自远方至者数千。后将军袁隗表为侍中，以父丧不行。国相孔融深敬于玄，屣履造门。告高密县特立一乡，曰：'……郑公乡。'

"董卓迁都长安，公卿举玄为赵相，道断不至……建安元年，自徐州返高密，道遇黄巾贼数万人，见玄皆拜，相约不敢入县境。时大将军袁绍总兵冀州，遣使要玄，大会宾客，玄最后至，乃延升上坐……绍客多豪俊，并有才说，见玄儒者，未以通人许之，竞设异端，百家互起，玄依方辩对，咸出问表，皆得所未闻，莫不嗟服……绍乃举玄茂才，表为左中郎将，皆不就。公车征为大司农……玄乃以病自乞还家。五年春……绍与曹操战于官渡，迫……使玄随军，不得已，载病到元城县，疾笃不进，其年六月卒，年七十四岁……自郡守以下尝受业者，缞绖赴会千余人。

"门人相与撰玄答诸弟子问《五经》，依《论语》作《郑志》八篇。凡玄所注《周易》、《尚书》、《毛诗》、《仪礼》、《礼记》、《论语》、《孝经》、《尚书大传》、《中候》、《乾象历》，又著《天文七政论》、《鲁礼禘祫义》、《六艺论》、《毛诗谱》、《驳许慎五经异义》、《答临孝存周礼难》，凡百余万言。

"玄质于辞训，通人颇讥其繁。至于经传洽孰，称为纯儒，齐鲁间宗之。

"论曰：自秦焚《六经》，圣文埃灭。汉兴，诸儒颇修艺文，及东京，学者亦各名家。而守文之徒，滞固所禀，异端纷纭，互相诡激，遂令经有数家，家有数说，章句多者或乃百余万言。学徒劳而少功，后生疑而莫正。

郑玄括囊大典,网络众家,删裁繁诬,刊改漏失,自是学者略知所归。"

从郑玄一生事迹说明,他是勤学成才的杰出人物和东汉著名学者。自幼就热爱学习,到太学之后,访求名师教导,日夜攻读各种经学书籍,毫不懈怠,因而掌握了广博的学识。与此同时,又一面教学,一面继续学习、研究,拒绝汉朝政府和各地割据势力集团,授予的官职。在汉代,凡有真才实学的知识分子,特别是名望很高的学者,都有可能被选举为官。即使本人不愿意为官,也会被迫接受官职,连逃都逃不掉,如郑玄等人。这合乎儒家倡导的"学而优则仕"的原则。没有学识的人,是不会被选举当官的。因为选举出来做官的人,如果没有学问和能力,推荐者就要被判刑,甚至被处以死刑。所以,在相当长的时间内,选举还是认真、严格和公平的。郑玄虽经多次举荐,却始终不愿意做官,他一心一意从事私学教学和经学研究,还带领学生"游学周、秦之都,往来幽、并、衮、豫之域",继承和发扬了先秦时期开创的访学活动,并借此机会到处求师问道。他注解的《五经》、《论语》、《孝经》等作为经学教育的标准教学用书,传授的生徒数千人,病逝时参加祭祀的学生千余人,对当时社会进步和后世的学术发展都造成了巨大而良好的影响。

东汉以经学为内容的私学,即使到汉朝末年桓帝、灵帝政治动乱时期,仍然在各地延绵不绝。例如,檀敷、郭林宗就是在变乱中深入民间招收学生数百千人办学不绝的代表人物。

《后汉书·党锢列传·檀敷》记载:"檀敷字文有,山阳瑕丘人也。少为诸生,家贫而志清,不受乡里施惠。举孝廉,连辟公府,皆不就。立精舍教授,远方至者常数百人。桓帝时,博士征,不就。灵帝即位,太尉黄琼举方正,对策合适宜,再迁议郎,补蒙令。以郡守非其人,弃官去。家无产业,子孙同衣而出。年八十卒于家。"

《后汉书·郭林宗传》写道:"郭太字林宗,太原界休人也。家世贫……就成皋屈伯彦学,三年业毕,博通坟籍。善谈论,美音制。乃游洛阳,始见河南尹李膺,膺大奇之,遂相友善,于是名震京师。后归乡里,衣冠诸儒送至河上,车数千辆……司徒黄琼辟,太常赵典举有道……遂并不应……闭门教授,弟子千数。"

(二)以黄老、律学、天文、历算、图纬等为内容的私学

东汉和西汉一样倡导儒术,以《五经》为各类学校教学的基本内容,但并不排斥其他学派学说的发展。因此,其他学派也创办私学,传授其学术内容。

1. 以《黄老》为内容的私学。

据《后汉书·范升传》:范升,"九岁通《论语》、《孝经》,及长,习《梁丘易》、《老子》,教授后生"。

又,《后汉书·杨厚传》:杨厚字仲桓,广汉新都人。父统,"就同郡郑伯山受《河洛书》及天文推步之术……建初中为彭城令……统作《家法章句》及《内谶》二卷解说……厚少学统业,精力思述。安帝永初……为侍中……问以图谶,厚对不合,免归。复习业犍为,不应州、郡、三公之命,方正、有道,公车特征皆不就……永建二年,顺帝特征,诏告郡县督促发遣,厚不得已……及至拜议郎,三迁为侍中……称病求退。帝许之……归家。修《黄老》,教授门生,上名录者三千余人"。

从杨厚的经历可以说明,他们父子的私学是以《河洛书》、《图谶》、《黄老》等为教学内容。

2. 以刑律为内容的私学。

据《后书·郭躬传》记载,"郭躬字仲孙,颖川阳翟人也。家世衣冠。父弘,习《小杜律》。太守寇恂以弘为决曹掾,断狱至三十年,用法平……躬少传父业,讲授徒众常数百人。后为郡吏,辟公府……郭氏自弘后,数世皆传法律。子孙至公者一人,廷尉七人,侯者三人,刺史、二千石、侍中、中郎将者二十余人"。郭躬父子、子孙的事迹,进一步说明东汉的法律传授,仍然和经学一样是世代相传的家法教学。

又,《后汉书·钟皓传》:钟皓,世善刑律,"以诗律教授门徒千余人"。

3. 以历算为内容的私学。

据《后汉书·卓茂传》,卓茂,"元帝时学于长安,事博士江生,习《诗》、《礼》及历算,究极师法,称为通儒"。

又,《后汉书·儒林传·任安》:"任安字定祖,广汉绵竹人也。少游

太学,受《孟氏易》,兼通《数经》,又随同郡杨厚学图谶,究极其术……还家教授,诸生自远而至。"

卓茂、任安皆通经术,又精于历算、《数经》,他们教学的内容除了经学,也以历算与数术为内容。

4. 以《图纬》、《图典》及道家学说为内容的私学。

据《后汉书·姜肱传》,姜肱,"博通《五经》,兼明星纬,士之远来就学者三千余人"。就他的教学内容来讲,既以经学为内容,又把星纬作为内容。三千多学生中有学习经学的学生,也有攻读"星纬"的弟子。

又《后汉书·郎颢传》:"朗颢字雅光,北海安丘人也。父宗,字仲绥,学《京氏易》,善风角、星算、六日七分。能望气占候吉凶,常卖卜自奉。安帝征之,对策为诸儒表,后拜吴令。时卒有暴风,宗占知京师当有大火,记识时日,遣人参候,果如其言。诸公闻而表上,以博士征之。宗耻以占验见知,闻征书到,夜悬印绶于县廷而遁去,遂终身不仕。"

"颢少传父业,兼明经典,隐居海畔,延致学徒常数百人。昼研精义,夜占象度,勤心锐思,朝夕无倦。州郡辟召,举有道、方正,不就。顺帝时,灾异屡见。阳嘉二年正月,公车征……拜议郎,辞病不就,即去归家。"

从郎宗、朗颢父子的活动事迹可以看出,他们私学的教学内容主要是以《京氏易》为核心的风角、星算、望气占候等。

又据,《后汉书·襄揩传》记载,"襄揩字公矩,平原隰阴人也。好学博古,善天文阴阳之术……桓帝……延熹九年,揩自家诣阙上疏曰:……臣前上琅邪宫崇受干吉神书,不合明听(干吉神书即今道家《太平经》)……书奏不省。十余日复上书曰:……闻宫中立黄老、浮屠之祠。此道清虚,贵尚无为,好生恶杀,省欲去奢……或言老子入夷狄为浮屠,浮屠不三宿桑下,不欲久生恩爱,精之至也。天神遣以好女,浮屠曰:'此但革囊盛血。'(《四十二章经》:'天神献玉女于佛,佛曰此是革囊盛众秽耳。')遂不眄之。其守如此,乃能成道"。

又,"顺帝时,琅邪宫崇诣阙,上其师干吉于典阳泉水上所得神书百七十卷……号《太平清领书》。其言以阴阳五行为家,而多巫……杂语。

第五章　东汉学校的教学活动

有司奏崇所上妖妄不经,乃收藏之"。并在本传之后的注释中写道:"干吉、宫崇皆琅邪人,即东海曲阳是也。又《江表传》:'时有道士琅邪干吉,先寓居东方。来吴会,立精舍,烧香读道书,制作符水以疗病,吴会人多事之。孙策尝于郡城楼上请会宾客,吉乃盛服趋度门下。诸将宾客三分之二下楼拜之,掌客者禁诃不能止。策即令收之。诸事之者,悉使妇女入见策母,请之。母谓策曰:干先生亦助军作福,医护将士,不可杀之。策曰:昔南阳张津为交州刺史,舍前圣典训,废汉家法律,常著绛袙头,鼓琴焚香,读邪俗道书,云以助化,卒为蛮夷所杀。此甚无益。诸君但未悟耳。今此子已在鬼录,勿复费纸笔也。即催斩之,悬首于市。'"

以上记述的干吉、宫崇、襄揩师徒先后向东汉朝的顺帝、桓帝上疏,并献道家的《太平经》,以及《江表传》描写的故事,足以说明他们的教学内容是道家学说。而且还透露出:在皇宫里面建立有黄老、浮屠祠,这就进一步说明汉王朝的统治者既崇拜儒家,又信奉道家与佛学。在私学中传授道家经典就成为必然而不令人们奇怪了。

再据《后汉书·方术传·廖扶》,廖扶,"习《韩诗》、《欧阳尚书》,教授常数百人……专精经典,尤明天文、谶纬、风角、推步之术"。又,同书写道:董扶、樊英、唐檀、公沙穆等都以图谶、风角为内容进行教学。

董扶,"少游太学,与乡人任安齐名,俱事同郡杨厚,学图谶。还家教授,弟子自远而至"。

樊英,"少受业三辅,习《京氏易》,兼明《五经》。又善风角、星算,《河》、《洛》七律,推步灾异,隐于壶山之阳,受业者四方而至……英著《易章句》,世名樊氏学,以图谶教授。颍川陈实少从英学"。

唐檀,"少游太学,习《京氏易》、《韩诗》、《颜氏春秋》,尤好灾异星占。后还乡里,教授常数百余人"。

公沙穆,"习《韩诗》、《公羊春秋》,尤锐思《河》、《洛》推步之术……隐居东莱山,学者自远而至"。

另,《后汉书·逸民·法真》:法真,"好学而无常家,博通内外图典,为关西大儒。弟子自远方而至者,陈留范冉等数百人"。

以上廖扶、董扶、樊英、唐檀、公沙穆、法真等人举办的私学,就其教学内容来说,可能不只是某一种,而有可能是多学科的。即经学、图谶、星历与推步之术等都进行传授,因为在这个历史时期,方术在各地流行,社会上有这种需要,教学就必然会适应这些要求,而为学习者设置多种内容。

(三)以医学、史学为内容的私学

1. 以医学为内容。

据《后汉书·方术传》记载:"郭玉者,广汉雒人也。初,有老父不知所出,常钓渔于涪水,因号涪翁。乞食人间,见有疾者,时下针石,辄应时而效,乃著《针经》、《诊脉法》传于世。弟子程高寻求积年,翁乃授之。高亦隐迹不仕。玉少师事高,学方脉六征之技,阴阳不侧之术。和帝时,为太医丞,多有效应。"

依史料记述,涪翁传授《针经》、《诊脉法》于程高,郭玉事程高为师,而得受针法。可见,他们是以《针经》、《诊脉法》为传授内容进行教学。自此针法行于世,并在民间广泛流传。

又,《后汉书·方术传·华佗》:华佗,"精于方药,处齐不过数种,心识分铢,不假称量。针灸不过数处。若疾发结于内,针药所不能及者,乃令先酒服麻沸散,既醉无所觉,因刳破腹背,抽割积聚。若在肠胃,则断截湔洗,除去疾秽,既而缝合,傅以神膏,四五日创愈,一月之间皆平复……广陵吴普,彭城樊阿皆从佗学。普依准佗疗,多所全济……阿善针术,凡医咸言背及胸藏之间不可妄针,针之不可过四分,而阿针背入一二寸,巨阙匈藏乃五六寸,而病皆瘳"。

华佗精于外科和针灸,他的学生吴普学习继承了外科,而樊阿则学通针疗术。因此,华佗的传授内容也就包含了外科学和针灸学两个方面。

医学教学是比较严密的专业传授,在汉代医学及其相关学科正处在发展过程中,还没有条件像经学那样大量招收数百上千的学生,实行集体教学,只适合师傅带徒弟的个别指导和实际教学。因此,医学私学的规模小,一般只有几个学生。尽管汉代民间医学传授还是比较普遍,但教学内容却较为单一,大致有《内经》、《本草》、《脉经》、《针经》等等,一位教师只选择其中的一二种,采用私相授受的指导方式展开教学,系统讲述的时间不多,还不及儒家经学教学那样正规化。

2. 以《汉书》为内容。

据《后汉书·烈女传》:班彪之女,"名昭,字惠班,一名姬。博学多才……兄固著《汉书》,其八表及《天文志》未竟而卒,和帝诏昭就东观藏书阁踵而成之……时《汉书》始出,多未能通者,同郡马融伏于阁下,从昭受读,后又诏融兄续继昭成之"。

又,《史通·卷十二·古今正史》刘知几写道:《汉书》至章帝建初乃成。斑"固后坐窦氏事卒于洛阳狱,书颇散乱,莫能综理。其妹曹大家博学能属文奉诏校叙,又选高才郎马融等十人才从大家授读"。

另,《后汉书·邓太后纪》写道:邓太后,"从曹大家受经书,兼天文、算术"。

以上史料说明,班昭曾经教授马融等十人读过《汉书》。她教授《汉书》虽然是奉诏而行,但仍然是以史学为内容的教学活动,因此才将这件教学事实也作个记录。同时,班昭还教授过邓太后的儒家经学及天文、算术,这进一步说明她既是我国历史上著名的女学者,又是有名的女教育家。

总起来说,东汉私学的教学内容既有儒家经学,又有黄老、刑律、天文、历算、图谶、医学、史学等学科。而且,各个私学选择教学内容都相当自由、灵活,不受政府的限制,一般由主讲教师确定,学生则依据自己的需要,结合教师的特长及个人的爱好与学识基础,来选学相应的讲授内容。

第二节 教师和教学活动

一、官学教师的选拔任用

东汉太学的教师仍然称为博士,而博士中的首领则改称祭酒。任用办法是通过荐举与考试,合乎条件就可以任为博士。据《后汉书·百官志二》记载,"太常,卿一人……每选试博士,奏其能否"。就是说由太常卿负责主持博士的考试事宜。《文献通考·卷四十·学校一》写道:"建武中,太常选试博士四人,陈元为第一。张元举孝廉为郎,会颜氏博士缺,元策试第一,拜为博士。蔡茂试博士,对策陈灾异,以高等擢拜议郎。"这次考试选出的博士都是在京城洛阳的知识分子,于是就有学者提出应当广泛选择人才。《后汉书·朱浮传》写道:朱浮向光武帝上书说:"夫太学者,礼义之宫,教化所由兴也。陛下尊敬先圣,垂意古典,宫室未饰,干戈未休,而先建太学,进立横舍,比日车驾亲临观飨,将以弘时雍之化,显勉进之功也。寻博士之官,为天下宗师,使孔圣之言传而不绝。旧事,策试博士,必广求详选,爰自畿夏,延及四方,是以博举明经,唯贤是登,学者精励,远近同慕。伏闻诏书更选五人,唯取见在洛阳城者,臣恐自今以往,将有所失。求之密迩,容或未尽,而四方之学,无所劝乐。凡策试之本,贵得其真,非有期会,不及远方也。又诸所征试,皆私自发遣,非有伤费扰于事也。"汉光武帝认为朱浮的建议很有道理,接受了他的意见。从此以后,选举人才都遍及全国,而且对边疆地区还作了特别的规定。例如,和帝永元十三年(101年)"诏曰:幽、并、凉州户口率少,边域众剧,束修良吏,进仕路狭。抚接夷狄,以人为本。其令沿边郡口十万以上岁举孝廉一人,不满十万二岁举一人,五万以下三岁举一人"[①]。

关于选举人才的标准,除了沿用西汉政权的规定,东汉章帝建初八年(83年)又作了一些补充。据《汉官仪》记载,"建初八年十二月己未,诏书辟士四科:一曰德行高妙,志节清白;二曰经明行修,能任博士;三曰明晓法律,足以决疑,能按章复问,文任御史;四曰刚毅多略,遭事不惑,明足照奸,勇足决断,才任三辅令。皆存孝悌清公之行。自今以后,审四科辟召,及刺史、二千石察举茂才尤异孝廉吏,务实校试以职,有非其人,不习曹事,正举者故不以实法"。这一诏令,明确规定荐举至京的博士,还要经过考试,才能决定可否担任博士。

东汉荐举博士还要具保状,其内容包括:"生事爱敬,丧没如礼。通《易》、《尚书》、《诗》、《礼》、《春秋》、《孝经》、《论语》,兼综载籍,穷微阐

---

① 《后汉书·和帝纪》。

奥,师事某官,见授门徒五十人以上,隐居乐道,不求闻达。身无金痍痼疾,三十六属不与妖恶交通、王侯赏赐。行应四科,经任博士。"推选出来后,经考试合格,才能授予博士之职。如果推举的人才,通过审查不合乎博士要求,则正举者就要受到法律处分。因此,东汉王朝在执行博士选举制度的初期,还是比较认真、严肃、公正、公平的,确实也选拔出不少优秀人才。但到和帝以后,考选博士制度就逐渐废弛了。

二、**教师的教学与活动**

(一)**教师的教学**

东汉博士教学仍然和西汉的博士基本一致,都是专经教授,就是一个博士只负责教授一门经学,一般来说在太学是不允许跨越学科的。如张玄,"少习《颜氏春秋》,兼通数家法……方其讲问,乃终日不食。及有难者,辄为张数家之法,令择从所安。诸儒皆伏其多通,著录千余人……会《颜氏》博士缺,玄试第一,拜为博士。居数月,诸生上言玄兼说《严氏》,不宜《颜氏》博士"。遂被光武帝停职。[①] 但是,专经教学的规定也只限于太学博士,私学的教授则不受这种限制而有选择教学内容的自由,就以张玄的私学来讲,他运用数家法教学,不仅没有受到指责,学者们反而称颂他"多通"。对于太学生来说,则有同时学习几种经学的自由,如著名学者郑玄入太学受业时,就学习了《京氏易》、《公羊春秋》、《三统历》、《九章算术》等学科,后来成为博通诸经和数、历的大学者。

博士进行教学的形式与方法,基本上和西汉时期相同。采用集体讲解与个别指导,学生自学、讨论相结合。私学里则通过学业程度高的学生辅导程度比较低的学生的形式、方法,开展教学。医学的实践性很强,一般是通过医疗实际活动,在现实中以师傅带徒弟的方式实现教学任务。

值得特别提出的是太学教学中的"辩难"方式。博士在太学讲经,博士之间,博士和诸生之间,互相诘难经常进行。这种方式还得到皇帝的提倡、支持。如东汉建武十九年(43年)光武帝亲自到太学,令博士和儒生们当着他的面进行讲经辩难。明帝永平二年(59年),亲自到太学

---

① 《后汉书·儒林列传·张玄》。

讲经。博士、儒生们执经问难不绝,引起万人围观。① 永平十五年(72年),又视察太子和诸王说经情况。② 后来,章帝在组织审定《五经》异同时,又在白虎观召集博士和儒学学者们展开经学同异的辩难。和帝永元十一年(99年)征用鲁丕时,也让儒学学者黄香、贾逵等与鲁丕互相辩难。③ 除了相互诘难之外,博士、名儒在教学中,善于说经者,常被学者与诸生称赞。如:"《五经》纷纶井大春"、④ "殿中无双丁孝公"⑤,就很受人们的推崇和尊敬。

(二) 教师的活动

东汉博士的职责是"掌教弟子,国有疑事,掌承问对"。⑥ 这就说明了东汉时期,博士的活动范围与西汉有一定的差别,博士的基本任务是教授学生,主要从事教学活动。当朝廷有疑难之事时接受咨询,很少参与政府的政事活动。但有关学术方面的事仍然参加研究,如前面已经提及的审定《五经》异同、校定图谶等都由博士担当。

东汉博士参与朝廷政事活动比较重大的事件,已经在前面提到过的处理张酺的问题。张酺位为太尉,又是先帝的老师,因为在朝堂之上,怒叱司隶校尉晏称,而被劾奏。和帝下诏,召开公卿、博士、朝臣会议,讨论如何处理。"司徒吕盖奏酺位居三司,知公门有仪,不屏气鞠躬以须诏命,反作色大言,怨让使臣,不可以示远"而被免官。⑦ 通过张酺被罢官这件事说明:东汉朝的朝政大事,不完全是由皇帝一人说了算,而要经过公卿、博士、大臣们讨论后才决定,表明博士的政治待遇是和公卿大臣相当的,博士不只是教学,还参与朝廷议政。

---

① 《后汉书·儒林传》:明"帝正坐自讲,诸儒执经问难于前,冠带缙绅之人,围桥门而观听者盖亿万计"。

② 《后汉书·明帝纪》:明帝"亲御讲堂,命皇太子、诸王说经"。

③ 《后汉书·鲁丕传》。

④ 《后汉书·逸民传·井大春》:井大春,"少受业太学,通《五经》,善谈论,故京师为之语曰:'《五经》纷纶井大春。'"

⑤ 《后汉书·丁鸿传》:丁鸿,"论难最明,诸儒称之,帝数嗟美焉。时人叹曰:'殿中无双丁孝公。'"

⑥ 《后汉书·百官志》。

⑦ 《后汉书·张酺传》。

三、师生关系

在太学中博士和弟子之间，私学中教授和学生之间，关系十分亲密，并建立起深厚的情谊。当教师遭遇到不幸或危难，学生们都挺身而出帮助老师解除困境，甚至舍命相救。如汉光武帝建武中大司徒欧阳歙，是欧阳生所传《欧阳尚书》的八世传人。曾经担任汝南太守，"歙在郡，教授数百人，视事九年，征为大司徒。坐在汝南臧罪千余万发觉下狱。诸生守阙为歙求哀者千余人，至有自髡剔者。平原礼震年十七，闻狱当断，驰之京师，行到河内获嘉县，自系，上书求代歙死。曰：'伏见臣师大司徒欧阳歙，学为儒宗，八世博士，而以臧咎当伏重辜。歙门单子幼，未能传学，身死之后，永为废绝，上令陛下获杀贤之讥，下使学者丧师资之益。乞杀臣身以代歙命。'书奏，而歙已死狱中"[①]。这段史实既说明师生感情的亲密，又表明当时年轻知识分子很尊重有学术成就的大师，尽管这位大学问家有重大的罪行，仍然舍命相救。还说明光武帝对太学生竟然包围皇宫，要挟赦免欧阳歙贪赃罪行一事的宽容，而没有追究太学生和礼震等的罪责。

又如，杨政救老师范升出狱的事也非常令人感动。范升因被他已休的妻子告发，而禁锢狱中，学生杨政拼命拦皇帝的车驾相救。据《后汉书·儒林传》记载，杨政，少好学，"从代郡范升受《梁丘易》，善说经书。京师为之语曰：'说经铿铿杨子行。'教授数百人。范升尝为出妇所告，坐系狱，政乃肉袒，以箭贯耳，抱升子潜伏道旁，候车驾，而持章叩头大言曰：'范升之娶，唯有一子，今适三岁，孤之可哀。'武骑虎贲惧惊乘舆，举弓射之，犹不肯去，旄头又以戟叉政，伤胸，政犹不退。哀泣辞请，有感帝心"[②]。于是皇帝赦免范升，放其出狱回归乡里。这件史料既说明杨政和范升师生之间感情诚挚、深厚，又可以看出汉明帝对杨政拦驾救师这种过激行动的容忍，以及对在婚姻问题上有错误的博士范升的谅解。

---

① 《后汉书·儒林传》。
② 《后汉书·儒林传》。

第三节　太学的学生及其活动

一、太学学生的入学选拔概况

东汉太学的学生称为"诸生"或称"太学生"。太学生入学仍旧沿用西汉时期的办法，即：一是由中央太常选拔；二是由各地方郡县选送。只是到西汉末年王莽执政时，增加元士子弟可以受业太学，才使西汉时公卿子弟不养于太学的情况有了改变。到东汉时太学里，公卿子弟逐渐增加。顺帝时，明确公卿子弟可以入太学受业成为太学生。汉质帝时，又放宽自大将军以下到六百石的官员子弟都可以入太学，① 如此则官家出身的子弟在太学的比例迅速增长。而由地方选送入太学的人员，其中仍然有不少出身贫寒的学生。如陈实，"出于单微。自为儿童，虽在戏弄，为等类所归，少作县吏，常给事厮役，后为都亭左。而有志好学，坐立颂读。县令邓邵试与语，奇之，听受业太学"②。又如杨终，"年十三，为郡小吏，太守奇其才，遣诣京师受业，习《春秋》"③。再如庾乘，"少给事县廷门士。林宗见而拔之，劝游学[宫]，遂为诸生佣。后能讲论，自以卑第，每处下坐，诸生博士皆就仇问：由是学中以下坐为贵"④。正由于官员子弟增多，加上地方选送的学生，到东汉中叶以后，太学生人数多达三万余人。

二、太学生的出路

东汉太学生的出路，除了以选举、征召、荐举为官之外，主要是通过考试后任以官职。东汉初年又恢复了甲、乙科考试取士的制度，到和帝永元十四年（102年）司空徐防建议改革考试方法："臣以为博士及甲乙策试，宜从其家章句，开五十难以试之。解释多者为上第，引文明者为高说；若不依先师，义有相伐，皆正以为非。《五经》各取上第六人，《论语》

---

① 参见《文献通考·卷四十·学校一》。
② 《后汉书·陈实传》。
③ 《后汉书·杨终传》。
④ 《后汉书·郭林宗传》。

不宜射策。"①这项建议得到皇帝的批准和公卿们的赞成,于是改革了策试的办法。到汉质帝本初元年(146年)又进行改革,即不分甲乙科,只取高第。"岁满课试,以高第五人补郎中,次五人太子舍人。"②桓帝建和元年(147年)增加了补官名额,太学生策试又有些改变:"建和初,诏诸生年十六以上,比郡国名经试次第上名。高第十五人、上第十六人为郎中,中第十七人为太子舍人,下第十七人为王家郎。"③永寿二年(156年),因为太学生人数达到三万多人,而官位又少。不得不改变岁试办法,由一年考一次,改为两年考一次,没有考取的两年后复考,每次考试不限录取名额。具体规定是:"学生满二岁试,通二经者,补文学掌故。其不通二经者,须后试,复随辈试之,通二经者亦得为文学掌故。其已为文学掌故者满二岁试,能通三经者擢其高第为太子舍人。其不得第者后试,复随辈试,第复高者亦得为太子舍人。已为太子舍人,满二岁试,能通四经者,推其高第为郎中。其不得第者后试,复随辈试,第复高者亦得为郎中。满二岁试,能通五经者,推其高第补吏,随才而用。其不得者后试,复随辈试,第复高者亦得补吏。"④尽管考试办法不断进行改革,但是每次考取的人数还是有限,而太学生又多。在太学里有不少青年入学到头发白了都没有考取的老学生。汉灵帝十分同情这些年过花甲的学生,于熹平五年(176年)"试太学生六十以上百余人,除郎中、太子舍人至王家郎、郡国文学吏"⑤。对这些年过六十的学生举行专门考试,并授予官职,既是为了解决老学生的问题,又是一种敬老的表现。

　　汉献帝初平四年(193年)又再次考试年老学生,并下诏对年逾六十的学生都授予官职,让他们荣归故乡。《后汉书·献帝纪》写道:初平四年"九月甲午,试儒生四十余人,上第赐位郎中,次太子舍人,下第者罢之。诏曰:'今者儒年逾六十,去离本土,营求粮资,不得专业。结童入学,白首空归,长委农野,永绝荣望,朕甚愍焉。其依科罢者,听为太子舍

---

① 《后汉书·徐防传》。
② 《后汉书·质帝纪》。
③ 《文献通考·卷四十·学校一》。
④ 《文献通考·卷四十·学校一》。
⑤ 《后汉书·灵帝纪》。

人。'"献帝关注和怜惜老年学生是继承先秦以来尊"三老"的一种表现。可是这件事情之后,长安却流传讥讪此事的民谣:"头白皓然,食不充粮。裹衣褰裳,当还故乡。圣主愍念,悉用补郎。舍是布衣,被服玄黄。"①这个民谣反映了当时太学的状况,在那时太学生参加工作十分困难的情况下,出现这种现象却是能够理解的。

就业的太学生,由于各人的机遇不同、志趣各异,地位也就有很大的差别。如范式与孔嵩是太学的同学,范式当了荆州刺史,孔嵩却是新野县里的小卒。《后汉书·独行列传·范式》写道:范式,"受业太学。举州茂才,四迁荆州刺史。友人南阳孔嵩,家贫亲老,乃变名姓,佣为新野街卒。式行部到新野,而县选嵩为导骑迎式。式见而识之,呼嵩,把臂谓曰:'子非孔仲山邪?'对之叹息,语及平生。曰:'昔与子俱曳长裾,游[息]帝学,吾蒙国恩,致位牧伯,而子怀道隐身,处于卒伍,不亦惜乎!'嵩曰:'侯嬴长守于贱业,晨门肆志于抢关。子欲居九夷,不患其陋。贫者士之宜,岂为鄙哉!'式敕县代嵩,嵩以为先佣未竟,不肯去。"这个故事表明二人的境遇有别,抱负不同,因此,一为高官,一处卒伍,都是很正常的不足为奇的社会现象。值得称道的是:范式不以为自己官高而看不起作行伍的同学;孔嵩也不为自己位卑而感觉到惭愧,他不但不去求范式提拔他,就是范式为了帮助同学,让他任县令也以"先佣未竟"而拒绝了。他们这种行为品德,和那些趋炎附势者比较起来,是多么高尚啊!

三、太学生的学习生活概况

太学生的学习一般都十分勤奋,除了听博士讲经之外,主要是个人自学和同学探讨,及参与学校举行的辩论会。汉代博士与学者们教学,有自由辩论的传统,无论是博士或太学生,都可以表达自己的见解,不受任何限制。通过辩论理解经学的含义,培养学生的学习、研究能力。太学生大都学习某一经或一经中的某个学派的经学,学习什么经学由学生自己选择。当然有些学习能力强的学生,也可以选择学习另一经或同一经的另一个学派的经学。所以有的太学生能学通二经、三经,乃至四经、五经。有的在学习经学的同时,还研究其他学科。如张衡,"入京师,观

---

① 《后汉书·献帝纪注》。

太学,遂通《五经》,贯六艺……衡善机巧,尤致思于天文、阴阳、历算等……作浑天仪……阳嘉元年,复造候风地动仪"[1]。又如,崔瑗,至京师,"因留游学,遂明天官、历数、《京房易传》、六日七分,诸儒宗之,与扶风马融,南阳张衡特相友好"[2]而成为著名的科学家。太学生除了跟随博士学习,还可以向社会上的专家、名流学者学习。如前面已经讲到的郑玄、王充等,就是既在太学里学习,又分别拜京兆第五元先、扶风班彪为师,而成为太学生中博通经学与天文、历算的大学者。

一般来说太学生的生活比较自由、散漫,大多数住在太学生宿舍里。住房宽敞能够接待亲友、宾客,还能与家属同住。同学之间关系和谐,常在一起嬉戏,如给喜欢提问的贾逵戏名之为"问事不休贾长头",因为贾逵"弱冠能诵《左氏传》及《五经》本文……自为儿童,常在太学,不通人间事。身长八尺二寸,诸儒为之语曰:'问事不休贾长头'"[3]。有的时候同学们又在一起讨论读书心得,议论社会政治事件。如孔僖,"与崔篆孙骃相友善,同游太学,习《春秋》。因读吴王夫差时事,僖废书叹曰:'若是,是所谓画龙不成反为狗者。'骃曰:'然。昔孝武皇帝始为天子,年方十八,崇尚圣道,师则先王,五六年间,号胜文、景。及后恣己,忘其前之为善。'僖曰:'书传若此多矣。'邻房生梁郁儳和之曰:'如此,武帝亦是狗邪?'僖、骃默然不对。郁怒恨之,阴上书告僖、骃诽谤先帝,刺讥当世。事下有司,骃诣吏受讯。僖以吏捕方至,恐诛,乃上书肃宗自讼曰:……帝始亦无罪僖等意,及书奏,立诏无问,拜僖兰台令史"[4]。这个故事既反映了太学生的生活概况,又体现了肃宗皇帝对学生读书时议论先朝帝王不是之处的宽容态度,他不仅没有处分太学生,而且还授予孔僖为管理皇宫里收藏图书的兰台令史的官职。

太学生彼此间感情深厚,有了危难则尽全力帮助,如范式送病死同学遗体回故乡就足以说明。范式字巨卿,"到京师,受业太学。时诸生

---

[1] 《后汉书·张衡传》。
[2] 《后汉书·崔瑗传》。
[3] 《后汉书·贾逵传》。
[4] 《后汉书·儒林传·孔僖》。

长沙陈平子亦同在学,与式未相见,而平子被病将亡,谓其妻曰:'吾闻山阳巨卿,烈士也,可以托死。吾殁后,但以尸埋巨卿户前。'乃裂素为书,以遗巨卿。既终,妻从其言。时式出行适还,省书见瘗藏怆然感之,向坟揖哭,以为死友。乃营护平子妻儿,身自送丧于临湘。未至四五里,乃委素书于柩上,哭别而去。其兄弟闻之。寻求不复见"①。范式和陈平子虽然同在太学,却彼此并不认识,只因为是太学的同学,范式就依他的遗愿送柩还乡,不求任何回报。又如,申屠蟠也是送去世的同学王子居回归故里。申屠蟠"与济阴王子居同在太学,子居临殁,以身托蟠,蟠乃躬推撑车,送丧归乡里。遇司隶从事于河巩之间,从事义之,为封传护送,蟠不肯受,投传于地而去。事毕还学"②。申屠蟠在送柩还乡的途中,遇见了司隶从事,他的行为感动了从事,随即从事下符牒由专人监送。但申屠蟠不同意,而要亲自送柩到王子居的家乡,把一切事情办好以后,才回太学学习。这充分表明他对同学所托之事,坚持负责到底。再如,何颙等舍命救助"党锢之祸"中受冤枉的太学生和正直人士事件,也非常令人感动。"何颙字伯求,南阳襄乡人也。少游学洛阳。颙虽后进,而郭林宗、贾伟节等与之相好,显名太学……及陈蕃、李膺之败,颙以与蕃、膺善,遂为宦官所陷,乃变姓名,亡匿汝南间。所至皆亲其豪杰,有声京豫之域。袁绍慕之,私与往来,结为奔走之友。是时党事起,天下多离其难,颙常私入洛阳,从绍计议。其穷困闭厄者,为求援救,以济其患。有被掩捕者,则广设计,使得逃隐,全免者甚众。"③类似以上事例很多,就不详述了。

四、太学生的政治活动

东汉太学生的政治活动,影响最大的主要发生在汉桓帝、灵帝时期。

第一次是在桓帝建和元年(147年),因太尉李固下狱、后又被杀,引起他的学生为之鸣冤而爆发。事件的经过是:李固、杜乔坚持"以为清河王刘蒜明德著闻,又属最尊亲"宜立为皇嗣。而蠡吾侯刘志决定娶梁

---

① 《后汉书·独行列传·范式》。
② 《后汉书·申屠蟠传》。
③ 《后汉书·党锢列传·何颙》。

冀的妹妹为妃,当时又在京师,梁冀却主张立刘志为皇帝。因此,和李固与杜乔发生争执。梁冀先说服太后,罢免李固,立刘志为帝,"是为桓帝"。一年多以后,"甘陵刘文,魏郡刘鲔谋立刘蒜为天子",梁冀因此诬陷李固与文、鲔合谋,将李固逮捕下狱。他的学生勃海王调、河内赵承等数十人诣阙上书,为李固辩解冤枉。太后知道李固是被冤枉的,于是赦免他出狱,京师百姓得知这个消息后,高呼万岁。梁冀听了大惊。害怕李固的名声和德望威胁到自己的地位,上书桓帝重提前年李固不同意立桓帝之事,遂将李固杀害并露尸于市街,还下令有敢临近者加罪。李固的弟子汝南郭亮,"诣阙上书,乞收固尸。不许,因往临哭,陈辞于前,遂守丧不去"①。这次学生的政治活动虽然最终失败了,但是学生们不畏强权,维护正义的斗争精神,却得到了京师大多数人民的支持和拥护。

第二次爆发于桓帝永兴元年(153年),朱穆调任冀州刺史,他为官清正,贪官污吏闻风而逃。冀州共有一百县,听说朱穆将至,解印逃走的县官达四十多人。朱穆到任后,严厉惩办贪官豪强,因而得罪了宦官,被冤枉押往京师下狱,罚作刑徒,太学生刘陶等几千人上书请愿,为朱穆辩冤,才将朱穆放归乡里。② 这次政治斗争,学生们取得了胜利。朱穆虽然被罢官,但数年后,经过在朝正直官员的推荐,又"征拜尚书……延熹六年(163年)卒"。

第三次发生于桓帝延熹四年(161年),事情的起因是有战功的皇甫规不愿意给勒索钱财的宦官中常侍徐璜、左悺等行贿,不仅没有升官,反而被诬害下狱。太学生张凤等三百多人至宫廷上书桓帝为皇甫规辩护

---

① 参考《后汉书·李固传》。
② 《后汉书·朱穆传》:"永兴元年……穆为冀州刺史。州人有宦者三人为中常侍,并以檄谒穆。穆疾之,辞不见。冀部令长闻穆济河,解印绶去者四十余人。及到,奏劾诸郡,至有自杀者。以威略权宜,尽诛贼渠帅。举劾权贵,或乃死狱中。有宦者赵忠,丧父,归葬安平,僭为玙璠、玉匣、偶人。(葬天子之制)穆闻之,下郡案验。吏畏其严明,遂发墓剖棺,陈尸出之,而收其家属。帝闻之大怒。征诣廷尉,输作左校。太学生刘陶等数千人诣阙上书颂穆曰:'伏见施刑徒朱穆,处公忧国,拜州之日,志清奸恶。诚以常侍贵宠,父兄子弟布在州郡,竞为虎狼,噬食小人,故穆张理天网,补缀漏目,罗取残祸,以塞天意。由是内官……谤讟烦兴,谗隙仍作,极其刑谪,输作左校……臣愿黥首系趾,代穆校作。'帝览其奏,乃赦之。"

冤情,才得赦免。① 由此足以了解当时政治的黑暗腐败,如果没有太学生们主持正义的斗争,还将有一些清廉、正直的人士遭受迫害。

第四次是学生政治活动的高潮,发生在所谓"党锢之祸"两次大肆逮捕党人的时候,即桓帝延熹九年(166年)和灵帝建宁二年(169年)。

"党锢之祸"的起因是:"桓帝为蠡吾侯,受学于甘陵周福,及即位,擢福为尚书。时同郡河南尹房植有名当朝,乡人为之谣曰:'天下规矩房伯武,因师获印周仲进。'二家宾客,互相讥揣,遂各树朋徒,渐成尤隙,由是甘陵有南北部,党人之议,自此始矣。后汝南太守宗资任功曹范滂,南阳太守成瑨亦委功曹岑晊,二郡又有谣曰:'汝南太守范孟博,南阳宗资主画诺。南阳太守岑公孝、弘农成瑨但坐啸。'因此流言转入太学,诸生三万余人,郭林宗、贾伟节为其冠,并与李膺、陈蕃、王畅更相褒重。学中语曰:'天下模楷李元礼,不畏强御陈仲举,天下俊秀王叔茂。'又渤海公族进阶、扶风魏齐卿,并危言深论,不隐豪强。自公卿以下,莫不畏其贬议,屣履到门。"② 太学生和正直的官僚结合,议论朝政,评议腐败官吏,形成强大的社会舆论压力,公卿以下官员都害怕太学生的指责,于是大都巴结太学生,希望免受批评。太学生的作为必然和当权的宦官等腐败官僚发生冲突。

延熹九年,李膺为河南尹,因宦官张让之弟张朔贪残无道、杀孕妇。李膺依法处决了张朔,因此引起了宦官们的怀恨。而李膺的所为却得到了太学生和正义知识分子的尊敬。同年李膺又依法处决了任意杀人的张成的儿子。"张成善风角推占当赦,遂教子杀人。李膺为河南尹,督促收捕,继而逢宥赦免,膺愈怀愤疾,竟案杀之。初,成以方伎交通宦官,帝亦颇谘其占。成弟子牢修因上书诬告膺等养太学游士,交结诸郡生徒,更相驱驰,共为部党,诽讪朝廷,疑乱风俗。于是天子震怒,班下郡国,逮捕党人,布告天下,使同忿疾,遂收执膺等。其辞所连及陈实之徒二百余人,或有逃遁不获,皆悬金购募。使者四出,相望于道。明年,尚书霍谞、城门校尉窦武并表为请,帝意稍解,乃皆赦归田里,禁锢终身。

---

① 《后汉书·皇甫规传》。
② 《后汉书·党锢列传》。

而党人之名,犹书王府。"①这就是第一次党锢之祸的始末。在这次镇压太学生和正直官员的过程中,不少太学生和名士,表现了大无畏与视死如归的英勇斗争精神。如陈实知道牵连到自己,便亲自去投案。范滂被捕后,带着刑具慷慨陈辞。"滂坐系北寺狱……桓帝使中常侍王甫以次辩诘……王甫诘曰:'君为人臣,不惟忠国,而共造部党,自相褒举,评论朝廷,虚构无端,诸所谋结,并欲何为?皆以情对,不得隐饰。'滂对曰:'臣闻仲尼之言,见善如不及,见不善如探汤,如使善善同其清,恶恶同其污,谓王政之所愿闻,不悟更以为党。'甫曰:'卿更相拔举,迭为唇齿,有不合者,见则排斥,其意如何?'滂乃慷慨仰天曰:'古之循善,自求多福;今之循善,身陷大戮。身死之日,愿埋滂于首阳山侧,上不负皇天,下不愧夷、齐。'甫愍然为之改容,乃得并解桎梏。"②经过范滂的据理力争,才勉强被释放。"南归。始发京师,汝南、南阳士大夫迎之者数千辆"。足以说明范滂的高尚品德与行为得到知识界的衷心拥护。

汉灵帝即位,太尉陈蕃,大将军窦武共谋诛杀宦官。"事泄,曹节等矫诏诛武等;蕃时年七十余,闻难作,将官属、诸生八十余人,并拔刀突入承明门。"试图诛杀宦官,由于宦官势力强大,反为宦官所害。并徙其家属适边,"宗族、门生、故吏皆斥免禁锢"③。

灵帝建宁二年(169年),第二次大肆逮捕党人,这次涉及的范围更大,手段也更加残酷。事件的起因是桓帝延熹八年(165年)张俭为东部督邮。"时中常侍侯览家在防东,残暴百姓,所为不轨。俭举劾览及其母罪恶,请诛之……由是结仇。乡人朱并,素性佞邪,为俭所弃,并怀怨恚"。④朱并"承望中常侍侯览意旨,上书告俭与同乡二十四人别相署号,共为部党,图危社稷……以俭为之魁。灵帝诏刊章捕俭等。大长秋曹节因此讽有司奏捕前党故司空虞放、太仆杜密、长乐少府李膺、司隶校尉朱㝢……河内太守魏朗、山阳太守翟超、任城相刘儒、太尉掾范滂等百

---

① 《后汉书·党锢列传》。
② 《后汉书·党锢列传·范滂》。
③ 《后汉书·陈蕃传》。
④ 《后汉书·党锢列传·张俭》。

余人,皆死狱中。余或先殁不及,或亡命获免。自此诸为怨隙者,因相陷害,睚眦之忿,滥入党中。又州郡承旨,或有未尝交关,一离祸毒,其死徒废禁者,六七百人"①。在这次大镇压中,许多太学生和正直官员临危不惧,李膺自去"诏狱,考死,妻子徙边,门生、故吏及其父兄,并被禁锢"。督邮吴导去逮捕范滂不忍下手,接"诏下急捕滂等……至县,抱诏书……伏床而泣。滂闻之,曰:'必为我也。'即自诣狱。县令郭揖大惊,出解印绶,引与俱亡。曰:'天下大矣,子何为在此?'滂曰:'滂死则祸塞,何敢以罪名累君,又令老母流离乎!'其母就与之诀……曰:'汝今得与李、杜齐名,死亦何恨!既有令名,复求寿考,可兼得乎?'滂跪受教,再拜而辞……行路闻之,莫不流涕,时年三十三"。②故后世人称"范滂有母"。这次逮捕的首要人物是张俭,他在逃亡之中,"望门投止,莫不重其名行,破家相容",竟有十多人为收容、保护张俭逃走而被判死罪。③最使人感动的是孔融一家人为掩护张俭逃走而争死的事件:"俭与融兄褒有旧,亡抵于褒,不遇。时融年十六……因留舍之。后事泄,国相以下,密就掩捕,俭得脱走,遂并收褒、融送狱。二人未知所坐。融曰:'保纳舍藏者,融也,当坐之。'褒曰:'彼来求我,非弟之过,请甘其罪。'更问其母,母曰:'家事任长,妾当其辜。'一门争死,郡县疑不能决,乃上谳之。诏书竟坐褒焉。"④由此可见,当时的广大人民和正直的知识分子与主持正义的官员,对邪恶势力的极度不满,而对敢于同腐败的官僚和不正义行为作斗争的人,却给予了最大的支持和帮助,甚至牺牲自己和整个家庭与宗族也在所不惜。

在腐朽的统治者与宦官的血腥镇压下,凡主持公道和正义的人士几乎都遭到杀害。在灵帝熹平元年(172年),有人在朱雀阙书:"天下大乱,公卿皆尸禄"的标语,反对镇压主张正义的学生和官员。"于是……

---

① 《后汉书·党锢列传》。
② 《后汉书·党锢列传·范滂》。
③ 《后汉书·党锢列传·张俭》:张俭,"困迫遁走……其所经历,伏重诛者以十数,宗亲并皆殄灭,郡县为之残破"。
④ 《后汉书·孔融传》。

乃四出逐捕,及太学游生,系者千人"。① 在三万多太学生中,只要是提出过不同意见的,都遭到杀害或被禁锢②。《后汉书》的作者在《党锢列传》中评论说:"凡党事始自甘陵、汝南,成于李膺、张俭,海内涂炭,二十余年,诸所蔓衍,皆天下善士。"又说:"桓灵之间,主荒政缪,国命委于阉寺,士子羞与为伍,故匹夫抗愤,处士横议,遂乃激扬名声,互相题拂,品覈公卿,裁量执政,婞直之风,于斯行矣。"这段评论清晰地说明了"党锢之祸"产生的原因,及其造成的恶果。尽管统治者对主持正义的学生和官员实施残暴的镇压、杀害,但并没有使政权稳固,反而是抗争不止。后来,在人民群众的强大压力下,统治者不得不赦免党人。

---

① 《后汉书·宦者列传·曹节》。
② 《文献通考·学校》:"当时太学诸生三万余人,其持危言核论,以激浊扬清自负者,诛戮禁锢殆靡孑遗。"

第六章
魏晋时期学校的教学活动

魏晋时期是由统一的东汉王朝走向全国大分裂的开始,东汉献帝延康元年(220年),曹丕灭东汉建立魏国;魏黄初二年(221年),刘备在成都称帝建立蜀国;魏黄初三年(222年),孙权在建康称帝建立吴国,形成了三国割据的局面。魏元帝景元五年(264年),司马炎灭蜀,魏元帝咸熙二年(265年)灭魏,遂建立晋朝,都洛阳。晋武帝司马炎太康元年(280年),晋朝派兵灭吴,结束了三国互相对峙的状态,全国归于统一,历史上称为西晋。但这个统一的局面不到四十年,在晋愍帝建兴四年(316年)为匈奴族建立的汉国所灭。北方的少数民族相继崛起,从公元304年刘渊称王开始,到公元439年北魏统一中国北部为止的一百三十五年间,先后在北方和巴蜀建立了十六个民族政权,计有成汉、二赵(前、后)、三秦(前、后、西)、四燕(前、后、南、北)、五凉(前、后、南、北、西)和夏,历史上称为十六国。另外,还建有冉魏、西燕和代国。

西晋王朝灭亡后,公元317年司马睿在建业(今江苏南京市)即皇帝位,称晋元帝,改年号为建武,历史上称为东晋。在这种分裂割据、战争频繁的状态下,学校教育受到很大的影响,但基于统治者对人才的需要,学校教育仍然时兴时废地存在着。

第一节 三国、两晋、十六国的教学内容

一、官学的教学内容

(一)魏、蜀、吴三国官学的教学内容

三国时期基本上沿袭东汉的教育制度,官学教学内容仍以儒家经学

为主。

(1)中央官学。魏文帝黄初五年(224年),下令于洛阳立太学①,制定五经课试法,置《春秋》、《谷梁》诸经博士。最初太学生只有几百人,到魏元帝景元三年(262年)增加到几千。教学内容仍是儒学《五经》,还加上文帝曹丕所写的《典论》。不过经学已经有玄学化的趋向,如玄学家王弼注的《易》,何晏注的《论语》成为当时的教学内容。除了太学之外,魏明帝青龙四年(236年)设立崇文观,略似于太学,又具有研究机构的性质,专门征召善文的学者在其中任职。景初年间(237—239年),因为高堂隆、苏林、秦静等名儒年老,不能传业,于是专门选拔能解经艺的高才30人,向这几位著名的学者学习《四经》、《三礼》,并加课试。又,《三国志·卫觊传》记载:"明帝即位……(卫)觊奏曰:'《九章》之律,自古所传,断定刑律,其意微妙。百里长吏,皆宜知律。刑法者,国家之所贵重,而私议之所轻贱;狱吏者,百姓之所县命,而选用者之所卑下。王政之弊,未必不由此也。请置律博士,转相教授。'事遂施行。"说明在明帝时,还设立了"律学"博士,传授刑律。

但是,曹魏统治时期太学教学并没有取得明显的成就。据《魏志·王肃传》注:"自初平之元,至建安之末,天下分崩,人怀苟且,纪纲既衰,儒道尤甚。至黄初元年之后,新主乃复始扫除太学之灰炭,补旧石碑之缺坏,备博士之员录,依汉甲乙以考课。申告州郡,有欲学者皆遣诣太学。太学始开,有弟子数百人。至太和、青龙中,中外多事,人怀避就,虽性非解学,多求诣太学。太学诸生有千数,而诸博士率皆粗疏,无以教弟子。弟子本亦避役,竟无能习学,冬来春去,岁岁如是。"②

蜀在中央设立太学。据《三国志·许慈传》:"先主定蜀、承丧乱历纪,学业衰废。乃鸠合典籍,沙汰众学。慈(许慈)、潜(胡潜)并为博士,与孟光、来敏等典掌旧文。"又据史料记载:"巴郡人文立,蜀时游太学,专《毛诗》、《三礼》,师事谯周。"③这些史实说明蜀的太学教学内容仍然

---

① 《通典·卷五十九·学校》。
② 《文献通考·卷四十一·学校考二》。
③ 《三国志·蜀志·许慈尹默谯周传》。

是儒学的《五经》。吴国于大帝黄龙二年(230年)下诏立国学,景帝永安元年(258年)又下诏"按古制置学官,立五经博士"。① 说明吴国的中央官学也是以儒学为教学内容。

(2)地方官学。曹魏在地方设有官学,早在东汉建安八年(203年),曹操担心"后生者不见仁义礼让之风",即颁布《修学令》,要求"郡国各修文学,县满五百户置校官,选其乡之俊造而教学之"②。又据《三国志·卷二四·高柔传》记载,"太祖初兴,愍其如此,在于拨乱之际,并使郡县立教学之官"。曹丕即位,也下令地方兴学,州立课试。再据《文献通考·卷四十一·学校考二》的记载,"明帝太和二年,诏申敕郡国贡士以经学为先"。说明郡国学的教学内容是经学为主。例如河东太守杜畿,设立的地方学校,他就亲自执经教授生徒,又任命乐详为文学祭酒,以经教导学官弟子③。

蜀、吴在州也设置有官学,宣扬教化。蜀在州设州学,以劝学从事为学官,名儒尹默与谯周都先后担任过益州劝学从事。有的州改设"典学从事"以总领州的学者。据《文献通考·四十一·学校考二》记载,"吴主孙休永寿元年立学制曰:'古者建国,教学为先,所以遵理,为时养器也。宜按旧制,置学官,立五经博士,核取应选,加其宠禄。见吏之中及将吏子弟有志好者,各令就业。一岁课试,差其品第,加以位赏。'"这项史料说明吴国曾经下令设学。

但是,魏、蜀、吴三个割据政权彼此间战争不断,而且存在的时间都很短,只有地方立学的号召,而实际上地方设学却很少。

(二)两晋官学的教学内容

两晋的统治者对学校教育的重视,胜于三国割据政权的把持者。但是,两晋承袭曹魏清谈玄学之风,不太重视儒学教育。《晋书·儒林传序》写道:"有晋始自中朝,迄于江左,莫不崇尚华竞,祖述虚玄,摈阙里之典经,习正始之余论,指礼法为流俗,目纵诞以清高,遂使宪章弛废,名

---

① 《三国志·吴志·孙休传》。
② 《三国志·武帝纪》。
③ 《三国志》卷一六《杜畿传》。

教颓毁。"

1. 西晋的中央官学。

(1)太学。太学是在魏国太学的基础上建立的。"晋武帝初年,有太学生三千人。泰始八年(272年),有司奏:'太学生七千余人,才任四品,听留。'诏曰:'已试经者留之。大臣子弟堪受教者,令入学。其余遣还郡国。'"①经过整顿后,仍保留太学学生3000人。太学设博士19人,以盛行的王肃注《尚书》、《诗》、《论语》、《三礼》、《左传》、《易》等为教学内容。

(2)国子学。咸宁四年(278年)创设"国子学",这是专门为高级贵族子弟享受特权而设立的高等学府。国子学初立,设祭酒、博士各1人,助教15人,以教生徒。教学内容仍然是玄学化的经学。

2. 东晋中央官学。

(1)太学。依史料记载虽然有太学的设立,但并无其实。晋元帝即位(317年)后,曾下诏设立太学,后二年设置博士15人②。但是元、明时期局势紊乱,太学并没有认真办起来。到成帝、康帝、穆帝时,太学也是徒具虚名而已。到孝武帝时,还是仿照穆帝升平元年的办法,以中堂作为太学。据《文献通考·卷四十一·学校考二》记载,"孝武太元初,于中堂立行太学。于时无复国子生,置太学生六十人,国子生权铨大臣子孙六十人。事讫罢(其国子生见祭酒、博士,单衣角巾,执经一卷以代手版)"。直到太元九年才正式为太学建造房舍155间,招收太学生100人。③ 太学时兴时废的原因是战争不断。《两晋野史》74—75页记载:殷浩曾经亲自请兵进攻前秦苻健,兵败后,又复请兵攻秦,连年征伐"甚至饷源无着,停办太学,遣归生徒,把经费拨充军需",从而造成了太学的衰败。太学教学内容仍以王弼注《周易》、何晏注《论语》、杜预注《左传》、《郑易》和郑注《尚书》、《毛诗》、《周官》、《礼记》、《孝经》、孔氏《古

---

① 《文献通考·卷四十一·学校考二》。
② 《晋书·元帝纪》。
③ 《晋书·孝武帝纪》:"选公卿二千石子弟为生,增选庙屋一百五十五间",又"增置太学生一百人"。

文尚书》、《春秋公羊》、《春秋谷梁》等经学为主。

（2）国子学。东晋初年没有建立国子学，至孝武帝"太元九年，尚书谢石请兴复国学，以训胄子，颁下州郡，普修乡校。帝纳其言"。太元十年（385年）才重新设置国子学，选定国子助教10人。"选公卿二千石子弟为生……而品课无章，君子耻与其列。国子祭酒殷茂上言：'臣闻旧制，国学生皆取冠族华胄，比列皇储。而中混杂兰艾，遂令人情耻之。'诏虽褒纳，竟不施行。"①国子学设十经：《周易》、《尚书》、《毛诗》、《礼记》、《周官》、《仪礼》、《春秋左氏传》、《公羊》、《谷梁》各为一经，《论语》、《孝经》为一经。国子学虽然与太学并立，只是徒有虚名，毫无实效。所以，国子祭酒殷茂说："自大晋中兴，肇基江左，崇明学校，修建庠序，公卿子弟，并入国学。寻值多故，训业不终……自学建弥年，而功无可名。惮业避役，就成者无几，或假托亲疾，真伪难知，声实浑乱，莫此为甚。"②说明东晋国子学没有取得具体的教学成果。

另外，两晋时期在中央还设立"书学"博士，教授书法。据《晋书》卷三九《荀勖传》说：西晋时期，"张华依刘向《别录》整理记籍，又立书博士，置弟子教习，以钟、胡为法"。又据《南齐书》卷一六《百官志》写道，"晋秘书阁有令史，掌众书。见《晋令》，令亦置令史、正书及弟子，皆典教书画"。足以证明两晋时立有书学，以书画为教学内容。

3. 两晋的地方官学。

地方官学更没有制度性的规定，完全由地方长官的好恶决定是否设立地方学校。曾经兴办过地方官学而有名的有：西晋虞溥任鄱阳内史时，创办了鄱阳郡学，学生达到700余人。③西晋张轨为凉州刺史"征九郡胄子五百人，立学校，始置崇文祭酒，位视别驾，春秋行乡射之礼"。④西晋羊祜，"率营兵出镇南峡，开设庠序，绥怀远近，甚得江汉之心"。⑤东晋范宁任余杭令，"在县兴学校，养生徒，洁己修礼，志行之士莫不宗

---

① 《文献通考·卷四十一·学校考二》。
② 《宋书·礼志》。
③ 《晋书·虞溥传》。
④ 《晋书·张轨传》。
⑤ 《晋书·羊祜传》。

之。期年之后,风化大行。自中兴以来崇学敦教,未有如宁者也"。后来范宁调任豫章郡,"在郡又大设庠序,遣人往交州采磐石,以供学用,改革旧制,不拘常宪。远近至者千余人,资给众费,一出私禄。并取郡四姓子弟,皆充学生,课读《五经》。又起学台,功用弥广"①。东晋成帝时的征西将军庾亮于咸和九年(公元334年)镇守武昌,在武昌设立学宫,起立讲舍,亮家子弟及文武官员子弟都需入学受教,又建儒林祭酒,给"四府、博学、识义通涉文学经纶者"以优厚待遇,地位同于三署。② 这些由地方官员建立的学校,其教学内容仍然是以儒家经学为主,即"课读《五经》"。

(三)十六国官学教学内容

1. 中央官学的教学内容。

十六国的统治者只有几个重视教育,仿照汉族制度建立学校。前赵刘曜即位后,就命令"立太学于长乐宫东,小学于未央宫西。简百姓年二十五以下,十三岁以上,神志可教者千五百人。选朝贤宿儒,明经笃学以教之"。③ 又,《中华野史》卷三《两晋野史》59页记载:刘曜称帝后,"在长乐宫东隅立太学,未央宫西隅立小学,凡百姓年在十三以上,二十五以下,聪颖可教,俱令入学肄业,共得千五百人。命中书监刘均领国子祭酒,散骑侍郎董景道为崇文祭酒,居然尊经讲道,用夏变夷"。后赵石勒称王后即立太学,设宣文、宣教、崇儒、崇训等19所小学,太学与小学各置五经博士,选将佐子弟300人入学受业。《中华野史》卷三《两晋野史》61页写道:"勒本不识文字,但好令诸生讲读古书,静坐听颂,或出己意,评论得失,类皆中肯,人多佩服。一日听读《汉书》,至郦食其劝立六国后,不禁惊诧道:'此法大误,何故能得天下?'及闻为留侯张良所阻,乃恍然道:'赖有此呢。'"后又分别设置经学祭酒、律学祭酒、史学祭酒等高等专科学校。其教学内容有儒学的五经和史学、法律学等。

前秦设置太学,立经学博士,仍以儒学的五经为教学内容。前秦还

---

① 《晋书·范宁传》。
② 《宋书·礼志一》。
③ 《晋书·卷一〇三·载记第三》。

兴建讲武堂,把在职的将官送到太学进行短期培训,由熟悉阴阳兵法的太学生讲解军事知识战阵兵法。① 这是我国历史上最早出现的在职军官教育。前秦苻坚为了保存家学《周官》,还采取了一项特别的教学措施。据《晋书》卷九六《烈女传》记载:前秦太常韦逞的母亲宋氏,其家世代家学《周官》。宋氏出生后,其母早逝,由父亲抚育,及长,教以《周官》音义,告之曰:"吾家世学《周官》,传业相继,此又周公所制,经纪典诰,百官品物,备于此矣。吾今无男可传,汝可受之,勿令绝世。"以后因战争逃亡迁徙,宋氏始终背负其父所授之书,颠沛流离。一次苻坚视察太学,有博士向苻坚建议:"《周官礼注》未有其师。窃见太常韦逞母宋氏世学家女,传其父业,得《周官》音义,今年八十,视听无阙,自非此母无可以传授后生。"苻坚于是令在宋氏家立讲堂,置生员120人,隔绛纱幔而授业。自此《周官》复行于世。说明苻坚十分重视儒学教育。后秦姚兴也设立太学、国子学,置有太学博士、国子博士,以传授经学,学生曾经达到一万多人。另外,《两晋野史》122页还记载有设立具有研究性质的逍遥院,由名僧鸠摩罗什主持研究、讲授佛经,"召集僧睿僧肇等八百余人,传授奥旨,笔述经纶三百余卷"。又在长安设立律学,"召郡县散吏以授之。其通明者,还之郡县,论决刑狱"。②

前燕的慕容皇光立东序,专用儒学不信佛学,学生有千余人③。北燕冯跋建太学,置博士选官员子弟年13以上入学。④

西凉李嵩立泮宫,选高门生400人。南凉秃发乌利鹿孤也置博士祭酒,以教胄子。⑤

2. 地方官学。

在地方官学方面,少数民族的统治者也下令提倡。石勒在逝世的当年,就命令郡国设立学官,每郡置博士、祭酒2人,学生150人。其侄石

---

① 《晋书·苻坚载记》。
② 《晋书·姚兴载记》。
③ 《晋书·慕容皇光载记》。
④ 《晋书·冯跋载记》。
⑤ 《晋书·载记第二十六》。

虎即位，在举办中央官学的同时，曾令郡国立五经博士。① 又据蔡东藩著《中华野史》之《两晋野史》记载，后秦姚苌"下书，令诸镇各置学官，不得偶废，考试优劣，量才擢叙"。②

总起来说，魏、晋、十六国官学教学内容，主要是儒家经学，但儒学已经玄学化，不过，十六国的经学，保留汉代经学的成分要浓厚些。除了儒学还有玄学、文学、律学、书学、史学、佛学、军事学等都是官学的教学内容。

二、私学的教学内容

三国、两晋、十六国时期官学衰退，私学却很昌盛，士大夫们承袭汉代传统，将设立私学作为体现自我价值的一种方式。无论已经为官的知识分子，或者隐居民间的学者，他们在动乱的社会状态下，仍然热心创办私学，把自己掌握的知识、理论，毫无保留地传授给年轻一代。

（一）魏、蜀、吴三国私学及其教学内容

据《三国志·魏书卷十一》记载，魏国的"国渊字子尼。乐安盖人也。师事郑玄……渊笃学好古，在辽东常讲学于山岩，士人多推慕之，由是知名"。

再如"邴原字根矩，北海朱虚人也……原在辽东，一年中往归居者数百家，游学之士，教授之声，不绝"。"自返国土，原于是讲述礼乐，吟咏诗书，门徒数百，服道数十。"

又如，"管宁字幼安，北海朱虚人也"。后至辽东，"因山为庐，凿坯为室，越海避难者，皆来就之而居，旬月而成邑。遂讲《诗》、《书》，陈俎豆，饰威仪，明礼让，非学者无见也"。管宁在辽东讲学30多年，返回故乡时已年过八十，他把一生的主要精力都给予私学教育。

以上几位学者皆因战乱而避居辽东，仍然开办私学，讲诵之声不断，其热爱教育的精神值得赞美。他们的教学内容，仍然是儒学的《五经》。

又，"乐详……黄初中，征拜博士……详五业并授……至正始中，以

---

① 《晋书·卷一〇六·载记第六》。
② 蔡东藩著《两晋野史》，中国文史出版社2002年版，第99页。

年老罢归于舍,本国宗族归之,门徒数千人"①。

再如蜀国向朗,原为蜀国长史,因为"与马谡善,谡逃亡,朗知情不举,亮恨之,免官还成都"。在免官后的30年中,"更潜心典籍,孜孜不倦。年逾八十,犹手自校书,刊定谬误,积聚篇卷,于时最多……开门接宾,诱纳后进,但讲古义,不干时事"。专心于研究学术和传授生徒。②

吴国的虞翻,"性疏直……(孙)权积怒非一,遂徙翻交州。虽处罪放,而讲学不倦,门徒常数百人。又为《老子》、《论语》、《国语》训注,皆传于世"③。又,《三国志》卷五二《顾崇传》:顾崇"隐于会稽,躬耕以求志。好尚者从学,所教不过数人辄止,欲令其业必有成也"。

从以上列举的私学看,教授的内容主要还是儒家经学。

(二)两晋时期的私学及其教学内容

两晋时期尽管时局紊乱,但一些名儒、道家、佛家学者仍然创办私学,传授学术知识理论,著名的儒家私学有:

杜夷,"世以儒学称,为郡著姓……博览经籍百家之书,算历图纬,靡不毕究,寓居汝颍之间,十载足不出户。年四十余,始还乡里,闭门教授,生徒千人……皇太子三至夷第,执经问义。夷虽逼时命,亦未尝朝谒,国有大政,恒就夷咨访焉"④。

又如刘兆,"博学洽闻,温笃善诱,从受业者数千人。武帝时五辟公府,三征博士,皆不就。安贫乐道,潜心著述,不出门庭数十年"⑤。

再如范宣,"少尚隐遁,加以好学,手不释卷,以夜继日,遂博综众书,尤善《三礼》……宣虽闲居屡空,常以讲诵为业,谯国戴逵等皆闻风宗仰,自远而至,讽诵之声,有若齐鲁"⑥。

再如《晋书·卷八十八·许孜传》写道:许孜"敏而好学,年二十师事豫章太守会稽孔冲,受《诗》、《书》、《礼》、《易》及《孝经》、《论语》,学

---

① 《三国志·魏书·杜畿传注》。
② 《蜀书·向朗传》。
③ 《吴书·虞翻传》。
④ 《晋书·杜夷传》。
⑤ 《晋书·刘兆传》。
⑥ 《晋书·范宣传》。

竟还乡里"。这些私学的教学内容,仍旧以儒家经学为主。类似上述私学,在《晋书·儒林传》里记载很多。

道家私学在两晋时期又开始兴起,最有影响的道家私学有:

著名道学家葛洪创办的私学。葛洪生于西晋武帝太康四年(283年)卒于东晋哀帝隆和二年(363年),葛洪字雅川,自号抱朴子,丹阳句容(今江苏句容县)人,自幼好学,家贫无资,躬自伐薪,以贸纸笔,夜则写书诵习。勤奋刻苦,尝就田园处,以柴火写书,常缺纸笔,每反复在一幅纸上写字。年十六,开始读《孝经》、《论语》、《诗》、《易》,以儒学知名当世。因家贫无法远游寻求师友,坚持自学,广读博览自五经、诸史、百家之言,及至短杂文章等,近万卷,无不谙诵精恃,著述中时常引用。后师事郑隐、鲍玄,精修道教学说和炼丹方术及医学。本"少有定志,决不出身",发奋精治儒学五经,成为文儒,却空怀抱负,不受重用,于是转而立言、传教、修道。东晋成帝咸和初年,奔赴广州罗浮山,在山多年,优游闲养,修道炼丹,收徒教学,著述不辍。他的教学内容以道教为主兼综各家学术。他说:"正经为道义之渊海,子书为增深之百川,仰而比之,则景星之佐三辰也;俯而方之,则林薄之裨嵩岳也。虽津途殊辟,而进德同归;虽离于举趾,而合于兴化。故通人总原本以括末流,操纲领而得一致焉。"他主张以道家学说为本,"惟道家之教,使人精神专一,动合无形,包儒墨之善,总名法之要,与时迁移,应物变化,指约而易明,事少而功多,务在全大宗之朴,守真正之源也"。同时,又要兼学各家,纵览古今。他认为各家虽有不足,亦有所长,"儒者博而寡要,劳而少功;墨者俭而难遵,不可偏循;法者严而少恩,伤破仁义"。"子书披行玄旷,眇邈泓窈,总不测之源,扬无遗之流。变化不系于规矩之方圆,旁通不沦于违正之邪经。""杂道书卷卷有佳事。"因此,在他的教学内容中,以道为本,兼采各家之所长,同时包括了许多自然科学知识理论,因为他的炼丹术就涉及很多化学、医药学、冶金学的知识技术。[①]

另外,在《晋书》里还记述了不少道家私学。如卷八十《许迈传》记

---

① 熊明安主编《中国教学思想史》,西南师范大学出版社1989年版,第130—131页。

载:许迈"立精舍于悬霤,而往来茅岭之洞室,放绝世务,以寻仙馆";卷九四《隐逸·张忠传》写道:张忠"永嘉之乱,隐于泰山。恬静寡欲,清虚服气,餐芝饵石,修导养之法。冬则蕴袍,夏则带索,端拱若尸。无琴书之适,不修经典,劝教但以至道虚无为宗。其居依崇岩幽谷,凿地为窟室。弟子亦以窟居,去忠六十余步,五日一朝。其教以形不以言,弟子受业观形而退。立道坛于窟上,每旦朝拜之。食用瓦器,凿石为釜。左右居人馈之衣食,一无所受……好事少年颇或问以水旱之祥,忠曰:'天不言而四时行焉,万物生焉,阴阳之事非穷山野叟所能知之'"。由此说明其私学也是道家之列,[①]这类私学的教学内容,则是以道家虚无为核心的性、形修养,及神仙方士养生术。

佛教自东汉传入中国,佛家私学在两晋时期兴起,著名的有道安、慧远师徒分别创办的私学。

道安生于西晋怀帝永嘉六年(312年),卒于东晋孝武帝太元十年(385年),本姓卫氏,常山扶柳(今河北冀县)人。十岁出家为僧,很得师父看重。二十四岁到后赵都城邺(今河南临漳县西),师事佛图澄。随澄十余年,澄讲佛法,道安复述,深得佛图澄的赏识。因后赵内乱,到处避难,曾于太行恒山立寺传教,徒众数百,后受武邑太守卢韵邀请,开寺讲经"名实既符,道俗欣慕"。晋哀帝兴宁三年(365年)慕容氏进攻河南,遂率领弟子四百余人南下,行至新野,分遣弟子法汰至扬州、法和入蜀,传授佛道。道安率领其余弟子继续南行至襄阳,虽颠沛流离,山栖木食,境况艰难,然斋讲不辍,著经仍勤。在樊沔十五年,主要研究和讲解《放光般若经》。东晋孝武帝太元四年(379年),前秦苻坚进攻襄阳,再次分散徒众,各自选择去处安身和传教。后道安则西至长安,继续传播佛教和注释佛学经典。他的弟子分散到大江南北,促进和推动了佛学的普及和佛学教学的发展。道安的教学内容,包括禅学和般若学。前期宣讲禅学,主要对《阴持入经》、《大十二门经》、《修行道地经》用的功夫极深。后期(即樊沔十五年和长安七年)教学内容则主要讲般若学。据

---

① 《晋书·张忠传》。

《高僧传·道安传》记载,此时他每年讲两次《放光般若经》。道安自己也说:"昔在汉阴十有五载,讲放光经岁常两遍。"

慧远生于东晋成帝咸和九年(334年),卒于东晋安帝义熙十二年(416年)。本姓贾,雁门楼烦(今山西代县)人。十三岁随舅父令狐氏游学许昌、洛阳,阅读了许多儒家、道家典籍。二十一岁时拜道安为师,从此皈依佛门。跟随道安二十余年,是道安最得意的门徒,被视为唯一能在东方弘扬佛教的人物。与道安分别后,到江西庐山,江州刺史桓伊特为他建立东林寺,他就在此处传教授徒终身。慧远是继道安之后的东晋著名佛学教育家,对佛教的传播、佛学人才的培养和佛经的整理都作出了杰出贡献。他从二十四岁开始讲《般若经》,从此终身不倦。他的教学内容主要是佛教性空本无义、因果报应、三生轮回、神不灭等。所选用的佛经有:《般若经》、《三报论》、《明报应论》、《阿毗昙心经》、《三法度论》、《十诵》、《达摩多罗禅经》、《大智度论》、《法性论》等。除了佛教经典外,在教学中,还使用儒学典籍作为讲学的内容。其中,有《周易》、《孝经》、《丧服经》《诗经》;还有道家的《庄》、《老》著作。如南朝著名学者雷次宗、宣炳、殷仲堪、周续之等都向慧远学习过《诗》、《易》、《老》、《庄》。由此可知,慧远教学"不废俗书"。[①]

(三)十六国的私学及其教学内容

据《晋书·卷九四·隐逸传》的记载,十六国的私学多为隐居山林的学者所创办。如宋纤"隐居酒泉南山,明究经纬,弟子受业三千余人。不应州郡辟命。注《论语》,及为诗颂数万言"。还曾上书前凉帝张祚表明心意说"臣受生方外,心慕太古。生不喜存,死不悲没",反映出他属于道家学派的私学。因此,死后"谥曰玄虚先生"。[②] 又如,郭瑀"隐于临松薤谷,凿石窟而居,服柏实以轻身,作《春秋墨说》、《孝经错纬》弟子著录千余人"[③]。

---

① 熊明安主编《中国教学思想史》,西南师范大学出版社1989年版,第142—144页。
② 《晋书·宋纤传》。
③ 《晋书·郭瑀传》。

有些学者则在城市里设立私学。如祈嘉,"少清贫,好学……博通经传,精究大义。西游海渚,教授门生百余人。张重华征为儒林祭酒。性和裕,教授不倦,依《孝经》作《二九神经》,在朝卿士、郡县守令彭和正等受业独拜床下者二千余人"[①]。

以上列举的十六国私学,足以说明其教学内容,仍然是儒家经学为主,加以道家的学术。

(四)三国、两晋、十六国时期以自然科学为内容的私学

据《魏书·艺术传》:崔彧"少尝诣青州,逢隐逸沙门,教以《素问》九卷及《甲乙》,遂善医术";李修父亲李亮"少学医术,未能精究。世祖时,奔刘义隆于彭城,又就沙门僧坦研习众方,略尽其术,针灸授药,莫不有效";而和李亮同学的还有王显的父亲王安道,"少与李亮同师,俱学医药"。

又,《晋书·隐逸传》:郭琦"少方直,有雅量,博学,善五行,作《天文志》、《五行传》,注《谷梁》、《京氏易》百卷。乡人王游等皆就琦学"。

再,《晋书·艺术·台产传》记载:台产"少专京氏《易》,善图谶、秘纬、天文、洛书、风角、星算、六日七分之学,尤善望气、占候、推步之术。隐居商洛南山,兼善经学,泛情教授,不交当世"。

这些私学的教学内容,就是传授医学、针灸学、药学、天文、历算、星纬、气象等自然学科的知识理论。

此外,在这个历史阶段,一些启蒙的私学,或初识字后继续学习,以提高文化知识程度的私学,其教学内容,除了使用汉代已经应用的书籍之外,还编写了一些新的课本,作为教学内容。主要有《始学篇》、《十七史蒙求》、《海岛算经》、《夏侯阳算经》、《字林》等。

---

① 《晋书·祈嘉传》。

第二节 三国、两晋、十六国的教师及其活动

一、官学教师的选拔任用

三国、两晋、十六国时期官学教师有祭酒、博士、助教等名称,其选任办法,由政府征辟,或考试合格后任命。如魏明帝曾经以重礼聘请精研坟典、博学通道的名儒任旭、虞喜为太学博士。后因明帝死而没有到任,但说明对博士的遴选还是重视参选者的学术水平。两晋的博士大都经过考试后予以任命。西晋置太学博士19人,由太常统领。国子学置祭酒、博士各1人,助教15人。要求"博士皆取履行清淳,通明典义者",而且参与考选博士者应当是"若散骑常侍、中书侍郎、太子中庶子以上,乃得召试"。[①] 经过考试合格才能任为博士。十六国仍然是选拔朝贤宿儒,明经笃学者担任博士。尽管有这些规定与要求,但实际上三国、两晋与十六国博士的学术水平、地位和待遇,与汉代博士相比就差多了。

据《文献通考·卷四十一·学校考二》记载,"明帝时,高柔上疏曰:'今博士皆经明行修,一国清选,而使迁除限不过长,惧非所以崇显儒术,帅励怠惰也。宜随学行优劣,待以不次之位,敦崇道教,以劝学者,于化为弘。'"还分析评论说:"两汉博士皆名儒,而由博士入官者多至公卿。今观……高柔所言,则知魏时博士之遴选既不精,而博士之迁升亦复有限矣。""由博士选轻,诸生避役,高门子弟,耻非其伦,故无学者。虽有其名,而无其实;虽设其教,而无其功。宜高选博士,取行为人表,经任人师者,掌教国子。依遵古法……明制黜陟,陈荣辱之路。"其中指出对待博士存在两个问题:一是考选博士不认真严格,选任的博士不合格;二是没有激励博士的办法,无论成绩优劣都没有升迁的机会。不仅教师的质量不高,而且教师的数量不足,应该设置的博士时常缺员。所以,《文献通考·卷四十一·学校考二》写道:东晋元帝时,太常贺循言"尚书被符,经置博士一人。又多故历纪,儒道荒废,学者能兼明经义者少。且《春秋》三传,俱出圣人,而义归不同,自前代通儒,未有能通得失兼而

---

① 《晋书·卷二十四·职官志》。

学之者也。况今学义甚颓,不可令一人总之。今宜《周礼》、《仪礼》二经置博士二人,《春秋》三传置三人,其余则经置一人,各八人"。"大兴初……唯《周易》王氏、《尚书》郑氏、《古文》孔氏、《毛诗》、《周官》、《礼记》、《论语》、《孝经》、《春秋左传》杜氏、服氏,各置博士一人。其《仪礼》、《公羊》、《谷梁》及郑《易》皆省,不置博士。""太常荀崧上疏曰:'昔武皇帝崇儒术,以贾、马、郑、杜、伏、孔、王、何、颜、尹之徒,章句传注众家之学,置博士十九人。二十州之中,师徒相传,学士如林,犹选张华、刘实居太常之官,以重儒教。伏闻节省之制,皆三分置二。博士旧员十有九人,准古计今,犹未中半。九人以外,犹宜增置。《周礼》、《左氏》、《公羊》、《谷梁春秋》,臣以为宜各置一人,以传其学。'遇王敦难,不行。"在博士水平低、数量短缺的状况下,官学教育必然"虽有其名,而无其实;虽设其教,而无其功"。整体来说,这一时期官学的教学质量都很差。而人才的培养和学术的传承,主要依靠私学。在这一历史阶段的私学教师,绝大多数是当时的著名学者,他们自愿开门授徒,传播学术知识理论。当然,有大量启蒙教育的私学,以及中等程度的私学,则是由具有一定学识基础的知识分子创办,这些教师不由政府任命,而是本人自愿和学生与家长选择决定。

二、教师的教学及其活动

教师教学除了沿袭汉代以来的内容、形式与方法之外,有如下发展变化:

首先,教学内容的变化。尽管在官、私学校里所讲述的内容仍然是儒家的经学为主,可是经学已经渗透了道学、佛学的思想因素,它和汉代学生学习的儒学不同。不只如此,随着佛教的广泛传播和道教的再兴与发展,不仅在一些儒学私学里,已把佛学、道学的典籍列为教学内容之一,而且还设立有道教和佛教为主要内容的私学,又加之玄学、文学、史学、律学、武学、天文、医学等正式列为教学内容,使整个教学内容更为丰富了。

其次,讲课形式产生了变化。汉代太学除了集体讲述、个别指导、自学讨论,也实行都讲,在都讲过程中师生都可以提问辩难。而两晋时佛家讲学采用的都讲制,是由法师讲经,都讲专门提问,即一师发问一师对答的形式。这种形式已逐渐为儒家讲学所采用,而成为比较普遍的教学形式。

再次,抛弃了汉代师法、家法的传经方式,要求博士能通五经,传授经学不墨守一经,而实施多经传授。另外,有的私学教学和对学生入学、听课已经有明确的要求。如东晋天水杨轲办的私学,弟子有门人与入室弟子的区别。平时教学,旁杂人不能参加听讲,只给入室弟子传授。据《晋书》九十四卷:杨轲少好《易》,长而不娶,学业精微,养徒数百,"虽受业门徒,非入室弟子,莫得亲言。欲所论授,须旁无杂人,授入室弟子,令递相宣授"。这种严格规定听课对象的做法,和汉代董仲舒、马融由高足弟子递相传授有些相似,但又有不同。董仲舒、马融是按学生的入学先后与学业程度来区分,而采用递相传授的教学方法;杨轲是以学生是否取得学生资格,即是否入门为标准,采用递相传授的办法,即正式入学的学生由教师直接教授,没有入学的旁听生则由正式入学的学生进行转述教学。这是汉代学者讲学可以自由听讲形式的一种变化。

教师即博士、助教的基本任务是担任教学,参与教学相关的活动。教师的地位和待遇比汉代低,他们干预政府的政事活动,也不如汉代的博士那么有机会、有影响。当然,有些清谈家在学校里谈玄的同时,也裁量人物,品评时政,或向统治者上疏提建议,表达自己的见解。但因为战事频繁,人怀避就,以保全自身,消磨了多数教师参与社会政治活动的热情与积极性。而有的在朝做官的学者又举办私学,他们具有官员、教师的双重身份。这些教师在参加教学活动的同时,还从事各种社会活动,干预政府的政策法规,这是他们的职责所系。所以,这个时期教师的社会、政治活动,处于相对沉寂阶段。

第三节 三国、两晋、十六国的学生及其活动

一、学生概况

三国时期中央官学的学生,只曹魏初年因袭汉代制度,规定《五经》课试法,要求州郡选送愿意求学,又有培养前途者入太学学习。初入学称"门人",经过两年学习,考试能通一经的称为"弟子",才算正式的太

学生。考试不合格者,革除学籍。可以说前二年是预科生或试读生。以后每两年考试一次,直到通五经为止,然后授予一定的官职。蜀、吴两国官学的学生入学等情况,史籍上则没有具体记载,从已有史料分析,仍沿用东汉办法,学生可以自愿到太学求学。两晋中央官学置太学、国子学,前者招收士庶子弟入学,后者则招收五品以上官员子弟;当时太学里还有所谓寄生、寄学陪生、散生等名称,说明学生来源比较广泛,如散生就是凉州所属四郡和西域来的学生。其招生数量,则依时局的状况而定。地方官学的学生则由倡导办学的地方官决定招生事宜。如西晋鄱阳内史虞溥"大修庠序,广招生徒,至者700余人"。[①] 而庾亮镇守武昌时,所办学校则"参佐大将子弟,悉令入学,吾家子弟,亦令受业"。还规定"若非束脩之流,礼教所不及,而欲阶缘免役者,不得为生"。[②] 十六国的中央和地方官学都由朝廷下令创立,学生的入学、待遇及招生人数等相关事务,也由官府决定,这些问题已经在前面述及。

二、学生活动

这个阶段的学生活动,在官学里各国的学生表现不同。就以学习活动来说,三国、两晋社会动荡,战争频仍,徭役繁多,青年学子大多避役而来,加以清谈玄学之风盛行和道教、佛家出世思想的影响,又实行九品中正选士制度,庶族出身的学生做官受到限制,士族豪门子弟则为官极为容易,故官学中勤奋向学者少、闲淡苟安者多,学习风气萎靡不振,学术氛围异常淡薄。唯曹魏初期,还有汉代遗风,有的学生和士大夫们品议时政,裁量人物,还发生了一次大的学生请愿运动。事情的起因是魏文帝朝的廷尉钟繇的儿子钟会,这位豪门的贵公子,突然想去见嵇康,遭到冷遇,"康不为之礼……会以此憾之,及是言于文帝……'因嵇康欲助母丘俭'"。又诬陷嵇康"言论放荡,非毁典谟。帝王者所不宜容,宜因衅除之,以醇风俗。帝既昵听信会,遂并害之。康将刑东市,太学生三千人请以为师,弗许……时年四十,海内之士,莫不痛之。帝悟而恨焉"。[③]

---

① 《晋书·卷二八·虞溥传》。
② 《宋书·卷一四·礼志一》。
③ 《晋书·嵇康传》。

以上是这个阶段学生学习和参与社会活动的概况。

至于北方的少数民族政权,为了稳固统治的需要,必须学习、掌握汉民族的文化,在各个民族国家领导者的倡导下,加以少数民族自身发展的要求,又很少受到魏晋玄学风气的干扰与影响,所以官学的学生学习热情较高,还培养出了一些杰出人才。

私学的学生,一般都是为了追求学识而跟随名家学者。他们无论是继承家传学术,到家族办的私学学习;或者是入在朝官员及隐居民间的专家所创办的私学,大都热情很高,专心学业。如吴郡范平学识渊博,当时许多著名人物都向他求教,拜为老师。他的几个儿子继承家学,都精通儒学而做了朝廷重臣。他的孙子范尉藏书七千多卷,各地到他家读书的常常是几百人,范尉还供给求学学生的衣食费用,俨然是一所免费私立学校。再如王羲之父子的书法艺术,就是通过家庭私学而递相传授、发展的。这是在特殊历史条件下形成的门阀制的教育形态。为了维护门第长盛不衰,要求青年一代必须认真求学。在这种客观现实的逼迫下,门阀士族经过长期的积淀,其子弟大都形成了勤奋好学的习惯。所以,两晋有的豪门延续一百余年,这和其门第教育的成功,不无关系。

第七章

南北朝时期学校的教学活动

公元420年,刘裕代晋称帝,改国号为宋,东晋灭亡。从此我国南方相继经历了宋、齐、梁、陈四个朝代,到陈后主祯明三年(589年)隋灭陈止,共计170年,称为南朝。从北魏道武帝登国元年(386年)拓跋珪建立北魏。后来北魏又分裂为东魏、西魏。公元557年西魏被宇文觉取代,改国号为北周,公元550年东魏被高洋取代,改国号为北齐。到北周静帝大定元年(581年)隋灭北周为止,共142年,称为北朝。形成南北朝对峙的局面。南北朝时期因民族、地理和历史背景不同,故学校教育也存在一些差异。

第一节 南朝的教学内容

一、官学的教学内容

(一)刘宋朝官学的教学内容

刘裕灭东晋自称宋武帝,于永初三年(422年)即下令兴办学校。可是"宋武帝诏有司立学,未就而崩"。在刘宋初年没有设立中央官学,到文帝刘义隆继位后,才逐渐兴办中央官学。

(1)"四学馆"。元嘉十五年(438年)设立,一个是"儒学馆",由庐山处士雷次宗在建康北郊鸡笼山设立学馆,招收生徒百余人,给学生传授儒学。一个是"玄学馆",由何尚之主持,专门传授、研究佛学和老子学说。依史料记载,何尚之"置玄学,聚生徒,东海徐秀、庐江何晏、黄回、颍川荀子华、太原孙宗昌、王廷秀、鲁郡孔惠宜,并慕道老游,谓之南学"。① 一个是"文学馆",由谢元主持,专门讲述、研究词章等相关知识理论问题。一个是"史学馆",由文学家、史学家何承天主持,专门教授与研究历史学。设立"四学馆"的原因,《文献通考·卷四十一·学校考二》有一段分析写道:"帝雅好艺文,使丹阳尹庐江何尚之立元学,太子率更令何承天立史学,司徒参军谢元立文学,散骑常侍雷次宗立儒学,为四学。"当时,这四个学馆,各依专业内容招收生徒,实行独立的分科教学和从事专业研究,而成为单独设立的专科学校。为了管理四个学馆的学生,还特别委派了儒家学者周续之、庾蔚之为总管。这是古代学校教学内容和学校体制及教学管理上的重大进步,它将儒学与玄学、文学、史学并列为学科教学的内容,彻底突破了儒学独尊的地位。可是,"四学馆"设立后,曾经遭到持传统观念的儒家学者的批评、指责。如《文献通考·学校考二》记载:司马氏曰:"《易》曰:'君子多识前言往行,以畜其德。'孔子曰:'辞达而已矣。'然则史者,儒之一端;文者,儒之余事。至于老、庄虚无,固非所以为教也。夫学者所以求道,天下无二道,安有四学哉!"

(2)国子学。宋文帝元嘉二十年(443年),下诏设立国子学。次年建成,命何承天为国子博士。元嘉二十三年九月,文帝到国子学策试诸生,答问凡59人,冬月遂下诏奖励教授诸官。但国子学只设立了七年,到元嘉二十七年(450年),由于战争的关系国学就被迫停办了。

(3)总明观。宋明帝泰始六年(470年)设立"总明观",这是在"四学馆"停办后,又在此基础上建立的一所兼有教学和研究性质的高等教育机构。"总明观"置祭酒1人,学士10人,分设玄学、儒学、文学、史学4科。据《南史·明帝纪》记载,"立总明观,征学士以充之。置东观祭酒、访举各一人,举士二十人,分为儒、道、文、史、阴阳五部学,言阴阳者遂无其人"。按文帝最初的设想,还设有阴阳学,因为没有教授和研究这门学科的学者,就只有四部学。将这四部学设置于"总明观",就使它

---

① 《宋书·何尚之传》。

成为一所综合性质的教学与研究结合的高等学府。

(4)医学。据《唐六典·卷一四》中的"医学博士"注写道:宋文帝元嘉二十年(443年)太医令秦承祖上奏设置医学,以广教生徒。但这所医学专科学校,只存在了十年就停办了。

以上所叙刘宋朝设立的四种中央官学,可以说明其教学内容是文理兼备,包括了儒学、玄学、文学、史学、医学等学科。

(二)齐朝官学的教学内容

刘宋顺帝昇明三年(479年)萧道成灭宋建立南齐朝,称齐高帝,改年号为建元。据《文献通考·卷四十一·学校考二》记载,"齐高即位之初,求直言,崔祖思以为人不学则不知道,此逆乱之所由生,宜开文武二学,使人依方习业,优殊者待以不次"。齐高帝接受了这个建议,于建元四年(482年)下诏立国学。"以张绪为祭酒,置学生百五十人,取王公以下子孙年十五以上,二十以下,家上都二千里为限。"①但国子学建立还不足一年,就因为"帝崩,乃以国讳废学"。所以说"是春置学,秋以国哀罢,曾不及岁。江左之学校如此"。高帝之子继位称武帝,于永明三年(485年)下诏复立国子学,任命宰相王俭兼国子祭酒。据《文献通考·卷四十一·学校考二》,"诏于俭宅开学士馆,以总明四部书充之。又诏俭以家为府。自宋世祖好文章,士大夫悉以文章相尚,无以专经为业者。俭少好礼乐及《春秋》,言论造次必于儒者。由是衣冠翕然,更尚儒术。俭十日一还学,监试诸生"。武帝在诏令中还指示:"国学既立,省总明观。召公卿以下子弟,置生二百二十人。"这年"秋中悉集"。就是说到永明三年秋,国子学正式建立,同时废止总明观。王俭好儒术,又是著名的文学家和目录学家,博通五经,特长《春秋》。他每十天监试学生学习经学的情况。在王俭的倡导下,革除了刘宋以来只好文章不重视经学的风气,对南朝的学风有较大的影响。

但到齐明帝萧鸾即位后,大肆杀戮齐高帝、齐武帝的儿子,引起内乱,国子学也就无形地废止了。明帝在巩固了他的政权之后,于即位后

---

① 《文献通考·卷四十一·学校考二》。

四年,下诏建立国子学,但还没有建立起来,他就死了。东昏侯即位,又以"国哀"为理由,停办国子学,不久南齐朝就灭亡了。

从齐朝中央官学时兴时废的状况,说明其教学内容是以儒学《五经》为主,兼有文学、史学、道学等。

(三)梁朝官学的教学内容

南齐和帝中兴二年(502年),萧衍夺取帝位,建立梁朝称梁武帝。他重用士族,提倡儒学。在位期间设立的中央官学如下:

(1)太学。天监四年(505年)正月,下诏置太学《五经》博士和胄律博士各1人。大建学馆,招收生徒。任命平原明山宾、吴郡陆琏、吴兴沈峻、建平严植之、会稽贺场为博士,每人主持一个学馆,共设五个学馆,学生入学不受门第的限制,各学馆都招收寒门弟子,而且不限人数。学生由政府供给伙食,于是各地学者都云集京师。每馆都招收学生数百人,不到一年,五馆的学生总计一千余人。以严植之兼《五经》博士,设馆潮沟,讲授时五馆学生都去听讲。[①] 天监五年又设置"集雅馆"以招致远方学者。可见,梁朝太学采用宋朝设立学馆的办法,除了立《五经》博士分馆教授之外,还增设了律学馆和集雅馆,教学内容有它的独特之处。不过,刘宋朝设立的史学、文学、玄学、儒学四馆的教学内容,却比南梁朝太学的内容要丰富、宽广许多。

(2)国子学。天监七年(508年)下诏建立国子学。令皇太子及王侯之子从师学习。专门招收贵胄子弟入学,这是为了使皇亲国戚、大官僚子弟接受一定的正规教育,以便于统治政权的延续;又是调和士族贵族与寒门之间矛盾采取的措施。对国子学的教育梁武帝相当重视,天监九年(510年),梁武帝两次亲临国子学策试胄子。

梁朝国子学教学内容以儒学《五经》为主,另外还设置有玄学专科。据《陈书·卷一七·王劢传》:王劢在"梁世为国子《周易》生,射策举高第"。《陈书·卷二四·周弘正传》:周弘正"十五,诏补国子生,仍于国学讲《周易》,诸生传习其义"。当时国子学开设《周易》,是为了满足玄

---

① 《梁书·严植之传》:天监四年"初置《五经》博士,各开馆教授,以植之兼《五经》博士。植之馆在潮沟,生徒常百数。植之讲,五馆生必至,听者千余人"。

学的需要。《颜氏家训·勉学》写道:"洎于梁世,兹风复阐。《庄》、《老》、《周易》,总谓三玄。武皇、简文躬自讲论。周弘正奉赞大犹,化行都邑,学徒千余,实为盛美。元帝在江荆间,复所爱习,召置学士,亲为教授,废寝忘食,以夜继朝。"

(3)士林馆。梁武帝大同七年(541年),在宫城西设立士林馆,以延纳当时的著名学者进行研究与讲学。这是仿照宋"总明观"而设立的一种以科学研究为主的机构,教学则是次要任务。[①]

从上述来看,梁武帝对学校教育还是比较重视,但是没有取得显著的成果。分析其根本原因是梁武帝酷信佛教,他自身的行为造成了影响。据《梁书》卷三《武帝纪下》写道:武帝常于"听览余闲,即于重云殿及同泰寺讲说,名僧硕学,四部听众,常万余人"。所以,《文献通考》的评论说:"史称武帝雅好儒术,至是置《五经》博士,开馆宇,招后进,四馆所养士逾千人,射策通明者除吏。又修孔子庙以示尊师。他日,又幸国子监,亲临讲肆。且令皇太子及王侯之子,年可从师者,皆入学。可谓勤矣。然儒风不振,人才不出,何也? 帝心尚佛,自天监改元,即不肉食,此躬行也,故特以美行兴学养士,故人不从其令而从其意。意乃身率,令乃文具。其后纲维不立,人纪胥废,国破身殒,为万世笑,盖始于此。人主心术所尚,可不慎哉!"[②]《南北朝野史》68—69页描述说:"梁主萧衍但尊僧俗慧约为师,亲自受戒,并令太子王公以下,亦皆师事慧约,受戒至五万人。梁主身为天子,反将政事搁起,遂使朝纲废弛,宵小弄权……并因梁主好佛,上行下效,士大夫争向空谈,不习武事。"上述评说,指出了问题产生的关键。

(四)陈朝官学的教学内容

南梁敬帝太平二年(557年),陈霸先灭梁建立陈朝。陈朝只存在了33年,设置的中央官学有国子学和太学。

[①] 《梁书·武帝纪》:大同七年,"于台西立士林馆,领军朱异,大府卿贺琛,舍人孔子祛等递讲述"。

[②] 《文献通考·卷四十一·学校考二》。

陈武帝永定三年(559年)。"诏依前代置西省博士"。[①] 陈文帝天嘉元年(560年)嘉德殿学士沈不害上书立学。获得文帝批准。当时著名学者郑灼、陆诩、沈德威、张讥、周弘正、沈不害、王元规等都相继被任命为太学、国子学博士、国子祭酒,教授生徒。如张讥擅长老庄而任为国子助教,周弘正为国子博士讲《周易》,两人经常进行辩论。周弘正常对他人说:"吾每登坐,见张讥在席,使人懔然。"表明陈朝博士教学十分严肃、认真,又讲求学术辩论。宣帝太建三年(571年),"皇太子亲释奠于太学"。后主至德三年(585年),"皇太子出太学,讲《孝经》"。又《中华野史》之《南北朝野史》写道:陈后主陈叔宝即位后,封长子陈胤为太子,颇得众望。"太子胤未闻失德,尝在太学讲诵《孝经》,志在身体力行,尝使人入省母后,问安视暖。母后沈氏,免不得遣令左右,谕慰东宫"。这些史实虽然说明了皇朝统治者对官学教育重视,及其身体力行之意,但学风颓废也是徒具形式而已。

陈朝的博士基本上是梁朝的遗老,张讥是梁朝士林馆的学士。沈德威在梁末入天目山专攻经业,而后为陈朝的太学博士。尽管这些人物都是学有专长,毕竟陈朝办学时间短,总的来说成绩稀微。《陈书·儒林传》写道:"世祖以降,稍置学官,虽博延生徒,成业盖寡。"《文献通考·卷四十一·学校考二》评论道:"陈天嘉以后,稍置学官,虽博延生徒,成业盖寡。其所采掇,盖亦梁之遗儒。"

总观南朝中央官的教学内容,仍然以儒学的《五经》为主。此外还有玄学、史学、文学、律学、医学等,彻底突破了儒学独尊的状态。教学内容基本上是文、史、玄、道、佛等各科并行。

南朝地方官学由于时局动乱受到严重影响,有的王朝虽有立学诏令,而无其实。例如,梁武帝天监四年在设置中央官学的同时,还派遣博士、祭酒去州、郡设立学校。从史料来看交州、荆州、晋平等地区有建立学校的记载。据《梁书·贺玚传》:贺玚的儿子贺革曾经在湘东王府的府学任职,湘东王"于府置学,以革(贺革)领儒林祭酒,讲《三礼》",荆楚

[①] 《陈书·高祖纪》。

衣冠听者甚众"。表明当时地方州、府建立有学校,其教学内容还是以儒学为中心。

二、私学的教学内容

南朝的私学十分昌盛发达,既有儒家、道家私学,又有佛家私学和儒、佛、道综合的私学,还有传授文学、书学艺术以及自然科学的私学,其教学内容丰富多彩。特将较有名气的私学概况列举如下。

(一)儒学为内容的私学

《南史·刘瓛传》:"聚徒讲学,常有数十","瓛姿状纤小,儒业冠于当时,都下士子贵游,莫不下席受业,当世推其大儒,以比古之曹、郑。"

《南史·吴苞传》:"宋泰始中过江,聚徒讲学。冠黄葛巾,竹尘尾,蔬食二十余年。与刘瓛俱于褚彦回宅讲授。瓛讲《礼》,苞讲《论语》、《孝经》。诸生朝听瓛,晚听苞也。齐隆昌元年,征为太学博士,不就。始安王遥光及江祐、徐孝嗣共为立馆于钟山下教授,朝士多到门焉,当时称其儒者。自刘瓛以后,聚徒讲授,唯苞一人而已。"

《南史·沈麟士传》:"隐居余干吴差山,讲经教授,从学者数十百人,各营屋宇,依止其侧,时为之语曰:'吴差山中有贤士,开门教授居成市。'麟士重陆机《连珠》,每为诸生讲之……麟士无所营求,以笃学为务,恒凭素几鼓素琴,不为新声。负薪汲水,并日而食。守操终老,读书不倦。遭火烧书数千卷,年过八十,耳目犹聪明,以火故抄写,灯下细书,复成二三千卷,满数十箧……著《周易》两《繋》、《庄子·内篇训》。注《易经》、《礼记》、《春秋》、《尚书》、《论语》、《孝经》、《丧服》、《老子要略》数十卷。梁天监元年,与何点同征,又不就。二年,卒于家,年八十五。"

《齐书·卷五四·高逸传》记载:顾欢"隐遁不仕,于剡天台山开馆聚徒,受业者常近百人";臧荣绪"纯笃好学,括东西晋为一书,纪、录、志、传百一十卷。隐居京口教授";关康之也隐居京口,不应州府辟,朝廷征通直郎,仍不就。还"不通宾客,弟子以业传受";杜京产闭意宦荣,"颇涉文义,专修黄老……郡召主簿,州辟从事,称疾去。除奉朝请,不就。与同郡顾欢同契,始宁中东山开舍授学";明僧绍"隐长广郡崂山,聚徒立学"。

《梁书·卷四八·儒林传》：司马筠师事刘瓛，博通经术，尤明"三礼"；沈峻从师沈麟士，博通"'五经'，尤长'三礼'"；又五一卷《处士传》记载：诸葛璩"性勤于诲诱，后生就学者日至，居宅狭陋，无以容之，太守张友为起讲舍"。

以上私学教师，都是不求荣利，不谋官职，甘心淡泊，专心教学和著述。他们这种敬业精神很值得钦佩。

(二)道学为内容的私学

《南史·张讥传》：张讥"性恬静，不求荣利，常慕闲逸。所居宅营山池，植花果，讲《周易》、《老》、《庄》而教授焉。吴郡陆元朗、朱孟博、一乘寺沙门法才、法云寺沙门慧拔、至真观道士姚绥，皆传其业"。

又，《南史·沈道虔传》记载：沈道虔"少仁爱，好《老》、《易》，居县北石山下……乡里少年相率受学，道虔常食以立学徒"。从张讥、沈道虔私学的教学内容，就可以看出是以道家学说教导门徒。

《梁书·陶弘景传》记载：陶弘景"十岁得葛洪神仙传，昼夜研寻，便有养生之志……读书万余卷，善琴棋，工草隶……为诸王侍读……永明十年上表辞禄，诏许之，赐以束帛。及发，公卿祖之于征虏亭，供帐甚盛，车马填咽。咸云宋齐以来，未有斯事，朝野荣之。于是止于句容之……茅山。乃中山立馆，自号华阳。隐居，始从东阳孙游岳受符图经法。偏历名山，寻访仙药……永元初，更筑三层楼，弘景居其上，弟子居其中，宾客至其下……高祖……即位后，恩礼逾笃，书问不绝"。故时人称为"山中宰相"。上述陶弘景在茅山设馆教授生徒的事迹说明，他的教学内容仍然是道家的学术理论。

(三)儒学、佛学为内容的私学

《宋书·周续之传》：周续之12岁，入豫章郡太守范宁设置的郡学读书，"居学数年，通五经并纬侯，名冠同门，号说颜子。既而闲居，读《老》、《易》，入庐山，事沙门释慧远……高祖之北讨，世子居守，迎续之，馆于安乐寺。延入讲《礼》月余，复还山……高祖践祚，复召之，乃尽室俱下。上为开馆东郭外，招集生徒，乘舆降幸，并见诸生，问续之《礼记》'傲不可长'、'与我九龄'、'射于矍圃'之义，辩析精奥，称为该通"。从

151

周续之讲学的内容来看,是以儒学为主兼授佛学。

《南齐书·卷四十·武十七王传》记载:竟陵王萧子良召集儒学学者探讨学术,在"鸡笼山西邸,集学士抄《五经》、百家,依皇览例,为四部要略千卷。招致名僧,讲语佛法,造经呗新声,道俗之盛,江左未有也"。说明了皇家贵族也提倡儒、佛同堂讲学。

《梁书·卷五一·处士传》:何胤"师事沛国刘瓛,受《易》及《礼记》、《毛诗》。又入钟山定林寺听内典,其业皆通……虽贵显,常怀止足。建武初,已筑室郊外,号曰小山,恒与学徒游学于内;至是遂卖园宅,欲入东山,未及发……乃拜表辞职……胤以会稽山多灵异,往游焉。居若邪山云门寺……后以若邪处势迫隘,不容生徒。乃徙秦望山……起学舍……山侧营田二顷,讲隙,从生徒游之"。年七十二"至吴,居虎丘西寺,讲经论学,徒复随之……中大通三年(531年)卒,年八十六"。"胤注百法论十二门论各一卷,注《周易》十卷,《毛诗总集》六卷,《毛诗隐》义十卷,《礼记隐义》二十卷,《礼答问》五十五卷"。何胤的事迹说明,他创办的私学显然是儒学与佛学同授,而大多是依托佛寺以佛学为主进行教学。

《陈书·卷二六·徐孝克传》记载:徐孝克通五经,博览史籍,"后东游,居于钱塘之佳义里,与诸僧讨论释典,遂通《三论》。每日二时讲,旦讲佛经,晚讲《礼》、《传》,道俗受业者数百人。"

《南史·徐伯珍传》写道:徐伯珍的叔父徐璠之,与当时的著名学者颜延之是好朋友。徐璠之"还祛蒙山立精舍讲授,伯珍往从学。积十年,究寻经史,游学者多依之……好释氏、老庄、兼明道术……建武四年卒,年八十四,受业生凡千余人"。说明徐伯珍私学教学内容是儒、佛、道三者并重。类似这种儒、佛、道同授的私学不少,就不赘述了。

除了儒学、道学、佛学为教学内容的私学之外,还有以文学、史学、书学、数学、医学、家谱学为内容的私学。据《梁书·卷三三·刘孝绰传》记载,刘孝绰继承家学,"七岁能属文,舅齐中书郎王融,深赏异之。常与同载适亲友,号曰神童。融每言曰:天下文章若无我,当归阿士,阿士孝绰小字也……孝绰辞藻为后进所宗,世重其文,每作一篇,朝成暮遍,好事者咸讽诵传写,流闻绝域。文集数十万言,行于世。孝绰兄弟及群从诸子侄,当时有七十人,并能属文,近古未之有也"。这是以文学为传授内容的家族私学。

又,据《南史·卷七二·文学传》和《南齐书·卷五二·文学传》记载,南朝著名数学家祖冲之,就是家族私学的传承者。受家传学术的影响,才造就了这位世界上第一个将圆周率准确数值计算到小数点后7位数字的科学家。他的祖父祖昌是刘宋王朝的"大匠卿,父朔之,奉朝请。冲之少稽古,有机思"。在家庭科技教育环境的影响、熏陶下,又博学精思。他的儿子、孙子都是"少传家业","究极精微。亦有巧思"。正是这种家学相传,才使祖冲之一家五代都被朝廷重用。

在私学教学中,南北朝的家族私学兴盛是一个突出的特点。家族私学教学内容除了家传学术,还包括有《诫子书》、《诫子侄书》、《家训》、《孝经》等必读的教材。家族中的女子还要学习《曹大家女诫》、《女鉴》、《妇女训诫集》等有关妇道的书籍。至于少儿启蒙教育,一般都在私学里进行。教学的内容比汉代丰富,流行的启蒙教材,据《隋书·经籍志二》记载有:《小学篇》、《始学》、《少学》、《发蒙记》、《启蒙记》、《训蒙文字略》、《千字文》等。

第二节　北朝的教学内容

一、官学的教学内容

(一)北魏官学的教学内容

北魏建国后,结束了我国北方长期分裂、割据、战争不断的局面,社会逐渐稳定,经济、文化得以恢复。建国初期的几位统治者都比较重视教育,培养人才,推崇儒术,提倡经学。从道武帝天兴元年(398年)到孝文帝太和十六年(492年)定都平城(今山西大同),自孝文帝太和十七年(493年)至孝武帝永熙三年(534年)定都洛阳,都相继建立了中央官学和地方官学。

1.中央官学的教学内容。

(1)太学和国子学。据《文献通考·卷四十一·学校考二》记载,

153

"后魏道武帝初定中原,始于平城立太学,置《五经》博士,生员千余人。天兴二年(399年),增国子、太学生员三千人"。

天兴四年(401年)"帝问博士李先曰:'天下何物最善,可以益人神智?'对曰:'书籍。'帝曰:'书籍凡有几何?如何可集?'对曰:'自书契以来,世有滋益,以至于今,不可胜计。苟人主所好,何忧不集?'从之,命郡县大索书籍,送平城。又命集博士、儒生,比众经文字义类相从者凡四万余字,号曰《众文经》"。充分表明,北魏道武帝十分关注培养人才。他依据李先的建议,首先是命令郡县官员收集儒学书籍;接着又组织博士和儒学学者编写《众文经》,作为教学用的教材,这件事在南北朝时期实属罕见。由此足以看出,北魏政权的创建者拓跋珪很重视学校教育,而且太学和国子学的规模比南朝宏大。太学和国子学的教学内容是儒家经学。

太武帝拓跋焘继位后,于"始光三年(426年),别立太学于城东。后征卢元、高允等,令州郡各举才学,于是人多砥砺,儒术转兴"。太武帝太平真君五年(444年),又下诏令三公以下至于卿士的子弟,皆入太学学习。

(2)中书学。天兴三年(400年),"特改国子为中书学,立教授、博士"。孝文帝太和十年(486年),又改"中书学"为国子学。

(3)皇宗学。孝文帝太和十六年(492年)又设置皇宗学,又称"皇子学"。设博士专门教授皇室子弟。创办皇宗学的原因,在《魏书·卷二一·咸阳王禧传》里,文明太后诏令所讲的理由是:"自非生知,皆由学诲,皇子皇孙,训教不立,温故求新,盍有阙矣!可于闲静之所,别置学馆,选忠信博闻之士为之师傅,以匠成之。"可以明白,其根本目的和西晋创办国子学相似,都是为了保持皇室贵族的特权与长久的统治地位。

太和十七年(493年),孝文帝迁都洛阳后,仍然设立国子学、太学,还设立四门学。所以,《文献通考·卷四十一·学校考二》写道:"孝文太和中,改中书为国子,又开皇子之学,建明堂、辟雍。及迁都洛阳,立国子、太学、四门小学。又诏求天下遗书,秘阁所无、有裨时用者,加以厚赏。"还采取措施加速接受汉族文化:改姓元氏,改用汉语,改革鲜卑旧俗,禁穿胡服,强令鲜卑人与汉人通婚,并带头娶汉女入宫,又要求鲜卑贵族聘娶高级汉族士女为正妃,以促进鲜卑族与汉族的同化过程。

(4)四门小学。据《魏书·卷五五·刘芳传》,"太和二十年(496年),发敕立四门博士,于四门置学"。证明孝文帝时期创办了四门小学。刘芳曾经在四门小学设置地点的争论中,说明按古制"养庶老于虞庠,虞庠在国之四郊"。但如果设在四郊,又不便监督和管理,故仍然建立于开阳门外。宣武帝永平年间(508—512年)朝臣们奏请置小学博士员3000人。延昌年间(512—515年),宣武帝下诏修复四门小学校舍,设置四门博士,招收四门生员。史实说明,北魏相继设立的中央官学有太学、国子学、皇宗学、四门小学,这些学校都是以儒家典籍为教学内容,以便吸取汉族思想文化。

《北史·儒林传》描述当时的情形写道:"孝文钦明稽古,笃好坟籍,坐舆据鞍,不忘讲道。刘芳、李彪诸人,以经术进;崔光、邢峦之徒,以文史达;其余涉猎典章,闲集词翰,莫不縻以好爵,动贻赏眷,于是斯文郁然,比隆周、汉。"但是,这种局面也只是一时而已。到宣武帝以后,官学教育日益衰落。《文献通考·卷四十一·学校考二》写道:"宣武时,复诏营国学,树小学于四门,大选儒生以为小学博士,员四十人。"至孝明帝神龟年间"将立国学,诏以三品以上,及五品清官之子以充生选",但"未及简置,仍复停废"。[①] 孝明帝正光元年(520年),诏曰:"建国纬民,立教为本,尊师崇道,兹典自昔。来岁仲阳,节和气润,释奠孔、颜,乃其时也。有司可豫缮国学,图饰圣贤,置官简牲,择吉备礼。"[②] 这项诏命是孝明帝准备去国学举行释奠礼和巡视,专门下的诏令。正光三年(522年)国学复成,孝明帝亲自"释奠于国学,命祭酒崔光讲《孝经》",[③] 但国子学规模已大不如前,只有36个学生。至孝庄帝、节闵帝、孝武帝时期,中央官学已所存无几。

从以上看出,中央官学的基本教学内容是儒家经学,但并不是儒学

---

① 《北史·儒林传序》。
② 《魏书·卷九·肃宗纪》。
③ 《北史·儒林传序》。

独尊,还设置有自然科学性质的官学:

(1)算学。据《魏书·卷九一·艺术·殷绍传》记载,"殷绍,好阴阳术数,游学诸方,达《九章》、《七曜》"。又,《魏书·卷七九·范绍传》写道:范绍"太初,充太学生,转算生"。再,《通典·卷三九·职官典》记载:孝文帝于太和十七年颁布的百官令中,有"尚书算生之职"和"诸寺算生"之职。从此足以说明,在北魏开设有算学专科。

(2)医学。如宣武帝就于永平三年(510年)下了开办医学诏令:"可敕太常于闲敞之处,别立一馆,使京畿内外疾病之徒,咸令居处。严敕医署,分师疗治,考其能否,而行赏罚。虽龄有期,修短分定,然三疾不同,或赖针石,庶秦扁之言,理验今日。又经方浩博,流传处广,应病投药,卒难穷究。更令有司,集诸医工,寻篇推简,务存精要,取三十余卷,以班九服。郡县备写,布下乡邑,使知救患之术耳。"①这项诏令充分证明北魏设立有医学教育机构。

另外,值得特别说明的是魏孝文帝,"雅好读书,手不释卷。《五经》之义,览之便讲,学不受师,探其精奥。史传百家,无不该涉。善谈庄、老,尤精释义。才藻富瞻,好为文章,诗赋铭颂,任兴而作"。②帝王的博雅、爱好,会对教学内容的选择产生影响,促进了北魏官学教学内容的多样化。除以上叙述之外,北魏对于军事教育也相当重视,孝文帝也曾颁布诏书,强调将校、士兵军事知识、技能教育的重大意义,要求有关部门做好这方面的工作。所以,北魏官学的内容,实际上还包括了儒学以外的数学、医学和军事学在内。

2. 地方官学的教学内容。

据《魏书·卷六·显祖纪》,献文帝天安元年(466年)七月,"初立乡学,郡置博士二人,助教二人,学生六十人"。北魏在地方设立学校的建议,是相州刺史李䜣上书献文帝提出的,献文帝接受了李䜣的意见。他命令朝廷参与决策大政方针的高允,召集群僚讨论一个具体的实施方案。高允和朝臣商议之后,提出的意见是:"大郡立博士二人,助教四

---

① 《魏书·卷七下·高祖纪下》。
② 《魏书·卷七下·高祖纪下》。

人,学生一百人;次郡立博士二人,助教二人,学生八十人;中郡立博士一人,助教二人,学生六十人;下郡立博士一人,助教一人,学生四十人。"① 献文帝采纳了高允的方案,从此建立起北魏的地方教育制度。这个地方学校制度规定,按州、郡地域的大小,设置教师和招收学生的数量,比此前历代的规定都具体明确,对后世设立地方学校有很大的影响。

从现存史料来看,北魏所辖州、郡确有建立学校的记载:如兖州刺史高佑"以郡国虽有太学,县党宜有黉序,乃县立讲学,党立小学"②。河东太守崔游迁移已经建立的地方官学,"河东太学旧在城内,太守崔游移置城南闲敞处"③。郦道元任鲁阳郡守,上表要求建立学校。宣武帝下诏曰:"鲁阳本以蛮人,不立太学。今可听之,以成良守文翁之化。"④李平在相州任职"修饰太学……选五郡聪敏者以教之,图孔子及七十二子于堂,亲为立赞"。⑤ 由以上例证可以看出,不仅北魏设立有地方州、郡、县官学,而且其教学内容,仍然是以儒学为主。

(二)北齐官学的教学内容

东魏孝静帝武定七年(549年),高洋废东魏孝静帝,自称皇帝,建立北齐,是为北齐文宣帝。即位后就下诏复兴学校,并将蔡邕所写石经五十二枚移置学馆。但由于政权不稳定,又连年战争,中央官学的恢复,并没有取得具体的成效。至齐孝昭帝高演执政的皇建元年(560年),下达了建立中央官学的诏令。据《隋书·百官志》记载,诏令设立的学校有:

(1)国子寺。置祭酒1人,博士5人,助教10人,学生72人。

(2)太学。置太学博士10人,助教20人,太学生200人。

(3)四门学。置博士20人,助教20人,学生300人。

另外,还要求诸郡设立学校。这些学校设置,都是仿照北魏学校制度。其教学内容也是以北魏的规定为依据。但只是具文而已,虽有学校之名,而无学校之实。所以,《北史·儒林传》写道:"齐氏司存,或失其

---

① 《魏书·卷四八·高允传》
② 《魏书·卷五七·高佑传》。
③ 《魏书·卷五七·崔游传》。
④ 《北史·卷二七·郦道元传》。
⑤ 《魏书·卷六五·李平传》。

守,师保凝丞,皆赏勋旧。国学博士,徒有虚名,唯国子一学,生徒数十人耳……诸郡并立学,置博士、助教授经,学生俱差逼充员,士流及豪富之家,皆不从调,备员既非所好,坟籍固不关怀,又多被州郡官人驱使,纵有游惰,亦不检察,皆由上非所好之所致也。"由此可见,北齐的中央和地方官学都办理得很差。

(三)北周官学的教学内容

西魏恭帝三年(556年),宇文觉代西魏称天王,建国号为周,史称北周。沿袭北魏的教育制度,在中央设立的官学计有:

(1)太学。在西魏时即设有太学,宇文觉建立北周政权,仍然置太学。周武帝于保定三年(563年),曾经亲自到太学举行"养老"之礼,以燕国公于谨为"三老",向他乞言。所以,《文献通考·卷四十一·学校考二》写道:"周武帝保定三年,幸太学,以太傅、燕公于谨为三老而乞言焉。"

(2)麟趾学。据《周书·明帝纪》:宇文毓好学,博览群书,即位后立麟趾学。集公卿以下有文学者80余人于麟趾殿,刊校经史。又捃采众书自羲农以来,迄于魏末,叙为世谱凡500卷。一时文教大振,学者向风。麟趾学最初所招学士不分贵贱,在朝有文艺者,都可以预听,学徒较多。后于翼提议,才对学士区分了等级。但明帝武成三年(561年),为宇文护杀,所以,麟趾学存在的时间不长。

(3)露门学(或称虎门学)。武帝天和二年(567年)设立,有文学博士4人,以及露门学博士等若干人。名士萧㧑、曹瑾、元玮、王褒为文学博士;著名儒学学者沈重、乐逊、熊安生等为露门博士。置生72人,这所学校的教学内容,既有文学,又有儒家经学。露门学是为教授贵胄子弟而设,所以统治者十分重视,直到北周灭亡时都还存在。

(4)通道观。北周武帝建德三年(574年)设立。史称宇文邕崇尚儒术,即位后,相继定儒、释、道三教的位次,以儒教为第一。后又反对佛教,消灭佛教。除了注重儒学、文学教育之外,还诏令设立性质和南朝刘宋所设立的"四学馆"中"玄学馆"相似的"通道观"。专门研究和教授"圣哲微言,先贤典训,金科玉篆,秘蹟玄文,所以济养黎元扶成教义者"。这个通道观是专门传习道教的机构。

（5）书学。北朝设立有独立的书学，西魏文帝元宝炬大统十三年（547年）曾释奠于书学。据《周书·卷四七·艺术·冀俊传》记载，"时俗入书学者，亦行束脩之礼，谓之谢章。俊以书字所兴，起自苍颉，若同常俗，未为合礼。遂启太祖，释奠苍颉及先圣先师"。表明北周正式建立了书学，书学的教学，当然是以书法艺术作为最基本的内容。

北周时期也下达了在州、县设置官学的命令，按北周官制规定，视地域的大小设置相应品级的县学博士和学生。

上述简要史实说明，北周统治的时间虽然很短，但对学校教育较为重视，与北齐相比取得了一定的教学成效。

综合北朝官学的教学内容，仍然是以儒家经学为主，而且北朝经学继承了汉代的学风，比较重视名物制度的考证，选用汉代学者注解的经学著作为教材，如郑玄注《尚书》、《周易》等。这也就是说，北朝的经学，不谈玄理，或者说受到玄学的影响小。但是，北朝并没有形成儒学独尊的状态。除了儒学，还有道学、佛学、史学、文学、书学、法律学、军事学、自然科学中的算学、医学等学科，都是学校的教学内容。

二、私学的教学内容

北魏比较重视对文教的统一管理，以便于加强贵族子弟的教育，因而限制私学的发展。太武帝太平真君五年（444年）颁布诏命说："自顷以来，军国多事，未宣文教，非所以整风俗，示轨则于天下也。今制：自王公以下至于卿士，其子息皆诣太学。其百工伎巧驺卒子息，当习其父兄所业，不听私立学校，违者师身死，主人门诛。"这一诏令严格限制设立私学，但是私学始终还是在各地发展，其原因是私学这种学校形式，很适合社会的需要。所以，在整个北魏时期私学仍旧相当昌盛。

在《魏书·卷八四·儒林传》里记载了不少著名学者创办私学的事迹：

张伟"学通诸经，乡里受业者，常数百人。儒谨汎纳，虽有顽固，问至数十，伟告喻殷勤，曾无愠色。常依附经典，教以孝悌，门人感其仁化，事之如父"。

常爽不愿意作官，独守闲静，讲肄经典20余年，人们称誉为"儒林先生",他"置馆温水之右,教授门徒七百余人,京师学业,翕然复兴"。

张吾贵从郦诠学《礼》,向牛天佑学《易》,得各师所长,"每一讲唱,门徒千数"。

徐遵明先"师屯留王聪,受《毛诗》、《尚书》、《礼记》";一年后,师事张吾贵,"吾贵门徒甚盛,遵明伏膺数月,乃私谓友人曰:'张生名高而义无检格,凡所讲说,不惬吾心,请更从师。'"后又就读于范阳孙买德;一年,又学于平原唐迁,读《孝经》、《论语》、《毛诗》、《尚书》、"三礼",不出院门,凡经6年;又知阳平馆陶赵世业家有《服氏春秋》,乃往读之,经过多年刻苦学习,而成为儒学大家。"讲学于外二十余年,海内莫不宗仰"受业弟子"杖策不远千里,束脩受业编录将逾万人"。

熊安生曾师事徐遵明,精通《五经》,"然专以'三礼'教授,弟子自远方至者千余人……安生既学为儒宗,尝受其业,擅名于后者,有马荣伯、张买奴、窦士荣、孙笼、刘焯、刘炫等皆门人焉"。

张买奴"经义该博,门徒千余人,诸儒咸推重之"。

马敬德"少好儒术,负笈随徐遵明学《诗》、《礼》,略通大义,而不能精。遂留意于《春秋左氏》,沉思研求,昼夜不倦。教授于燕、赵间,生徒随之者甚众"。

房晖远"幼有志行,明《三礼》、《春秋三传》、《诗》、《书》、《周易》,兼善图纬。恒以教授为务,远方负笈而从者,动以千计"。

刘焯"少与河间刘炫结盟为友,同受诗于同郡刘轨思,受《左传》于广平郭懋,尝问礼于阜城熊安生,皆不卒业而去……武强刘智海家,素多坟籍,焯就之读书,问经十载,虽衣食不继,晏如也"。后来,成为儒学大师。

马光,"少好学,从师数十年,昼夜不息,图书谶纬,莫不毕览,尤明'三礼',为儒者宗……处教授瀛、博间,门徒千数,至是多负笈从入长安"。

刁冲"学通诸经,偏修郑说。阴阳、图纬、算数、天文、风气之书莫不关综,当世服其精博……四方学徒就其受业者,岁有数百"。

在这些私学大师的讲学影响下,北魏的文教事业得到恢复和发展。

所以,《北史·儒林传序》写道:武帝"征沈重于南荆……待熊安生以殊礼。是以天下慕向,文教远覃。衣儒者之服,挟是先王之道,开黉舍延学徒者比肩;励从师之志,守专门之业,辞亲戚甘勤苦者成市"。《文献通考·卷四一·学校考二》评述说:北魏在宣武帝以后一段时间,"虽黉宇未立,而经术弥显。时天下承平,学业大盛,故燕、齐、赵、魏之间,横经著录,不可胜数。大者千余人,小者犹数百。州举茂异,郡举孝廉,对扬王庭,每年逾众"。说明了这些人才都是由私学大师们培养出来的。

上面所举私学就其教学内容来看,仍旧是儒家经典。但并不是儒学独尊,还包含着其他各家学说在内。道家教学就很受推崇,不仅南朝的陶弘景、陆静修等为首的道士们的教学受到朝廷和世人的尊敬,北朝以寇谦之为首的道学家同样得到重视。朝廷给他们经济上支持和政治上加以封号。太武帝在平城东南为寇谦之设天师道场,重坛五层,又按道教新经的制度,供给120名道士衣食,以便于他们开展道教活动,每月还提供数千人的厨会经费。据《北史·卷二·魏本纪第二》记载,太平真君三年(442年)太武帝亲至道坛受符箓,并封寇谦之为国师。从此道教获得国教的地位,道家讲学也就迅速发展。据《北史·沈重传》记载,沈重"专心儒学,从师不远千里。遂博览群书,尤明《诗》及《左氏春秋》……天和中,复于紫极殿讲三教义,朝士、儒生、桑门、道士至者二千余人。重辞义优洽,枢机明辩,凡所解释咸为诸儒所推……重学业该博,为当世儒宗。至于阴阳、图纬、道经、释典,无不通涉"。再据《北史·樊深传》:樊深"弱冠好学,负书从师于河西,讲习《五经》,昼夜不倦"。后"游学于汾、晋间,习天文及算历之术"。"深既专经,又读诸史及《仓》、《雅》、篆、籀、阴阳、卜筮之书"等。说明了私学教学内容较为广泛、丰富,包括有道学、史学、书学、天文、历算等。

第三节 南北朝的教师和学生

一、教师及其教学

(一)教师的选拔任用和待遇

中央和地方官立学校教师的名称有:祭酒、博士、助教等。这些教师

161

都由朝廷选派当时著名学者担任，如前面已经叙述过南朝相继设立的《五经》博士、"四馆""五馆"博士、国子学博士、太学博士、皇宗学博士、四门学博士，以及律学、文学、书学、算学、医学等各个学科的博士、助教等等，都是选聘各个相关专业的著名专家。例如陈朝尽管存在的时间短，官学比宋、梁两朝差得很远。但是陈文帝天嘉元年（560年），"授沈德威太学博士"[①]。天嘉五年（564年），沈不害"迁国子博士……敕治五礼"[②]。张轨"天嘉中，迁国子助教"[③]。王元规"天嘉中……领国子助教……迁国子祭酒"[④]。这些人物都是当世的著名学者。北魏最初也曾经采取征聘的办法选任教师，《魏书·卷三·太宗纪》载：明元帝永兴五年（413年）提出的要求是"先贤世胄，德行精美，学优义博，可为人师者"。到北魏献文帝天安元年（466年）则对博士、助教的选聘资格作了明确规定。据《北史·高允传》："博士取博关经典，履行忠清，堪为人师者，年限四十以上。助教亦与博士同，年限三十以上。若道业夙成，才任教授，不拘年齿。"这项选拔标准，成为北朝任用中央和地方官学教师的基本依据。地方太学教师还需要经过地方政府主管官员的考核。如李平任职相州，"劝课农桑，修饰太学，简试通儒以充博士"，表明地方太学博士要考试合格才予以任用。

至于私学教师，仍然沿袭三国、两晋时期的做法，由学者们自我决定选择教师职业，而不由政府任命，只要得到学生们的认同和欢迎，就能成为教师。

在教师待遇方面，据李国钧、王炳照主编《中国教育制度通史》第2卷71—72页所引纪昀著《历代职官表》记载，南朝梁以品秩数高为贵，南朝陈和北魏以品秩数低为高。南朝梁、陈和北魏的国子学与太学教师的品秩如下：

梁国子祭酒一人，班十三，比列曹尚书。又置国子博士二人，为九

---

① 《陈书·沈德威》。
② 《陈书·沈不害传》。
③ 《陈书·张轨传》。
④ 《陈书·王元规传》。

班;助教十人,班第二。又置太学博士八人,班第三;又置《五经》博士各一人。

陈国子祭酒秩中二千石,品第三;博士品第四,秩千石;国子助教、太学博士,并品第八,秩六百石。

后魏国子祭酒本第四品上,后增为从三品。国子博士从第五品上,后增为第五品。国子助教五人,从七品。太学博士第六品,后降为第七品。太学助教第八品中;四门博士第九品。

依据上述就可以说明,国子学教师的品秩和薪金待遇,高于太学、四门学教师的品秩和薪金待遇。

(二)教师教学和活动

1. 注重教学内容的选择、整理与发展。

南北朝时期的教学内容,仍然以儒学为主,兼重佛、道。南朝对儒学内容的选择偏于魏晋经学,如王弼、何晏、皇侃等注解的《易》、《春秋》、《公羊》、《谷梁》、《孝经》、《论语》等被用作教材。但有些学者还保持汉儒的某些遗风,重视《礼》的讲授,如雷次宗、王俭即如此。佛学的教学注重佛礼的研究,而且又常与玄学合流。佛教的各个宗派,如成实宗、三论宗、榻论宗等都偏重佛理的研究探讨。于是顿渐之分、形神之辩、神灭与神不灭的争论,就盛行于南朝。至于道教以陶弘景的金丹派为正宗,并与佛教结合。北朝对儒学的选择偏于汉代经术,而且比较注重经学的统一。北魏道武帝初定中原就下令收集《五经》书籍,同时还组织博士、儒生,比较各经文字,进行整理编辑,使之义类相从,共四万多字,号为《众文经》。北齐文宣帝也重视经学的统一,下令将蔡邕写石经52块移置学馆。所以,《隋书·卷三二·经籍志一》中写道:"后魏始都燕代,南略中原,粗收经史,未能全具。孝文徙都洛邑,借书于齐。""后齐迁邺,颇更搜聚,迄于天统、武平,校写不辍。""周武平齐,先封书府。"由于南北朝教学都以儒学为主,兼取佛、道、玄为内容,在官学(包括学馆)中设置道学、玄学、佛学、史学、文学、律学、书学、武学、医学、算学等专门学科,摆脱了儒学独尊政策的限制,促进了教学内容向多元方向发展,推动了学术思想的活跃。

2. 教学组织形式和方法的发展变化。

第一,实施集体讲学的问、辩结合。这种形式先在佛家讲经中产生,在东晋时一些佛教高僧讲经就是一人担任都讲发问,法师阐述经义。南北朝佛家讲经也流行这样的形式。而且影响官、私学的教学也采用这种方式。据《陈书·卷一九·马枢传》记载,马枢博通经史,尤善佛经及《周易》、《老子》,南朝梁邵陵王萧纶慕其名,引为学士。为了考察马枢的学识能力,萧纶自讲《大品经》,令马枢讲《维摩》、《老子》、《周易》。同日发题,道俗听众2000人。萧纶想彻底弄清楚马枢的学术水平,乃谓众曰:"与马学士论义,必使屈伏,不得空立主客。"于是各家学者都起问端,马枢乃依次剖判,开其宗旨,然后枝分别流,转变无穷,论者拱默听而已。这种形式是由主持者指定讲授的内容,即所谓发题。讲授者即所谓主,依题讲述,而由听者即所谓客,提出问题,让讲解者给予回答,然后互相辩论。这个教学方式是在汉代集体教学、设置都讲、相互辩难的基础上,吸取佛家讲解佛经的方法,形成的一种新的教学形式。这种教学形式可以促进教、学双方的积极思维,把提出的问题深入讨论,从而取得良好的教学效果。

第二,都讲教学制。汉代太学实行过都讲,但并不是普遍采用。到南北朝时期这个教学方式已经广泛流行。据《陈书·卷三三·儒林传》记载,沈洙曾经担任过梁朝士林馆的都讲。其中写道:"大同中,学者多涉猎文史,不为章句,而洙独积思经术,吴郡朱异、会稽贺琛甚嘉之。及异、琛于士林馆讲制旨义,常使洙为都讲。"说明南朝实施了都讲教学制,北朝的教学也采用都讲制。都讲由学生充当,其职责主要是诵书。《魏书·卷八二·祖莹传》记载了祖莹担任都讲时一件十分有趣的事:祖莹在中书学读书时,"时中书博士张天龙讲《尚书》,选为都讲。生徒悉集,莹夜读书劳倦,不觉天晓。催讲既切,遂误持同房生赵郡李孝怡《曲礼》卷上座。博士严毅,不敢还取,乃置礼于前,诵《尚书》三篇,不遗一字。讲罢,孝怡异之,向博士说,举学尽惊"。本来祖莹应该提前到讲堂,准备诵《尚书》,可是由于他夜读劳倦,起床晚了,在慌张中拿了一本《曲礼》,匆忙上座,才闹了个大笑话。《北齐书·卷四四·儒林传》记载北齐教学也采用过都讲制,其中写道:鲍季洋甚明礼,又"通《左氏春秋》,少时恒为李宝鼎都讲,后亦自有徒众,诸儒称之"。在博士讲经前,先由都讲将要讲的内容诵读一遍,而且还在博士讲解中,适时向主讲博士提问,如此必然会引起讲、听双方的高度注意,这样的教学程序很有积极意义。

第三,讲授前先发题,后讲述。所谓发题就是公布讲解的主旨,佛家讲经就采取这种方式。例如《高僧传·竺法汰传》记载:"晋简文帝请僧汰讲《放光经》,开题大会,帝亲临。"又《梁书·卷三·武帝纪下》写道:"大通五年,二月,癸未,行幸同泰寺,设四部大会,高祖升法座,发《金字摩诃波若经》题说。"这种讲学方式,影响到学校的教学,所以在南北朝的学校教学中也比较流行。前面引述的徐孝克、马枢等讲经就是这样,先发题,后讲解。先使主讲者和听讲的弟子明白讲授的要点,既使讲解者不致远离主题,又能让门徒抓住重心,这样的教学方式,可想而知,一定会有良好的结果。

以上这些教学方式,可惜没有被继承下来,以至于后代教学,多是由主讲一人,一讲到底,而没有发问和辩论,课堂氛围沉闷、枯燥,讲、听双方都缺乏激情与活跃气氛。

3. 教师活动。

南北朝时期教师的职能主要是搞好教学,改进教学,同时参与和教学相关的行政事务。教学以外的工作,包括向政府提出建议和意见,兼任学校的领导管理,以及参加政府或学校组织的释奠、祭祀活动等。除此之外,主要有以下活动。

第一,参与教学内容的选择、编辑等活动。如北魏、北齐时期,编写《众文经》,选择、审定适合的教学用书等。

第二,听著名大师的学术讲授和参与辩论。在前面叙述过的不少大师讲学时,都有官学和私学的教师参加这些学术性活动;还有就是参与某些王侯主持、召集的学术研究活动。

第三,巡视地方太学的教学情况。据《魏书·卷十九·南安王英传》和《魏书·卷三二·封轨传》记载,他们都分别向孝文帝和宣武帝上书,建议派遣中央四门学博士去诸州巡视太学,检查、考核教学质量,以便使地方官学和中央官学保持一定联系。

第四,去州郡建立学校。如梁武帝天监四年(公元505年),梁武帝分遣博士、祭酒到州郡立学。重要地区交州、荆州、晋平等地都有兴学的记载。

二、学生与活动

(一)学生的选拔和待遇

南北朝学生选拔条件略有差别,南朝中央官学国子学和太学,学生入学的条件不同,其中国子生的资格,据《南齐书·卷九·礼志上》记载,"惠帝时欲辨其泾渭,故元康三年始立国子学,官品第五以上得入国学"。由此可知,西晋创办国子学是为了保持贵族子弟的教育特权。东晋孝武帝诏令"选公卿二千石子弟为生"。这就是说国子学只招收皇亲国戚,及二千石以上官僚子弟入学。太学则招收二千石以下官僚、地方豪强、士族子弟。南北朝基本上沿袭两晋的做法,但由于寒门势力的兴起,学生的选拔又有些新变化。太学学生主要是寒门庶族出身的知识分子,一般不限门第。

第一,南朝官学学生选拔和待遇。南朝宋文帝设立"四馆"招收门阀士族子弟爱好玄学、文学、史学、儒学者入学受业。又下令设立国子学,仍以贵族子弟为国子生。宋明帝设"总明观"分为道、儒、文、史、阴阳五部学,征学士二十人在观研究和教学;齐高帝设立国子学,"取王公以下子孙"入学,废刘宋时期建立的"总明观"。到齐武帝时,又在王俭宅立"学士馆"以家为学,招收青年学士一面学习一面研究;梁武帝于天监四年(505年)建立五学馆,为贫寒庶族敞开学校大门,当时法令规定,凡入学就试,只问程度,不问出身,没有门第限制。五馆都招寒门子弟,不限制人数。学生供给伙食,学习结束考试合格,即可委派官职。这项法令实施不到一年,各地学生负笈怀经,奔赴京师入馆求学者,计有学生千余。天监七年又立国子学,要求皇亲国戚贵族子弟,年在从师者,皆入学。陈朝立国子学和太学,仍旧分别招收贵胄与庶族寒门子弟入学受教。

第二,北朝官学学生选拔。北魏设立的中央官学学生,仍然区分为王室贵胄、庶族寒门两个体系入学。太武帝曾经下令全国各州郡选派有才学之士入太学学习。还下诏:"自三公以下至于卿士,其子皆诣太学。其百工伎巧驺卒子息,当习其父兄所业。"献文帝时又明确规定:"学生取郡中清望,人行修谨,堪循名教者,先尽高门,次及中等。"①这些规定就把农与工肆之人的子弟,排除在学校教育之外,学校只为皇室、贵族、官僚、豪门设立,也只招收他们的子弟为学生。北魏分裂为东魏、西魏以后,互相攻伐,战争不断,官学基本停办。到北齐、北周官学恢复以后,仍然以北魏政策选取学生,不过学生人数和北魏建学之初及其中期相比,就差得太远了,造成这种局面的根本原因是"上非所好",促使了官学的衰落。

(二)学生的活动

1.学生的学习活动。

第一,自由择师是这个时期学习活动的重要特点。在汉代的学校里,出现过自动择师的现象,可是那时受到师法、家法的约束,只能在一定范围内自由选择教师。而南北朝则没有这些限制,学生可以通数经,又能够兼学不同的学说。如前面已经叙述过的大学者徐遵明、熊安生、刘焯、沈重等即如此。就以刘焯来说,他"受《诗》于同郡刘轨思,受《左传》于广平郭懋,尝问《礼》于熊安生,皆不卒业而去"。且"对贾、马、王、郑所传章句,多所是非"。类似事例很多,不胜枚举。

第二,游动求学、独立思考是学生学习活动又一个特点。学生的学习不固定在某一地的某所学校,而是随时、随处自由游动着求学,不断变换处所,变更导师。据《北史·孙惠蔚传》记载,孙惠蔚"年十五,粗通《诗》、《书》及《孝经》、《论语》。十八,师董道季讲《易》。十九,师程玄读《礼经》及《春秋三传》。周流儒肆,有名冀方"。又《北史·李铉传》写道:李铉"年十六,从浮阳李周仁受《毛诗》、《尚书》,章武刘子猛受《礼记》,常山房虬受《周官》、《仪礼》,渔阳鲜于灵馥受《左氏春秋》。铉

---

① 《北史·高允传》。

以乡里无可师者,遂与州里杨元懿、河间宗惠振等结友,诣大儒徐遵明受业。居徐门下五年,常称高弟。年二十三,便自潜居讨论是非。撰定《孝经》、《论语》、《毛诗》、《三礼义疏》及《三传异同》、《周礼义例》,合三十余卷。用心精苦,曾三秋冬不畜枕,每睡,假寐而已。年二十七,归养二亲,因教授乡里,生徒恒数百人,燕、赵间能言经者,多出其门"。

第三,师生间平等互相,同学中相互学习、讨论是学习活动的另一特点。仅就师生的平等互助来说,依《北史·李谧传》记载,李谧"初事师小学博士孔璠",后来,李谧的学识超过了孔璠,于是"璠还就谧请业"。这件事被传为美谈,也就是所谓"青成蓝,蓝谢青,师何常,在明经"。以上学习活动特点,与两汉时期学生的学习风气,要进步活跃许多。至于同学之间的相互学习、研讨,无论是在官学或私学中,这种情况非常普遍。

上述表明,不少知识青年在社会动荡、战乱时发的境况下,仍旧不忘学习研究,并以获得、掌握的学术知识为社会服务,特别是为促进民族融合与和谐发展,贡献了一定的心力,很值得赞扬。

2.学生的学术活动。

南北朝时期摆脱了独尊儒术的束缚,冲破了师法、家法的限制,学术思想十分活跃,是继春秋战国时期以后的又一次"百家争鸣"。儒、佛、道各种学术观点,及其内部的各个派别相互论争,互相吸收、融合,形成不同的主张和理念。官、私学校的学生参与学术辩论的时机很多:一是学校自身组织的学术讨论;二是,某个学派主持的论争;三是政府或某个王公贵族主持学术辩论;四是学术大师的学术演讲。前文的叙述中已经列举了一些学术辩论活动,如雷次宗、周续之、沈重、马枢、周弘正等讲学都有学生参加。再如,南齐竟陵王萧子良开办"西邸","招文学,僧儒与太学生虞羲、丘国宾、萧文琰、丘令楷、江洪、刘孝孙并以善辞藻游焉"。[①] 又如,南梁昭明太子在东宫"引纳才学之士,赏爱无倦。恒自讨论篇籍,或与学士商榷古今;闲则继以文章著述,率以为常。于时东宫有书几三

---

① 《南史·卷五三·王僧儒传》。

万卷,名才并集,文学之盛晋宋以来,未之有也"[①]。再据《陈书·卷二四·周弘正传》记载,周弘正在任梁朝国子博士时,"于城西立士林馆,弘正居以讲授,听者倾朝野焉"。学生们在这种学术论战的氛围陶冶之下,增长了知识、才能,活跃了思想。

3.学生的政治活动。

当时的政治就是拥护或抵制以皇帝为中心所代表的国家,即实施统治权力的政府。简单地说,凡是维护或反对政府,就是政治。在南北朝时期,学生们有维护政府的,也有抵制、反对政府的。值得记述维护政府的事件,有梁武帝四十七年,侯景作乱时,不少太学学生,在东宫学士庾信率领下,参与了保护南梁都城建康的战争。据《南北朝野史》卷四第72—73页描述:"东宫学士庾信率宫中文武三千余人,立营桁北,拟开桁冲击,借挫贼锋,正德不从。俄而景众大至,信始开桁迎敌,甫出一舶,见景军俱戴铁面,不禁骇退。信方含甘蔗,突有一飞矢射来,拂过信手,将甘蔗撞落。信亦魂胆飞扬,弃军遁还。"这件事说明庾信作为一介文人,还组织文武三千余人抵抗侯景叛军的进攻,而临贺王萧正德却与侯景勾结,作为内应,反对他的父皇萧衍,为乱梁朝,致使都城建康失守,无数百姓被害。把他和庾信等知识分子比较,就知道他多么卑鄙无耻,为争夺权位,竟然和叛乱头目勾结,置众多百姓于水火之中。

---

① 《梁书·卷八·昭明太子传》。

第八章

隋朝学校的教学活动

北周静帝大定元年(581年)杨坚(即隋文帝)废静帝自称皇帝,国号隋,改元开皇,开皇三年(583年)建都大兴(今陕西西安)。开皇九年灭南陈,从此结束了魏晋南北朝以来三百多年的分裂割据局面,建立起全国统一的中央集权制度的多民族国家。疆域东、南至海,西到今新疆东部,西南至云南、广西和越南北部,北到大漠,东北至辽河。但从隋炀帝大业七年(611年)开始,各地农民相继起义,反对隋炀帝的暴政,隋朝迅速土崩瓦解,大业十四年炀帝被杀死于江都(今江苏扬州),隋朝灭亡。共历二帝,三十八年。

隋朝继承南北朝时期儒、佛、道并行的文教政策,而以儒学为主干,佛道为两翼。隋文帝即位后,接受儒臣牛弘的建议广泛征集儒家经典。隋炀帝时又将儒家经典进行整理、分类,分为甲、乙、丙、丁四目,分统于经、史、子、集四类。凭借全国统一的环境,促进了南、北儒学合流,推动了儒学的发展,从而促使儒学的复兴。尽管隋朝统治的时间短,但它总结、发展了魏晋南北朝实施专科教育的经验,在学校的设置和教学内容方面,仍然有较为明显的进步,还为唐朝官学教育的发展奠定了基础。

第一节 教学内容

一、中央官学的教学内容

隋文帝初年,依北周旧制,设立国子寺主管中央直辖的官学教育。据《文献通考·卷四十二·学校考三》记载,"隋文帝开皇中,令国子寺不隶太常。自前代皆属太常也"。隋炀帝大业三年（607年），改国子寺为国子监，设祭酒1人，司业1人，主簿、录事各1人，丞3人。

（一）国子监直接管理中央设置的五所学校的教学内容

国子学，设国子博士5人，国子助教5人。开皇时学生定额为140人，大业时无定额。以儒家经学为教学内容。

太学，置太学博士5人，太学助教5人。学生开皇时定额为360人，大业时定额为500人。以儒家《五经》为教学内容。

四门学，设四门学博士5人，四门学助教5人。学生定额为360人。以儒家经学为教学内容。

以上学校使用的经学有：王弼注《周易》，孔安国注《尚书》，郑玄注《尚书》、《礼》，以及《毛诗郑笺》，杜元凯注《左传》。其中，《毛诗》、《礼》、《孝经》、《论语》，属于北学；《易》、《尚书》、《左传》为南学。隋朝把南北经学都选作教学内容，可见到隋朝时期，南、北经学合二为一的态势已经明晰，或者说，儒家经学不再分南、北而倾于统一，这是经学的发展与进步。

书学，设书学博士2人，书学助教2人。学生定额40人。以《石经》、《说文》、《字林》等字书为教学内容。

算学，设算学博士2人，算学助教2人，学生定额80人。以《九章》、《海岛》、《五曹》、《五经算》等为教学内容。

（二）中央其他行政机关管理的官学教学内容

大理寺，主管法律、法令，设律学博士传授法律，学生定额，史不详载。

太医署，开皇初置太医令1人，后增至2人，太医丞1人，主药2人，医师200人，药园师2人，医博士2人，医助教2人，按摩博士2人，祝禁博士2人，大业三年（607年）太医署又置医监5人，医正10人。太医署教授学生各种医术：医师科以传统的诊断和治疗方法为基本教学内容；药学科以认识各种药材的产地、优劣、药性，以及可治何病和种植方法等为教学内容；按摩科以经络和穴位及按摩方法为教学内容；祝禁科以民间各种驱邪祛病的手势、步法、身法及咒语等为教学内容。

171

太史曹，设历、天文、漏刻、视祲四个部门，分设历博士、天文博士、漏刻博士和视祲博士。各部都招收学生，分别以历法、天文、时间、气象等为教学内容，一面学习，一面又在太史曹相应的部门实习工作。

太仆寺，设有兽医博士，学生定额为120人。以兽医、药的知识、技术为教学内容。

太卜署，太卜署掌卜筮之法，凡国家有军国大事或祭祀，则由太卜署进行占卜。开皇初，设太卜博士2人，太卜助教2人，相博士1人，相助教1人。大业三年，省博士员，置太卜正20人，以掌占卜和教学。其教学内容为占卜之法、驱鬼之术、相人和相山川、云气之术等。

掖庭局，置宫教博士2人，以书法、算术和各种技艺教授内廷宫人。

二、地方官学的教学内容

隋朝的地方行政制度实行州、县二级制，并依此设立州、县学，要求天下州、县普遍设立博士，以推广教化。隋文帝开国初年，重视教育，地方州、县学校得到一定发展，晚年崇佛便改变政策，而废除州、县学校。隋炀帝即位后，又恢复州、县学校，地方教育比开皇初年发达，后来由于政治腐败，州、县学校也日益衰落。隋朝的地方学校，仍然以儒家经学为最基本的内容。

隋朝的官学经历了两次兴衰，隋文帝初年大力振兴教育，官立学校迅速发展起来，出现了魏晋以来从未有过的繁荣局面。所以，《隋书·儒林传序》写道："四海九州强学待问之士靡不毕集焉。天子乃整万乘，率百僚，遵问道之仪，观释奠之礼。博士罄悬问之辩，侍中竭重席之奥，考证亡逸，研核异同，积滞群疑，涣然冰释。于是超擢奇隽，厚赏诸儒，京邑达于四方，皆启黉校。齐、鲁、赵、魏，学者尤多，负笈追师，不远千里，讲诵之声，道路不绝。中州儒雅之盛，自汉、魏以来，一时而已。"但到文帝晚年，官学衰微。仁寿元年（601年），下诏："以天下学校生徒多而不精，唯简留国子学生七十人，太学、四门及州县学并废。"

《文献通考·卷四十二·学校考三》记载："仁寿元年减国子学生，止留七十人，太学、四门、州县学并废。当时国子千数，则所散遣者数千万人，岂不骇动。虽有谏者，皆不听。史臣以为其暮年精华稍竭致然……刘炫上表言学校不宜废,而帝不纳,由其不学故也。"

"炀帝即位后,开庠序,国子、郡县之学,盛于开皇之初。征辟儒生,远近毕至,使相与讲论得失于东都之下,纳言定其差次以奏闻……既而外事四夷,戎马不息,师徒怠散,盗贼群起,方领矩步之徒亦转死沟壑,经籍湮没于煨烬矣。"以上评述指出了隋朝官学兴废的状况。

三、私学的教学内容

隋朝私学继承汉魏南北朝以来的传统,仍然担负着传承学术文化的主流角色。尽管在隋代动荡的环境下,私学还是在全国宽广地域发展着。兹将影响比较大的私学举例于下:

王通,字仲淹,绛州龙门(今山西河津)人。生于隋文帝开皇四年(584年),卒于隋炀帝大业十四年(618年),隋朝著名教育家。

王通出身于书香门第,他的父亲王伯高是当时广收门徒的经学大师,教授弟子千余人,作过国子博士,并著有《兴衰要论》七篇。王通生长在这样一个家庭里,自幼就跟随父亲读书,而且非常勤奋、刻苦。曾受书于东海李育,学诗于会稽夏焕,问礼于河东关子明,正乐于北平霍汲,考易于疾父仲华。不解衣者六年,精研儒学经典。经过他多年的努力,精通《诗》、《书》、《礼》、《乐》、《春秋》五经。到十五岁时,就在经学方面取得了使人羡慕的成就。隋文帝仁寿四年(604年),年二十的王通,抱着济世救民的理想,不辞辛劳奔赴京都长安,朝见隋文帝,并向隋文帝提出"太平十二策",建议实行遵王道、推霸略的治国之术。深受隋文帝赏识。但因公卿不悦,没有采纳他的意见,于是王通回到家乡,开办私学,传授经学,并研究儒学与著述。到三十岁时,学业大成,及门弟子千余人,而成为著名的经学大师。他教学的内容就是儒学的《五经》。唐朝初年的几位著名的政治家房玄龄、魏征等都是他的学生,说明他开办的私学取得了显著的成就。死时弟子数百人,"丝麻设位,哀以送之",称其为仲尼以来不曾有的"至人"。

王通逝世后,门人谥为"文中子",学生们还将他的言论仿照《论语》编辑的形式,编辑成《中说》,又名《文中子》,共计十卷,流传于世。[①]

[①] 参考熊明安等编《中国教育家传略》,云南人民出版社1983年版,第79—80页。

据《隋书·卷六六·郎茂传》记载，郎茂年"十五师事国子博士河间权会，受《诗》、《易》、'三礼'及玄象、刑名之学。又就国子助教长乐张率礼受'三传'群言，至忘寝食。家人恐茂成病，恒节其灯烛。及长称为学者，颇能属文"。从《郎茂传》就能看出国子博士权会所办私学是以《诗》、《易》及"三礼"为教学内容；而国子助教张率礼所办私学是以"三传"群言为教学内容。郎茂分别向权会、张率礼两位利用官学教学的空闲时间举办私学而学通儒家《五经》，成为著名的儒家学者。说明了隋朝的官学教师和汉、魏时期的官学教师一样，除了在官学任职，还自设私学招收生徒，进行教学。

曹宪，扬州江都（今江苏省江都县）人，生卒年不详，曾担任过隋朝秘书学士。每次开门讲学，学生常数百人。当时朝廷公卿以下的官员都曾经向曹宪学习，大都是曹宪的学生。隋朝灭亡后，曹宪继续在家乡开办私学。唐朝贞观中，曾授予他弘文馆学士，因年老没有去赴任，于是唐太宗专门派使者到他家里，授予他朝散大夫之职。唐太宗读书遇到疑难字，就派使者去曹宪家里请教，每次曹宪都对所问的难字的字义和读音作详细的解答。唐太宗对曹宪的渊博学识异常赞赏。

曹宪从事教育工作数十年，他和当时许多私学教师都以儒学《五经》为教学内容不同，他采用南朝梁昭明太子萧统编选的《昭明文选》为基本教学内容，自成一家。与曹宪同郡的魏模、公孙罗以及江夏（今湖北武昌）的李善和句容的许淹等人，都先后依照曹宪的主张，采用《昭明文选》为基本教材。这些人都是举办私学的名家，形成了所谓的"文选派"，这个"文选派"对那个时期学校教学产生了较大的影响。尽管《昭明文选》所选集的七百多篇文章，不选《五经》和"诸子"，但仍然贯穿着浓厚的儒家思想。因此，"文选派"虽然没有以儒学《五经》为教材，其教学活动还是属于儒学教育范畴。[①]

徐文远，名旷。洛州偃师（今河南偃师）人。生于南梁简文帝大宝元年（550年）卒于唐高祖武德六年（623年）。徐文远是在他兄长卖书

---

① 参考熊明安等编《中国教育家传略》，云南人民出版社1983年版，第81—84页。

的店铺里读书而通晓《五经》,特别对《左氏春秋》很有研究。他依靠自学成为一位学识渊博的学者,开办私学传授经学。隋朝的几位著名人物窦威、杨玄感、李密、王世充等都是他的学生。隋文帝开皇年间,著名儒学大师沈重在太学讲学,听众常千余人。徐文远也去听讲,但只听了几次,就不再听了。学者问他为什么不参加听讲了呢,徐文远回答说,沈先生所讲的都是书本上有的,我早就能背诵了。除了书上有的,另外就没有新的、深奥内容,我何必再听!学者们把他的看法告诉沈重。于是,沈重邀请徐文远来共同探讨,经过反复辩论,沈重认为徐文远的确学识渊博。

徐文远在隋朝初年至唐朝初年,从事了四十多年的教学工作,除了在太学、国子学担任博士讲学之外,还办私学讲学。他的教学内容是儒家经学,但他不照本宣科,不拘泥于儒家经典,而讲出新的意义。在讲解中仔细分析评论前代儒家经典的正确和错误,以及当代学者的见解,同时表明他自己的看法,旁征博引,又很有条理与说服力,学生听起来完全忘记了疲倦,很受学生欢迎。尤其对《左氏春秋》的研究,有其独到之处。在他生命的最后一年,唐高祖李渊到国子学参加开学典礼,由徐文远讲《春秋》,到场听讲的学者云集,向徐文远提出许多问题,他都一一作了精辟的回答,没有一个问题把他难住,唐高祖对他广博的学识异常赞赏。

陆德明,名元朗,苏州吴县(今江苏苏州市吴县)人,生于南梁敬帝太平元年(556年),卒于唐太宗贞观元年(627年)。南朝陈太建时期,陈后主为太子时,曾经召集全国知名的学者、儒生到承光殿讲论经义,当时陆德明还是一个不到二十岁的青年,也应召出席这次会议,被安排在最末一个座位上。国子祭酒徐孝克讲述经义,他依仗自己的显贵地位,十分傲慢而且盛气凌人地与儒生、学者进行辩论,参加的人们都辩不过他,只有陆德明多次将他的立论驳倒,大家对陆德明的学识非常钦佩。因此,陆德明被任命为始兴王国左常侍,后又委任为国子助教。南陈灭亡后,陆德明回到家乡吴县。

陆德明在青年时期,曾拜周弘正为师,学习研究玄学,因此长于玄理。后又刻苦钻研儒学《五经》,而成为著名经学大师。隋炀帝大业时,曾经下令广泛召集通晓《五经》的学者、儒生授予官职,全国应召的很多。陆德明也响应到达京城,后来与鲁达、孔褒等人一同派到门下省,互相辩难,大家都不及陆德明的学识广博。他被委任为国子助教,后又任国子监司业。隋末,陆德明将家迁到成皋(今河南荥阳县汜水镇)。唐初被征为秦王府文学馆学士,又拜为中山王承乾的老师,后来又补升为太学博士。贞观初,委任为国子监博士。唐高祖李渊到国子监巡察,由国子博士徐文远讲《孝经》,和尚惠乘讲《波若经》,道士刘进喜讲《老子》,陆德明根据他们讲述的内容提出许多新问题和他们辩论。三位学者都被陆德明提出的问题难住了。唐高祖对陆德明的学识非常赞赏,并赐锦帛 50 匹以资奖励。陆德明的事迹,还说明在当时国子学里,除了讲述经学,还讲解佛学和道家学说。[①] 这就是说,佛学和道家学术也是国子学的教学内容。

据《隋书·卷五八·许善心传》记载,许善心,年九岁丧父,由母亲范氏抚养、教育成才。善心"幼聪明,所闻辄能诵记,多闻默识,为世所称。家有旧书万余卷,咸遍通涉。笺上父友徐陵,陵大奇之,谓人曰:'才调极高,此神童也。'"许善心的父亲去世后,因他的母亲出身于南梁的士族家庭(外祖父范孝才曾担任梁朝太子中书舍人),颇有学识,于是就由他母亲范氏担负起教师之责。再加上许善心自己的勤奋、努力,后来成为隋朝的著名大臣。隋文帝得知许善心的母亲"博学有高节",并训子有方,特召她入宫"侍皇后讲读"。他母亲施教的内容,仍旧是儒学《五经》。

耿询,隋朝著名天文学家,在陈、隋之交时期,不幸沦落为王世积的家奴,但又十分幸运地就教于隋太史局官员高智宝,因此掌握了丰富、系统的天文、历法知识、理论,并研究制成著称于世的水运浑天仪,隋炀帝时担任了太史丞。这是主管科技的太史局官员,私人传授培养出来的人才。高宝智的教学内容,显然是属于自然科学体系的知识、理论与技术。

[①] 参考熊明安等编《中国教育家传略》,云南人民出版社 1983 年版,第 85—86 页。

徐之才,陈、隋之际的名医,他是家传私学培养的著名医学家。家族私学在隋朝也很盛行,许多科学、技术是通过这种教学形式传授的,其中特别是医学科学。徐之才即如此,他生长在一个世代都是名医的家庭里,他们家六代之中有十一个著称于世的医学家。徐之才自幼耳濡目染,勤奋学习医学,成为当世名医,这显然是家族私学发挥的特殊作用。其父兄是以医药的知识、理论和治疗技术等为基本教学内容。[①]

以上私学教学内容是儒学为主,而选择作为教材的经学,则包括南、北经学都有,说明私学也与官学一样,到隋朝时期经学已经逐步走向南、北统一。

至于隋朝启蒙阶段的教学内容仍然是以识字、写字为主,民间流传的蒙学教材有:《急就章》、《千字文》、《发蒙记》、《少学》、《小学篇》、《始学》、《劝学》等多种,由私学教师根据需要选择应用。

第二节 教师和学生

一、官学教师的待遇

隋朝中央官学教师统称为博士、助教,大业时太卜署,省博士员,而设置太卜正。其待遇如下:

(一)中央直辖五所官学教师的待遇

隋朝由中央国子监直辖的官学博士、助教的待遇是:国子学博士,正五品,俸禄200石,助教,从七品,俸禄70石;太学博士,从七品,俸禄70石,助教,正九品;四门学博士,从八品,俸禄50石,助教,从九品下;书学博士,从九品下,助教无品级;算学博士,从九品下,助教无品级。太学、四门学助教,书学博士,算学博士的待遇,还低于国子学、太学的学生,而与四门学的学生待遇相同。从国子学、太学学生获得比较高的待遇,就充分表明隋朝很重视经学教育,而对书学、算学的教师十分歧视。

---

① 参考毛礼锐、沈灌群主编《中国教育通史》(第2卷),山东教育出版社1986年版,第526—527页。

（二）中央其他职能机构附属官学的教师待遇

太史曹、太仆寺、太卜署、太医署设置的博士或太仆正等，这些中央政府职能机构附属的职业技术学校教师则受到歧视，所置博士、助教及太卜正都没有品级。而掖庭局设置的宫教博士为从九品，大理寺所置律博士，正九品上。通过以上比较，就充分说明隋朝政府对职业技术教育更加歧视。

二、官学学生的待遇

中央直辖五所官学学生的待遇：国子学学生，享受政府官员待遇，视为从七品，俸禄70石；太学学生，视为从八品，俸禄50石；四门学学生，视为从九品。书学学生，算学学生，医学学生，以及中央职能机构附属职业技术学校的学生都不受重视，而不入品级，他们的待遇普遍很低。

第三节 教师的教学和学生活动

一、教师的教学

隋朝官、私学校教师的教学，继承三国、两晋、南北朝的遗风与基本形式和方法。教师的主要任务是进行教学活动，传授儒家经学，及其相应的职业知识、理论和技术。教师的教学活动，十分重视教师的讲解，同时也很注重教师彼此间和师生之间，以及同学的相互辩难、辩论。既有当堂讲解的驳难，又有专门设置的课题辩难，还有课后的辩论；教学也有采用都讲的形式，由都讲宣读讲述的内容，并适时提问，而由主讲教师进行讲解，在整个教学中，比较注意运用多种教学方法，而不拘泥于某项方式方法。总的来说，教学形式、方法多种多样，气氛严肃、活泼，提问、论辩双方思维异常活跃，争论激烈时，还出现面红耳赤的现象，甚至忘记了同事与师生关系的礼仪约束。

而有些人却认为古代教师教学都很呆板、枯燥，只是一味地灌输，没有激发学生的积极思维，学生都是被动接受知识等等。形成这些认识，是由于教育史工作者没有认真发掘古代教学的优良部分，而过分追赶批判古代教育的政治形势，把教学作为重点进行否定。人们读到的教育史文章或论著，极少见到有对古代教学实事求是的分析论述，必然会导致没有专门研究教育史的人们产生误解。

二、学生活动

隋朝学生的活动,最为主要是学习。在这个活动中,仍然是自学、讨论占据了多数时间。参与听课和学术争论也是学习活动中的重要部分。学术活动除了学校开展的之外,还有其他学术大师,以及皇室贵胄等组织的学术讨论,学生也被邀请或指定参加,其余则是参与政府或学校组织的祭祀活动,如释奠、祭天、祭孔等社会政治活动。而参与反对政府的政治运动则很少见,这并不是政府得人心,没有反对的声音,恰巧是政府腐败,实行严酷的镇压措施,迫使学生不敢进行大规模的反抗而已。

第九章
唐朝学校的教学活动

　　隋炀帝大业七年(611年),全国各地农民纷纷起义,反对炀帝的暴政,隋朝迅速土崩瓦解,大业十三年(617年),太原留守李渊乘机起兵,攻克长安(今陕西西安)。次年隋亡,李渊在关中称帝,改国号为唐,建都长安。唐朝前期国势强盛,疆域宽广。初年南部疆界与隋朝相同,北部在七世纪后半叶极盛时期,北界包有贝加尔湖和叶尼塞河上游,西北到达里海,东北抵日本海。此后略有变动,至"安史之乱"后,丧失过半;阴山、燕山以北为回纥所有,陇山、岷山以西为吐蕃占据,大渡河以南为南诏所据。唐末土地高度集中,政治腐败,赋役繁重,加上藩镇割据,战争不息,民不聊生。唐懿宗咸通十五年(874年)爆发了农民大起义。至唐哀帝天祐四年(907年)为朱温所灭。共历二十帝,二百九十年。

　　朱温灭唐后称帝,国号梁,史称后梁,占据中国北方大部地区,此后相继出现后唐、后晋、后汉、后周,史称五代。与此同时,中国南方和山西地区,先后建立吴、南唐、吴越、楚、闽、南汉、前蜀、后蜀、荆南、北汉等十个割据政权,历史上称为十国,共计历时五十余年。

　　唐朝实施尊儒的文教政策,李渊新定天下,就"颇好儒臣",除设立儒学之外,又于武德二年(619年)下诏在国子监立周公、孔子庙,四时祭祀。武德七年(624年)还亲自到国子学去参加"释奠"之礼,并令僧、道和国子博士互相问难,因而使"学者慕响,儒教聿兴"。

　　唐太宗更是"锐情经术"。任秦王时就在王府设立文学馆,召集名儒房玄龄、杜如晦、魏征等18人为学士。即帝位后,又建立弘文馆,选拔天下儒家学者虞世南、褚亮、姚思廉等各以本官兼学士,李世民与他们讲论经文,商谈政事。贞观二年(628年),下令废周公祠,专立孔子庙,以孔子为先圣,颜回为先师,大量征集有学识的儒生为学官,大力提拔懂学术、有能力的官员,让他们居于高位以奖励儒生、学者。① 贞观十三年(639年)设置崇贤馆,召集学者研究经术。贞观二十一年(647年),又诏以经学家左丘明、卜子夏、公羊高、谷梁赤、伏胜、高堂生、戴圣、毛苌、孔安国、刘向、郑众、杜子春、马融、卢植、郑玄、服虔、何休、王肃、王弼、杜预、范宁等21人配享孔子庙庭,其尊崇儒术的主张由此可见一斑。② 他曾自我表白说:"朕今所好者,惟在尧舜之道,周孔之教,以如鸟有翼,如鱼有水,失之必死,不可暂无耳。"③

唐太宗以后的诸帝,大都是推崇儒术的。如唐玄宗即位后,多次下诏州县及百官举荐通经人才,开元二十七年(739年)追封孔子为文宣王。其他如代宗李豫就表白说:"志承礼体,尤重儒术……使四科咸进,六艺复兴。"④文宗李昂、宣宗李忱时诛杀和流放道士,武宗李炎毁佛等行为都与崇尚儒术有深刻的联系。经过唐朝最高统治者的倡导,儒学又居于主导地位,学校教学内容以儒家经学为核心。

第一节 教学内容

一、中央官学的教学内容

(一)国子监所辖中央官学的教学内容

(1)国子学。唐高祖即位后,依隋朝制度设立国子学,置国子博士3人。《旧唐书·一七三卷·郑覃传》写道:唐文宗太和时,宰相兼国子祭酒郑覃奏请置五经博士各1人。国子助教唐初为3人,学生,武德元年为72人,唐高宗龙朔二年(662年),又于东都洛阳置国子学,增加学生名额,西都为80人,东都为15人。武则天即帝位,鉴于国子学、太学都

---

① 《新唐书·儒林传序》:"贞观六年,尽召天下惇师老德以为学官。"
② 据《唐会要》卷三十五,还有贾逵共二十二人。
③ 《贞观政要》卷六。
④ 《旧唐书·代宗本纪》。

为贵族把持。她为了打击贵族势力,提拔庶族人士,施行不重视学校教育而注重选举的政策,学校教育废弛20多年。① 所以,陈子昂于垂拱元年(685年)上武后疏说:"国家太学之废,积已岁月久矣。学堂芜秽,略无人迹;诗书礼乐,罕闻习者。"② 唐中宗即位后,于神龙元年(705年)下令恢复国子学。唐玄宗即位更重视学校教育,到"安史之乱"前,每经60人,定额300人。元和二年(807年),依据龙朔制度,两京国子学的学生,西都为80人,东都为15人。

(2)太学。唐初置太学博士3人,助教3人。学生,武德元年(618年)为140人,龙朔二年(662年)减为70人。东都太学15人。开元、天宝时太学生为500人。元和二年(807年)依据龙朔制度,太学生为70人,东都太学为15人。

(3)四门学。置博士3人,助教3人,中唐后各增加为6人。学生,武德元年置130人,龙朔二年西都置300人,东都置50人。开元时,定额1300人,其中品官子孙500人,800为民间俊士。元和二年,又依龙朔制度,西都为300人,东都为50人。

以上三学的教学内容都是儒家经学,具体包括《周礼》、《仪礼》、《礼记》、《毛诗》、《春秋左氏传》、《周易》、《尚书》、《春秋公羊传》、《春秋谷梁传》;《孝经》、《论语》则为共同必修的内容;若有暇时,就学习隶书,读《国语》、《说文》、《字林》、《三苍》、《尔雅》,间或还学习时务策。实际上,学生在整个学习过程中,要修习的内容有十七八门,足见学生们不只是读五经,还要习字、学习政治时事等。

(4)律学。武德初置,不久即废。贞观六年(632年)复立,高宗显庆三年(658年)又废。龙朔二年复置。博士,开元前1人,开元后增加为3人。助教人数不详。学生,龙朔二年为20人,开元时定额50人,元和时20人,东都律馆10人。教学内容主要为律令,兼习格式法令例。

(5)书学。贞观二年(628年)置,高宗显庆三年又废,龙朔二年复

---

① 《旧唐书·儒林传序》:"博士助教,唯有学官之名,多非儒雅之实……生徒不复以经学为意,唯苟希晓幸。二十年间学校顿时隳废。"

② 《唐会要》卷三十五。

置。博士,贞观时为2人,助教1人。学生,龙朔二年10人,东都书馆3人;开元时定额30人;元和二年(807年)为10人,东都书馆3人。教学内容主要是《石经》、《说文》、《字林》及相关的字书。

(6)算学。贞观二年十月置,寻废;高宗显庆二年(657年)又置,次年即废;龙朔二年复置。设博士2人,助教1人;学生,龙朔二年为10人,东都算馆2人;开元时为定额30人;元和二年为10人,东都算馆2人。教学内容有《九章》、《海岛》、《孙子》、《五曹》、《张丘建》、《夏侯阳》、《周髀》、《五经算》、《缀术》、《辑古》,还兼习《记遗》、《三等数》。

(7)广文馆。唐玄宗天宝九年(750年)设立,置博士4人,助教2人,学生60人,东都广文馆10人。教学内容有《礼记》、《春秋左氏传》、《易》、《尚书》、《春秋公羊传》、《谷梁传》、《老子》、《尔雅》,以及诗赋、杂文、时务策等。广文馆是为参加进士科的考生设立,所以教学内容,依据进士科考试内容的变动,而不断作适当调整。

(二)中央其他行政机构附属学校的教学内容

(1)太医署附设医学。医学分为四科一局。

医师科,置博士1人,助教1人,以医术教授,学生定额40人。医师科分设体疗、疮肿、少小、耳目口齿、角法五个专业;教学内容为《本草》、《脉经》为各专业必修,其余则按照专业教授专业内容。

针师科,置博士1人,助教1人,学生定额20人。教学内容为九针(镵针、园针、锋针、锃针、铍针、园利针、毫针、长针、火针)、《素问》、《黄帝内经》、《明堂》、《脉经》、《神针》等。

按摩科,置博士1人,不置助教,学生定额15人。教学内容为消息导引之法、治疗损伤折跌之法。

咒禁科,置博士1人,不置助教,学生定额10人。教学内容为有关咒禁的知识。

药园局,置药园师2人,学生定额8人。教学内容为药物性能、形状辨别以及种植技术和采集制造。还要学习《名医别录》、《新修本草》,熟悉各种药物的产地、良劣等。

(2)太卜署附属卜筮学。卜筮学,置博士2人,助教2人,学生定额

45人。教学内容为占卜之法和驱鬼术。

（3）太乐署。附属音乐、舞蹈、艺术学，置博士3人，学生无定额，曾经达到2000人，教学内容为音乐、舞蹈、艺术。

（4）司天台。附设天文、历数、漏刻，天文置博士2人（武则天长安二年改置灵台郎2人以代之），学生定额90人。以天文学的知识理论为教学内容；历算掌国家历法的推算和制定，置博士2人（长安二年改置保章正掌教学生），学生定额55人，以历数为教学内容；漏刻掌管漏刻计时，置博士20人，学生定额漏生40人，漏刻生360人。教学内容为漏刻节点、以时唱漏及其相关的理论知识与技术。

（5）太仆寺。附属兽医学，置博士1人，学生定额100人。教学内容为兽医的知识、理论和技术。

（6）门下省。附设弘文馆。武德四年（621年）正月，太祖于门下省置修文馆。九年（626年）三月，改为弘文馆。九月，太宗即位，于弘文殿集四部群书二十余万卷，并选天下文学硕儒虞世南、褚亮、姚思廉、欧阳询、蔡允恭等，以本官兼弘文学士，置学士名额不定。贞观元年（627年）敕京官文武职事五品以上子孙，愿意学书法可以入内后，才开始有学校性质，当年有24人入馆。不过，这时的弘文馆只是书法学校，因为学士虞世南、欧阳询等都是书法家。贞观二年（628年），置讲经博士，从此弘文馆才成为修习儒学的学校。中宗神龙元年（705年）十月改为昭文馆，次年又改为修文馆。景龙二年（708年）四月，按照上官婉儿的建议，始置大学士4员、学士8员、直学士12员。景云二年（711年）又改为昭文馆。玄宗开元七年（719年）九月，仍然改为弘文馆，学生定额30人。教学内容如国子学，还兼习书法、经史。

（7）东宫。附设崇文馆，贞观中，唐太宗于东宫置崇贤馆，置学士、直学士若干人，掌管经籍图书和教授诸王。唐高宗显庆元年（656年）三月，皇太子李弘请于崇贤馆内置学士，招收生徒，高宗批准，于是，置生20员，都是东宫高级官员子弟及三品以上学士子孙。从此，崇贤馆由单一的皇家学校变成贵族学校。龙朔二年（662年），置文学4员，司直2员，都由他官兼任。上元二年（675年）八月，因避太子李贤讳，改为崇文馆。学士无定员,学生显庆、开元时,定额 20 人,贞元时 15 人。教学内容与国子学相同。

(8)尚书省祠部。附设崇玄学,据《新唐书·卷五·玄宗纪》记载,"开元二十九年正月丁酉,立玄元皇帝庙……五月庚戌,求明《道德》及《庄》、《列》、《文》者"。置博士 1 人,助教 1 人,学生两都各 100 人。教学内容为:《道德经》、《庄子》、《列子》、《文子》等。

(9)掖庭局。置宫教博士 2 人,掌教授宫人书法、算术和众艺。唐初设文学馆,属中书省,置儒者 1 人为学士,掌教宫人。武后如意元年(692 年),又改为万林内教坊,不久,仍改称习艺馆,当时有内教博士 18 人,经学 5 人。史、子、集 3 人,楷书 2 人,庄、老、太一、篆书、律令、吟咏、飞白书、算、棋教师各 1 人。唐玄宗开元末期,废习艺馆,置宫教博士,教授宫人经学和术艺等。

另外,唐朝还接受了高丽、百济、新罗、高昌、吐蕃、日本等邻近国家的留学生。各国留学生都在中央国子监学习经学、史学、文学、法律、书法、算术。其教学内容与国子监学生同,只有由日本来唐朝学习专门技术的画师、玉生、音声生、锻生、铸生、细工生等则到专门学校学习其相关的知识技术。

二、地方官学的教学内容

唐朝的地方官学有经学和医学,并按地区大小和地域重要与否,确定教师名额及学生数量。

(一)京都府学

京都府学包括京兆、河南、太原等地,分设经学和医学,用通行的经学教材为基本教学内容,医学则和太医署设置的医学内容大致相同。其他府、州、县设置的经学、医学的教学内容与京都府学基本一致。京都府经学,置博士 1 人,助教 2 人,学生 80 人;医学,置医学博士 1 人,助教 1 人,学生 20 人。

(二)都督府学

按照府所辖区域分为大、中、下三等,分别设立经学和医学。其具体规定:大都督府经学,置博士 1 人,助教 2 人,学生 60 人;医学,置博士 1

人,助教1人,学生15人。中都督府经学,置博士1人,助教2人,学生69人;医学,置博士1人,助教1人,学生15人。下都督府经学,置博士1人,助教1人,学生50人;医学,置博士1人,助教1人,学生12人。

(三)州学

依据州所辖区域分为上、中、下三等,分别设立经学和医学。上州经学,置博士1人,助教1人,学生60人;医学,置博士1人,助教1人,学生15人;中州经学,置博士1人,助教1人,学生50人;医学,置博士1人,助教1人,学生12人。下州经学,置博士1人,助教1人,学生40人;医学,置博士1人,学生10人。

(四)县学

县学含京县和畿县,其中,京县包括长安、万年、河南、洛阳、太原、晋阳、奉先;畿县包括京兆、河南、太原所管各县。按照县所辖区域分为上、中、中下、下四等设立经学。上县经学,置博士1人,助教1人,学生40人;中县经学,置博士1人,助教1人,学生35人;中下县经学,置博士1人,助教1人,学生35人;下县经学,置博士1人,助教1人,学生25人。

(五)崇玄学

唐朝地方学校体制中,还在州一级设立有崇玄学。因为唐朝帝王姓李,附会为道家始祖李聃的后裔,并加封老子为玄元皇帝,故尊崇道教。所以,在中央尚书省设立崇玄学之外,又于各州所在地设立。其教学内容仍然是《道德经》、《庄子》、《文子》、《列子》等道家经典。崇玄学修业三年,毕业依明经例参加科举。

另外,高祖武德元年,诏皇族子孙及功臣子弟,于秘书省外别立小学。说明唐朝中央政府还在京城,专门为贵族子弟设立小学,其教学内容仍然是儒家经学的启蒙内容。

又据《通鉴·卷二一四·玄宗开元二十六年正月》记载,唐玄宗"令天下州县、里别置学"。又《唐会要·卷三五·学校》写道:"古者,乡有序,党有塾,将比宏长儒教,诱进学徒,化民成俗,率由于是。其天下州县,每乡之内,各里置一学,仍择师资,令其教授。"因此,唐朝地方教育已经形成了府、州、县、乡、里的体制。其乡、里学校主要是对少年儿童进行启蒙教育。至于启蒙教学的内容,在唐朝通行的有《急就章》、《昭明文选》、《开蒙要训》、《千字文》、《兔园册府》、《文场秀》、《蒙求》、《武王家训》、《太公家训》、《弁才家教》、《秦妇吟》、《王梵志诗集》等。

总括起来看,中央和地方官学的教学科目与内容有:《周礼》、《仪礼》、《礼记》、《毛诗》、《春秋左氏传》、《周易》、《尚书》、《春秋公羊传》、《春秋谷梁传》、《孝经》、《论语》、《国语》、《说文》、《字林》、《三苍》、《尔雅》、"时务策";"律令"、"格式法例";《石经》、《九章》、《海岛》、《孙子》、《五曹》、《张丘建》、《夏侯阳》、《周髀》、《五经算》、《缀术》、《辑古》、《记遗》、《三等数》;《本草》、《脉经》、《黄帝针经》、《素问》、《明堂》、《脉诀》、《神针》、"消息引导术"、"正骨术"、"咒禁五法"、《名医别录》、《唐本草》;"占卜法"、"驱鬼术"、"龟法"、"五兆法"、"易法"、"式法";"戊寅历"、"麟德历"、"神龙历"、"大衍历";"天文、气象的各种图经";"各种星经"、"星图"、"占星术";"刻漏术";"兽医学";"众史"、"子书"、"文集"、"太一"、"诗词"、"围棋"等,再加上少年儿童的启蒙教学内容,总计达八十多种,可见内容十分丰富。

三、统一经学教学内容

（一）考定儒学五经

唐太宗贞观四年(630年),下令给前中书侍郎颜师古考定《五经》。颜师古是唐初"诸儒莫不叹服"博通五经的著名儒学大师,所以唐太宗特委以重任。为什么要考订《五经》呢?《旧唐书·一八九卷·儒学传》说,是因为儒学教学内容庞杂,不仅有汉代师法、家法的影响存在,而且还掺杂着魏晋南北朝时期道学、玄学、佛学的因素,使贯彻实施崇圣尊儒的文教政策遭遇到一定的阻力。再加之"经籍去圣久远,文字多讹谬",因此,要对《五经》进行考订。在颜师古接受诏命,开始考订《五经》之前的贞观二年(628年),秘书监魏征已经在做校订图籍的工作。他认为,"以丧乱之后,典章纷杂,奏引学者校订四部书。数年之间,秘府图籍,灿然毕备"[①]。颜师古是在魏征校订的基础上,再作考订。当时确定考订的基本原则是:遵循崇圣尊儒的文教政策;剔除汉代经学的谶纬迷信

---

① 《旧唐书·卷七一·魏征传》。

和天人感应内容；将道、玄、佛融合于儒。至贞观七年（633年）颁布颜师古考订的《五经》，[①]作为士子学习和教学的内容。

（二）撰定《五经正义》

唐太宗贞观十二年（638年），诏令孔颖达与颜师古、司马才章、王恭等撰订《五经义疏》。贞观七年，已经颁布了颜师古考订的《五经》，为什么还要撰订《五经义疏》呢？最主要的原因是颜师古考订的《五经》是依据晋宋以来的"古本"，这种版本渗透了魏晋时期的玄学和佛学思想，而有违先圣的本旨；《旧唐书·卷一八九·儒学传》说："又以儒学多门，章句繁杂，诏国子祭酒孔颖达与诸儒撰订《五经义疏》，凡一百七十卷，名曰《五经正义》，令天下传习。"这就是说，撰订《五经义疏》的目的是解决儒学多门，章句繁杂，并融合玄、道、佛于儒，以统一儒学。《五经义疏》的撰订工作，从贞观十二年开始，其编撰人员和所义疏的经学，据《五经正义·序》的记载，太学博士马嘉运、太学助教赵乾叶作《易疏》；国子司业朱子奢、国子助教李善信、太学博士贾公彦、柳士宣、魏王东阁祭酒范义君、参军张权作《礼记疏》；太学博士王德韶、四门助教李子云作《书疏》；太学博士王德韶、四门博士齐威作《诗疏》；国子博士谷那律、四门博士杨士勋、朱长才作《春秋左氏疏》。经过国子学、太学和四门学博士、助教们三年时间的共同努力，于贞观十五年（641年）完成。唐太宗褒奖说："卿等博综古今，义理该洽，考前儒之异说，符圣人之幽旨，实为不朽。"据《旧唐书·卷七三·孔颖达传》记载，《五经正义》编成后，"付国子监施行"。即在国子监作教学使用，而没有立即"令天下传习"。

贞观十六年（642年），太学博士马嘉运等人极力抨击《五经正义》，指出这部书内容十分庞杂，而且错误的地方很多。于是，太宗又令赵弘智与孔颖达组织学者进行更加严肃的复审。参与审查的学者，除原来的撰疏者之外，复审各经的人员有：四门博士苏德融为《易正义》；四门博士朱长才，苏德融，太学助教随德素，四门助教王士雄为《书正义》；太学助教赵乾叶，四门助教贾普耀为《诗正义》；太学助教周元达，四门助教

[①] 参见李国钧等主编《中国教育制度通史》（第2卷），山东教育出版社2000年版，第265页。

赵君赞、王士雄为《礼记正义》；太学博士马嘉运、王德韶,四门博士苏德融,太学助教随德素为《春秋左氏传正义》。经过这次复审后,应用于教学实践过程中,仍然发现一些错讹问题。

唐高宗永徽二年(651年),又再次下诏长孙无忌、李勣、于志宁、张行成、高季辅、褚遂良、柳奭,以及国子学、太学、四门学、弘文馆的博士、助教、学士等二十余人进行修改。永徽四年(653年)完成修订任务,同年三月,"颁孔颖达《五经正义》于天下,每年明经令依此考试"。① 自《五经正义》正式颁布作为经学的统一教材开始,唐朝的官、私学校教学,以及科举考试,都以《五经正义》为内容和标准。从时间上来看,从贞观七年(633年),到永徽四年(853年),经历了二十年,才完成教学内容的统一,说明教学内容的变革是一项艰巨的工作,总是会遭遇到各种阻力和非议。但随着时代的变化,教学内容始终要顺应现实的需要,不改是不行的,这是无法阻挡的客观规律。唐朝儒家经学复兴的史实,也是时代的产物,它并不是某个人的力量能够支配造成的。

(三)刊刻石经

"安史之乱",使唐朝教育也受到破坏,经籍亡散,教学内容无以为据,开科取士,没有准确标准。唐代宗为振兴教育,于大历十年(775年)六月,诏国子司业张参等,详定五经,并将校勘的经文,书写于国子监讲堂的东西墙壁上,作为教学的标准教材。到唐文宗太和元年(827年),国子祭酒齐皋、司业韦公肃又令国子监内长于书法者,将张参所定的《五经》写在坚木上,悬挂在论堂的墙壁上。太和九年(835年),宰相兼国子祭酒郑覃上奏书说:"经籍讹谬,博士相沿,难为改正。请召宿儒奥学,校定六经,准后汉故事,勒石于太学,永代作则,以正其阙。"② 同时与起居郎周墀、水部员外郎崔球、监察御史张次宗等校定《周易》(王弼注)、《尚书》(孔氏传并序)、《毛诗》(郑玄笺)、《周礼》(郑玄注)、《仪礼》(郑玄注)、《礼记》(郑玄注)、《春秋左氏传》(杜预集解并序)、《公

---

① 《旧唐书·卷四·高祖本纪》。
② 《旧唐书·卷一七三·郑覃传》。

羊传》(何休注)《谷梁传》(范宁集解)等九经,然后刻经文于石。[①]唐文宗开成二年(837年)冬,将所刻石经一百六十卷立在国子监,还加上《孝经》、《论语》、《尔雅》,共十二经。唐文宗时期进行的两次修订儒经工作,而且,只选一家的注疏,仍然是为了儒学的统一,实现崇圣尊儒的文教政策,以巩固国家政权。

唐朝政府除了对儒家经学的统一做了大量工作之外,对于科技教材的统一编选也非常重视。特别是对算学和医学教材的统一做了大量工作,还规定了必修和选修教材。唐朝颁定的算学统一教材是《算经十书》,即《周髀算经》、《九章算术》、《海岛算经》、《五曹算经》、《孙子算经》、《夏侯阳算经》、《张丘建算经》、《五经算术》、《辑古算经》、《缀术》。编定的医学教材有:《新修本草》、《黄帝内经》。其中《新修本草》经过两次编修:第一次是在永徽年间,由唐高宗命李勣、于志宁等以《本草经集注》为基础进行修订,成书后名为《英公唐本草》;第二次是显庆四年(659年),高宗又命苏敬、长孙无忌等二十二人再作修订,书成之后名为《新修本草》。高宗将此书颁布于天下,作为医学的通用教材;《黄帝内经》由唐通直郎、太子文学杨上善奉敕撰注,是《黄帝内经》的最早注本之一,也是由唐朝政府颁布的医学统一教材。此外,还选用著名医学著作《甲乙经》为医学教材;《步天歌》为天文学的入门必修教材;唐李石编写的《司牧安骥集》为兽医教材。于此足以说明唐朝政府对教学内容的编选非常重视。

四、私学的教学内容

唐朝的官学制度比较完备,但并没有限制私学的发展。不少学士、宿儒,与在职或退休官员,以及道、佛、儒僧学者等,仍然在各地兴办私学,为社会造就所需要的人才。

据《旧唐书·卷一八九·王恭传》:王恭滑州白马(今河南滑县东南)人。"少笃学,教授乡间,弟子数百人。贞观初,召拜太学博士,讲三礼,别为《义证》,甚精博。"当时以"三礼"教授生徒的盖文达、盖文懿在讲述中,大都依据王恭所著《三礼义证》一书的见解。

---

① 《旧唐书·卷四六·经籍志上》。

《新唐书·卷一九八·马嘉运传》记载:马嘉运,唐代魏州(今河北省大名东南)繁水人。少时曾出家做和尚。后又还俗回家,刻苦学习儒家经典。贞观初,委任为越王东阁祭酒,后又"退隐白鹿山,诸方来受业至千人"。贞观十一年(637年),唐太宗下诏召至长安,任命为太学博士、弘文馆学士。唐高宗为太子时又委任为崇贤馆学士。并经常到宫内给太子讲述经义,后又任命为国子博士。马嘉运从一位私学教师,成为唐朝的儒学大师,从另一个侧面证明,唐朝政府对有真才实学的教师是十分尊重,而且还委以重任。

《旧唐书·卷一九二·李元凯传》写道:"李元凯者,博学善天文、律历,然性恭慎,口未尝言人之过。乡人宋璟,年少时师事之。及璟作相,使人遗元凯束帛,将荐举之,皆拒而不答。"

《旧唐书·卷一八九下·尹知章传》记载:尹知章,绛州(今山西新绛)翼城人。自幼勤奋好学,到青年时期,就博通《五经》,特别对《易》、《老子》、《庄子》有精深研究。武则天执政时,驸马都尉武攸暨对尹知章的学识十分敬仰,特奏请武则天委任尹知章为定王(即武攸暨)府文学。唐中宗神龙初年,转任太常博士。后又任命为陆浑(今河南嵩县北)令。不久,因事免官回到家乡,开办私学,朝廷的散骑常侍解琬也罢官回乡,并常与尹知章一同进行讲学。"睿宗初即位,中书令张说荐尹知章有古人之风,足以坐镇雅俗,拜礼部员外郎。俄转国子博士。后秘书监马怀素奏引知章就秘书省与学者刊订经史。知章虽居吏职,归家则讲授不辍,尤明《易》及《庄》、《老》、玄言之学,远近咸来受业。其有贫匮者,知章尽其家财以食之。"类似尹知章这种既做官,又办学,罢官或退休后继续办学的事,在唐代随处可见。

《旧唐书·窦常传》写道:窦常"大历十四年(779年)登进士第。居乡陵之杨柳。结庐种树,不求苟进,以讲学著书为事,凡二十年不出"。

《北梦琐言·卷三·不肖子三变》写道:"唐咸通中,荆州有书生号'唐五经'者,学识精博,实曰鸿儒,旨趣甚高,人所师仰,聚徒五百辈,以束脩自给。优游卒岁,有河西、济南之风。"

家传学术在唐朝也很流行,如唐太史令庾俭就是家学培养的杰出人才。庾俭出身于天文占星世家，他的先祖庾诜是著名的数学家，著有《帝历》，曾祖庾曼倩注释有《七曜历术》和一些数学古籍，祖父庾季才曾为北周太史，后为隋朝的著名天文学家。到了唐朝又培养出精通天文、历算的庾俭，被任为唐朝的太史令。[①] 可见，家族私学对学术的传播、继承起着十分重要的作用。

从以上列举的私学，可以看出其教学内容仍然是以儒家经典为主，即用《五经正义》为基本教学内容，兼及诗词、文赋、天文、历算、法律、史论等。其教学内容是与唐朝科举考试内容相配合的，因为私学的学生大都要参加科举考试而进入仕途。

又据《旧唐书·卷八十·上官仪传》记载，上官仪年幼时，曾经入佛寺为沙门。"游情释典，尤精'三论'，兼涉猎经史，善属文。贞观初，杨仁恭为都督，深礼待之。举进士。"这段史料说明，上官仪是在佛寺里读书，既阅读佛典，又学习儒经，在寺院高僧的教导下，精通"三论"，还熟悉经史，又能写文章，直到后来考取进士，成为唐朝中央政府的重要臣僚。

再如《新唐书·卷一三八·朱朴记》：朱朴曾经在唐昭宗乾宁时，随庐山慧日禅院僧如义肄业，后朱朴以三史科及第，被授予《毛诗》博士。由上述可见，唐朝的佛寺里也进行儒学教育，一些高僧既精佛理，又通儒学，而且在培养儒生方面，取得十分可喜的成就。其教学内容包括唐朝官定的学习内容，还有佛学经典。

据《新唐书·隐逸传》记载，著名医药学家孙思邈，在研究医药学和医疗实践中，曾以私学的形式传授生徒医药学。孙思邈，生于隋开皇元年（581年），于唐高宗永淳元年（682年）逝世，享年一百零一岁。唐朝京兆华原（今陕西省耀县）人。孙思邈年少好学，七岁开始上学，日诵千余言，有神童的美誉。青年时代，研究《老子》、《庄子》、《孔子》等百家学说，学识渊博。成年后，因为对当时社会不满，先后隐居于终南山、太白山一带。他把这些大好山川作为研究医药学的药圃，又在民间行医治

---

① 参考毛礼锐、沈灌群主编《中国教育通史》（第2卷），山东教育出版社1986年版，第527页。

病,积累经验,创造新的医疗方法与技术,研究总结前代医药学家们的成果,寻访民间医疗验方,著《千金要方》《千金翼方》等医药学著作,成为著名医药学家。那时,著名学者孟诜、庐照邻、宋令文等都拜孙思邈为师,向他学习医药学和相关学术。后来孟诜也成为医药学名家,庐照邻、宋令文也是既晓医药,又善文辞的名人。又《畴人传四编》写道:"卢肇,宜春,举进士第一。肇始学浑天之术于王轩,轩以王蕃之术授之。后因演而成图,又法浑天作《海潮赋》及图。轩,太和进士。"这些史料说明,唐朝私学教育形式与内容具有多样化的特点,而不受某种局限。既有在职和退休官员办私学,又有隐居民间的学者、名家办私学;既教授官定的儒家经学,又传授自然科学知识理论与技术等。

总括起来说,唐朝私学教学内容有官定儒学的《五经正义》、算学的《算经十书》、医学的《新修本草》《黄帝内经》等统一内容,以利于学生参加科举考试。而另外一些教学内容,则由私学的创办者自选自定,主要有《老子》《庄子》《文选》、辞赋、诗歌、天文、历算、医药、法律、历史、书法、佛教典籍、佛寺典章,以及各种启蒙读物等。

第二节 教师的教学及活动

一、教师的政治地位和待遇

唐朝教师的来源,中央官学由政府征召天下"淳师老德"的硕儒为教师;地方官学中的经学教师也由中央政府选拔,而地方州学助教,及县、乡学与医学教师由州长史自主在各地招聘。教师名称各学略有区别:国子学、太学、四门学、广文馆、律学、书学、算学、太医署、太卜署、司天台、掖庭局为博士、助教;弘文馆、崇文馆为学士、直学士;太乐署为乐正;地方官学唐初称经学教师为博士,代宗大历十四年(779年)12月5日,诏"诸州府学博士,改为文学,品秩同参军,位在参军上"。[①] 医学教师仍称博士。

---

① 《唐会要·卷六九·判目》。

（一）教师的政治地位

唐朝教师的政治地位和魏晋南北朝以来，各个朝代的教师相比，教师的品秩都有大幅度的提高，普遍提高了一至二个品级，跨越了四至八个台阶。

首先以国子监所直属的中央官学来看，如太学博士的品秩，由隋朝的从七品上，提升为正六品上，即由下级官员提高到中级官员。总的来说，除了国子祭酒和国子博士一直保持从三品很高的政治地位外，其余各学教师的品秩都有提高。隋、唐两朝相比可以明显看出：国子助教，隋为从七品上，唐提升为从六品上；太学助教，隋为正九品上，唐提升为从七品上；四门博士，隋为从八品上，唐提升为正七品上；四门助教，隋为从九品下，唐提升为从八品上；五经博士，唐为正五品上，隋没有设置地方学校的五经博士，但南朝的梁为七品，陈为六品，都低于唐朝；律学博士，隋为正九品上，唐提升为从八品下；书学博士，隋为从九品下，唐亦为从九品下；算学博士，隋、唐均为从九品下。

其次中央其他机构所属学校教师的品秩是：广文馆博士正六品；弘文馆学士五品，直学士六品；崇文馆学士五品，直学士六品；太医署医博士正八品，医助教从九品上，针博士从八品上，针助教从九品下，按摩博士从九品下，咒禁博士从九品下；太卜署卜正、卜博士均为从九品下；掖庭局宫教博士从九品下；太乐署乐正从九品下；司天台漏刻博士从九品下。[①] 从以上引述的资料来看，唐朝对教授自然科学和书学等艺术学科教师的品级有些压抑，而儒家经学教师的品级则普遍提高，为历史上所仅有。

唐朝不仅提升了教师的品级，而且还有法律规定来保障教师的尊严，使教师不至于受到侵害。如《贞观律》规定，最重的罪是"十恶"，而殴、杀教师则属于"十恶"中的第九恶"不义"。凡犯"十恶"罪者，不准议请减刑，遇大赦，"十恶"也不能赦免。唐律的"不义"是指什么呢？其注云："谓杀本属府主、刺史、县令、见受业师。"所谓"见受业师"，是"谓

---

① 参见李国钧、王炳照主编《中国教育制度通史》（第2卷），山东教育出版社2000年版，第374—375页。

第九章 唐朝学校的教学活动

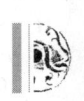

伏膺儒业,而非私学者"。唐律规定的"儒业,谓经业。非私学者,谓弘文、国子、州县等学。私学者,既《礼》云'家有塾,遂有序'之类"。从上述可知,"见受业师"是指官学教师,而不包括私学教师。对于私学教师"如有相犯,并同凡人"。又据《唐律疏议·卷二三·斗讼》记载,"殴伤见受业师,加凡人二等。死者,各斩"。[疏]"问曰:殴见受业师,加凡人二等。其博士若有高品,累加以否?答曰:殴见受业师,加凡人二等,先有官品,亦从品上累加。若斗殴无品博士,加凡人二等,合杖60;九品以上,合杖80;若殴五品博士,亦于本品上累加之"①。从唐朝这些法律规定,足以说明,唐朝政府对官学教师的政治地位非常重视,保障教师的人格尊严和人身安全不受侵犯。对杀害教师、侮辱教师、殴打教师的肇事者给以严厉的惩办,任何人都不予宽恕,包括皇亲国戚都不能赦免。如果将教师的政治地位和他们同品级,或高于教师品级的官员相比,则教师的地位超过了官员。唐朝政府提高教师政治地位的做法,不仅为唐以后历代王朝所仿效,而且迄今都值得学习和借鉴。

(二)教师的待遇

唐朝教师的待遇,主要表现在薪俸方面。唐朝教师的薪俸由禄米,俸料,其他收入组成。

(1)禄米。教师禄米的数量,依品级而定,唐李渊武德元年规定教师和其他品官一样领取禄米。具体数量是:三品400石,从三品360石;四品300石,从四品260石;五品200石,从五品160石;六品100石,从六品90石;七品80石,从七品70石;八品60石,从八品50石;九品40石,从九品30石。②但在武德年间,只有在京城的官员发给禄米,京畿以外的官员不发禄米。同样,都督府、州、县学的教师也不发禄米。

贞观初年,鉴于八品以下教师禄米比较少,调整了禄米数量。规定为:京城学校教师"从三品360石;正四品300石,从四品260石;正五品200石,从五品160石;正六品100石,从六品90石;正七品80石,从七

---

① 参考李国钧、王炳照主编《中国教育制度通史》(第2卷),山东教育出版社2000年版,第280—282页。
② 《新唐书·卷五五·食货志卷五》。

品 70 石;正八品 67 石,从八品 62 石;正九品 57 石,从九品 52 石"。①

教师的禄米从国家财政预算内支付。京城教师的禄米由司农寺的太仓署分发,以京仓储藏之粟,支给中央各学及京、畿、府、县学校的教师。发禄米时间安排在一年的春、秋两季,而发放的当月又分为三批。第一批领禄米为弘文馆、崇文馆、国子监和京兆府学的教师,时间在该月的上旬;第二批领禄米为太卜署、司天台、太医署等职业学校的教师,时间安排在该月的中旬;第三批为京县、畿县等学校的教师,时间安排在该月的下旬。

贞观八年(634 年),中书舍人高季辅上奏说:"外官卑品,犹未得禄……今户口渐殷,廪仓已实,斟量给禄,使得养亲。"②从此,地方学校教师也发给禄米。具体规定为:大都督府经学博士从八品上,医学博士从八品下,均为 59.5 石;中都督府经学博士从八品上,59.5 石,医学博士正九品上,54.5 石;下都督府经学博士从八品下,59.5 石,医学博士正九品上,54.5 石;上州经学博士从八品下,59.5 石,医学博士从九品下,49.5 石;中州经学博士正九品上,54.5 石,医学博士从九品下,49.5 石;下州经学博士正九品下,54.5 石,医学博士从九品下,49.5 石。地方学校教师禄米,由州县仓库发放。

(2)俸料。唐朝中央官学教师的俸料,是唐高宗乾封元年(666 年)规定的,包括月俸、食料、资课和杂费四项,并正式列入国家财政支出,依品级差别定额按月发放。但是,直到乾封六年(671 年)才厘定薪俸制度。地方官学教师的俸料,是唐玄宗开元十年(722 年)制定地方官员薪俸时,才一起纳入国家预算支付。代宗大历十二年(777 年)四月,度支奏增加中央和京兆官学教师俸料数额。同年五月,地方官学教师的月俸、食料、资课、杂用和纸笔费等合而为一,共计十五贯。中州以下学校减三分之一,为十贯。德宗贞元三年(787 年)六月,宰相李泌奏加京官俸料,中央官学教师也同时增加。唐武宗会昌元年(841 年),因增加地方官员料钱,地方官学教师也同样增加。直到唐末,教师的俸料钱没有

---

① 《通典·卷三五·职官卷一七》。
② 《唐会要·卷九〇·内外官禄》。

再增减。特将唐代宗大历、德宗贞元、武宗会昌时,规定的中央官学教师月俸数额介绍于下:国子祭酒,大历 50 贯,贞元、会昌 80 贯;国子司业,大历 30 贯,贞元、会昌 65 贯;国子博士,大历 25 贯,贞元 40 贯,会昌 37 贯;国子助教,贞元、会昌 20 贯;太学博士,大历 12 贯,贞元 25 贯,会昌 20 贯;太学助教,大历 4.6 贯,会昌 13 贯;四门博士,大历 12 贯,贞元 25 贯,会昌 16 贯;四门助教,大历 4.075 贯,贞元 16 贯,会昌 13 贯;广文馆博士,大历 12 贯,贞元 25 贯,会昌 20 贯;广文助教,贞元 20 贯,会昌 13 贯;律学博士,大历 4.175 贯,贞元、会昌 4 贯;律学助教,大历 1.917 贯,贞元 1 贯;书学博士,大历 1.917 贯,贞元 1 贯,会昌 4 贯;书学助教,大历 1.917 贯,会昌 3 贯;算学博士,大历 1.917 贯,贞元 1 贯,会昌 4 贯;算学助教,大历 1.917 贯,会昌 3 贯;医博士,大历 4.175 贯,贞元、会昌 4 贯;医助教,大历 1.917 贯,贞元 1 贯,会昌 3 贯;针博士,大历 4.075 贯,贞元、会昌各 4 贯;针助教、按摩博士、咒禁博士、卜博士、宫教博士、乐正等的月俸与医助教相同。地方官学教师月俸规定:大历京兆府学经学博士、医学博士各 10 贯,会昌经学博士 15 贯,医学博士 13 贯;大都督府学经学博士、医学博士,大历、会昌均是 15 贯;中都督府学、下都督学、上州州学经学博士,大历、会昌各 15 贯,医学博士会昌 13 贯;中州、下州州学经学博士、医学博士各 13 贯。①

(3)其他收入。教师的其他收入包括职田、伙食尾子和常食料三部分,但只有在职教师才能享有,退休或致仕则不予发放。

一是职田。唐朝制度规定:按教师品级划拨职田,三品给田 9 顷,四品给田 7 顷,五品给田 6 顷,六品给田 4 顷,七品给田 3 顷 50 亩,八品给田 2 顷 50 亩,九品给田 2 顷。凡所给田,皆在百里之内。② 地方学校教师,八品给田 3 顷,九品给田 2 顷 50 亩。③ 唐玄宗开元十年(722 年),"命有司收内外职田,以给逃还贫民户。其职田以正仓粟亩二升给

---

① 参考李国钧、王炳照主编《中国教育制度通史》(第 2 卷),山东教育出版社 2000 年版,第 376—380 页。
② 《新唐书·卷五四·食货志卷四》。
③ 《唐会要·卷七二·内外官职田》。

之"①。据《唐会要·卷七二·内外官职田》记载，职田收多少租税，由政府统一规定："无过六斗，地不毛者，亩给二斗。"这些规定，在保障教师收入的前提下，使逃归的农户有田耕种。

二是伙食尾子。唐朝官学的规模比较大，国家划拨的经费多。制度规定，可以用伙食费做本钱，由捉钱使放高利贷，所得利息为官厨费用。各校每月结算一次伙食费，盈余部分分给教师，称为"伙食尾子"。

三是常食料。简单地说就是副食品补贴，分为粮、炭、调料、蔬菜、果物、酒、肉、鱼等。据《大唐六典·卷四·膳部郎中员外郎》记载，教师三品以上每日发给细米2升2合，粳米8合，面2升4合，酒1.5升，羊肉4分，酱4合，醋4合，瓜3颗，木炭春季2分、冬季3分5厘，炭春季3斤、冬季5斤，另外，还发给盐、豆、葱、姜、葵和韭菜等。四、五品教师，每日发给细米2升，面2升3合，酒1.5升，羊肉3分，瓜2颗，其余供应与三品教师相同。六品至九品教师，每日发给白米2升，面1升1合，油3合，小豆1合，酱3合，木炭春季2分、冬季3分，其余盐、葵、韭的供应不等。

综合唐朝官学教师的物质待遇有禄米、俸料钱、职田、伙食尾子、常食料等项。总起来说，教师的物质待遇相当丰厚。以一个正六品的太学博士一年的收入来算：禄米100石，俸料钱（以贞元时每月二十五贯为标准）300贯，职田4顷（依亩得租税三斗）计租税120石。再加上"伙食尾子"，以及"常食料"：每日白米2升，面1升1合，油3合，小豆1合，酱3合，醋3合，木炭春季2分、冬季3分，其余盐、葵、韭等供应不等。就足以说明教师的薪俸十分可观，不只教师的经济收入多，而且教师的声望也高于同级的政府官员，这些在唐朝是很独特的现象，值得总结和借鉴。

二、教师的教学和活动

(一)教师的教学

唐朝"凡博士、助教，分经授诸生。未终经者无易业"。由此可见，教授某门经学是教师的主要任务，而其教学与汉、魏以来所不同的是唐朝建立了较为完备的教学制度，包括课程设置、教材选择、教学方法、教

---

① 《唐会要·卷七二·内外官职田》。

学考试等。官学教师教学都依据各个专业相关规定的制度实施。例如，中央国子监直属的六学有关教学的规定，《文献通考·卷四十二·学校考二》，有记述写道："凡《礼记》、《春秋左氏传》为大经，《诗》、《周礼》、《仪礼》为中经，《易》、《尚书》、《春秋公羊传》、《春秋谷梁传》为小经。通二经者，大经、小经各一，若中经二。通三经者，大经、中经、小经各一。通五经者，大经皆通，余经各一。《孝经》、《论语》皆兼通之。凡治《孝经》、《论语》，共限一岁；《尚书》、《公羊传》、《春秋谷梁传》，各一岁半；《易》、《诗》、《周礼》、《仪礼》，各二岁；《礼记》、《左氏传》，各三岁。学书，日纸一幅，兼习时务策，读《国语》、《说文》、《字林》、《三苍》、《尔雅》。凡书学，《石经》三体限三岁，《说文》二岁，《字林》一岁。凡算学，《孙子》、《五曹》共限一岁，《九章》、《海岛》共三岁，《张邱建》、《夏侯阳》各一岁，《周髀》、《五经算》共一岁，《缀术》四岁，《辑古》三岁，《记遗》、《三等数》皆兼习之。旬给假一日。前假，博士考试，读者千言试一帖，帖三言，讲者二千言问大义一条，总三条通二为第，不及者有罚。岁终，通一年之业，口问十义大条，通八为上，六为中，五为下。并三下与在学九岁、律生六岁不堪贡者罢归。诸学生通二经、俊士通三经已及第而愿留者，四门学生补太学，太学生补国子学。每岁五月有田假，九月有授衣假，二百里外给程。其不帅教及岁中违程满三十日，事故百日，缘亲病二百日，皆罢归。既罢，条其状下之属所，五品以上子孙送兵部，准荫配色。每岁仲冬，州、县、馆、监举其成者送之尚书省。"这段文字叙述了国子学、太学、四门学、书学、算学、律学的课程、学习年限、考试、升级、毕业、退学、放假等各项规定。

  关于其他职业技术学校的课程、教材有关问题，在前面介绍各个学校教学内容时，已经做了说明。

  关于教师的教学形式，仍然采用汉、魏、六朝以来的集体讲授、分组讨论、个别指导、自修等方式；讲授方法则以讲论、问难为主。唐朝的讲论教学制，分为常讲和制讲两种。

  第一，常讲是指各类学校日常的课程讲授。由教师根据课程内容做系统而详细的阐述，其目的是使学生了解和掌握各门课程规定的教学内容。在古代典籍中，有许多关于唐朝教师讲课的描述。如《太平广记·卷二〇二·萧德言》记载："萧德言笃志于学，每开五经，必盥濯束带，危坐对立。妻子谓曰：'终日如是，无乃劳乎？'德言曰：'敬先师之言，岂凌惮于此乎？'"又《全唐文·卷七三九·周墀·国学官事书》写道：宪宗元和七年（812年），郭彪拜国子祭酒，"每凌爽，诣论堂，坐高床，召七学诸生。居不施广袽长席，俾邻臂而坐，澄震声音，分析典训。至于一词间，咸以俗俚相谕，了入诸生心胸中，使蒙者纵历千万日亦不失其来。由是得诸生"。仅从这两个例子，就说明教师讲论各有特点，方式一般采用集体讲授，甚至召集国子监管辖的七所学校学生在一起授大课，其规模十分宏大。

从萧德言和郭彪二人的讲论就充分体现出各自的风格、特点。虽然是讲述统一的教学内容，而讲解时仍然有充分的自由度。

第二，制讲是皇帝或皇太子视学，春、秋季释奠孔子，及皇太子齿胄国学时举行的讲学称为制讲。唐朝规定有皇帝、皇太子视学礼；每年春季、秋季祭祀孔子典礼；皇太子到国子监交纳束脩，即行齿胄礼。在举行这些典礼活动时，就要进行讲学，即所谓制讲。

如以皇帝视学来说，视学的当日，朝廷文武官员都应随皇帝参加典礼。按时集中在朝堂，诸卫陈设仪仗，皇帝乘马。国子祭酒率领监官、学官和学生立于国子监门外左道。待文武官员和学生就位后，皇帝升座，传皇太子及诸王入座。执读读所讲经，执经释义，侍讲就论议座，以次论难。登论议座的侍讲由国子祭酒、司业或硕学博士担任，侍讲者登坛发箧，开讲经义。有时儒、道、佛三家学者互相问难，辩论十分激烈，针锋相对、毫不客气，场面盛大而严肃、隆重。据《旧唐书·卷一八九上·盖文达附盖文懿传》写道：唐高祖到国子学视学，"时文懿为博士。文懿开讲《毛诗》。发题，公卿咸萃，更相问难，文懿发扬风雅，甚得诗人之致"。

皇太子释奠典礼时的制讲，在祭祀结束后举行。皇太子到学堂，先由执读将所要讲的儒家经文读一遍，再由执经将大义加以解释，然后皇太子将不懂的问题提出，由侍讲针对所提问题进行解释。学官和学生都静立听讲。据《旧唐书·卷一〇二·褚无量传》记载，"太极元年（712

年），皇太子国学亲释奠，令褚无量讲《孝经》、《礼记》，各随端立义，博而且辩，观者叹服焉"。

另外，就是问难的用授方法。博士讲学采用问难的方法，在汉、魏、南北朝就开始流行。唐朝则把问难作为一种教学制度。如唐高祖李渊时期，"陆德明武德中为太学博士。高祖幸国学，时徐文远讲《孝经》，沙门惠乘讲《般若经》，道士刘进喜讲《老子》，诏德明难此三人。德明雅有词致，论难峰起，三人皆为之屈"。① 这就是儒、道、佛在一起讲解经学相互间的问难。

还有讲儒经的问难，这种问难也是在皇帝或太子视学，以及春秋释奠孔子时进行，由国子祭酒主讲，或由司业、博士开论。登堂讲论者，大都是当时名儒大师，学识渊博，品德高尚。通过这样的讲论形式，实质是弘扬儒学，并不完全在乎辩明经义。如《旧唐书·卷一八八·赵弘智传》记载：高宗"令弘智于百福殿讲《孝经》，召中书门下三品及弘文馆学士、太学儒者，并预讲筵。弘智演畅微言，备陈五孝。学士等问难相继，弘智酬应如响"。除此之外，也有解释经义的问难。据《唐会要·卷三五·学校》记载，开元时，为了给进京参加科举的各州府县的乡贡生解释五经疑难。令他们"皆于国子监听学官讲论，质定疑义"。同时也令百官参与观礼。说明唐朝政府对制讲、问难制非常重视。

唐朝教学使用的教学方法，除了常用集体讲论之外，小组讨论、个别指导、自学、朗读、背诵等也交错起来使用，而不拘泥于一种。值得特别提出的是太医署、太卜寺、太卜署、司天台等专业技术学校的教学，还运用了实验法、实践法、实习法等进行教学。如医师科的教学方法规定：读《明堂》者，令验图识孔穴；读《脉诀》者，令递相诊候，使知四时浮沉涩滑之状。它如历算生、天文生、刻漏生、兽医生等都分别在各所属部门的学校，一面学习，一边工作，通过实习、实践掌握知识理论和技术，而成为专业人才。

（二）教师的活动

唐朝教师的活动除了教学之外，还有政事活动与社会活动。首先，

---

① 《大唐新语·卷二四·褒锡第》。

就政事活动来说,国学的祭酒、司业、博士,太学博士,弘文馆、崇文馆的博士、学士,常奉诏参与国家大政方针的制定工作,或是接受皇帝、太子以及朝廷要员关于重大决策的起草、咨询等。如唐太宗制定崇圣尊儒的文教政策,将孔子立为教育界的圣人就咨询过博士、学士们的见解;前面已经谈到的统一儒学的几次审订经学,都有教师参与,这些都是关系国家发展的大事。其次,教师的社会活动主要有社会的宣传教化活动和社会服务活动。教师参加的社会教化活动集中在各种祭祀之中。据《旧唐书》、《新唐书》和《唐六典》、《通典》等著作的记载,在中央国子学立孔子庙,每年春、秋季,举行祭祀孔子的典礼。国子监所辖官学的教师学生全部参加。而且,京城的文武百官,各国的酋长、贵族等都前往观礼。唐太宗时,参加祭祀和观礼的人数达八千余人。在地方州、县学内建立孔子庙,实行庙、学结合。据《唐会要·卷二六·乡饮酒》记载,每年冬季州、县向中央贡举人才时,先在孔子庙举行释奠,行乡饮酒礼,由州学博士开讲筵论讲,唱《鹿鸣》之歌,严肃、庄重、热烈、规模宏大,观礼者很多,起到了良好的社会反响。

教师的社会服务则是体现在帮助群众解决实际困难,如太医署的医师开展门诊,治疗老百姓的疾病,以及宣传卫生、防病知识等活动。

第三节 学生及其活动

一、入学标准

唐朝官立学校学生入学,不进行考试,由主管机关根据规定标准选补。在贞观时期制定了各级各类学校学生入学标准。据《文献通考·卷四十二·学校考二》的记载,"国子学,生三百人,以文武三品以上子孙,若从二品以上曾孙,及勋官二品、县公、京官四品带三品勋封之子为之;太学,生五百人,以五品以上子孙、职事官五品期亲若三品曾孙,及勋官三品以上有封之子为之;四门学,生千三百人,其五百人以勋官三品以上无封、四品有封及文武七品以上子为之,八百人以庶人之俊异者为之;律学,生五十人,书学,生三十人,算学,生三十人,以八品以下子及庶人之通其事者为之。京都学生八十人,大都督、中都督府、上州各六十人,下都督府、中州各五十人,下州四十人,京县五十人,上县四十人,中县、中下县各三十五人,下县二十人(其入学标准与律学、书学、算学相同)。国子监生,尚书省补,祭酒统焉。州县学生,州县长官补,长史主焉。凡馆二:门下省有弘文馆,生三十人;东宫有崇文馆,生二十人。以皇缌麻以上亲,皇太后、皇大功以上亲,宰相及散官一品、功臣身食实封者、京官职事从三品、中书黄门侍郎之子为之。凡生,限年十四以上,十九以下;律学十八以上,二十五以下"。从以上入学标准,明确看出唐朝学校的等级性十分突出:弘文馆、崇文馆是为皇亲、国戚及官居一品与皇帝近臣三品以上官僚之子设立的特殊学校,位次居首;国子学在六学中等级最高,是专门为三品以上贵族、大官僚子孙设立的学校;太学为次一等,是为三至五品以上官僚子弟及三品曾孙设置的学校;四门学又次之,是为三品至七品以上官员子弟及地方举荐的"庶人之俊异者"设置的学校;律学、书学、算学则更次之,是为八品以下子弟及庶人之通其事者设立的学校;地方学校的等次标准与律学、书学、算学相同。

上述规定把广大平民百姓的子弟排斥于官学之外,还不如汉朝太学向贫寒子弟大开入学之门。从这方面看,唐朝还落后于汉朝,是历史的倒退现象。

二、生活待遇

唐朝各级各类学校实行食宿免费制度。学校食堂经费有三个来源:

第一,"公廨钱"的利息收入。武德元年设置公廨钱,由中央各部门以此为本钱做生意,放高利贷,所获收益作为部门官员的俸料钱。高宗乾封元年定百官月俸、食料钱和杂用钱后,公廨钱用作"不赋粟者常食,余为百官俸料"。到代宗大历六年公廨钱则完全用作伙食费。国子监及其他中央学校公廨钱的收益一般为70%,均作为学校学生的食宿费。

第二,"食利本钱"的利息收入。贞观初年设置食利钱,即中央各部门都设立食堂,食利钱就是设置食堂的本钱。用这些本钱放高利贷,所得收益用为部门食堂的伙食费。宪宗九年调整食利钱,按规定:国子监2644贯250文,太常寺6722贯660文,司天台380贯,太卜寺436贯

650文。

第三，国家以学生人数供给各学校食堂米粮。据《大唐六典·卷一九·司农寺》记载，"国子监学生、针医生，虽未成丁，亦依丁例"。按照唐朝制度，丁男服务于政府部门时，每天给米2升，盐2勺5撮。国子监和太医署的学生依丁男标准供应公粮。其他学校的学生则以国子监和太医署学生为例，同样供给公粮，包括地方经学与医学在内。唐朝开元、天宝年间，全国在校学生6万余人，都享受国家伙食供给。早在公元八世纪，我国就实行大规模的免费教育，这在全世界都是罕见的，它从这个角度证明我国在八世纪时，就是当时世界上先进的发达国家。

三、毕业后的出路

唐朝官学的学生毕业后，欲求仕进者，报送国子监，由祭酒、司业、监丞等负责考试，登第者由祭酒复核，报送尚书省礼部，就获得与各地乡贡同等参加省试的资格。科举考试的科目有：秀才科、进士科、明经科及明经系各科（五经、三经、二经、学究一经、三礼、三传、史科）、明法科、明书科、明算科、开元礼科、道举科、童子科、医科、武科等。在这些科目中主要有秀才科、进士科、明经科、明法科、明书科、明算科。学生经过科举考试及第后，才取得做官的资格。如要做官还需要通过吏部铨选考试，才能授予官职。不过吏部的考试是很难通过的，如韩愈于德宗贞元八年（792年）考中进士，年二十五岁，其后三试于吏部，都没有通过。至贞元十八年（802年），年三十五时，才授予四门博士职，整整等了十年。他在《上宰相书》中写道："四举于礼部乃一得，三选于吏部卒无成。"可见唐朝的毕业生，特别是"安史之乱"后毕业的学生，找工作还是相当困难。不少士子眼见做官无望，就不参加科举考试而另谋出路，如隐居民间开办私学，或寄意山水追随名师大儒求学，研究学术等，从而形成中唐以后私学发展，学术大师逐渐向乡间移动的现象。

至于司天台、太仆寺、太卜署所属职业学校学生毕业后，一般都留在原来所属部门工作。如天文生毕业转补为天文观生；漏刻生毕业转补为典钟典鼓；兽医生毕业补为兽医，艺业优者，进为博士；太卜生毕业，留本署就业。

四、学生的活动

唐朝政府对学生物质生活较为关心,大都集中精力学习,以求得学业进步,为参加科举考试及未来发展奠定基础。因此,自发地参与反对政府的政治活动较少。学习以外的活动基本上是由政府或学校规定的,大致有以下几项活动。

(一)入学行"束脩礼"活动

唐朝制度规定各学校的学生,初入学都要向博士(学士)和助教(直学士)交纳束脩,即使是皇太子和诸王也要到国子监交纳束脩,行齿胄之礼,以尊崇儒学和维护师道。据《文献通考·卷四十二·学校考二》记载,中宗神龙二年(706年)敕:"学生在学,各以长幼为序。初入学,皆行束脩礼,礼于师。国子学、太学各绢三匹,四门学绢二匹,俊士及律、书、算学、州县各绢一匹,皆有酒、脯。其束脩三分入博士,二分入助教。"学生行束脩礼的仪式,据《通典·卷一一七·礼典卷七七·开元礼纂类》记载,学生在晴朗之日,衣青衿至学校,由赞礼者引至学堂,门外陈束帛、酒脯,博士公服立于学堂东阶。学生说:"某方受业于先生,敢请见。"博士则谦逊地说:"某不德,子无辱。"学生固执拜师再三,博士方同意。学生先将束帛祭于孔子,然后与酒、脯一同献于博士,至此礼成才是各级学校的正式生徒。

(二)参加"释奠礼"活动

唐朝规定每年春、秋两季全国各地都要祭祀孔子。中央学校和地方学校举行祭祀孔子的活动,即"释奠礼"。朝廷释奠在国子监文宣王庙举行,地方政府的释奠在州、县学校孔庙举行。祭祀孔子都供以太牢(即杀牛犊供奉。每年要宰杀大量耕牛,因此,玄宗下令州府停止牲牢,唯用酒脯),礼乐为轩悬,舞蹈为六佾,祭祀者衣明服,行三献礼。中央释奠国子祭酒为初献,司业为亚献,博士为终献;州学释奠刺史为初献,上佐为亚献,博士为终献;县学释奠,县令为初献,丞为亚献,因县学博士无品秩,改由主簿为终献。

朝廷释奠时皇帝或皇太子常常亲往,如是皇太子参加释奠,举行仪式前皇太子要斋戒三日,还有陈设、出宫、馈享、讲学、还宫等过程的许多礼仪形式。在整个释奠过程中,学生们都参加这些活动。

另外,在武则天当权时期,频繁举行封禅祭祀,许多学生被充作斋郎,参与封禅活动。

(三)参加"视学"活动

唐朝将皇帝和太子到国子监视学,作为一种制度,其目的是表示最高统治者教化民众,重视教育,体现以儒家思想为政治指导,政治与儒学相结合的政策。正由于这种原因,"视学"就十分隆重。文武官员和教师、学生都必须参加。前面叙述"侍讲制"时,已经做了扼要说明。归结起来讲,学生参与这些活动,主要是让他们接受儒学思想教育,使之成为忠实于国家的新一代人才。

(四)学术讨论、社会宣传教化和服务活动

唐朝官学学生参加校内外的学术性活动比较频繁。学校的祭酒、博士等名儒,除了授经、讲课,还时常举行学术讲演、辩论。学生大多参与这些活动,借以求得学业精进。中央或地方政府要实施某项政策措施,则让学生参与宣传教化,如太医署的学生就要和教师一起,进行防病治病的社会医疗服务工作;地方经学的学生兼学了吉凶礼。因此,凡地方上公私单位有举行吉凶仪式时,学生则前往演礼。

总起来说,唐朝的教学在"安史之乱"以前,搞得很好。经过这次战乱之后,教育、教学遭受到严重的破坏,国力一蹶不振。历朝皇帝,尽管多次下达指令,力图恢复、振兴学校,但都收效甚微。据《文献通考·卷四十二·学校考二》记载,"宪宗元和二年(807年),置东都监生一百员。自天宝后,学校益废,生徒流散。永泰中,虽置西监生,而馆无定员。于是始定生员:西京国子馆生八十人,太学七十人,四门三百人,广文六十人,律馆二十人,书、算馆各十人。东都国子馆十人,太学十五人,四门五十人,广文十人,律馆十人,书馆三人,算馆二人而已"。尽管下达了诏令,但并没有认真依令执行。所以,国子学博士韩愈《复请国子监生徒疏》曰:"国家典章,崇重庠序。近日趋竞,未复本原,至使公卿子弟,耻游太学,工商凡冗,或取上庠。今圣道大明,儒风复振,恐须革正,以赞鸿猷。今请国子馆并依《六典》,其太学馆量许取常参官八品以上子弟充,其四门馆亦量许取无资荫有才业人充。如有资荫不补学生应举者,请礼部不在收试限,其新补人有冒荫者,请牒送法司科罪。缘今年举期已近,伏请去上都五百里内,特赐非时收补;其五百里外,且任乡贡,至来年春,一时收补。其厨粮度支,先给二百七十四人,今请准新补人数,量加支给。"

文宗太和七年(833年)敕节文:"应公卿士族子弟,取来年正月已后,不先人国学习业者,不在应明经、进士之限。"

武宗会昌五年(845年)制:"公卿百官子弟,及京畿内士人寄客修明经、进士业者,并隶名太学。外州寄士人并隶名所在官学。"从《文献通考》记载的这些史料,足以看出中唐以后唐朝官学衰败的状况。

到唐末懿宗咸通年间,竟至没有经费维持学校的日常开支,同意礼部侍郎刘允章建言:"群臣输光学钱治庠序,宰相五万,节度使四万,刺史万。"①这个办法能够复兴学校教育吗?显然不能。

唐末,随着内乱与外患的加剧,唐朝政府便为朱全忠所取代,而建立后梁政权,中国又进入全国分裂的五代十国的战乱时期。在53年中,只有几个割据政权发布过恢复学校教育的指令。据《文献通考·卷四十二·学校考二》记载,梁开平三年(909年),国子监奏:"修建文宣王庙,请率在朝及天下见任官俸钱,每贯克留一十五文。"但到梁龙德三年(923年),后梁即被后唐政权所取代。

后唐天成三年(928年)正月,中书门下奏:"伏以祭酒之资,历朝所贵,爰从近代,不重此官。况属圣朝,方勤庶政,须弘雅迫,以振儒风。望令宰臣一员兼判国子祭酒。"敕:"宜令宰臣崔协兼判。"其年八月十一日,宰臣兼判国子祭酒崔协奏:"请国子监每年只置监生二百员,候解送至十月三十日满数为定。又请颁下诸道州府,各置学官。如有乡党备谙、文行可举者,录其事实申监司,方与解送。但一身就业,不得荫庇门户。兼太学书生,亦依此例,不得因此便取公牒,辄免本户差役。又每年于二百人数内,不系时节,有投名者,先令学官考试,校其学业深浅,方议

---

① 《文献通考·卷四十二·学校考二》。

收补姓名。"敕:"宜依。"这个诏令仍然是徒有其名而已,因为时过八年,后唐就为后晋灭亡。

据《宋史·卷一〇五·礼八》记载,后周显德二年(955年),"营国子监,置学舍"。又《新五代史闽世家·王审知》卷六十八写道:闽"建学四门,以教闽士之秀者"。再依陆游《南唐书·烈祖纪》卷一记载,南唐曾"立太学,命删定礼乐"。又蔡东藩《中华野史·卷六·五代野史》记载:南唐李璟发现其宠臣陈觉等五人结党营私,阴谋篡位,于是"谪觉为国子博士,安置饶州。后又复令自尽,南唐五鬼,陈觉为首"。据此说明,南唐设立过学校。

从上述史料说明,五代十国设立的官学,就教学内容来看,仍然沿袭唐朝的儒学传统,以传授经学为核心。

整体来看,到五代十国时期,由唐朝建立的官学教育制度,已经荡然无存。所以,司马光在《资治通鉴·太祖广顺三年(953年)五月》写道:"自唐末以来,所在学校废绝。"

第十章

宋朝学校的教学活动

后周世宗显德七年(960年),大将赵匡胤发动"陈桥兵变",代后周称帝,国号宋,定都开封,史称北宋。疆域东、南到海,北以天津海河、河北霸县、山西雁门关一线与辽接界;西北以陕西横山、甘肃东部、青海湟水流域与西夏、吐蕃接界;西南以岷山、大渡河与吐蕃、大理接界;以广西与越南接界。钦宗靖康元年(1126年)金兵攻入开封,北宋亡。次年(1127年)赵构(即宋高宗)在南京(今河南商丘)称帝,后建都临安(今浙江杭州),史称南宋。南宋北以淮河、秦岭与金接界,东南、西南和北宋疆域相同。到帝昺祥兴二年(1279年)为元所灭。北宋、南宋共历十八帝,历时320年。在这三百多年的历史过程中,政治上吸取唐朝藩镇割据的教训,采取了削弱地方权力,加强中央集权的措施;又采取抑制豪强,扶持中下层集团利益的办法,借以稳定社会秩序;还在一定的范围内开放言路,提高御史台的地位,容许谏官提意见而不予惩处,表现出某些民主氛围。文教上实行重文尊儒的政策,大力发展教育,掀起了三次兴学运动,推动了学校的普遍建立,培养了大量的知识分子;学术上允许不同派别的争论,活跃了学术气息,促进了"理学"、"王学"、"永嘉学派"等各种学说的形成与发展。

第一节 教学内容

一、中央官学的教学内容

中央官学由三个系统组成,一是国子监直接管理的官学有国子学、太学、广文馆、律学、武学、四门学和小学；二是中央其他行政机构附属的专科学校有天文学、算学、医学、画学、书学和道学；三是大宗正司所属宗室教育，包括宗学、诸王宫学等。另外，还有中央朝廷直接管辖的东宫教育系统。特分别介绍于下：

（一）国子监及其直接管辖的官学教学内容

（1）国子学。创设于宋太祖建隆二年（961年），是宋太祖、太宗、真宗朝的最高学府。初名国子监。太宗端拱二年（989年）改称国子学。淳化五年（994年）又改称国子监。教学活动开始于建隆三年，据《长编》卷三（建隆三年六月辛卯）载，"左谏议大夫河南崔颂判监事，始聚生徒讲书，上闻而喜之。乙未，遣中使遍赐以酒果"。又《文献通考·卷四十二·学校考三》记载："太祖皇帝开宝八年（975年），国子监上言：'生徒旧数七十人，先奉诏令分习《五经》，内有系籍而不至者，又有住京进士、诸科，常赴讲席。缘监生无有定数，欲以在监习业之人补充生徒。'诏：'令元系籍而听习不阙，得于秋试；系籍而不至者，听于本贯请。其未入于籍而听习者，或有冠裳之族不居乡里，令补监生之阙。'"据此说明：国子监的教学内容是讲、学儒学的《五经》；国子监的管理制度散乱，还有到国子监插班补缺的学生和旁听生，学生数量没有明确规定。后来规定为200人。① 宋朝国子监进行的教学活动很少，又不正规。除了给国子监生讲学之外。还有就是帝王幸国子学时给君臣讲解经义；或者应诏为帝王单独讲学。南宋建炎初年，"即行在（皇帝临时行都）置国子监，立博士二员，以随幸之士三十六人为监生"。② 宁宗年间，"以国子生员多伪滥，命行在职事官期亲、厘务官子孙乃得补试"。③ 可见小官子弟也可以入国子学，和唐朝的规定比较，宋朝国子监的入学条件已经放宽了。但是，据《文献通考·学校考三》所说，"学制所言，国子监以国子名，而实未尝教养国子。乃诏许清要官亲戚入监为国子生听读，额二百

---

① 《宋史·选举志》："国子生以京朝七品以上子孙为之，初无定员，后以二百人额。"

② 《宋史·选举志》。

③ 《宋史·选举志》。

人。仍尽以开封府解额归诸太学,其国子生解额,以太学分数取之,毋过四十人"。依据史料记载,国子监的基本任务并不担负教养国子,它的主要职能有两项,一是管理中央官学;二是举行祭祀孔子典礼。

(2)太学。是国子监直接管理的主要教学部门,也是宋朝的最高学府,宋仁宗庆历四年(1044年)创立太学。《文献通考·学校考三》记载:庆历四年判国子监王拱辰等言:"首善自京师,汉太学二百四十房,千八百余室,生徒三万人。唐学舍亦千二百。今国子监才二百楹,不足以容学者,请以锡庆院为太学。"从之。这就是说太学的创始,国子监的王拱辰等的建议起了促进作用。太学的教学内容主要是儒家经学,宋初,太宗端拱元年(988年)组织修订、重新刻印了唐本《五经正义》,宋真宗咸平年间(998—1003年)又再次修订了《周礼正义》、《仪礼正义》、《公羊传正义》、《谷梁传正义》,从而构成宋本《九经义疏》,并以之作为宋朝官学的教材。太学建立初期,即以《九经义疏》为教学内容。而且,按照经书内容的数量和难度进行安排:"《春秋》兼《三传》,《礼记》兼《周礼》、《仪礼》,为大经,各限二年讲毕。《毛诗》为中经,限一年半。《周易》、《尚书》为小经,限一年。"①宋神宗熙宁兴学以后,又颁布王安石编订的《三经新义》(即《诗》、《书》、《周礼》三经义)作为太学的基本教学内容。

(3)律学。宋朝律学创始于神宗熙宁六年(1073年)。在此之前,只在国子监设置律学博士一职,负责教授法律。据《宋史·职官志五》的"国子监"条原注记载宋朝初年国子监三馆:"广文教进士,太学教九经、五经、三礼、三传、学究,律学教明律,余不常置。"这就表明在律学没有独立设置专门学校以前,国子监里就设立了专馆教授法律。律学分为两科,一为律令科,教学内容主要是律令、刑法,侧重于理解和掌握法律大义;一为断案科,学习内容为具体的办案知识,注重培养断案的实际能力。

(4)武学。创始于宋仁宗时,景祐元年(1034年)朝廷大臣富弼上

---

① 《历代名臣奏议·卷一一四·议学校法》。

奏:"宜于太公庙建置武学,许文武官与白身岁得入补,聚自古兵书置于学中,纵其讨习,勿复禁止。朝夕观览,无一日离乎兵战之业,虽曰不果,臣不信也。"①庆历二年(1042年)即下诏两制举文武官各一员为武学教授。次年五月建立武学。但范仲淹等认为,武学没有单独设置的必要,可以在国子监讲习兵书就行了,于是武学又被停办。神宗熙宁五年(1072年)又重建武学于武成王庙。靖康事变后,武学停毁。南宋高宗绍兴十六年(1146年)恢复中央武学。武学的教学内容,据《宋史·选举志》记载,"习诸家兵法。教授纂次历代用兵成败、前世忠义之节足以训者,讲释之。愿试阵队者,量给兵伍。"就是说武学主要学习《孙》、《吴》、《六韬》诸家兵法和弓矢骑射等技术。

(5)广文馆。创始于宋初,前引《宋史·职官五》中,已经说明国子监设立"三馆"就包括广文馆。宋哲宗元祐七年(1092年)建立单独的广文馆。它是一种短期训练班和讲习班,学习不分学期,入学资格也没有限制,又没有严格的考试手续。凡四方来京参加科举考试或已经考试落第的举人都可以入馆参加听讲,以准备考试:"考试试已,则生徒散归"。宋哲宗元祐年间,广文馆学生达到二千四百多人。② 绍圣元年(1094年)"罢广文馆,其额悉复还之开封府、国子监"。③

(6)四门学和小学。四门学是接受天章阁侍讲王洙的建议而建立的。宋仁宗庆历二年(1042年)王洙提出:"请仿唐制,立四门学,以八品以下至庶人子孙,补充学生。自今每岁一补试,差学官锁宿、封弥,精加考校,取文理稍通者具名闻奏,给牒收补。内不合格者,且令理日依旧听读,后次与试。若三试不中,不在试补之限。"仁宗同意他的主张,于次年设置四门学,以培养不能入太学学习的一般知识分子。凡八品以下及庶人子弟都可以入学,学习年限一年,期满进行考试,成绩合格发给毕业

---

① 《三堂群书考索·后集卷二九·论武举武学奏》。
② 《宋史·卷一五七·选举志三》:"置广文馆生二千四百人,以待四方游士试京师者。"还规定"取诸科二百、国子额四十者,皆以为本馆解额。遇贡举年试补馆生,中者执牒诣国子监验试,凡试者十人取一"。
③ 参考《宋史·卷一五七·选举志三》。

证书,不及格留校继续学习。如留学三年考试仍然不合格,则开除学籍。① 但这所学校设立不久就停办了。

关于宋朝小学,史料记载很少。据《宋史·选举志三》,"哲宗时,初置在京小学,曰就傅、初筮,凡两斋"。其教学内容等具体情形,则不详载。

（二）中央其他行政机构附属专科学校的教学内容

（1）太史局附属的算学教学内容。宋朝算学的设立经历了漫长的过程。宋真宗景德二年（1005年）主管历算的司天监开始考试历算监生,但是没有招收学生进行教学,至神宗元丰末年曾短暂设立算学,但到哲宗元祐元年（1086年）又取消设置算学。直到徽宗崇宁三年（1104年）才创建算学。据《文献通考·学校考三》记载,"算学,崇宁三年立,其业以《九章》、《周髀》及假设疑数为算问,仍兼《海岛》、《孙子》、《五曹》、《张邱建》、《夏侯阳》算法,并历算、三式、天文书为本科。本科外,人占一小经,愿占大经者听。公私试、三舍法略如太学。"崇宁五年（1106年）取消独立设置的算学,而将算学附于国子监,后又复建算学。大观四年（1110年）,算学归于太史局。南宋高宗绍兴初年,命太史局试补算生。孝宗淳熙元年（1174年）,规定算学学生学习、考试历算《崇天》、《宣明》、《大衍历》三经。② 淳熙五年（1178年）后,曾规定考校《纪元历》、《统元历》等。从上述可知,算学的教学内容既包括算术,又有历算天文。

（2）太医局附属医学的教学内容。宋朝医学正式招生授学,开始于庆历四年（1044年）。依据《文献通考·学校考三》的记载,"医学,初隶太常寺,神宗时置提举判局,始不隶太常。亦置教授一员,翰林医官以下与上等学生及在外良医为之。学生常以春试,取三百人为额,三学生愿预者听。仿三学之制,立三舍法,为三科以教诸生。有方脉科、针科、疡

---

① 《宋史·选举志三》:"初立四门学,自八品至庶人子弟充学生。岁一试补,差学官锁宿、弥封,校其艺,疏名上闻,而后给牒。不中式者仍听读,若三试不中则出之。未几,学废。"

② 《宋史·卷一五七·选举志三》:"聚局生子弟,试历算,《崇天》、《宣明》、《大衍历》三经。"

213

科。方脉以《素问》、《难经》、《脉经》为大经,《病源》、《千金翼方》为小经"。又据《宋史·卷一五七·选举志三》的记载,医学的教学内容各有侧重:方脉科以《素问》、《难经》、《脉经》为大经;以巢元方《诸病源候论》、《龙树论》、《千金翼方》为小经;针科、疡科去《脉经》而增加《三部针灸经》。但据《宋代教育》:"唐代仅有医科、针灸、按摩、咒禁四科,而宋代则在此基础上发展为九科,即大方脉科、风科、针灸科、小方脉科、眼科、产科、口齿咽喉科、疮肿折疡科和金镞书禁科。"[1]

(3) 书画局附属画学的教学内容。宋朝画学建立于宋徽宗崇宁三年(1104年),教学内容据《文献通考·卷四十二·学校考三》的记载,"画学,曰佛道、人物、山水、鸟兽、花竹、屋木。以《说文》、《尔雅》、《方言》、《释名》教授。《说文》则令篆字,著音训,余书皆设问答,以所解义,观其能通画意与否。仍分士流、杂流,别其斋以居之。士流兼习一大经一小经,杂流则诵小经或读律。考画文等,以不仿前人,而物之情态、形色俱若自然,笔韵高简为工。三舍试补、升降以及推恩略同书学。惟杂流授官,止自三班借职以下三等"。这段文字说明:画学分为六个主科,即佛道、人物、山水、鸟兽、花竹和屋木。还设立有副科,学习的内容为《说文》、《尔雅》和《释名》等书体与音韵知识理论。学生分为士流和杂流,前者学习一大经和一小经;后者学习小经或读法律。而且,还对考试的要求与升舍办法作了明确规定。画学于大观四年(1110年),合并入翰林院书画局。

(4) 书艺局附属书学的教学内容。宋朝书学创建于徽宗崇宁三年(1104年),其分科和教学内容,据《文献通考·卷四十二·学校考三》记载,"书学,篆、隶、草三体字,《说文》、《字说》、《尔雅》、《博雅》、《方言》五书,仍兼通《论语》、《孟子》义,愿占大经者听。三舍试补、升降略同算学法,推恩差降一等"。主要的教学内容是学习篆、隶、草三体,兼习《说文》、《字说》、《尔雅》、《博雅》、《方言》,还要通晓《论语》、《孟子》义或儒学大经。大观四年(1110年),并入翰林院书艺局。

---

[1] 苗春德主编《宋代教育》,河南大学出版社1992年版,第184页。

除了以上专业行政机构举办学校，培养专业人才外，还有中央的少府监、将作监、军器监等设置的官营作坊里实行的艺徒训练，是以基础科技为教学内容。据史料记载，宋朝将作监所辖专管辖土木工程的有东、西各八个作司："曰泥作、赤白作、桐油作、石作、瓦作、竹作、砖作、井作。"①少府监所辖之文思院下面分为打作、玉作、玳瑁作、银泥作等32个作坊。绍兴初年，只御前军器监、军器所及东、西作坊就有工匠8700人。可见官营作坊规模、工种、工徒人数都在唐朝的基础上，有很大的发展。除此之外，还有纺织、造船、采茶、煮盐也有许多大作坊，有的工徒成千上万。这些工徒的知识技术，都是通过艺徒训练培养的，其中不少熟练工匠和技师。正是艺徒教育的发展，宋朝在建筑、机械制造、矿冶、制瓷、造船等行业都有很大的进步，取得了辉煌成就。

（三）大宗正所管辖的宗室教育的教学内容

（1）宗学。宋朝专门为宗室子弟设置的教育机构有宗学、诸王宫学和内小学，但这些宗学废置无常，可是宗室教育却绵延不断，因为宋朝的历代皇帝都比较重视宗室子弟的教育。宗学的建立发展在神宗熙宁十年（1077年）前为初创时期，还没有明确的制度规定；熙宁十年确立《宗子试法》，到北宋末年，才逐渐引入了科举考试办法改进宗学的考试制度，宗室子弟通过考试可以获得出身和职官。靖康之乱，宗学被废。南宋高宗绍兴十四年（1144年），重建宗学于临安，基本上沿用熙宁的《宗子试法》，没有大的改变。宗学的教学内容，则随着时代的变化而各有重点。在熙宁十年之前，主要学习书艺文辞及一般的经义知识，读《孝经》、《论语》、《左氏春秋》等。熙宁十年以后，扩大了教学内容的范围。除了学习三纲五常之道和《论语》、《孟子》、《孝经》之外，还要读本经一部与策论等和科举考试相关的内容，以便参与科举考试。如崇宁初年规定宗子考试分为经义和律义两科；南宋宗子考试分为习经人、习赋人、试论人。于是，教学内容也就随着考试内容的改变而不断变化。

（2）诸王宫学和内小学。两宋王朝都曾经设立，按宋朝规定凡诸王

---

① 《宋会要辑稿·职官》三十之七。

属尊者都可以在其宫内设立学校,到宁宗时诸王宫学与宗学合并,贵胄学校都是大、小混合在一起的。至于内小学,设立于宋理宗年间,是专门为资质聪明的宗室儿童兴办的。这些贵族学校的教学内容基本相同,只是在学习程度的要求方面,各有差异而已。

（四）皇帝负责的东宫教育的教学内容

宋朝的东宫教育就是皇太子教育,宋朝历代皇帝和历史上各个王朝的帝王一样,十分重视皇太子的教育。宋朝专门为皇太子设置的教育机构是资善堂,建立于宋真宗朝。教学内容主要是帝王治国术、道德修养和儒家名著,以及社会现实情况的了解与体察等。

二、地方官学的教学内容

宋朝地方行政机构设置情况是:第一级为路,第二级为府、州(特殊情形设置军、监),第三级为县。因此,学校也依地方行政单位设立。但在路一级不置学校,只设提举学事司,管理路以下的学校;府(或州)、县则设学校,可见地方学校实际上只有两级。宋朝初年,只有乡、党自发建立学校,而没有府或州、县学校。所谓"盖州县之学,有司奉诏旨所建也,故或作或辍,不免具文。乡党之学,贤士大夫留意斯文者所建也,故前规后随,皆务兴起"。①

宋朝地方官学是在北宋三次兴学运动的推动之下,逐步发展起来。第一次兴学是宋仁宗庆历三年(1043年),范仲淹主持改革时期,下令州县立学。仁宗诏令说:"州若县皆立学,本道使者选属部官为教授,三年而代。选于吏员不足,取于乡里宿学有道业者,三年无私遣,以名闻。士须在学习业三百日,乃听预秋试;旧尝充试者,百日而止。"②这个诏令明确规定州县都设立学校。而且,学生必须在学校学习300天,才能参加科举考试,过去参与过科举考试未中举的学生也要到学校复读100日,才能参加下次的秋试。这样将地方学校的建设和科举考试结合起来,大力促进了设立地方学校的必要性和急迫感。第二次兴学是王安石主持改革时期,熙宁四年(1071年)神宗诏令说:"诸路置学官,州给田十顷为

---

① 《文献通考·学校考七》。
② 《长编》卷一四七,庆历四年三月乙亥。

学粮,元有学田不及者益之,多者听如故。仍置小学教授,凡在学有职事,以学粮优定请给。"①这项诏命确切规定了地方学校的办学经费和设置地方学官,从而推动了地方官学的发展。第三次兴学是徽宗崇宁元年(1102年),根据蔡京等人的建议,对地方学校作出了更为具体的规定。徽宗诏令说:"天下州县并置学校,州置教授二员,县亦置小学。""县学生选考升诸州学,州学生每三年贡入太学。""州给常平或系省田宅充养士费,县用地利所出及非系省钱。"②概括地讲,诏命进一步要求州县设立学校,并把各级学校联系起来,实行县学升州学、州学升太学的升贡制;明确县学、州学的经费来源。将地方学校的建设,推向发展的高潮,到崇宁四年形成了布满全国州县的学校网络,无论在规模、范围、数量上都超过了前两次兴学。

宋朝地方官学内容,是以科举及太学升补考试要求一致而设计的。在熙宁兴学之前,宋朝政府"诏诸路州县有学校聚徒讲诵之所,并赐《九经》"。这里所说的《九经》,即唐朝的《五经正义》,其中包括:《诗疏》、《书疏》、《易疏》、《礼疏》、《春秋左氏疏》和宋真宗年间重修的《周礼》、《仪礼》、《公羊传》、《谷梁传》等九门儒经作为教学内容,只是根据学生的学业程度不同,其学习经书也有些差别;由于当时科举考试分为诗赋、策论和经义,故地方学校除了学习经学之外,还将诗赋、策论列为教学内容;熙宁兴学以后,颁布王安石修撰的《三经新义》,即《诗》、《书》、《周礼》作为教学内容和科举与升舍考试的科目。

三、私学和书院的教学内容

宋朝由私人创立的私学,按照它们的教育目标可以区分为三种,一是实施蒙养阶段教育的私学;二是讲述经学义理、词赋以应科举的私学;三是研究治事之学和性理之学,集聚大量图书,学生自学,教学与学术研究结合的书院。由于私学的办学目标不同,教学内容就自然有些差异,兹扼要介绍于下。

---

① 《长编》卷二二一,熙宁四年三月庚寅。
② 《宋史·卷一五七·选举志三》。

（一）蒙养阶段私学教学内容

中国古代蒙养教育是指六七岁至十三四岁儿童的教育。这个时期的教学内容主要是基本文化知识教学，以识字、习字、背书、作对等为主。宋朝的蒙养教育十分普遍，在城镇、乡村都设有乡学、村校、家塾、舍馆、冬学等名称不同的蒙养学校。宋代学者非常重视蒙养教育，编写了各种蒙学教材，概括起来有以下几类：综合性蒙学教材，主要是识字和一般知识性教学，如轶名作者编写的《百家姓》，王应麟编写的《三字经》；历史类蒙学教材，主要选择历史故事、历史人物的嘉言善行，掌握历史知识，养成历史责任感，如王令的《十七史蒙求》，刘彬的《两汉蒙求》，黄继善的《史学提要》等；博物类蒙学教材，如方逢辰的《名物蒙求》和王应麟的《小学绀珠》等；伦理道德类蒙学教材，培养伦理道德，学习处世为人的基本原则，如朱熹的《训蒙诗》，吕本中的《童蒙训》，吕祖谦的《少仪外传》等。这些教材由各个蒙养教师选择作为教学内容，但在宋朝流行最广的是《百家姓》和《三字经》，几乎各个蒙学都以这两种教材为内容。

（二）讲述经学义礼、词赋以应科举的私学教学内容

宋朝初年，官学教育还没有发展起来，而政府又实行科举考试，而且录取的人数比较多。在这种情况下，促使私学担负起培养应举人才的任务。相当一部分私学的教学内容，都选择科举考试的科目为基本的教学内容。如《宋史·王昭素传》：王昭素，"开封酸枣人，少笃学不仕，有志行，为乡里所称，常聚徒教授以自给。李穆与弟肃及李恽皆尝师事焉"。又，辛文悦"以《五经》教授"；傅孙兰"治左传春秋，聚徒教授"；戚同文"隐居教授，学者不远千里而至，登科者凡五十六人"。[1] 再如著名教育家胡瑗，自幼勤奋好学，"十三岁通《五经》"，青年时期为避免世事的干扰，专心求学，便同好友孙复、石介一道隐居泰山，"攻苦食淡，终夜不寝，一坐十年不归"。每次接到家信，只要见到家人平安，便将信投入山谷，不再细读，以免扰乱学习的心思。如此十年，打下了雄厚的学识基础。后回到家乡在苏州开办私学，"以经术教授吴中"，成为闻名远近的

---

[1] 《宋史·儒林传》（见各人本传）。

学者和私学大师。得到知州范仲淹的敬重,特聘请他为苏州郡学的教授,从此开始了他的官学生涯。庆历二年(1042年),他又以保宁节度推官的身份被聘为湖州州学教授。欧阳修《居士集·卷二十五·胡安定先生墓表》写道:"自明道、景祐以来,学者有师惟先生暨泰山孙明复、石守道三人,而先生之徒最盛。其在湖州之学,弟子去来常数百人,各以其经转相传授。"上述私学都是以儒学《五经》与词赋为基本教学内容。

(三)研究治事之理与性理之学的私学教学内容

周敦颐(1017—1073年)和他的著名弟子程颢(1032—1085年)、程颐(1033—1107年)就是宋朝理学家们研究性理之学的典型,他们私学的学生学习、研究儒学,不是为了适应科举制度的需要。周敦颐,字茂叔,湖南道县人,宋朝理学的创始者。他没有专门从事教育工作,但在各地做官的过程中,提倡建立学校,同时招收生徒进行讲学活动。如知虔州兴国县时,程颢、程颐的父亲程珦和他交谈,认为周敦颐为"知道者",乃令二子拜周为师。据《明道传》程颢说:"自十五六时,与弟颐闻周敦实论学,遂厌科举之业,慨然有求道之志。"《周敦颐集·遗事》载:"河间刘立之叙述明道先生事曰:'先生从汝南周敦颐问学,穷性命之理,率性会道,体道成德,出入孔孟,从容不勉。'""明道先生尝曰:'昔受学于周茂叔,每令寻仲尼、颜子乐处,所乐何事。'"《周敦颐年谱》记载:"其后先生作《太极图》,独手授之,他莫得而闻焉。"以上说明,周敦颐的教学内容仍然为儒学《六经》和孟子学说。因此,孔延之在《邵州新迁州学记》写道:"周君敦颐好学博通,言行政事,皆本六经,考之孟子。故其所设施,卓卓如此。"不过,他不是教导学生记述经文以应科举,对二程的教学就是明证。

程颢、程颐兄弟经过周敦颐的培养和自身的努力钻研,并通过长期的教学实践,发展为洛派理学家的奠基人与首领。二程设置私学招收生徒,进行讲学活动,程颢讲学30年,程颐教学50年,其私学教学内容仍然是以传授、研究儒家性理之学为核心,其基本教材仍旧是《诗》、《书》、《易》、《礼》、《春秋》、《五经》;还根据当时的需要,将《大学》、《中庸》、《论语》、《孟子》四部书也作为基础教材。二程认为,《论语》是圣人言论之圭臬;《孟子》是从"道"发展至"道学"的信息源泉;《大学》是修身入德之门序;《中庸》可探知古人微妙之处。他们还把"四书"当成学习"五经"的基础课程,并从此构成了"四书五经"教学内容新体系,为后世所采用和遵循,影响深远。

邵雍(1011—1077年)字尧夫,祖籍范阳(今河北涿县)人,后随父亲迁河南辉县,家境苦寒,然慷慨有大志,坚持"冬不炉、夏不扇、夜不就席"的苦读。学业成就之后,不参与科举,而授徒著书,先居辉县,后迁洛阳,热心讲学,一生不改其志,对来学的学生,"必随其才分之高下"施行教导,各地学者,"慕其风而造其庐",培养了许多人才,成为著名私学教育家。其教学内容虽源于儒学,但又不拘泥于儒学,还摆脱了儒学的有些观念,而有所创新。"所传授的内容,有两个明显的特点。一是专授被称为'先天之学'的象数学,进行学术性很强的专业教育;一是广泛涉及自然科学知识,在一定程度上避开了儒家传统教育轻视自然科学的根本弱点。"[1]他所用的教材就是自著的《皇极经世书》。他把《易》的基本象(阴爻– –、阳爻—)和基本数(从一至十)予以发挥,自造了一个象数系统,结合《易》八卦组成一套图式,以此来表达宇宙的起源。他说:"图虽无文,吾终日言,未尝离乎是。盖天地万物之理尽在其中矣。"[2]他认为,"生天地之始,太极也"。又说:"天由道而生,地由道而成。"[3]他把"太极"和"道"相等同,认为它是支配万物、驾凌于万物以上的东西。他将精神视为宇宙万物的本源,这就是"先天之学"的核心。邵雍传授这些内容给他的学生,可以明确地看出其私学不是启蒙性质的乡村私塾,而是以研究学问为目标的高等级私学。

张栻(1032—1180年),字敬夫,号南轩,四川绵竹人。随父张浚谪居湖南永州,自幼勤学,有大志向,求师问道,不遗余力。先后拜王大宝、胡宏为师,奠定了坚实的学识基础。绍兴三十一年(1161年)春,创建城南书院,开始讲学活动。杨锡绂《城南书院志·改建书院叙》:"一时从

---

[1] 苗春德主编《宋代教育》,河南大学出版社1992年版,第323页。
[2] 邵雍著《皇极经世书》之《观物外篇》。
[3] 邵雍著《皇极经世书》之《观物内篇》。

游之士,请业问难者至千余人,弦诵之声洋溢衡峰湘水,洵理学中天之会已。"乾道元年(1165年),岳麓书院改建完成,张栻应邀为书院撰写《潭州岳麓书院记》,明确提出书院办学方针是培养"传道济民"的治国之才,而不是为士子应科举的准备。潭州知府刘珙聘请张栻为书院主讲,乾道九年,辟为书院教授。自从张栻主讲岳麓书院,跟随他学习的学者很多,发源于衡山的湘湖学派其重心逐渐转移到长沙。所以,侯外庐在《宋明理学史》上卷里写道:"张栻主岳麓书院教事,从学者众,因而奠定了湖湘学派的规模。"张栻除了教导弟子之外,还多次与朱熹探讨学术,邀请朱熹到岳麓书院进行会讲,开辟了学术思想史上学术争论的先河,从而推动了学术进步,促进了理学的发展和体系的完整。后来,张栻以荫补官,相继担任过严州、袁州、静江知府等地方官,并在各地倡导教育,深受百姓拥护和士人的爱戴。他一面教学,一面著述,有诗文集44卷,以《南轩文集》刊行。另有《论语解》、《孟子说》、《南轩答问》等著作。依据上述可以知道他教学内容仍然以《五经》、《四书》为中心,理学为重点。

朱熹(1130—1200年),字元晦,号晦庵,祖籍徽州婺源(今江西婺源县),出生在福建尤溪县。人们称其为"闽人",称其学派为"闽学"。祖辈历代为官,世为婺源著性,以儒闻名。朱熹自幼颖悟、勤奋,八岁读《孝经》,十岁开始读《大学》、《中庸》、《论语》、《孟子》,每天必读,从不间断。十四岁时,父亲病逝,遵父遗训,拜胡原仲、刘致中、刘彦冲3人为师。这3位老师都是二程理学的传承者,又对佛学有兴趣,朱熹在老师的教导和影响下,系统地读了儒家理学书籍,还学习了佛、道理论。他说:"某旧时,亦要无所不学。禅、道、文章、楚词、诗、兵法,事事要学,出入时无数文字。"[1]说明朱熹在接受教育阶段,其学习内容除了儒家经学外,还涉猎各家学说及各个学科,而不只限于《四书》、《五经》。

朱熹考中进士后,于宋高宗绍兴二十一年(1151年),授左迪功郎,任泉州同安县主簿。此后相继担任过地方官员:差监潭州南岳庙,差管

---

[1] 《朱子语类》卷一〇四。

武夷山冲佑观,差知南康军,提举两浙东路常平茶盐公事,知漳州,知潭州荆湖南路安抚使等。他每到一地都提倡教育,兴办学校,亲自给学生讲课,还到各处访友,交流学术思想,并从事著述。

朱熹倡导的教学内容是《四书》、《五经》,这是小学教学的重要内容;但又认为这些内容广博、义理精深,小学生难以接受。于是他特别为小学儿童编写了能体现上述内容的儿童课本和读物:《小学》、《童蒙须知》和《武夷櫂歌》3 种;而大学教育则是小学教育的深入与扩充。他说:"小学之事,知之浅而行之小者也;大学之道,知之深而行之大者也。"① 又说:"小学者学其事,大学者学其小学之事之所以。"② 也就是说,大学的教学内容仍然是《四书》、《五经》,只是教育程度要深入些,其特点是实施"理教"。

吕祖谦(1137—1181 年),字伯恭,浙江婺州武义县人(今浙江金华东南)。一生既任官学教授、博士,又自招生徒进行讲学。在教学内容方面,主张以儒学为本,通经致用,又强调史学为重要的教学内容;还提倡文武兼学,与同时代朱熹"道学"和陆九渊"心学"的主张不同。

陈亮(1143—1194 年),字同甫,南宋婺州永康人。幼时就"才气超迈","有驱驰四方之志"③。20 岁参加科举不中,此时,宋金再次议和。他坚持抗金,反对议和,并提出抗金的各种措施,南宋皇帝对他的主张不予采纳,只好"退修于家,学者归之,盖力学著书者十年"④。他在家乡开办私学名为"保社",许多学生拜他为师,讲学内容摈弃理学而崇尚实学。他说:"辛卯、壬辰(乾道七、八年即 1174—1175)之间,始悟空言心性于世无补,乃穷天地造化之初,考古今沿革之变,以推极皇帝王伯之道,而得汉魏晋唐长短之由,天人之际,昭昭然可察而知也。"⑤ 他在"保社"的讲义就是他著的《经书发题》,同时还著有《三国纪年》、《伊洛正源书序》等。由此可以看出,陈亮在教学内容上要求广通博洽,特别强

---

① 《小学辑说》。
② 《朱子语类》。
③ 《宋史·陈亮传》。
④ 《宋史·陈亮传》。
⑤ 《上孝宗皇帝第一书》。

调学习历史的重要性,尽管他赞成读《五经》等儒学典籍,但他要求学生从经书所记载的治道事迹中,求得启发,并和现实问题进行参照,为解决南宋社会实际问题寻找途径与策略。这种主张和朱熹要求学生通过读经来体悟天道,即"存天理,灭人欲"的道德教育截然不同。

叶适(1150—1223年),字正则,号水心,浙江永嘉人。青年时期就与事功派的奠基人薛季宣、陈傅良相交往,且过从甚密,深受二人影响,使之成为永嘉学派的集大成的学者。29岁中进士,在30年的仕途生涯中,虽然历经坎坷,但始终关心人才的培养,有时还亲自进行讲学活动。宋宁宗开禧三年(1207年)将近60岁的叶适,被冤屈免去官职,回到故乡水心村,专门从事私人讲学和学术研究。他的教学内容主张与朱熹只强调"道学问",提倡读"经"为主有很大不同;和陆九渊强调"尊德性",提倡"心悟",虽不重读书,但不讲实学也有重大分歧。叶适认为教学内容应当广博,传统儒学、历代史书、诸子百家学问,以及各种实际知识都是教学的重要内容,完全摆脱了理学的束缚,而自成一派。

(四)研究学术的书院教学内容

前面扼要介绍几位研究性理之学的私学及教学内容,他们创办的私学或者是逐渐发展为书院,或者本身就是主持书院讲学,或邀请去书院研究与讲学,他们的教学内容仍然是《诗》、《书》、《易》、《礼》、《春秋》五经和《论语》、《孟子》及《大学》、《中庸》四书。不过,他们并不对上述内容进行系统讲解,而是选择其中的某一部分做深入的研究,讲述研究的心得和成果。如程颐晚年在伊皋书院讲授他自己的著作《易传》,胡安国在碧泉书院讲授所著《春秋传》,张栻在城南书院、岳麓书院、朱熹在白鹿洞书院、陆九渊在象山院都是讲授各自的学术思想及其研究成果。除了讲解自己的学术见解之外,还学习史书和其他子书,如白鹿洞书院学习内容就有《汉书》和《管子》等。

(五)传授科技知识理论的私学

宋朝建立了比较完整的官立科技教育体系,但仍然不能满足科技发展对科技人才的需要。因此,传授科技教育的私学应运而生。最著名的是胡瑗在苏、湖二州学设立治事斋,并在其中分置讲武、堰水、历算等科,以科技知识理论为基本内容。胡瑗创立的分斋、分科教学曾经为不少私学所仿效。特别是许多家传私学都以传授科技为内容。据《宋史·列传·方技》记载,"庞安时,字安常。儿时能读书,过目辄记。父,世医也,授以脉诀。安时曰:'是不足为也。'独取黄帝、扁鹊之脉书治之,未久,已能通其说,时出新意,辩诘不可屈,父大惊。时年未冠"。"凡经传百家之涉其道者,靡不通贯",而成为名医,并著《本草补遗》及补张仲景《伤寒论》。再如,苗守信,父亲苗训是天文学家,曾任翰林天文,"少习父业,补司天历算,后改司天台主簿"。《乾元历》、精密天文仪——铜浑仪的制造者韩显符,善于观察辰象,更精通浑学,著有《法要》十卷献于宋朝政府,又将自己的学识和浑天技术传授给他儿子韩承矩、韩承规和司天台的工作人员。上述人物就是由家传私学培养出的杰出人才。另外,还有自学成才的科技专家,例如南宋绍兴、乾道年间(1131—1173年)名医王克明"初生时,母乏乳,饵以粥,遂得胃疾,长益甚,医以为不可治。克自读《难经》、《素问》以求其法,刻意处药,其病乃愈。始以术行江、淮,入苏、湖,针灸尤精"。像这种自学成才的科技专家很多,不胜枚举。分析自学成才原因是:社会的迫切需要,政府的倡导、鼓励,士人的好学风气,加以印刷术发展,书籍大量出版,藏书增加而有书可读。

综合起来看,宋朝官学、私学及书院的教学内容已经多样化,儒学除了以"五经"为基础,又增加了《论语》、《孟子》、《大学》、《中庸》,"四书";儒学中的理学又分为"濂、洛、关、闽"四派,以及象数学派;还有强调实用的事功学派;三经新义学派等,说明儒学本身已经分化为各种派别,在教学内容的选择上,各有侧重,而不再是汉、唐时期统一的儒学,表明儒学发展了,变成了多种意识形态。儒学以外的道学、佛学、文学、史学、刑法律令、侦查断案、书学、画学、音乐、舞蹈、戏剧艺术、军事学、战略学等;以及自然科学的数学、历算、天文、气象、医学、药学、脉学、诊断学、针灸学、内科学、外科学、儿科学、产科学、畜牧兽医学和农耕、种植、水利等;还有技术的弓、马、骑、射、金、木、石工技艺等等都进入教学的课堂。这就使教学内容发生了巨大变革,而构成了百科全书式教学内容新体系。9—11世纪古代中国的学校有这样丰富的教学内容,在那个时代的世界上,可以说是十分先进的。遗憾的是对这些史实,没有注意整理,以致在近百年间批判封建制度时,只是一味地指责古代学校学习"四书""五经",相沿成习,造成许多历史误解。

第二节　教师和教学活动

一、教师的选拔任用

据《宋史·职官志》,宋朝的教师在各级各类学校有不同的名称:太学初建时置博士12人,负责分经讲授,考校程文,以德行道艺训导学生;学谕20人,负责将博士所授经及布置的作业传谕诸生;实际做教学工作的是博士。在各专科学校,武学置教授1人;神宗时改置博士1人;律学设律博士;医学"各科置教授一",崇宁年间医学改属国子监置医博士4人;宗学、诸王宫学、内小学及国立小学等,都按照实际情况,设置教授、博士、教谕、学谕等,负责教学工作;算学、书学、画学、辟雍、四门学、广文馆等教师选任问题,史料无明确记载;地方官学的教师则称为教授,州学2人,县学1人,专门承担教学。

教师的选拔任用都十分认真、严格。庆历兴学时,范仲淹主张严择"明师",认为只有"明师"才可以"教人《六经》,传治国治人之道"。王安石熙宁兴学时,同样强调严格选择教师,将那些有志改革、通古知今、明体达用、熟谙礼乐政刑的学者充实到教师队伍中去。武学选文武知兵者为教授;医学"选翰林医官以下与上等学生及在外良医为之"。[①] 总之,仁宗、神宗、哲宗及至高宗各朝都明令严格考选教师,要求教师必须学业德行俱优。如庆历时规定:"本道使者选部属官为教授,员不足,取于乡里宿学有道业者。"[②]至于州、县教授"委运司及长史于幕职州县内荐,或本处举人有德业者充";教师应有较高的出身与学历,哲宗绍圣时规定:"内外学官,选进士出身及经明行修人";教师应当有工作经验与

---

① 《宋史·职官四》。
② 《宋史·选举志》。

一定的威信。哲宗元祐时，诏"内外学官，选年三十以上历任人充当"。[①] 正因为选拔教师严格，因此神宗元丰元年（1078年）诏命的全国府、州学教授只有53名。《文献通考》评论说："盖重师儒之官，不肯轻授滥设故也。观其所用者，既是有出身人，然又必试中而后授，则与入馆阁翰苑者同科，其遴选至矣。"

二、教师的教学

宋朝通过三次兴学运动，加强了对学校的管理，在教师的教学方面也比以前历代有进步，或更为完善。各类学校都采取一些措施来促进教学。如庆历兴学时，政府下令将湖州胡瑗苏湖教学法作为太学的教学法，编成《学政条约》一卷；元丰改革时，政府颁布太学令一百四十条，又制定《京兆府小学规》等，从而加强了教学管理与教学的计划性，推动了教学形式和方法的改革和创新。

（一）教学形式实行按级分班教学

首先，在中央官学比较普遍采用按级分班教学形式，不过当时称为分斋教学。如太学实行三舍制，就是按照学生学业能力和品行分别编为上舍、内舍、外舍，再将各舍分为各斋进行教学。如元丰二年（1079年）规定：太学置80斋，每斋30人，上舍生100人，内舍生300人，外舍生2000人。外舍生每年升级1次，考试成绩和平时成绩与操行列一、二等者升入内舍；内舍生学满两年，由学官按照贡举程序进行升舍考试，若成绩达到优平二等，再参考平时成绩及操行，升入上舍。这实际上就是我国古代的按学生学业程度分级编班，依照学生考试成绩升级的班级授课制。律学分两斋，命官、举人各一斋，分别授以断案和律令。国立小学最初分"就傅"和"初筮"两斋，后因学生增多，于是分为10斋教学。武学曾经分为"受成"、"贵谋"、"辅文"、"中古"、"经远"、"阅礼"等斋进行教学。算学、书学、画学等都采用过按学生学业层次分级编班实施教学。其次，地方官学实行按级分班教学。哲宗元符二年（1099年），诏令诸州郡学实行三舍法，即在地方官学推广按级分班的教学制度。实际上早在景祐、庆历年间，胡瑗在苏州和湖州州学作教授时，就已经实行分斋教

[①] 《宋史·职官志五》。

学,他把州学分设经义斋和治事斋;经义斋学习儒家经典,治事斋又分为治兵、治民、水利、算数四科,学生专治一门主科,同时还兼治一门副科,或专或兼,因各个学生的实际状况确定。南宋的地方官学也实行按级分班教学,如朱熹担任同安县主簿时整顿县学,将县学分为"志道"、"据德"、"依仁"、"游艺"4斋进行教学。

(二)教学方法的改进和创新

宋朝的官、私学校都积极地改进和创造新的教学方法,最主要的有以下一些。

1.利用直观教具实行直观教学。

胡瑗在湖州教学时,把《礼记》、《仪礼》和《周礼》所记载的礼仪器物绘制成图,悬挂讲堂,给学生参看。朱熹任同安主簿,十分关心县学,亲自到县学讲课,还将《周礼》、《开元礼》、《仪礼》和《绍兴祀令》互相参照,绘制成礼仪、服饰和器用等各种挂图,给学生观览,使学生了解礼的形式和内容。医学教学也使用直观教具,医学教师王惟一通过多年教学实践编写了《铜人俞穴针灸图经》,还制作了刻有经脉俞穴的铜质人体模型。使用针灸铜人这种非常逼真的教具,取得了良好的教学效果。在铜人的全身刻有经脉俞穴,可以帮助教师和学生认准穴位,还可以在考试时考察学生是否能用针灸找准穴位。考试前,将铜人全身涂上一层蜡,体内装满水,还给铜人穿上衣服,考生如能准确地刺中穴位,将蜡刺破水就流出,如果没有刺中穴位,则无水流出,即为针灸不合格。著名国医许叔微还绘制了《仲景三十六种脉法图》等医学教学挂图,使学生形象地了解脉象,取得很好的教学效果。天文学家苏颂创制的天文计时仪器"水运仪象台",也是算学学生掌握天体时空运行知识的有效教具。

2.组织参观、游览、实习、演习。

宋朝教师教学大都重视课外教学活动,认为通过课堂以外仍然可以使学生获得书本外的知识、学问。胡瑗赞同"于无文字处读书",学者走出书斋,"必游四方,尽见人情物态,南北风俗、山川气象,以广见闻",他经常带领学生游览名胜、古迹,既增长了知识,又陶冶了情操,还锻炼了意志。其他如武学,除了操练武术,还要演习战阵;医学学生要到医院进行临床实习。总之,各类学校都较普遍注重实际教学。

3. 重视兴趣教学。

教师教学注意学生的兴趣爱好,并按照不同学生的情况安排教学。胡瑗针对学生有"好尚经术者,好谈兵者、好文艺者,好尚气节者,皆使之以类群居,相与讲习";还有在现实的教学中,引起学生的学习兴趣也是教师关注的方面。程颐明确指出:"教人未见兴趣,必不乐学。"强调在教学中要激发学生的学习兴趣。胡瑗在太学讲学,"音韵高朗,旨意明白",谈古论今,引经据典,深入浅出,以理服人,听讲者皆心悦诚服。他还时常带领学生到首善堂,奏乐歌诗,开展游艺活动。朱熹教学也是生动活泼,还依据青少年特点,通过讲故事、编写诗歌等方式,激励学生的学习热情与兴趣。

4. 不同层次的学生,采用不同的方法进行教学。

首先,如启蒙阶段的学生学习主要是识字、读书、习字、习作,常用的方法是读书、背书、温书。在识字过程中读书与读书过程中识字两者紧密结合;认识一些字以后,为了使学生牢记,就练习写字与习作。采用的方法是多读,"读书千遍,其义自见"。读到什么程度呢?达到能背诵为止,而且还要多背。在蒙学里,教师在教学新课前,都要求学生将已经学过的进行背诵。朱熹的弟子在总结《朱子读书法》时,特别提出读书、背诵都是重要的方法。温书,蒙学中采取学习新书前,要求先温习以前学过的书。吕祖谦在《辩志录》说:"大抵后生为学,须严立课程,不可一日放慢。每日须读一般经书、一般子书,不须多,只要令精熟。须静坐危室,读取二三百遍,字字句句须要分明。又每日须连前三五授通读五七遍,须令成诵,不可一字放过也。"在蒙学中除了温习前几天学习的之外,还有定期温习,如10天、每月、每一年都要将前阶段学过的温习一遍。经过反复温习,所读的书才不致遗忘,这也是朱熹所强调的熟读精思的读书法。至于蒙学中的写字教学,宋朝已经采用描红、影写,然后临帖的方法。

其次,经馆、精舍的教学方法,主要是集体讲学,与辩论和个别辅导。例如《象山先生全集》第二十六卷,记载陆九渊于贵溪象山精舍讲学情况:"先生常居方丈,每旦鸣鼓,则乘山箯至。会揖,升讲坐,容色粹然,精神炯然。学者又以一小牌书姓名年甲,以序揭之,观此以坐。少亦不下数十百,齐肃无哗。首诲以收敛精神,涵养德性,虚心听讲。诸生皆俛首拱听。非徒讲经,每启发人之本性也。间举经语为证,音吐清响,听者无不感动兴起。初见者或欲质疑,或欲致辩,或以学自负,或有立崖岸自高者,闻诲之后,多自屈服,不敢复发。其有欲言而不能自达者,则代为之说,宛如其所欲言,乃从而开发之。至有片言半辞可取,必奖进之。故人皆感激奋励。"以上所述,足以说明陆九渊在精舍教学的状况及其方法特征。除了讲学及在讲解中答疑之外,对于学识程度高、年龄较大的学生,则采用讨论、问答、辩论、个别辅导的方法,例如胡瑗、朱熹、张栻等在教学中就经常运用这些方法。特别值得重视的是胡瑗使用了组织学生讨论、辩论的方法,他让学生自述学习的心得体会,然后由他给以概括;或者由学生提出问题,再组织学生进行讨论、辩论,依据学生发表的见解予以评价。这种方法调动了学生的积极思维性,锻炼了口头表达能力,取得良好的教学效果。

再次,书院的教学方法,和官学、私学的教学基本相同,主要还是讲授、会讲、讲会。不过,讲授与官学、私学稍微有些区别,即讲授的次数少,内容高深,而听讲的人数多。如马令《南唐书》:"朱弼……知庐山国学,生徒数百……每升堂讲释,生徒环立,各执疑难,问辩锋起,弼应声解说,莫不造理。虽题非己出,而事实联缀,宛若宿构。以故诸生诚服,皆循规范。"又,乾道三年朱熹在城南书院、岳麓书院讲学,"学徒千余,舆马之众至饮池水竭"。[①] 上述事例,说明书院讲学的情形与盛况。书院讲学一般由著名学者主讲,也可以由名师的弟子代讲,如陆九渊令学生傅子云代讲。学生初入学,陆九渊让学生随早入学的高才生邓文范学习,即采用汉朝马融实行的高年级辅导低年级的方法。书院名师讲学时,不只书院的弟子参加,院外的学者也可以自由参与听讲。

书院的会讲是学者之间在一起进行学术讲论,交流研究心得,交换

---

① 清康熙版《新修岳麓书院志》卷三。

学术见解。朱熹说是"会友讲学",张栻说是"会见讲论"。在宋朝最著名的会讲活动有三次。一次是朱熹和张栻的会讲:乾道三年(1167年)八月,朱熹带领学生由福建崇安出发至湖南长沙岳麓书院访问,9月8日在长沙和张栻相会,一起进行学术讨论、交流,还相继在城南书院、岳麓书院讲学,阐述各自的学术见解,会讲两月余,朱熹才返回福建。另一次会讲是淳熙二年(1175年),吕祖谦到福建拜访朱熹后,在朱熹送他返回湖南长沙,途经信州时,吕祖谦想调和朱熹与陆九渊之间学术观点上的矛盾,试图通过会讲以取得一致,因此,邀请陆九渊及其兄陆九龄会于鹅湖寺。会议由吕祖谦主持,参加会讲的还有刘清之等20余人。"诸人皆相与讲其所闻之学"。"论及教人,元晦(朱熹)之意令人泛观博览,而后归之约;二陆之意欲先发明人之本心,而后使之博览。朱以陆之教人为太简,陆以朱之教人为支离"。[①] 这次不同学术观点的会讲,尽管没有达成共识,但开创了学术争论的先河,推动了古代学术思想的发展。再一次是淳熙八年(1181年),陆九渊带领学生到南康军访问朱熹,朱熹邀请陆九渊到白鹿洞书院讲学,两人"同升讲席"。陆九渊选《论语》的"君子喻于义,小人喻于利"为题进行讲解,结合历史与现实事实,旁征博引,听者莫不动容,甚至有"泣下者"。朱熹十分钦佩陆九渊的论述,表示"熹当与诸生共守,以无忘陆先生之训"。事后,还将陆九渊的讲义刻于石碑上,以为纪念和师生遵循。这种会讲在南宋的书院和精舍、精庐里很流行,尔后还形成了讲会制度。

　　书院的教学还非常重视学生的自学,教师进行读书指导。给学生提供阅读书目,说明读某书的目的意义及阅读方法,由学生自动熟读精思,体会书中的义理。教师为使学生把握书中精要,并能融会贯通,也可以提纲挈领,简要叙述全书重点,给以适当引导。学生自学获得的学识,不只是能充分理解,而且还易于实践和运用。朱熹针对自学问题说:"师友之功但能示之于始而正之于终尔。若中间三十分工夫自用吃力去做。既有以喻之始,又自勉之于中,又其后得人商量是正之,则所益厚矣。不

[①] 《象山年谱》,《陆九渊集》,第491页。

尔则亦何补于事?"①他的学生总结的《朱子读书法》六条:循序渐进、熟读精思、虚心涵泳、切己体察、着紧用力、居敬持志。这些方法虽然是古人自学的体会,但其基本精神还是有一定的现实意义。

第三节 学生及其活动

一、入学资格和定额

(一)入学资格

宋朝官学学生入学资格限制和魏、晋、隋、唐有明显的放宽,宋朝以前都是官僚子弟进入官学,而宋朝庶民子弟也可以入官学。其具体规定是:国子学,凡京官七品以上子孙都可以入国子学,太祖开宝八年(975年)国子学实行插班补缺法;太学,招收八品以下子弟及庶人之俊异者为学生,孝宗时太学实行混补及待补制;四门学,也招收八品以下子弟;律学和算学的入学资格分为命官、举人两种,举人入学必须由命官两人保荐;武学的入学资格分为小臣、门荫子、庶民3种,须"人材弓马应格听入学";广文馆,入学资格不限,凡四方赴京参加科举考试的学士及已试落第的举人都可以入馆听读;画学,入学资格分为士流和杂流两种;书学、医学的入学资格没有明确规定,实际上大多是庶民子弟。

地方官学的入学资格实际上没有限制,尽管规定凡隐匿丧服、尝犯刑、亏孝悌有状、两犯法经赎、为乡里害、假户籍、父祖犯十恶、工商杂类及尝为僧及道士者,"皆不得与士齿";换言之,有上述问题的人,不得入地方官学读书。然而在实际操作上,工商杂类子弟还是可以入州、县学校学习。

(二)学生定额

宋朝各级官学学生定额不一致。国子学,最初没有定额,庆历兴学时学生增加到200人,并以此为定额;南宋重建国子学时,学生36人,虽一再增补,仍然不及北宋。太学,初时只有100人,熙宁兴学增加至1000人;元丰二年(1079年)增加到2400人;崇宁时(1102年),增加至3800

---

① 《总论为学之方》,《朱子全书》卷一。

人；南宋太学最兴盛时，只有学生720人。武学，定额100人。医学，定额300人。宗学，定额100人。大学，定额50人。小学，10人。国立小学，初无定额，后增加到1000人。广文馆，初无定额，最多时达到2400人。算学，定额210人。

关于州、县学生定额，政府有过三次规定：庆历四年（1044年）规定"学者200人以上，许更置县学"；崇宁二年（1103年），因士无定额，经费困难，乃诏诸州养士人数，以前一应举的半数或三分之一为准，若前一应举数超过200人，则准置生徒100人，不及200人的则只准置三分之二；崇宁三年，取消了科举考试制度，取士完全由学校升贡，于是诏令增加县学弟子名额，规定大县50人，中县40人，小县30人。据葛胜仲《丹阳集》卷一记载，徽宗大观六年（1112年），全国大中小学生总共16.7万人。政和六年（1116年）"养士20万人"。[①]

二、生活待遇和毕业后的出路

（一）学生的待遇

宋朝官学的学生入学后，一般都享受公费待遇，由学校提供食宿。神宗时规定：太学上、内两舍学生每月政府津贴1090文，外舍生每月850文。元丰时又规定，三舍生每月一律为1100文。到徽宗崇宁三年（1104年），上、内舍生和外舍生的月津贴又分别提高到1300文和1240文。州、县学生同样享受公费待遇。学校经费主要来源于政府拨给的助学钱和学田的收入。助学钱由中央或地方政府直接拨给学校，学田有皇帝恩赐、政府划拨、开明人士捐赠。资助的形式有钱、粮，依人头分配。神宗时，"置律学，赐钱万五千缗以养生徒"。如北宋末年，余杭府给学员每人每月发米2升、钱24，居家修业者则发米2升、钱20。[②] 又据《宋史·袁甫传》：袁甫知衢州，十分重视发展地方学校，每年从地方财政中"拨取养士千缗"。关于学田的赐予，开始于仁宗天圣元年（1023年），"赐兖州学田"，从此作为制度确定下来，规定诸郡、府有立学者，都增赐田。景祐二年（1035年），苏州立学，给田5顷以养。后来，神宗、高宗各

---

① 《宋大诏令集》卷一五七。
② 杨时《龟山集》卷一二。

朝都有颁赐学田养士的规定。因为有了固定的经费来源,学生享受公费待遇才有保证。

(二)学生毕业后的出路

国子生多为七品官以上的官员子弟,享受特权,不必参加学校考试,可以循门荫任子之例,直接由铨试入官而得赐出身。太学学生,自神宗实行三舍法以后,成绩优秀毕业生即可为官。规定"如学行卓然尤异者,委主判及直讲保明奏闻,中书考察,取旨除官"[①]。元丰时,又规定"上等以官,中等免礼部试,下等免解试"[②]。宗学学生更享有特权,熙宁时"宗子法"规定:凡宗室贵胄子弟欲获得进士及第,除祖宗袒免亲已作官者迳赴锁庭应试外,其余都往国子监直接参加考试,试卷由礼部单独审核,十取其半,尽管每次限额只有50人,但录取机会,却超过一般士子许多。特别是徽宗以后,宗学学生还可以不经考试,而直接授官。律学学生经明法考试,优秀者就可以为官。医学毕业生,由政府统一派遣,成绩属高等者派为尚药局医师以下职,其余充任本学博士、正录,或委以外州医学教授。武学按其成绩授官,书学、算学、画学等都依考试成绩等第给以相应职位。州、县地方官学学生成绩优异者,可以选贡到太学深造。

三、学生的活动

(一)学习和学术活动

宋朝学生的学习和汉、唐以来学生的学习活动的最大差别在于注重从实践中学习,通过实践而获得知识、学问。无论是官学、私学与书院,或是儒学、理学及专业学校,普遍重视从实践中学习。不仅教育家们在教学中积极倡导,如胡瑗、朱熹、陈亮等,而且学生自身也十分注意通过实践猎取知识、技术,其中尤以专科、专业学校的学生最为突出。天文生、画学生、医学生,以及堰水生、治军生等,他们都依据不同的专业与爱好,在阅读相关理论书籍的同时,深入到实际中学习。

参加学术活动是宋朝学生学习活动的又一重要特点,宋朝的学术氛围浓厚,而且有自由讨论的风气。在学术领域各派之间,有平等讨论的

---

① 《宋会要辑稿·崇儒一·卷三一》。
② 《玉海·学校·元丰太学三舍法》。

气氛。这种学术环境不只给学术界的知名人士发表见解提供了条件,也为学生思想解放,讲出个人的看法创造了前提。学生不仅在课堂上可以提出质疑,而且在学术辩论中也能大胆发表自己的观点。通过这样的学术活动,获得学问,锻炼能力,这类事例比较普遍,就不列举了。

(二)社会服务活动与政治运动

第一,社会服务活动。社会服务主要表现在两个方面:一是在学校学习期间的服务。宋朝太学的学生,在学习期间要担任一定的社会服务工作,特别是上舍生。如神宗时规定,学正、学录、学谕由上舍生担任。元丰时,学正增为5人,学录增为10人,学谕参考学生人数的多少决定。学正协助博士考校训导,并负责学规的执行。学录10人,协同学正执行学规。学谕20人,负责将博士所讲授的内容及布置的作业及时转告给学员。说明学正、学录主要是协助做学生的政治思想工作,学谕则是教学上的助理。另外,还设有斋长、月谕各80人(按80斋计算),都由学生担任,是一般学生干部,负责每月将各斋学生的学业、品行、纪律报告给学校领导部门,以作为升舍的参考。二是校外的社会服务,这方面主要是科技学校的学生,以医学和天文学的学生最为突出。医学生除了到指定的医院进行医疗实习之外,还常常在教师的带领下去为其他学校的学生,以及屯守边郡的将士治病,锻炼、提高实际医疗能力。天文学生参加天文台的天象观察,以及天文科学研究活动。例如,宋真宗大中祥符三年至宋徽宗崇宁五年(即1010年至1106年)的将近一百年间,进行了5次恒星位置观测,每次都有许多天文学生参加观测和记录。尤其是苏颂主持的那一次观测,时间长达7年,不只有天文学生参加,还有太史局的学生参与了研究活动。在苏颂的率领下,创造成天文计时仪器——水远仪象台。由此说明,宋朝的学生并不是关门读书的书蠹,他们都要参与不同的社会服务活动,将理论知识运用到实际中去,通过各项活动以促进实际能力的提高。

第二,政治运动。宋朝太学学生的政治运动主要目的是反对投降派与金兵议和,主张抵抗金军的入侵。宋徽宗时,蔡京专权,朝廷大臣屡次上疏弹劾蔡京,指出其罪恶。"太学生陈朝老等又上陈京恶,共计十四款,揭纲如下:渎上帝,罔君父,结奥援,轻爵禄,广费用,变法度,妄制作,喜导谀,钳台谏,炽亲党,长奔竞,崇释老,穷土木,矜远略。结束语是引用《左传》成文,'有投诸四裔,以御魑魅'等词。"徽宗接到臣僚和太学生的奏章后,"只命京致仕,仍留京师"。另"用何执中为尚书左仆射,兼门下侍郎。陈朝老又上言执中才不胜任,徽宗不从"。[1] 徽宗宣和七年(1125年),金兵南侵,国都汴京(今河南省开封市)危急。徽宗吓得急忙将皇位传给他儿子赵桓,自己和蔡京、童贯等一班宠臣逃往东南。赵桓(即宋钦宗)初登皇帝位,太学生领袖陈东就上书说:"陛下欲知奸臣贼子如四凶者乎?曰蔡京、曰王黼、曰童贯、曰梁思成、曰李彦、曰朱勔是也……此六贼者,前后相继,误我国家,离我民心,天下困敝,盗贼滋起,夷狄交侵,危我社稷……此六贼者,异名同罪,伏愿陛下擒此六贼,肆诸市朝,传旨四方,以谢天下。"[2]钦宗为了保全自己的地位,即将王黼贬官,李彦放逐,朱勔放归田里,并剥夺徽宗、蔡京、童贯等发号施令的权力。靖康元年(1126年)一月,陈东又复上书,揭露蔡京、童贯等的罪恶阴谋,指出他们追随徽宗南逃的目的是:"控制大江之险,奄有沃壤之饶,东南千百郡县必非朝廷所有。"[3]钦宗认为陈东所奏很有道理,于是以梁思成与王黼朋党为奸的罪名将王、梁、朱三人赐死,李彦斩首,又将蔡京、蔡攸、童贯贬官,以消除后患。

靖康元年二月,金军围攻汴京,全城军民在抗战派李纲的领导下,奋起抵抗。而宋钦宗则在投降派的怂恿下,策划割地乞和,解除主张抗击金兵的李纲职务,还派使臣带着国书和割让太原、中山、河间三镇的诏书与地图到金营谢罪。这一举措,立即引起汴京军民的无比愤慨,2月5日,陈东率领数百太学生到宣德门上书请愿,强烈要求恢复李纲、种师道的职务,惩办投降派的骨干李邦彦、白时中、张邦昌等人。汴京数十万民众都行动起来,声讨投降派,支持太学生的爱国行为。宋钦宗在形势的逼迫下,不得不恢复了李纲的职位。

---

[1] 蔡东藩著《中华野史》卷七《宋朝野史》,第70—71页。
[2] 《长编纪事本末·卷一四八·诛六贼》。
[3] 《三朝北盟会编》卷三二。

在太学学生运动高潮时,钦宗为了缓和学生们的爱国热情,任命年已74岁高龄的著名理学家杨时担任太学祭酒,试图利用他的学术威望,缓解学生们的抵抗激情。杨时是程颢、程颐的大弟子,他上任后即采取措施压制学生的言论自由与爱国行为,同时极力诋毁王安石的《三经新义》和变法革新,引起了太学学生们的激烈反对,任职只90天就被罢免了。据《文献通考·卷四十二·学校考三》对这件事的记载,"钦宗靖康元年,右谏议大夫杨时言:'王安石著为邪说,以涂学者耳目,使蔡京之徒,得以轻费妄用,极侈靡以奉上,几危宗社。乞追夺安石王爵,毁去配飨之像,使邪说淫乱不能为学者惑。'诏:'王安石从祀孔子庙廷,礼部其改位置在郑康成以下。'""御史中丞陈过庭言:'《五经》义微,诸家因而异见,所不能免也。以所是者为正,所否者为邪,此乃一偏之大失也。顷者指苏轼为邪学而加禁切,已弛其禁,许采其长而用之,实为通论。祭酒杨时矫枉太过,复诋王氏以为邪说,此又非也。诸生习用王学,率众见时而诋詈之,时引避不出,乃得散退。斋生又自互党王、苏,至相追击,附从者纷纷。凡为此者,足以明时之不能服众也。'诏时罢兼祭酒。"

靖康二年五月,康王赵构即皇帝位,改元建炎,任命主张和议的黄潜善为中书侍郎,汪伯彦为同知枢密院事。二人互相勾结排斥抗战派张所、傅亮、李纲等,并诬言李纲"为金人所恶,不当为相"。宋高宗听信谗言,罢免了李纲相位。陈东又再次上书极谏,进士欧阳澈也上书为李纲辩冤,支持抵抗金军的侵略。黄潜善却罗织罪名进行诬陷,趁机向高宗恶意诽谤陈东与欧阳澈说:"不亟诛,将复鼓众伏阙。"于是高宗将陈、欧阳二人杀害,尽管这次正义斗争失败了,但他们的爱国行为却得到广大群众的支持和爱戴,以致"识与不识,皆为流涕"。后世人民群众对他们的行动也非常钦佩。

南宋学生的政治活动,主要是维护正义及反对权奸把持朝政祸害忠良。孝宗皇帝因年老精力不济,提前将皇位传给儿子光宗,自居重华宫休养。光宗即位后,封元妃李凤娘为皇后。这位皇后喜欢干涉朝廷事务,孝宗皇帝批评了她的错误作为,她不仅不进行改正,反而对孝宗不满,并从中挑拨光宗和父皇孝宗的关系,致使光宗皇帝不去重华宫朝见父皇孝宗。在当时对父母不孝是大逆不道之罪,皇帝是全国的表率,理应朝见先皇。于是朝廷大臣群起上书光宗,恳求光宗到重华宫朝见孝宗,但光宗不接受朝臣的劝谏。光宗绍熙四年(1193年)秋,太学生汪安仁等280人,联名上书,请求光宗往朝重华宫,光宗仍然置若罔闻。在当时光宗不去重华宫朝见孝宗皇帝是国家大事,太学学生从关注国事出发,不避触怒光宗而愤然极谏,表现了青年学生的爱国热忱。

宋宁宗朝外戚韩侂胄执政,尽力排斥右相赵汝愚,韩侂胄并陷害朝廷正直官员。朱熹曾上书宁宗揭露韩侂胄的罪行,因此引起韩的愤恨。指使优人"扮大儒相,演戏上前,故意把性理诸说,变作诙谐,引人解颐";戏完后,他又向宁宗进言:"朱熹迂阔,不可再用。"宁宗乃亲手书诏:"悯卿耆艾,恐难立讲,当除卿宫观,用示体恤耆儒之至意。"赵汝愚想挽留朱熹在朝廷任职,便把诏书退还宁宗,但宁宗不了解赵汝愚的用意,过了两日,韩侂胄想办法弄到诏书,立即用函封固,令其私党送给朱熹。朱熹只得上书宁宗称谢,并立即离开京城而去。曾经上书请求挽留朱熹的刘光祖、陈傅良等也受到处分,赵汝愚也被罢官。太学祭酒李禅、博士杨简、府丞吕祖俭等连续上书挽留赵汝愚,和朝廷的黑暗势力进行斗争。这些事例表明当时的正直学者、博士、祭酒等并不完全是统治者的"应声虫",而是维护正义、关心国事、有血性的爱国知识分子,他们的作为值得称颂。

太学生对韩侂胄把持朝政贪污腐败、卖官鬻爵十分愤恨。有一贵胄赵师睪本是一个小吏,因屡次向韩侂胄行贿,讨好韩侂胄的欢心,累官至大府少卿,后擢司农卿知临安府,又进为工部侍郎。一日韩侂胄与客宴饮于其府中的南园,赵某亦得列座,园内……有一山庄,竹篱茅舍,独饶逸趣。侂胄顾客道"这真是田舍景象,但少鸡鸣犬吠呢"。客说鸡犬小事,无关轻重。不料篱间竟有狺狺的声音,震动耳鼓,侂胄未免惊讶。及仔细审视,乃是现任工部侍郎赵师睪在作犬吠,摇头摆尾,如乞怜状,引起与会客人,暗暗鄙薄。太学诸生闻之,写有六字诗揭露其卑鄙行为。其诗写道:"堪笑明廷鹓鹭,甘作村庄犬鸡。一日冰山失势,汤燖镬煮刀刲。"可见太学生对卑鄙无耻谋求升官发财者的愤恨。

宋理宗时贾似道专权，景定五年（1264年）彗星出现，理宗下诏，允许朝廷内外直言。太学生叶李、萧规等应诏上书，极力揭发贾似道专权，害民误国。贾似道令刘良贵陷害二人，鲸配叶李至漳州，萧规至汀州。又建宁府教授谢枋得揭发贾似道的罪恶，写有"权奸擅国，敌兵必至，赵氏必亡"等语。漕使陆景思将原稿呈与贾似道，似道令左司谏舒有开以大不敬罪，放逐"枋得至兴国军"。这些史实都足以说明太学生和地方官学的教授们，都很关心国家大事，并敢于和腐败势力作斗争。

第十一章

辽朝学校的教学活动

辽(907—1125年)是居于我国北方的契丹族,在长期和汉民族的交往过程中,吸取中原地区先进生产方式和科学文化,逐渐发展为一个强悍的游牧民族,相继吞并周围的室韦、奚、渤海(靺鞨)等少数民族,控制了北方广阔地区。公元916年,契丹族领袖耶律阿保机,建立起多民族的政权,国号契丹,两年后定都皇都(今内蒙古巴林左旗南波城)。公元938年,又将原属北宋管领的燕云十六州置于统治之下,并将幽州(即今北京城西南)改为"南京"。公元940年,耶律德光到达南京,公元947年改国号为辽(983—1066年间复称契丹),改皇都为上京。辽是统治中国北部的一个王朝,与北宋对峙,疆域东北到今日本海黑龙江口,西北到蒙古人民共和国中部,南以今天津市海河、河北霸县、山西雁门关一线与宋朝接界。自耶律阿保机称帝到1125年为金所灭,共历九帝,二百一十年。

第一节 教学内容

一、中央官学的教学内容

辽朝沿用汉制,教育仿照唐、宋,建国之初就注意兴学和搜罗文教人才。辽太祖耶律亿神册三年(918年)在今内蒙古巴林左旗兴建皇都,置国子监,监下设国子学。① 辽太宗会同元年(938年)改皇都为上京。天

---

① 《辽史·卷三七·地理志》。

显三年(928年),辽太宗迁渤海居民于东平郡,升号南京。会同元年得燕云十六州,升幽州为南京幽都府(今北京西南),原南京改为东京辽阳府(今辽宁辽阳)在南京设立太学。辽圣宗统和二十五年(1007年)建中京大定府(今内蒙古宁城西大名)。辽兴宗重熙十三年(1044年),升大同军为西京大同府(今山西大同)。道宗清宁五年(1059年),于上京、东京、西京、中京同时设太学,合称"五京学"。[1] 次年,还在中京、西京置国子监。[2] 辽朝的国子监主要是管理国子学和太学,主持祭祀先圣先师典礼,而不招收学生。国子学太学才担负培养人才任务。辽朝自迁居燕蓟之后,在政策上表现出崇尚儒学的姿态。圣宗统和十三年(995年)九月,朝廷"以南京太学生员浸广,特赐水碾庄一区"。[3] 道宗清宁元年(1055年)十二月,又"诏设学养士,颁五经传疏,置博士、助教各一员",[4] 还规定了官学的教材。据《辽史拾遗》卷十六记载,辽的科举考试的词赋和经义,必须从"经传子史内出题,或《五经》及注疏中出题;又据《辽史·卷二五·道宗本纪》、《辽史·卷七九·室昉传》等的记载,皇帝曾经请鸿儒进宫讲解《尚书》等经典,道宗咸雍十年(1074年)冬十月"诏有司颁行《史记》、《汉书》"。由此可见,辽朝中央官学的教学内容有《五经》、《史记》、《汉书》以及史学与词赋等。

二、地方官学的教学内容

辽朝的地方官学分别设立有府学、州学、县学。据《辽史·百官志》,辽朝相继建立有黄龙府、兴中府等府学,有的还在学校内或学校旁建立孔子庙。[5] 辽穆宗时,已经在涿州建立州学,其他州争相仿效。中京川州曾经创设庙学,[6]因该州居民"本新罗所迁,未习文字,请设学以教之"。应州州学、滦州州学则创立于道宗清宁年间。[7] 在府、州学建立

---

[1] 《辽史·卷四七·百官志》。
[2] 《续文献通考·卷四七·学校考》;张起严《崇文唐记》,见《辽史拾遗》引《山西通志》。
[3] 《辽史·卷十三·圣宗纪》。
[4] 转引自程方平著《辽金元教育史》,重庆出版社1993年版,第16页。
[5] 《辽史·卷四八·百官志》,《续文献通考》卷四七。
[6] 民国时期编撰《朝阳县志》卷六。
[7] 清光绪年间编撰《畿辅通志·学校》。

的同时,县学也在各地设立。据《续文献通考·卷六十·学校考》,道宗清宁五年(1059年)十二月,"诏郡县设学养士,颁五经传疏,置博士、助教各一员"。这个诏令颁布后,各地相继建立县学,如良乡县曾"建孔子庙、学",①新城县曾建县学,永清县于寿昌元年(1095年)建立县学。②辽朝的有些地方官也热衷于设置地方学校,如耶律孟简在天祚帝时期任高州观察使"修学校,招生徒";玉田县学于天祚帝乾统年间创建;③三河县令刘瑶"常以虚怀待士,领袖生徒,纪纲文会","阐扬儒教,辅助国风"④。从以上地方学校的设置情况可以看出,辽朝地方官学仍然是以儒家经学为基本教学内容。

除了上述中央和地方官学之外,辽朝还很注重皇宫贵族的教育。在宫廷置"诸王文学馆","诸王教授"和"伴读"。即便是出任外藩的诸王,仍然有"伴读"相随,负责指导王侯读书与解答疑难。⑤ 有的太子、王侯还去医巫闾山、南山幽静处读书进修。在医巫闾山绝顶,有东丹王耶律倍的藏书数万卷,在此读书可以避免凡间俗事的干扰。另外,辽朝宫廷王妃的教育也很突出。如秦晋国(隆庆)妃"幼而聪警,博览经史,聚书数千卷,能于文词,其歌诗赋咏,落笔则传诵朝野,脍炙人口……雅善飞白(书),尤工丹青,所居屏扇,多其笔也。轻财重义,延纳群彦。士之寒素者,赈给之;士之才俊者,升荐之;故内外显僚,多出其门,座客常满,日无虚席,每商榷古今,谈论兴亡,坐者耸听……辟嗜书传,晚节尤甚……撰《见志集》若干卷行于代,妃每读书至萧(何)、房(玄龄)、杜(如晦)传,则慨然兴叹,自惟有匡国致君之术,恨非其人也"⑥。正由于她熟悉治国平天下的理论,道宗皇帝常常将她留在身边以资顾问。再如,辽朝晚期的宣懿皇后和文妃等,都是接受过良好宫廷教育的女作家,这些后妃们为辽朝的文化教育添加不少光彩。根据上述史实,可以明白

---

① 《辽史·卷一〇五·大公鼎传》。
② 清光绪年间编撰《畿辅通志·学校》。
③ 《辽史·卷一〇四·耶律孟简传》。
④ 《全辽文·卷十·三河县重修文宣王庙记》。
⑤ 《辽史·卷十七·圣宗本纪》。
⑥ 《全辽文·卷八·秦晋国妃墓志铭》。

宫廷教育的内容，仍旧以儒学为核心。

另，辽朝中央政府的行政机构是否仿照唐、宋两朝附设学校？因史料缺乏，无法查考；但辽朝的司天监设有刻漏博士、灵台郎（此职在唐朝为"天文博士"的代称）等职官。按照常理设立博士，其职责就有研究和教学，如依此推断辽的司天监仍有天文学生随着博士学习，以维持司天监工作的正常运行。如此说来，天文、历算、刻漏等自然学科也是官学的教学内容。

三、私学的教学内容

（一）儒学为基本内容的私学

辽朝是契丹民族作为统治者，在占领广大的北方领土以后，为了稳固政权和治理统辖区内的人民，就必须通过私学学习、研究中原汉民族的先进文化、科学知识、理论。在这个过程中，涌现了许多著名人物。如契丹族的室昉"幼谨厚笃学，不出户外者二十年，虽里人莫识"，通过艰苦的学习学业大进，于辽太宗会同初年中进士。由于他博学多才，熟悉治乱得失，百家经史，所以深得辽皇重用，一直担任要职，而且政绩突出，很受器重，临去世前辽圣宗特别封他为"尚父"，以示嘉奖。① 又如，萧蒲奴"幼孤贫，佣于医家牧牛。伤人稼，数遭笞辱"。后来，其主人教他读书，数年间即略通经史、骑射。② 再如，《辽史·文学列传》"王鼎，字虚中，涿州人。幼好学，居太宁山数年，博通经史"，经过多年刻苦攻读，学识大进；辽道宗清宁五年（1059年）中进士，"当时典章，多出其手"。又，史洵直，儒州缙山人，世为右族，"爰自幼学，卓立不群，文章敏巧，出于自然，甫及弱冠，声华籍甚，清宁八年（1062年）登进士第"，因为家教有方，子孙中常有中进士的人才出现。③ 还有一些传世碑铭文献中记载了私人讲学的史迹，如乾亨三年（981年）《张正嵩墓志铭》记河间县学者张谏"学备张车，才盈曹斗。从师泗北，授士关西"。又，易县曹守常

---

① 《辽史·卷七九·室昉传》。
② 《辽史·卷八七·萧蒲奴传》。
③ 《全辽文·史直询墓志铭》。

"幼习儒业,早善声明,口授诸生,处处为师匠"。① 只从以上列举契丹族和汉族的私学,就可以窥见私学的教学内容,还是以儒学《五经》为中心的经史学说。

另外,辽朝的启蒙教育私学仍然仿照唐、宋朝。1974年在山西应县辽朝的木塔中发现了由唐朝李翰著《蒙求》一书,这是唐、宋朝民间流行的儿童启蒙读本。可见这些读物在辽朝也曾经使用过,说明辽的启蒙教育内容仍旧以儒学为中心。

(二)佛学为内容的寺院私学

辽朝佛教盛行,名刹林立,寺院教育备受重视,从入佛门到成法师,要经历系统的教育。辽朝的道宗皇帝耶律洪基既通儒学,又博览佛经,还在处理政事之余,校勘华严经典。历史评论他是"儒书备览,尤通治要之精;释典咸穷,雅尚性宗之妙"②。正由于帝王的倡导,所以寺院僧徒和一些燕赵名士都通佛、儒之学。如怀州学僧鲜野早年修习儒学,出家后,游学于北方名寺,而成为一代华严学大师。高僧觉苑精通佛儒,著有《大日经义释演密抄》,广征儒典经史,旁及子集,以证释典。再如,前面引述的曹守常也是"幼习儒业",又拜六聘山铁头陀为师;出家后,"就学无方,所向迎刃,始讲名数税金吼狮等论,次开杂花经,洎大乘起信等论,前后出却学徒数十人"。还有高涣之,"生而被诗书礼乐之教,故充饫虖耳目矣,然性介絜,自丱倜然有绝俗高蹈之志。一日,嗜浮屠所谓禅者之说,乃属其徒遯林谷以为瓶(盂)之游,日灼月渍不数岁,尽得其术,乃卜居丰阳玄心寺,研讨六艺子史之学,掇其微妙,随所意得,作为文辞而缀辑之。积十数岁,不舍铅素,浸然声闻,留于京师"③。从这些私学的内容来看,则是儒、佛兼备。

另外,在辽朝的私学与家学中,还传授医学、天文、历法、阴阳、音律等自然科学、艺术学科的知识与技术,这类事例不少,说明这些也是辽朝私学的教学内容。

———————

① 《全辽文·卷八·六聘山天开寺忏悔上人坟塔记》。
② 《全辽文·卷九·释摩诃衍论赞玄疏引文》。
③ 《全辽文·卷十·柳谿玄心寺洙公壁记》。

第二节　教师教学和学生活动

一、教师的选拔任命概况

辽朝在中央国子监设祭酒、司业、监丞、主簿等职。在国子学和五京太学设博士、助教负责教学和管理。据《辽史·百官志》记载，在地方学校中仍然设置博士、助教等学官，这些学官主要由汉族知识分子担任。据《续文献通考·选举考》，圣宗统和"七年（989年）三月，宋进士携家来归者十七人，命有司考其中第者补国子官"。又，《辽史·武白列传》记载：宋国子博士武白，被辽军所俘，诏授上京国子博士。再如，兴宗重熙年间的国子祭酒刘日泳、燕赵国王教授姚景行等，都是学识渊博的汉族学者。后来，虽然培养出许多契丹族知识分子，但各级学校的教师主要还是汉族知识分子。

另外，辽朝还在大安四年（1088年）实行过纳粟补官法。如张世卿以纳粟2500斛补官，累官进至检校国子祭酒。①

关于佛教寺院讲经法师的选拔，则由朝廷派官通过考试，在各郡选取成绩优秀者担任。据《热河志》卷八一记载，三学寺"择僧行清高者为纲首，举诸郡内经、律、论学优者为三法师。凡取经律论师，差官考试，于各宗出题答义，中选取者三人为三宗法师"，②表明辽政府对选拔佛学教师十分慎重。

二、教师的教学概况

辽朝官学教师的教学仍然沿袭唐、宋以来讲授的形式与方法，据《全辽文·宋匡世墓志铭》记载，宋匡世在辽圣宗统和年间，曾经被授予《毛诗》博士。另，《辽史·道宗本纪》之中道宗让耶律俨给他专门讲述《尚书洪范》，说明辽朝的教师还是实行分经教学，发挥每个教师的专长。在各级各类学校中分别由博士、助教给学生讲解经典要义。辽朝的"诸王文学馆"教师教学还使用伴读法，伴读在唐、宋时期是帝王和皇子

---

① 《全辽文·卷一一·张世卿墓志铭》。
② 《热河志》卷八一。

读书时的侍从,主要是帮助帝王和皇子理解书中的内容和述说疑难问题,这种教学方法本来就是贵族教学法,到了辽朝仍然用于辽的贵族教育。据《辽史·卷四七·百官志》记载,辽朝设立"诸王文学馆",并置"诸王教授"、"诸王伴读",教授是专门为诸王讲解经义,而"伴读"则是与诸王侯共同听讲,并帮助王侯子弟解释疑难,实际是发挥辅助教学的职能。

辽朝的佛教继承唐朝经、律、论三学,在中京、南京等地设立三学寺。法师教学仍然仿照唐朝的分科讲述方法,但有一些发展。据金世宗完颜雍大定七年(1167年)的《兴中府改建三学寺碑》记载,"三学者,其来远矣,爰自于唐肇之也。迨及有辽,建三学寺于府西,择一境僧行清高者为纲首,举连郡经、律、论学优者为三法师,第开教门,指引学者。兵兴以来,殿堂廊庑,扫地而无,圣朝既获辽土,设三学如故法"①。说明辽的"三学"是继承唐朝的办法,金朝又依辽建立"三学"。从辽的碑传铭文中记载有关于三学法师教学的情形,辽道宗大康三年(1077年)的《佛说宝箧印真言》就有"三学寺经法师"、"讲经律论"②的提法;又辽燕京大悯忠寺石函题名的衔名诸僧中则有"三学论主辩正"、"法严讲主通法"、"讲经论文范"、"讲经论演奥"、"讲经论慈智"、"讲经诠微"与"校勘法师证教"③等头衔。这些记述足以说明辽朝佛教教学有专门讲经论、讲神变和讲研经书考证校勘等;而且,经论一门,又分文范、演奥、诠微、慈智等课目,其分科越来越细。另外,辽朝佛教寺院讲经教学,仍然采用集体讲述形式,如辽天祚帝耶律延禧乾统三年(1103年)的《金山演教院千人邑记》记载:一位姓许的俗家高僧,在河北涞水县西北金山演教寺讲经,"每启法席,常有学徒,不啻百人";后至燕京悯忠寺"启惟论讲,八方学人,云会而至"。④ 这说明佛教教学是讲大课的形式。

三、学生及其活动

辽朝官学的学生因史料缺乏记载,其入学标准和各学人数都无法查

---

① 《金文最·卷三四·兴中府改建三学寺碑》。
② 《金石萃编·卷一五三·佛说宝箧印真言》。
③ 《金石萃编·卷一五三·悯忠寺石函题名》。
④ 《全辽文·卷一〇·金山演教院千人邑记》。

考。依据仅有资料可以看出，学生主要是官宦贵族子弟，间或也招收才华出众的庶民子弟。但在这些学生中，契丹族、女真族、蒙古贵族的子弟享受特权，汉族官僚子弟则地位偏低。特别是辽朝初年，许多契丹贵族子弟都博通经史，熟悉辽、汉文字，可以判断其中不少人是接受了国子学、太学和其他贵族教育的结果。这些学生除了参加学习活动，还参与祭祀先祖、先圣、先贤、先师的活动，以及国子学、太学举行的学术讨论、辩论等活动。

第十二章

金朝学校的教学活动

金朝(1115—1234年)是继辽朝之后,又一个少数民族统治北方的王朝。金是女真族,源于肃慎、靺鞨等古代民族,最早生活在黑龙江、松花江、乌苏里江和长白山一带,与中原地区的汉族宋王朝和契丹族的辽王朝保持着密切的联系。在辽统治北方时期,女真部落臣属于辽。宋徽宗政和五年(1115年),女真族部领袖阿骨打在汉族知识分子杨朴的帮助和谋划之下,建立地方政权"金",自己称帝,即金太祖,以会宁(今黑龙江阿城县南的白城)为都城。并攻占辽朝重镇黄龙府,次年又攻占辽的都城东京辽阳府。到1122年时,占领辽的中京大定府、西京大同府和南京析津府。金太宗完颜晟天会三年(1125年)灭辽,次年灭北宋,先后迁都中都(今北京)、开封等地。疆域东北到今日本海、鄂霍次克海、外兴安岭,西北到蒙古人民共和国,西以河套、陕西横山、甘肃东部与西夏接界,南以秦岭、淮河与南宋接界。金与南宋对峙。金哀宗天兴三年(1234年)在蒙古和宋军联合进攻下灭亡。共历九帝,一百二十年。

第一节 教学内容

金朝的文教政策主要效法唐、宋及辽。建国之初,在太祖天辅二年(1118年)九月,下诏曰:"国书诏令,宜选善属文者为之。令其所在访求博学雄才之士,敦遣赴阙。"[1]天辅五年(1121年)又诏曰:"若克中原,所

---

[1] 《金史·卷二·太祖本纪》。

得礼乐仪仗图书文籍,并先津发赴阙。"[1]这些诏令表明金的建立者十分重视中原汉族文化教育。此后诸帝如太宗、熙宗、海陵王、世宗、章宗、宣宗等都崇尚儒学。在海陵王的天德年间,尽管战乱不断,却在这个时期建立了国子学、太学。总的来看,金朝在重教崇儒方面,胜过辽朝。

一、中央官学的教学内容

金朝于海陵王天德三年(1151年)置国子监,下属国子学、太学,并兼管女真学。总起来说,金朝的中央官学有:国子学,国子学因学生入学年龄大小不同,又分为大学、小学;太学;女真国子学与女真太学;以及中央职能部门直接管理的专门学校与宫廷教育机构。其教学内容分述如下:

国子学,据《金史·选举志一》记载,国子学使用的教材有《易》,王弼、韩康伯注本;《书》,孔安国注本;《诗》,毛苌注、郑玄笺本;《左传》,杜预注本;《礼记》,孔颖达疏本;《周礼》郑玄注,贾公彦疏本;《论语》,何晏集解,邢昺疏本;《孟子》,赵歧注,孙奭疏本;《孝经》,唐玄宗注本。除了上述九经之外,专门列作国子学教材的还有《史记》、《汉书》、《后汉书》、《三国志》、《晋书》、《宋书》、《南齐书》、《梁书》、《陈书》、《魏书》、《北齐书》、《后魏书》、《周书》、《隋书》、《新唐书》、《旧唐书》、新旧《五代史》,以及《老子》、《杨子》、《荀子》等子书。国子学按年龄区分为大学、小学,凡年十五以上入大学,年十五以下入小学。课程分为三类:经义、词赋和策论。

金朝太学创建于金世宗大定六年(1166年),是为了满足中等官僚及以下阶层士人入学需要而设置。属于为中下层开放入学门户的一种举措,也是适应科举制的要求。太学的教学内容和国子学基本相同。

女真国子学与女真太学的创设,经历了较长的准备过程。据《金史·选举志》金朝于大定四年(1164年)颁布《尚书》女真文译本,供女真人学习。大定九年(1169年)专门为女真贵族子弟设立女真文学校,大定十三年(1173年)设女真国子学,同时设立女真进士科,建立起女真族文教系统。女真太学据《金史·世宗本纪下》的记载,创建于世宗

---

[1] 《金史·卷二·太祖本纪》。

大定二十八年(1188年)。

女真国子学与女真太学的教学内容,《金史·世宗本纪下》写道:有译成女真文的《尚书》、《易》、《书》、《论语》、《孟子》、《老子》、《杨子》、《文中子》、《刘子》及《新唐书》等。其内容和汉文国子学、太学要少些,而且女真族子弟侧重于学习策论,女真族进士科也专称策论科,说明金朝政府对于女真国子学的女真贵族子弟的要求,是试图把他们培养成女真族的接班人,以稳固其统治政权,而不是培养一般的知识分子。

金朝政府机关所直接管理的教育机构及其教学内容:

秘书监属下的司天台学"掌天文、历数、风云、气色",①内设天文科、算历科、三式科、测验科、漏刻科,这五科就是司天台学的具体教学内容。

太医院附设医学,据《金史·百官志二》记载,太医院设立有医学十科,但是哪十科则没有记述。按照金朝的文教政策,多以宋朝为依据,其医学也可能仿照宋朝医学内容。

太乐署,据《金史·卷五五·百官志一》记载,太乐署"掌调和律吕,教习音声,并施用之法"。其教学内容应为六吕音声和使用的方法。

内廷益政院设益政院说书官,"以学问该博、议论宏远者数人兼之,日以二人上直,备顾问,讲《尚书》、《通鉴》、《贞观政要》,名则经筵,实则内相也"②。

后宫宫人女官,设女史,"掌经籍教学,纸笔几案之事"③。宫人教学内容仍然是儒学的经学书籍。

亲王府的官傅"掌师范辅导,参议可否";文学二人,"掌赞道礼仪,资广学问"。在亲王府设置官傅、文学,虽然不专门从事教学,但仍然负担辅导和顾问学识之责。

东宫的司经正、副正,"掌经史图籍笔砚等事";又有左右谕德、左右赞善"掌赞谕道德,侍从文章"④。在东宫里置司经正、副与谕德、赞善,

---

① 《金史·百官志二》。
② 《金史·百官志二》。
③ 《金史·百官志三》。
④ 以上见《金史·百官志三》。

仍旧是辅导皇太子学习经典,具有一定的教学职能。

以上中央政府机关附属的教育机构可以看出,金朝的文教政策,主要是以宋朝为依据,但不如宋朝完美。

二、地方官学的教学内容

金朝的地方官学发展大约经历了前后两个阶段,即在金世宗大定十六年(1176年)前,为地方官员和学者、教师们自动复兴学校阶段;从大定十六年开始,金世宗仿照宋朝地方教育制度,逐步建立地方学校系统。

据史料记载在前阶段兴学的有:金熙宗完颜亶天眷年间(1138—1140年),州学正祁彪、学录尚戬、教授赵悫修复博州庙学;海陵王完颜亮贞元三年(1155年),河间韩希甫亚尹京兆府,与京兆尹完颜胡女合议修复京兆府学,并申报朝廷尚书省批准:"遵奉朝廷之命,鸠工计役,拾坠瓦于废基,抢坚材于坏屋,新寝祠而重俨像,创修廊而绘列贤,师儒讲诵之有堂,生员居处之有庐,以至斋祭之室、庖湢之所,各有其所……大率皆备,乃延诸生入学隶业。"①说明这个阶段是由地方官员与学官、教师倡导修复了一些地方官学。但这些修复的地方学校虽然是地方官和学官的自愿,可是经过了朝廷的批示,应当属于官学的范畴。金世宗大定十六年(1176年)至大定二十九年(1189年),金朝逐步建立起比较完整的地方学校系统。

(一)府学

金朝承袭宋、辽地方制度,将其统治区域划分为15个总管府和五京,称为十九路府,或称京府。在府设立府学,据《金史·地理志》记载,上京(会宁府)咸平府、东京辽阳府、北京大定府、西京大同府、中都大兴府、河东太原府、开封府、河南府、河间府、真定府、益都府、东平府、大名府、平阳府、京兆府、延安府、熙秦路府(后改名临洮府)、凤翔府等设置了府学。但《金史·选举志一》记载:"大定旧制京府十七所。"虽然与前述数字略有不同,而在府置府学却有史实依据。

(二)州县学

金朝在州县设置官学比府学晚,具体年代史籍没有记载。金朝的州

---

① 《金石萃编·卷一五四·京兆府学重修府学记》。

分为节镇州和防御州两种。据《金史·选举志一》记载,节镇州设立有州学39所;防御州建立州学22所。至于节镇州和防御州以下的刺史州和县,金朝廷没有统一设置学校的规定。但如前面所述,金政府鼓励地方官员和士绅自动兴学。在世宗大定二十一年(1181年)撰刻的《京兆府重修府学记》里,记载着尚书省对礼部修葺各地孔庙的批复,"有文宣王庙去处,即便修整"①,要求各地修复孔庙,即所谓庙学。例如,宝德州(刺史郡)庙学是由太守报请上级批准兴建;襄陵县庙学是由县宰主持修建。② 实际上这类庙学起到了地方官学的作用。

金朝府州县学的教学内容,和国子学、太学基本是一致的,只是程度稍微低些而已。同时,为适应金朝科举考试的需要,即以儒家经学为中心,加以史学、词赋、诗、文等。在诗、文方面,金章宗统治时期(1190—1208年),学士院又进上韩愈、柳宗元、刘禹锡、杜牧、贾岛、王禹偁、欧阳修、王安石、苏轼、秦观等人的文集26部,这些诗、文也被列为官学教学内容的一部分。

(三) 女真府学

金朝政府为了加强女真族子弟的教育,于金世宗大定十三年(1173年)设立女真府学。据《金史·选举志一》记载,女真府学有22所,大多设立在女真民族故地和契丹、女真民族聚居地区。女真府学的教学内容和女真国子学大体相同,但要求要低些。而且,仍然是和金朝科举制度相配合的,以便于女真民族子弟通过科举考试进入政权的领导层,进一步加强统治权的稳固。

另外,在地方官学中,金政府还建立遍及府、州、县的医学校,关于医学校的教学内容,史书记载很少故无法知晓。

三、**私学的教学内容**

金朝政府在兴办官学的同时,也重视私学的发展,在科举取士中注意选拔私学成才者,激励了私学的兴盛。据《金史·卷九六·许安仁

---

① 《金石萃编·卷一五四·京兆府重修府学记》。
② 参见《金文最·卷七八·宝德州重修庙学碑》和《金文最·卷二八·襄陵县创修庙学记》。

传》,许安仁"幼孤,能自刻苦读书,善属文,登大定七年(1167年)进士第",后以讲学受到好评被选入东宫,并任国子监丞。又《金史·卷一〇四·纳坦谋嘉传》记载,"纳坦谋嘉,上京路牙塔懒猛安人。初习策论进士,大定二十六年(1186年)选入东宫。教郓王琮、嬴王环读书"。承安五年(1200年)特赐进士出身,后任太学助教等职。再如《金史·卷一二七·王去非传》:王去非平阴人,"尝就举,不得意即屏去,督妻孥耕织以给伏腊。家居教授,束脩有余辄分惠人"。靠微薄的"束脩"维持生活,还帮助他人。"弟子班忱贫不能夕,一女及笄,去非为办资妆嫁之。"表明私学教师生活虽然清苦,但还为更加穷困的学生班忱的女儿准备嫁妆,彰显了深厚的师生情谊。又《金史·卷一二七·杜时昇传》记载:霸州信安人杜时昇,字进之,博学知天文不愿仕进,"隐居嵩、洛山中。从学者甚众。大抵以'伊洛之学'教人自时昇始"。《金史·卷一二七·赵质传》:"赵质字景道,辽相思温之裔。大定末,举进士不第。隐居燕城南,教授为业。"再,《金史·卷一二七·高仲振传》记载:高仲振挈妻子入嵩山,"博极群书,尤深《易》、《皇极经世》学"。张潜、王汝梅等当世学者都是他教导的学生。后来,王汝梅也隐居不仕,居家教授经学与法学,而为当世闻名的教育家。从以上所引述的私学中,可以看出金朝的私学教学内容比较广泛,除了儒家经学,还有理学、天文学、法学、医学等,大抵还是与金朝国子学、太学的教学内容相一致,以便于学生参与科举入仕。

第二节 教师和学生

一、教师的品级与选拔任用及考核

金朝中央官学学官,据《金史·卷五六·百官志二》记载,"国子学博士2员,正七品,分掌教授生员,考艺业。助教2员,正八品。教授4员,正八品,分掌教诲诸生。国子校勘,从八品,掌校勘文字。国子书写官,从八品,掌书写实录"。太学设博士4员,正七品、助教4员,正八品,其职责和国子学相同。女真国子学和女真太学置教授,据《金史·世宗本纪下》,"诸教授必以宿儒高才者充,给俸与丞、簿等"。可见女真国子学、女真太学选拔教授的条件比较严格,教授品衔也高于普通国子学和太学。地方的府、州县学和女真学设教授 1 员,负责主管教育事宜和教学工作。

关于教师的选拔任用,官学的教师都是选拔很有名望的学者担任。既有汉族知识分子,又有契丹族、女真族、鲜卑族等少数民族的知识分子。例如,曾经担任国子学中的大学博士王彦潜,西京教授曹望之,国子祭酒冯延登、党怀英、刘玑等就是汉族知识分子。金朝的著名学者、儒学大师元好问是鲜卑族,曾经担任国子司业的完颜宗叙、蒙括仁本,以及曾任过教授、助教的纥石烈良弼、尼庞古鑑等都是少数民族。[①] 又据《金史·卷五一·选举志》记载,金世宗大定十三年(公元 1173 年),将录取的女真进士全部授予教授职,以发展诸路女真学。大定二十三年(1183 年),又将第二、第三甲进士授予诸路教授。大定二十九年(1189 年)复"敕凡京府、镇、州诸学,各以女真、汉人进士长贰官提控其事,具入官衔",正式确定了官学教师的选拔标准与来源,即进士才能出任官学教授。所谓"长贰官提控其事,具入官衔"就是规定由府州长贰官兼任提举学校官,并将这个兼职列入官衔。府州学除了置教授之外,还设有学正、学录等职,其职责和宋朝地方学校相同。

金朝地方学官的考核,据《金史·选举志一》记载,"每州设学,专除教授,月加考试。每举所取数多者,赏其学官"。教授的任务是负责府州学的教学和考试,并以应举人数的多少来评价教授教学的优劣。金章宗泰和四年(1204 年),金政府还"准唐令作四善十七最之制",作为考课文武百官的标准。"四善"是对所有官员的一般要求,内容有:德义有闻,清慎明著,公平可称,勤恪匪懈。"十七最"是对各类职官考查的专门要求。学官是"训导有方,生徒充业,为学官之最",并以此为标准来考察、评价学官的业绩。

二、学生名额和入学条件

金朝国子监的大学小学名额各 100 人,仅招收"宗室及外戚皇后大

[①] 参考程方平著《辽金元教育史》,重庆出版社 1993 年版,第 23 页。

功以上亲,诸功臣及三品以上官兄弟子孙"①。即只招收宗室、外戚、功臣子弟和三品以上官员子弟。其入学条件非常严格,说明国子监是专门为贵族设立的。

太学学生最初为160人,后来增加为400人。学生入学条件:一是三品以下,五品以上的官僚子弟150人,这是专为满足中等官僚子弟入学的问题;二是"曾得府荐及终场人"250人,这是从参加过若干次府试终场落选而成绩比较好或府试合格而在礼部省试落选的举子中按一定比例录取的生员,在这部分人中有些是平民子弟,因此金朝太学生与宋朝有平民化的相似之处。

女真国子学与太学、女真府学,学生在女真氏族内,"每谋克(三百户为一谋克)取二人,若宗室每二十户内无愿学者,则取有物力家子弟年十三以上,二十以下者充",学生为3000人。女真府学分布于22府州,各府州学的学生名额史籍记载不详。

金朝府学有京府学共置学生名额1000人,招收"尝与廷试及宗室、皇家袒免以上亲,并得解举人"。可见京府学只有两种人可以入学:一是宗室与皇家五服以外的远亲子弟,二是府试合格而省试落第或省试合格而廷试落第的举人。

金世宗大定二十九年(1189年),金朝政府将京府学扩大到散府,学生名额为905人。其中,大兴、开封、平阳、真定、东平五府学各60人;太原、益都府学各50人;大定、河间、济南、大名、京兆府各40人;辽阳、彰德府学各30人;河中、庆阳、临洮、河南、归德府学各25人;凤翔、平凉、延安、咸平、广宁、兴中府学各20人;总计905人。

金朝州学分为节镇州学和防御州学,州学的设置稍晚于府学。招收"以五品以上官,曾任随朝六品官之兄弟子孙,余官之兄弟子孙经府荐者,同境内举人试补三之一。阙里庙宅子孙年十三以上不限数,经府荐及终场免试者,不得过二十人"②。说明州学的学生入学范围已比较广

---

① 《金史·卷五一·选举志一》。
② 上述各学人数和引文均参见《金史·卷五一·选举志一》,《续文献通考·卷四七·学校考》。

泛，招收五品以下官员子弟和先圣后裔，以及曾得到府荐或参加府试至终场免试的士子。据《金史·选举志一》记载，金朝有节镇学39所，学生名额615人。其中，绛、定、卫、怀、沧州等5州学各30人；莱、密、潞、汾、冀、邢、兖州等7州学各25人；代、同、邠3州学各20人；奉圣州州学15人；其余23节镇学各10人；防御州学22所，学生名额235人。其中，博、德、洛、棣、亳5州学各15人，其余为10人。需要说明的是，节镇州学累计学生为630人，与计划名额615人不符；防御州学21所与《金史·地理志》不合，学生累计为220人，少15人，和235人不符。因此，还有待进一步查考。

其他官学如司天台学，学生76人，其中女真人26人，汉人50人。学生经过考试入学，一般官民家15岁以上，30岁以下的青年人都有资格报考补缺。

太医院医学学生50人，其入学条件史料没有记载，无法考察。惟《金史·选举志》记载："凡医学十种，大兴府学生三十人，余京府二十人，散府节镇十六人，防御州十人；每月试疑难，以所对优劣加惩劝，三年一次，试诸太医；虽不系学生，亦听试补。"也就是说地方医学的学生，每月考试，依成绩好坏予以奖惩，学习三年，经过考试可以补为太医院学生。

三、官学经费和学生待遇

金朝官学经费有三种来源：一是朝廷拨给钱物或学田；二是地方政府或官员筹集资金、划拨田地作为经费；三是民间与个人捐款或捐赠土地作为学校经费。

如前所述，金朝各级学校的招生名额由政府统一规定，中央和地方官学经费，刺郡以上，官给修建；还按规定，学生每月可以得生活津贴"钱三贯，米五斗"。[①] 章宗泰和元年（1201年）正式颁布《赡学养士法》："生员给民佃官田，人六十亩，岁支粟三十石。国子生人百八亩，岁给以所入。官掌其数。"[②] 依据这项法令计算，京府学生60人，朝廷应赐学田

---

① 《金史·卷五八·百官志四》。
② 《金史·卷一一·章宗本纪三》。

3600亩,岁支粟1800石;国子学生100人,朝廷应赐田10800亩;防御州学生10人,州学应得学田600亩,岁支粟300石。除此之外,地方政府还要筹集经费,弥补学田收入的不足,或是用于学校的扩建与修葺。筹措经费的方式,有买田产助学或捐赠银钱等。如《金史·卷九七·路伯达传》记载:"伯达尝修冀州学,乃市信都、枣强田,以赡学。有司具以闻,上贤之。"路伯达去世后,朝廷赐钱物给予嘉奖,其妻又将朝廷所赐,赠给州学,买田2000亩,送给学校用于培养人才。又如泰和元年(1201年),修建绥德州学,"凡业学以吏者,约割月俸,余亦率私钱以助,几百万"[1]。泰和三年(1203年),万全县修建庙学,"不问家之有无,一皆出之,以佐经费。于是邑中之民,富者捐财,贫者助力"[2]。正由于学校的教育经费有一定的保障,所以,金朝的教育比辽、夏两个少数民族政权的教育发达。

上述史料说明,金朝的教育经费来源仿照唐、宋两朝,由政府划拨一部分,再从社会上筹集一些。金朝许多政府官员和社会人士都热心教育事业,对培养人才十分重视,从而加速了女真民族接受汉族文化的过程,推动了我国北方民族地区文化的繁荣。

四、教师教学和学生活动

金朝各级各类学校教师教学仍然受唐、宋影响,并继承了辽朝的传统。无论是教授经学、词赋,或者是自然学科,教学的方式方法仍旧是讲述法、直观法、试验法、讨论法等。例如,北宋著名医学家王唯一创造的针灸铜人,金宋战争后,被金朝运往北方,作为太医院实施直观教学的工具和学生实验针灸治病的重要仪器。又如,金朝著名医学家、"主火派"的创始人刘完素,就是在当时热病广泛流行的状况下,经过实验和推理创立了"火热论"的学说,而成为金、元时期医学界四大流派之首。而且其余三个学派"攻下派"(张子和)、"滋阴派"(朱丹溪)、"补土派"(李东垣)的形成都受到他学术思想的影响。再如,医学家张从正著《儒门事亲》一书,就是和一些著名学者麻知几、常仲明等经常往来,讨论学术

---

[1] 《金石萃编·卷一五八·绥德州新学记》。
[2] 《金文最·卷六六·万全县重修庙学记》。

问题,获得的体会并融会自己研究心得写成,这本著作对后世产生了很大影响。还有私学教育家赵质隐居燕城南教授生徒,学习宋朝胡瑗苏湖教学、游息、歌诗的方法,弦诵之声,引起了金章宗的兴致,亲自前去参观游览,称赞其"志趣不凡"。这些都说明了金朝教师教学方式方法灵活多样,得到各方好评价。

地方官学的教学,《金史·选举志》记载:"凡学生会课,三日作策论一道,又三日作赋及诗各一篇。三月一私试,以季月初先试赋,间一日试策论。中选者,以上五名申部。"这些史料说明,金朝的中央与地方官学都实行学生会课教学制,并规定学生学习三个月就进行一次考试;地方官学考试合格的前五名,经府州推荐可以直接参加礼部主持的会试,或升补为太学生。可见其教学活动还是十分严肃认真,与科举取士制度紧密配合的。

学生除了学习活动,还参与社会活动,主要有释奠孔子。如《金史·孔拯传》记载:明昌四年(1193年)八月丁未,金章宗到国子监祭孔,"行释奠礼,北面再拜,亲王百官,六学生员陪位"。在这次祭祀孔子的释奠礼中,国子学、大学、小学、太学、女真国子学、女真太学等六学的学生都参加陪祭。地方官学的学生则要参与地方庙学的祭祀和宣教活动。据《金史·章宗本纪》记载,明昌元年(1190年)三月"辛巳,诏修曲阜孔子庙学"。泰和四年(1204年),"诏刺史,州郡无宣圣庙学者并增修之"。说明在金朝所辖州郡建立有庙学,而庙学的基本功能是地方主管官员带领僚属和官学师生、民间士庶代表等,祭祀先圣孔子,宣传儒学礼仪、伦理道德及讲解经义等,以化民成俗,启迪民间子弟和广大百姓遵奉孔子,遵循儒家伦理,安分守己。学校学生参加这些宣传活动,既接受一定的社会教育,又锻炼实践能力,进而成为统治者需要的人才。

第十三章
元朝学校的教学活动

　　元朝（1206—1368年）是继辽、金之后，又一个由我国北方少数民族建立的全国统一封建政权。元朝的先祖是居住在鄂伦河畔和肯特山一带的蒙古族。在辽、金统治我国北方时期，曾一度为辽、金的属领，经常受到辽、金统治者的压迫。公元1189年，铁木真被举为蒙古部汗，逐渐壮大自己的势力。宋宁宗开禧二年（1206年），铁木真称蒙古诸部汗，号成吉思汗，正式建立蒙古汗国。从成吉思汗到蒙哥汗时，相继攻灭西辽、西夏、金、大理，并在吐鲁番建立行政机构，直接进行统治。至元八年（1271年）忽必烈定国号为元，并于至元十六年灭南宋，统一全国，建都大都（今北京）。疆域东、南到海，西到今新疆，西南包括西藏、云南，北面包括西伯利亚大部，东北到鄂霍次海。顺帝至正十一年（1351年）爆发了红巾军农民大起义。至正二十八年，朱元璋率军攻入大都，推翻了元朝的统治。自成吉思汗至顺帝，凡十五帝一百六十三年。从忽必烈定国号元起，凡历十一帝，九十八年；顺帝北走塞外，仍称元朝，史称北元，明建文四年（1402年）鬼力赤杀坤帖木儿汗，始除去国号。

　　元朝统治者吸取辽、金的经验，体会到唐、宋两朝制度的完备。基本上采用唐、宋的政策、制度，并在其统治地区实行"汉化"，尽量消除汉族与少数民族之间的各种界限。推动了科学技术、文化教育、文学艺术等各个领域的进步与创新。

第一节　教学内容

一、中央官学的教学内容

（一）国子学

元朝国子学的建立经历了五十余年的发展，才趋于完善。宋理宗端平元年（1234年），元太宗窝阔台率领蒙古军灭金，即在燕京设立国子学，"以冯志常为国子学总教，命侍臣子弟十八人入学"；元世祖忽必烈至元八年（1271年），以许衡为集贤馆大学士、国子祭酒，"教国子与四大怯薛人员，选七品以上朝官子孙为国子生"[1]。但上述国子学既没有固定的教学场所，也没有确定的教师和学生编制，人员多少随时变更，还属于临时性的教学机构。《元史·耶律有尚传》写道："至元八年，衡罢中书左丞，除集贤大学士兼国子祭酒，以教国人之子弟，乃奏以门人十二人为斋长，以伴读，有尚其一也。十年，衡告免还乡里，朝廷乃以有尚等为助教，嗣领其学事……时学馆未建，师弟子皆寓居民屋。有尚屡以为言。二十四年，朝廷乃大起学舍，始立国子监，立监官而增广弟子员，于是有尚升国子祭酒，儒风为之丕振。"

至元二十四年（1287年），元朝政府在元大都北城之东正式建立国子学，并改太宗六年建于南城的国子学为大都路学。[2] 元成宗铁穆耳大德六年（1302年），在上都建立国子分校。《元史·尚野传》写道："大德六年（尚野）迁国子助教。诸生入宿卫者，岁从幸上都，丞相哈剌哈孙始命野分学于上都以教诸生，仍铸印给之。上都分学自野始。"

国子学的教学内容："必先《孝经》、《小学》、《论语》、《孟子》、《大学》、《中庸》，次及《诗》、《书》、《礼记》、《周礼》、《春秋》、《易》。"[3]说明其内容仍然是以儒家经学为核心。

（二）蒙古国子学和回回国子学

蒙古国子学和回回国子学是与国子学并立的中央官学。元世祖至

---

[1]《元史·卷八一·选举志一》。
[2]《元史·卷八一·选举志一》。
[3]《元史·卷八一·选举志一》。

元八年,为了推广蒙古文字,在京师大都创立蒙古国子学;至元二十六年为了使用亦思替非文字(即突厥语系的波斯文),又建立了回国子学,但不久即废罢,到仁宗延祐元年(1314年)才恢复设置。蒙古国子学的教学内容:"以《通鉴节要》用蒙古语言译写教之。"①还有在忽必烈执政时用蒙文翻译的汉文经典:《论语》、《大学》、《中庸》、《孟子》、《大学衍义》、《贞观政要》、《资治通鉴》、《孝经》、《尚书》等都先后作为学生学习的教材;回回国子学的教学内容,主要是学习亦思替非文字,"以其文字便于关防取会数目,令依旧制笃意领教"②这两个国子学的教学内容虽然比较浅显,但注重实用。

(三)中央机关附设的教育机构

(1)太医院下附置医学。至元九年(1272年),在太医院之下附设医学提举司,其职能是"掌考校诸路医生课义,试验太医教官,校勘名医撰述文字,辨验药材,训诲太医子弟,领各处医学"③。由此可见,医学提举司既管理医药行政,又负责医学教育。元朝医学教学内容,继承辽、金,仿照宋朝,于后再述。

(2)司天台和回回司天监。元朝中统元年(1260年),依金朝旧制设置司天台。至元十五年(1278年)复立太史院,"颁历之政归院,学校之设隶台"④。这是继承历代的天文、历算传统设立司天监,除了主管天文、历算、阴阳、刻漏等业务与一般行政事务之外,还设置教育机构培养天文、历算人才。具体设有天文科、算历科、三式科、测验科、漏刻科。至元八年(1271年)成立回回司天监,这是引进西域各国天文、历算学设置的司天监,其学科设置和司天台基本相同。这些专业学校的教学内容仿照宋、金同类学校的内容。

另外,元朝中央的绫锦局、文锦局等管理工匠的部门,还兼管"教习织造之事"⑤;就是说元朝中央主管织造的部门还要负责织绫技术职工

---

① 《元史·卷八一·选举志一》。
② 《元史·卷八一·选举志一》。
③ 《元史·卷八八·百官志四》。
④ 《元史·卷九〇·百官志六》。
⑤ 《元史·卷八九·百官志五》。

的教育，其教学内容，则是相关的基础知识与技术。

从以上列举的官学教学内容来看，仍然十分丰富，包含了文学、史学、哲学、经济学和自然科学的医学、天文、气象、数学与技术学科等。

二、地方官学的教学内容

元朝地方官学仍然是仿照唐、宋的制度。概括地说，元朝地方官学有五类：儒学、蒙古字学、医学、阴阳学、社学。

儒学创立于世祖中统二年（1261年），各地路、府、州、县都有设置。《元史·卷八一·选举志一》写道：中统二年"始命诸路学校官，凡诸生进修者，严加训诲，务使成才，以备选用"。至元二十八年（1291年）初议各地儒学内设小学，成宗大德四年（1300年）正式确定各地儒学的两级学制，即地方设立路、府、州、县儒学和小学。儒学的教学内容是唐、宋、辽、金以来的传统经史与诗赋，但因学生的学业程度不同，小学学习的内容则比儒学要低浅些。

蒙古字学据《元史·卷八一·选举志一》记载是在至元六年七月设置。十二月，中书省"定学制颁行之……以译写《通鉴节要》颁行各路，俾肄习之"，依据这项史料，蒙古字学只在路一级行政单位设置；至元二十九年逐步扩展到府、州一级地区；直到元成宗铁穆耳元贞元年（1295年）府、州一级才普遍建立蒙古字学。但发展仍不平衡，有些蒙古字学只有其名，而没有真正进行教学活动。

世祖中统二年下诏诸路设立医学，次年路一级的医学正式建立。《元史·卷八一·选举志一》：中统二年五月，"太医院使王猷言：医学久废，后进无所师授，窃恐朝廷一时取人，学非其传，为害甚大。乃遣副使王安仁，授以金牌，往诸路设立医学"。以后，医学逐步扩大到府、州、县各地，成为儒学以外数量最多的地方学校。当时医学教育分为十二科，即大方脉科、杂医科、小方脉科、风科、产科、眼科、口齿科、咽喉科、正骨科、金疮肿科、针灸科、祝由科、禁科。教学内容和中央医学大体相同，医学生除了学习医学经典《素问》、《难经》、《本草》外，还要读唐朝医学家孙思邈著《千金方》，宋朝官修大型医书《圣济总录》及各科的专业书籍等。又，《元史·卷一三·世祖本纪》，至元二十一年（1284年），世祖曾下诏"命翰林承旨撒里蛮、翰林集贤大学士许国桢,集诸路医学教授增修《本草》"。后来,它们也成为医学生学习的内容。又,《新元史·卷六四·选举志》:大德九年(1305年),平阳路泽州知州王称言:"……为医师者,令一通晓经书良医主之,集后进医生讲习《素问》、《难经》、仲景、叔和《脉诀》之类。然亦须通《四书》。不习《四书》者,禁治不得行医。"元朝政府采纳其建议,从此以后,医学生必须学习《四书》。因此,《四书》也是医学的教学内容。

《元史·选举志一》写道:"世祖至元二十八年夏六月,始置诸路阴阳学。其在腹里、江南,若有通晓阴阳之人,各路官司详加取勘,依儒学、医学之例,每路设教授以训诲之。"此后,各路相继建立阴阳学,到元仁宗延祐初年,在府、州一级也设立了阴阳学,其教学内容是天文、历算和数术。

据《元史·卷八一·选举志》记载,元朝官学一律要求学习《四书》及朱熹所作章句集注。《五经》、《诗》以朱熹为主,《尚书》以蔡氏为主,《周易》以程氏、朱氏为主。"《春秋》许用三传及胡氏传。《礼记》用古注疏"。初学时,还要学习《孝经》、《小学书》及《通鉴节要》等基础读物。另外,据《元史·卷二九·泰定帝本纪》记载,泰定帝还"以宋董煟所编《救荒活民书》颁州县",提供给地方官员及官学生员参考、学习。

社学是元世祖至元二十三年(1286年)创造的一种极有特色的普及基础文化知识的教育形式。元朝政府规定:"诸县所属村庄,五十家为一社,择高年晓农事者立为社长……每社立学校一,择通晓经书者为学师,农隙使子弟入学。如学问有成者,申复官司照检。"①又,《通制条格·卷五》指出:"各路府州司县在城关厢已设长学外,据村庄各社请教冬学,多系粗识文字之人,往往读随身宝衣服杂字之类,枉误后人,皆宜禁约。"要求"今后止许遵守已降条画,训以圣经,教其句读音义。学师比及受请以来,宜于州县学官处预将各经校正点读句读,音义归一,不致讹舛,如此庶免传习差误"。在上述《新元史·食货志》对社学的相关规

---

① 《新元史·食货志》。

定及《通制条格》提出的要求中,明确了社学教师上岗施教前要经过州县学官的培训,对那些"粗识文示之人"和"杂字之类","皆宜禁约";又明确了社学的教学内容是基础的儒家经学和一般文化知识,以及农业种植知识和技术。因为,"择通晓经书者为学师……如学问有成者,申复官司照检"。要求学师"训以圣经,教其句读音义……预将各经校正点读句读,音义归一,不致讹舛"。这些规定充分证明社学的性质是普及基础经学和一般文化知识;其基本教材仍旧是儒家经学。此外,还要学习农业基础知识与技术,具体内容则是元朝农学家王桢编撰的《农书》和司农司于至元十年(1273年)由畅师文领编的《农桑辑要》。据《元史·卷二五·仁宗本纪》:延祐二年(1315年)八月,朝廷下诏,令"江浙省印《农桑辑要》万部,颁降有司,遵守勤课"。同年,大司农买住等进呈司农丞苗好谦所撰之《栽桑图说》。仁宗曰:"农桑衣食之本,此图甚善。"下令方始刊印,广布民间。按照元朝政府规定,必须"择高年晓农事者"担任社长,就是为了农隙时农村子弟入学时,学习农业知识与技术。

值得一提的是,元仁宗延祐年间由著名教育家程端礼撰写的《程氏家塾读书分年日程》(以下简称《日程》),对地方学校的教学内容产生了重要影响。尽管这个《日程》是为家塾教学制定的,可是元朝管理教育行政的国子监,却将它颁发全国各地郡县学校。《日程》中制定的课程,反映了当时地方官学从小学到路、府、州、县儒学教学的实际内容。依据《日程》规定的课程:小学阶段即8—15岁儿童的课程是朱熹编写的《小学》、《四书》,具体要求和顺序是《小学》、《大学》、《论语》,《小学》习字写智永《千字文》,欲考字则看《说文》、《字林》、《六书略》、《切韵指掌图》、《正始音》、《韵会》等;15岁以后为大学阶段,学习的主要课程是朱熹注《四书》,然后是《周易》、《尚书》、《诗》、《礼记》、《春秋》、《通鉴》,参考朱熹著《纲目》、范祖禹《唐鉴》、《史记》等正史,再习韩愈及欧阳修等唐宋八大家文集、《楚辞》,最后学习科举文字之法及诗赋、诏诰、策论经义之法。

三、书院的教学内容

元朝书院在宋朝书院的规模与数量的基础上,还新建了一些书院。

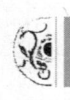

据《续文献通考·卷六一·学校考·书院》记载,其数量有300所左右;而据当世学者研究,元朝书院有408所。[①] 与宋朝不同的是,元朝采取措施将书院官学化。具体办法是由书院自聘著名学者任山长、自由讲学,自筹经费,改为由政府任命山长及教学、管理人员,并发给官俸,而使之成为和路、府、州、县学没有多少区别的地方官学。元朝书院的教学内容仍旧是以儒家经学为核心,着重于传授宋朝儒家理学。如《元史·赵复传》记载,元朝在北方建立的第一所书院(燕京)太极书院,特"立周子祠,以二程、张、杨、游、朱六君子配食,选取遗书八千余卷,请(赵)复讲授其中"。这段记述说明太极书院,专门为宋朝理学开山祖师周敦颐建立祠堂,并以程颢、程颐、张载、杨时、游定夫、朱熹等六位著名理学家"配食",充分反映书院十分推崇宋朝理学家。书院也和官学一样,主要以南宋理学家的著述为教学内容。

四、私学的教学内容

元朝的私学形式种类繁多,有家塾、义塾性质的私学,有以教学谋生的学者自办的私学,还有学生游学求师的私学和学者游历讲学的私学。

元朝私学教学内容,前引《程氏家塾读书分年日程》最具有代表性。与前朝相比,内容更为丰富、广博。不过,仍旧以儒家的经史为中心内容,兼及天文、地理、数术、历法、阴阳、医药、卜筮,以及佛学、道学等。兹选介如下:

朱世杰,数学教育家。据《新元史·卷一七一·朱世杰传》记载,他是元朝初年到处游动讲学的学者,曾"以数学名家周游湖海二十余年",也是一位依靠教授数学维持生活的数学家,他编著的《算学启蒙》和《四元玉鉴》是当时影响很广的数学专著和教学用书。

许谦,著名学者。"生数岁而孤,甫能言,世母陶氏口授《孝经》、《论语》,入耳辄不忘。稍长,肆力于学,立程自课……"后求教于鸿儒金履祥门下,接受导师的思想,为学"于书无不读,穷探圣微,虽残文羡语皆不敢忽……其他若天文、地理、典章、制度、食货、刑法、字学、音韵、医经、

---

① 参见孙培青主编《中国教育史》,华东师范大学出版社2000年版,第209页。

术数之说,亦靡不该贯,而释老之言亦洞究其蕴"。[1] 他居家研究、教学多年。在金华东阳山讲学"及门之士著录者千余人","远而幽、冀、齐、鲁,近而荆、扬、吴、越,皆不惮百舍来受业焉",致名扬海内。

郭守敬,著名科学家。求学于私学,广读博览,多处求师。"其大父荣通五经,精于算数、水利。时刘秉忠、张文谦、张易、王恂学于易州西紫金山,荣使守敬从秉忠学。中统三年,文谦荐守敬习水利。"[2]后来,他常和张文谦、王恂、张易、许衡等通晓天文、历法和数学的学者交流研究心得,并在他们的帮助与支持下,于至元十七年(1280年)编制了著名的《授时历》,还在农业、水利、机械制造、算学等方面作出了重要贡献。

熊朋来,字与可,号天墉,学者尊称他为天墉先生,著名教育家,江西丰城县秀市乡善村人,生于宋理宗淳祐六年(1246),卒于元英宗至治三年(1323年),享年七十八岁。宋度宗咸淳十年(1274年),考中第四名进士,授职从事郎及湖南宝庆府金事判官,还没有赴任宋朝即被元朝所取代。元世祖得江南后,大量任用宋朝旧臣,特别是进士出身的人才,与熊朋来同科的状元王龙泽被任命为江南行台监察御史。熊朋来的声名与学识并不亚于王龙泽,但他不愿意做官,而隐居民间聚徒讲学。来向他求学者,经常达数百人,以至附近房舍皆满而不能容纳。他的教学内容包括经学、天文、地理、方技、名物、度数、乐律等。一面教学,一面从事研究。他将《诗》、《礼》的内容进行了充实,增补了20首诗句,而且可以按着乐谱歌唱,还补充祭祀孔子所用的"乐章十八曲"使之完善,并得到执政者的称赞,下令各地抄录推行。又把《诗经》中的"考槃"、"蒹葭"、"衡门"、"白驹"4篇诗,配成曲谱歌唱。将自己的志向,寓寄于曲词之中,含蓄得体。他教学循循善诱,对学生和蔼但不放纵,耿直但不偏激,每次讲完课回家休息都要奏乐歌诗以自娱。他还经常以平等的态度和学生讨论经史,探究学问。凡接受过他教育的人大都取得了相当的成就。元朝恢复科举考试制度后,他的从业弟子,考取"进士"者占全国三

---

[1] 《元史·卷一八九·许谦传》。
[2] 《元史·卷一六四·郭守敬传》。

分之一，在当时很受学术界和执政者的尊重。遗著有《天墉文集》30卷。①

阿鲁浑萨里，据《元史·阿鲁浑萨里传》记载，幼年聪明，天资过人，曾跟随元朝国师八思巴学习，掌握了广博的知识，还能运用多种语言进行交流。元世祖闻知他学识宽广，特命他到朝廷任职，进一步研究汉族及其他少数民族的科学文化。经过他刻苦努力，于是"经、史、百家及阴阳、历数、图纬、方技之说，皆通习之"，成为一位维吾尔族著名学者。其长子岳柱在他教导下后来也成为精通经史、天文、医学的著名学者。

八思巴，元朝"国师"，佛教教育最著名的藏族僧人。据《元史·卷二〇二·八思巴传》，八思巴原名罗追坚参，又称发思八、帕克思巴。相传他三岁能诵咒语，七岁时就诵经数十万言，八岁时能背诵《本生经》，九岁就能为人讲经。人们称他为"圣童"。可见当时佛教教育在民间十分盛行，才使八思巴自幼受佛教教育的影响。他通过多年刻苦学习，成为著名学者和佛学大师，不仅是蒙古新字的创始人，而且写了三十多部著作，他的学生、弟弟、侄儿，有许多人在元朝担任重要官职。弟子相沿为帝师者共计十四代，对元朝的发展及宗教、教育政策有着重大的影响。

布顿是后藏僧人，喇嘛教夏鲁派的创始者。布顿原名仁钦竹，又称卜思端，曾担任夏鲁寺堪布，因为他的弟子很多，因此称为夏鲁派。在他门下有许多知名弟子，元顺帝因慕他的名望，特请他赴京讲法。布顿不仅对西藏佛教有重大影响，而且在佛教史上也很有地位。对西藏佛教各个方面都有著述，全集有二十八函之多。他著的《佛教史》是一部极好的佛学教科书和学术著作。

王重阳，道教教育家，他创立的道教教派全真教，以《道德经》、《般若心经》和《孝经》教导弟子，主张"三教归一"，提倡"四海教风一家"。王重阳曾经在山东各地传教，高足弟子有马钰、丘处机、谭处端、王处一、刘处玄、孙不二、郝大通等七人，号称"全真七子"。后来，这七位弟子又自立门户，广收教徒，使"天下靡然从之"。其中，丘处机改变王重阳不

---

① 参考熊明安等著《中国教育家传略》，云南人民出版社1983年版，第184—185页；金达迈主编《江西省·丰城县志》，上海人民出版社1989年版，第704页。

入仕途、甘愿居于民间的宗旨,率领弟子十八人,于七十一岁高龄时,远赴西域大雪山,历时四年,见到成吉思汗,为其统一全国出谋划策,劝其敬天爱民,不嗜杀伐。这些主张得到成吉思汗的采用,被尊为"神仙"。在元朝政府的支持下,道教得以在全国传播,甚至发展到云、贵和两广等地。

类似上述事例,举不胜举,于此就足以说明元朝私学教学内容十分广泛的状况。

第二节 教师和教学

一、教师的职责和选拔条件及任免概况

《元史·卷八一·选举志一》记载:中央官学的国子学,"设博士,通掌学事,分教三斋生员,讲授经旨,是正音训,上严教导之术,下考肄习之业。复设助教,同掌学事,而专守一斋。正、录申明规矩,督习课业"。依据这项法令,国子学的教师有博士、助教、学正、学录,他们的职责是:博士负责国子学的教学和考试。助教协助博士的教学,并具体分工专门教某一"斋生员"。学正、学录则负责"申明规矩,督习课业"。元成宗大德八年(1304年),国子学在上都设立分学以后,专设助教2员,负责上都分学的教学和考试等事务。另外,还设有典给,"掌生员膳食"[1]。又在集贤院的兴文署设置令、丞及典簿,主管江南学田书板,"并提调诸生饮膳"。

蒙古国子学的教师,"准汉人国学例"来设置,但人数稍少。

在教师的选拔条件上,大德七年(1303年)规定:"文翰师儒难同常调,翰林院宜选通经史能文辞者,国子学宜选年高德劭能文辞者,须求资格相应之人,不得预保。布衣之士若果才德素著、必合不次超擢者,别行具闻。"[2]从这些规定可以看出,元朝选拔国子学的教师要求十分严格,必须是"年高德劭",有很高的社会威望;"能文辞",学识广博,是资深学

---

[1] 《元史·卷八七·百官志三》。
[2] 《元史·卷八三·选举志三》。

者；如果是一般士人，确有真才实学，德行高尚，可以作为特殊人才选拔为教师。

至于中央专业技术的太医院、司天监附设教育机构的教师，在太医院设有太医教官，司天台设置提学、教授和学正。其选拔条件史籍不详载。

元朝地方官学的教师设置，据《元史·卷八一·选举志一》记载，元朝政府规定："凡师儒之命于朝廷者曰教授，路、府、上中州置之。命于礼部及行省及宣慰司者曰学正、山长、学录、教谕，路、州、县及书院置之。路设教授、学正、学录各一员，散府、上中州设教授一员，下州设学正一员，县设教谕一员，书院设山长一员。中原州县学正、山长、学录、教谕，并受礼部付身；各省所属州县学正、山长、学录、教谕，并受行省及宣慰司札付。"可见，元朝地方官学教师的教授由朝廷任命，称为"受敕教授"。教授以下的教师则分别由礼部、行省、宣慰司任免。教授只有路、府及上中州设置，下州及县只能设学正、教谕。

地方官学选拔各级学校教师的条件，有明确的规定，教师的升迁或转换岗位都要经过考试和举荐。在选拔教授的要求上，至元六年（1269年）礼部札文规定："诸路散府上中州，拟依旧例合设教授一员。若有已设教授，乞行下各路体究，委是德行学问、通晓文字，可以为后进师范之人，拟令委保申省，依旧勾当。"

至元二十四年（1287年），中书省咨文规定："各路并府、州教授别有迁调，影下寰阙，拟合令本路官司于所辖州郡教官内通行推选才德服众之人，牒委文资正官复察相应，然后行移本道按察司。公坐出题试验，将亲笔所业文字并察司的本牒文交申省部，移文翰林国史院，再行考校定夺。"[1]依据以上规定，任命地方官学的教授，要经过路、道按察司和翰林院三级考试，足见其要求十分严格。教授以下学官的条件，"例以下第举人充正、长，备榜举人充谕、录"[2]；这就是说，乡试举人没有通过礼部会试者，才有资格担任学正、山长；而充任学谕、学录者，也必须参加过乡

---

[1] 《庙学典礼·卷二·儒职生转保举后进例》。
[2] 《元史·卷八一·选举志一》。

试,同时仍然要通过考试才能升迁。具体规定是:"郡守及宪司官试补直学,考满,又试所业十篇,升为学录、教谕。凡正、长、学录、教谕,或由集贤院及台宪等官举充之。谕、录历两考,升正、长。正、长一考,升散府、上中州教授。上中州教授又历一考,升路教授。"这些规定和要求,足以说明元朝政府对地方学校教师的选拔是认真、严肃的,任免也很慎重。

据《元史·卷八一·选举志一》,从元仁宗朝开始,对科举下第举人中的布衣年老者,给以优待而授予书院山长之职:"自延祐创设之初,丞相帖木迭儿阿散及平章李孟等奏:下第举人年七十以上者,与从七品流官致仕;六十以上者,与教授;原有出身者,于应得资品上稍优加之;无出身者,与山长、学正。"泰定元年(1324年)之后,"始变下第者,悉授以路、府学正及书院山长"。这既是优待年老知识分子的措施,又是重视教师质量的一种办法。

二、教师的品级和待遇

元朝官学教师政治上的品级不高,甚至还不入流;物质待遇都很低,而且没有充分保障;惟因"责任实重",在社会上的地位却为人们所敬仰和羡慕。

首先,从政治上的品级来说,以地方官学为例,至元六年(1269年)规定,地方官学以路学教授为最高品级,仅为正八品,而府州学教授只是从八品,约相当于宣慰司令史的品秩。以后,路学教授又降为正九品,只等于廉访司的一个书吏,足见其品级低下。学官的升迁问题,前面已经引述了相关的规定,要得到晋升十分困难,不仅要通过层层考试,而且时间拖得很长,由最低的直学升为路学教授,要十二年以上。实际上,地方官学大部分教师都不入品级而相当于地方的杂吏。

其次,就物质待遇说,据至元二十四年(1287年)江浙行省公布的《学官职俸》,规定学官的待遇为:路学教授,月给粮5石,钞(中统钞)5两;省委相副教官、学正、书院山长3石,钞3两;学录米2石,钞2两;直学1石,钞1两;县学教谕1.5石,钞1.5两。[①] 而且,这些俸禄不是由政

---

① 《庙学典礼·卷二·学官职俸》。

府支付，而是由地方学校的学田收入发给，一些学田少或无田，以及有田遇到灾害，教师的基本生活就没有保障，这类事件在元朝是屡见不鲜。

再次，就教师的社会地位来看，是比较高的，且受到一定尊重。其根本原因是学官的"责任实重"。为什么学官"责任实重"呢？在江浙行省《学官职俸》咨文里讲得非常清楚。其中写道："随路教授、学正、学录，师范后进，作育人才，撰述进贺表章，考试岁贡儒吏。品级虽轻，责任实重。"①在教师的三大任务中，关键在于"考试岁贡儒吏"。元政府规定："各路司吏有阙，于所属衙门人吏内选取。委本路长官参佐同儒学教授考试，习行移算数，字画谨严，语言辩利，《诗》、《书》、《论》、《孟》内通一经者为中式，然后补充……遇各部令史有阙补用，若随路司吏及岁贡儒人，先补按察书吏，然后贡之于部，依先例选取考试。"②这就明显说明元朝选拔吏员的考试要经过地方学官的审核，而且吏员通过考试才是主要的入仕途径。据史料记载，在成宗大德年间，每年由吏员入流官者就有一千人左右，差不多等于元朝科举入仕人数的总和，就足以充分证明地方学官"责任实重"和参与考试吏员入仕的重要意义。正因为如此，学官的社会地位才被提高，并得到人们的羡慕和敬仰。如有史料撰述道："天下之官，卑而实贵者，无如学官。其名则师，其职则教。虽风纪之尊与为礼，他有司固弗责以跪拜之节。群居则坐者尚右，说经则听者在下。官箴之所贷，吏责之所不加，雍容委蛇，亦何乐如之。"③由此可见，学官除了参与吏员考试这项重大职责而受到尊重之外，在礼仪上还享有与常人不同的优待，"有司固弗责以跪拜之节。群居则坐者尚左，说经则听者在下"，这是多么荣耀的啊！

三、教师的教学

（一）中央官学的教学

元朝国子学的教学沿袭宋朝的制度，即由教授主讲，助教、伴读生辅助相结合。《元史·卷八一·选举志一》写道："博士、助教亲授句读音

---

① 《庙学典礼·卷二·学官职俸》。
② 《庙学典礼·卷一·岁贡儒吏》。
③ 《礼部集·卷一四·送刘教授序》。

训,正录、伴读以次传习之;讲说则依所读之序,正、录、伴读亦以次而传习之。次日抽签,令诸生复说其功课。对属诗章,经解史评,则博士出题,生员具稿,先呈助教,俟博士既定,始录附课簿,以凭考校。"这段记述说明了元朝国子学教学仍然采用教授主讲,再由正录、伴读递相传授,以及次日抽签复习前日所学内容,考试则由博士出题和评定成绩。这些方法是从汉、唐、宋各朝延续而稍有变更,但分斋教学是按学生的程度划分,升斋则依学生考试成绩为准而有新的发展。据《元史·选举志一》记载,国子学分为六斋:"六斋东西相向:下两斋左曰游艺,右曰依仁,凡诵书、讲说小学、属对者隶焉。中两斋左曰据德,右曰志道,讲说《四书》、课肄诗律者隶焉。上两斋左曰时习右曰日新,讲说《易》、《书》、《诗》、《春秋》,科习明经义等程文者隶焉。每斋员数不等,每季考其经书课业及不违规矩者,以次递升。"这是我国古代学校逐渐发展、形成的班级授课制。正是这种教学制度的创建和逐步完善,才为古代社会培养了大量人才,促进了我国社会的进步。

(二)地方官学的教学

元朝政府对地方官学的教学比较重视,曾经多次下诏要求地方长官关注地方学校的教学。至元六年(1269年),诏令地方长官及僚属,在朔望日"俱诣文庙烧香,礼毕,从学官主善诣讲堂,同诸生并民家子弟愿从学者讲议经史,更相授受,日就月将,教化可明,人才可冀"。[①] 试图采用这种方式以推动地方学校的教学。但在元朝初年,地方官学的教学仍然是徒有其名。所谓"府州县乡虽立教官,讲书会课,举皆虚名,略无实效"。[②] 到仁宗延祐年间及其以后,地方官学的教学在元政府颁布的《程氏家塾读书分年日程》的引导下,教学与考试日益正规化。学生学习的课程按《日程》要求,"依序分日,定其节目,写作空眼,勘定印版,使生徒每人各置一簿,以凭用功"。这个学生日课簿的作用,和后世课程表相类似;课程顺序是先学本经,后读注文,首研经史,次习时文,遵循由浅入深,从表及里的原则;教学活动进行的程序有:教师讲课,学生自习、阅

---

① 《庙学典礼·卷一·官吏诣庙学烧香讲书》。
② 《秋涧集·卷三五·上世祖皇帝论政事书》。

读、复习、考试等几个步骤。总起来说,元朝地方官学仍旧取得了比较好的教学成效,而且还有不少新发展,值得肯定。

元朝书院教学仍然保持了前代的传统,延请学术名流讲学仍旧是当时的一种风气。如太极书院延请赵复、王粹等理学大师去书院讲学,活跃了学术氛围,促使宋朝理学传播到北方。程端礼主持建康路江东书院继承和发展了朱熹讲学的传统,成为当时书院教学的著名人物。

另外,元朝教师在教学中注意采用直观教学法,医学利用针灸铜人和进行临床观察,以及图例如翰林学士忽公泰绘著《金兰循经取穴图解》,农学方面的《栽桑图说》、《农书》中的《农器图谱》,还有伦理教育的《图像孝经》等都在教学中应用,一定程度上体现了教学的直观性。

第三节　学生及其活动

一、入学条件和名额

（一）中央官学的学生

元朝国子学学生入学条件十分严格。国子学初建时,学生主要是蒙古贵胄子弟和四大怯薛子弟,人数没有定额。至元二十四年(1287年)正式建立国子学时,规定学生名额200人,"百人之内,蒙古半之,色目、汉人半之"。[1]但不许南人入学。在至元八年(1271年)国子学初建时,创立"伴读生"制,有伴读生12人;至元二十四在年,正式确定伴读生制,规定伴读生20人,至大年间增加为40人。蒙古国子学和回回国子学的生员与国子学大致相同,规定:"凡公卿大夫与夫富民之子,皆依汉人入学之制,日肄习之。"但人数较少,没有员额数规定,同样不允许南人入学,而一般庶民子弟则可以入学。大德八年(1304年),确定"增蒙古国子生百员,选宿卫大臣子弟充之"。回回国子学学生则招收"公卿大夫与富民之子弟"。仁宗延祐二年(1315年),因蒙古国子学只有100人名额,可要求入学的百官子弟却有二三百人,于是"减去庶民子弟一

---

[1]　《元史·卷八三·选举志三》。

百一十四员,听陪堂学业,于见供生员一百名外量增五十名"①,由此可知,蒙古国子学的生员有两种:一是陪堂生,多是庶民子弟;二是见供生,多为官僚子弟。

在中央专业技术教育的生员方面,司天监天文生75名;太医院生员多少不详。

(二)地方官学的学生

地方官学的学生名额,依《续文献通考·卷五十·学校考》的记载,首先招收地方官子弟,至元六年(1269年)朝廷规定:"诸路府官子弟入学,上路二人,下路二人,府一人,州一人;余民间子弟,上路三十人,下路二十五人……大德五年(1301年)十月,又定生员,散府二十人,上中州十五人,下州十人。"诸路蒙古字学学生名额与府学同,诸路医学和阴阳学则依儒学之例,确定招生名额。所谓"民间子弟",主要招收儒户出身的子弟入学,不是儒户又愿意读书的也可以入学。而且要求儒户如有余闲子弟,必须有一人入学,这是法律规定的义务,带有一定的强迫性。这类学生入学,不编入学籍,等到学习一定时间,经过考试,学有所长,才编入学籍成为府州学的正式学生。

二、生活待遇和出路

中央官学的学生享受免税、免役和国家提供廪赡的待遇。蒙古国子学和回回国子学的见供生享受国子生的一切待遇,而陪堂生的待遇不详。蒙古国子学学生的出路,元世祖至元八年(1271年)规定:"俟生员习学成效,出题试问观其听对精通者,量授官职。"②即成绩优良者不必通过科举考试,就直接授予官职。

关于国子学生员的出路,可以通过积分升斋或岁贡考试举充文吏;或者留在国子监充当伴读生,担任斋长。元成宗大德八年(1304年)开始实行国子学岁贡制,规定:国子学生员蒙古人、色目人、汉人"三岁贡一人",补为官吏。以后略有增减,改为三岁各贡二人。据《元史·卷八一·选举志一》,仁宗延祐初,由于国子学生员增加,改为岁贡六人,"蒙

---

① 《元史·卷八一·选举志一》。
② 《元史·卷八一·选举志一》。

古授官六品,色目正七品,汉人从七品"。

地方官学的正式学生可以享受免差、免役及学粮津贴,还有资格参加岁贡儒吏的考试与贡解考试,参加贡解考试的条件是"行义修明,文书优瞻,深通经史,晓达时务,可以从政"。考试合格,"或用为教官,或取为属吏"。因为学官待遇菲薄,所以大多数地方学校学生多争取岁贡或吏员考试,而不愿意举荐为学官。

地方医学生每3年进行一次医学考试,时间在8月,中选者来年春2月赴大都参加更高一级的国家考试,中选者可以入朝任职。阴阳学的学生,有术数精通者,每岁录呈省府,赴都试验,优异者可到司天监或天文台工作。

元朝学校的经费来源,主要依靠朝廷划拨学田的收入。最初学田由地方官掌管,后来为了避免地方官从中渔利,元世祖下令学田"复给本学以便教养"。至元二十九年(1292年)又复下诏:"江南州县学田,其岁入听其自掌,春秋释奠外,以廪师生及士之无告者。"①

书院在元朝是一种半官半民的教育机构,因此没有国家的统一编制和学生名额。书院主要以院田收入作为经费,并由政府设立直学以掌钱粮,院田多收入充足者,书院学生可享受一些生活补助,如果院田少,收入差,则维持书院运转都很困难,学生当然没有物质方面的享受。至于学生出路,元朝政府曾经规定:"自京学及州县以及书院,凡生徒之肄业于是者,守台举荐之,台宪考核之,或用为教官,或取为吏属。"②这就是说,书院学生和地方官学学生的出路基本相同。

三、学习、学术活动与社会服务活动

国子学的伴读生,实际上是做教师助手的工作,除了自己学习,还要将教授讲述的经史等内容传达给学生,并为学生解答疑难问题;品学皆优的国子学生,在学习的同时,还要被选任作学生干部,负责一些社会工作,为国子学其余同学服务。《元史·卷八一·选举志一》记载,学生所任的学职:"其本学正、录各二员,司乐一员,典籍二员,管勾一员及侍仪

---

① 《元史·卷十四·十七世祖本纪》。
② 《元史·卷八一·选举志一》。

舍人，旧例举积分生员充之。后以积分既革，于上斋举年三十以上，学行堪范后学者为正、录，通晓音律、学业优赡者为司乐，干局通敏者为典籍、管勾。其侍仪舍人于上中斋举礼仪习熟、音吐洪畅、曾掌春秋释奠、每月告朔，明赞众与其能者为之。"国子学的全体学生都要参加春秋祭祀、每月告朔等典礼活动。

地方官学的学生则参加当地文庙的祭祀活动，以及社会宣传教化等服务。据《庙学典礼·官吏诣庙学烧香讲书》一文的记载，至元六年四月，中书省奉圣旨通令全国各地："今移文各路，遍行所属，如遇朔望，自长次以下，正官同首领官率领僚属吏员，俱诣文庙，烧香礼毕，从学官主善诣讲堂，同诸生并民家子弟愿从学者讲议经史，更相授受，日就月将，教化可明，人才可冀，外据所在乡村镇店，选择有德望学问可为师长者，于百姓农隙之时，如法训导，使长幼皆闻孝悌忠信廉耻之言，礼让既行，风俗自厚，政清民化，止盗息奸，不为小补。"这段文字描述了庙学教学活动的目的、内容和地方官学学生参与社会活动的基本状况，还说明了庙学是以孔庙为活动地址，每月朔望进行讲学，它和地方官学是不同性质的教育机构。

学生还要参加学术辩论活动与科研活动。如元朝初年，世祖忽必烈曾令天文学家王恂、张易、许衡、郭守敬等编订《授时历》。因为通行的《大明历》有些不准确，郭守敬认为要保证历书的科学性，必须进行实地观察，因此建议在全国设立二十七个观测站，让阴阳学的学生和司天台官员日夜观测，为制订《授时历》积累第一手的实际资料。同时为了保证观测的顺利和准确，郭守敬还制造了许多仪器，并撰写了相关的书籍《仪象法式》、《二至晷景考》、《五星细行考》、《古今交食考》、《新测二十八舍杂座诸星入宿去极》、《新测无名诸星》、《月离考》等天文学论著。阴阳学的学生在这些活动中，既锻炼了实践能力，又丰富了理论知识。郭守敬还以自身的行动，为学生投身于科学研究工作树立了榜样。

第十四章
明朝学校的教学活动

1368年,朱元璋推翻元朝的统治,在南京称帝,定国号为明,以南京为国都,史称明太祖。永乐十九年(1421年)明成祖迁都北京。疆域:明朝初年东北抵日本海、鄂霍次克海、乌地河流域,后退缩至辽河流域;西界,明朝初年在河套西喇木伦河一线,后退缩至今长城;西北,明初到新疆哈密,后退缩至嘉峪关;西南包有今西藏、云南;东南到海及海外诸岛。1644年李自成率领的农民军攻占北京,明朝灭亡。共历十六帝,277年。

朱元璋汲取历朝统治者的教训,进一步加强中央专制集权制度。在统治策略上,一面利用强权压制思想言论自由,另一方面通过教育、教化灌输其统治思想,并尽力恢复农业生产,发展经济,稳定广大民众的物质生活,以维护政权的长治久安。他在灭元前夕的1367年10月就说:"治天下当先其重且急者,而后及其轻且缓者。今天下初定,所急者衣食,所重者教化。衣食给而民生遂,教化行而习俗美。足衣食在于劝农桑,明教化在于兴学校。学校兴,则君子务德;农桑举,在小人务本。如是为治,则不劳而政举矣。"①所以,在明朝建立后,朱元璋就按照他制定的建国方略,着手发展教育事业。此后的历代皇帝都依据他确定的治国方针政策,重视发展教育。

---

① 参见《明太祖宝训》卷一,台湾1962年校印《明实录》本。

第一节 教学内容

一、中央官学的教学内容

（一）国子监的教学内容

明朝的中央官学没有国子学和太学的划分，国子学即太学。1365年9月，朱元璋在金陵（今江苏省南京市）即吴王位的第二年，就将元朝集庆路儒学改为国子学。故《续文献通考》写道：太祖"初定金陵，以元集庆路儒学为国子学"。"洪武元年（1368年），命品官子弟及民俊秀通文义者，并充国子生。"洪武十四年（1381年）四月，朱元璋下令在鸡鸣山南面新建国子学。次年建成，并改国子学为国子监。从此国子监由唐、宋时期的中央学校管理机关转变为中央最高的教育机构。明成祖永乐元年（1403年）二月将北平府儒学改为北京国子监。永乐十八年（1420年）十一月，又下令改北京国子监为国子监，改原来设立在南京的国子监为南京国子监。所以，在明朝的南京、北京都分别设立了国子监。国子监的教学内容，仍然是以儒学《五经》和《四书》为核心，只是具体的教材名称有一些不同而已。《明史》记载："入监者，课以明体达用之学，以孝悌、礼义、忠信、廉耻为之本，以六经、诸史为之业。""凡经，以《易》、《诗》、《书》、《春秋》、《礼记》，人专一经，《大学》、《中庸》、《论语》、《孟子》兼习之。"[①]洪武十四年（1381年），上谕祭酒李敬说："士之为学，贵于知古今，穷物理。圣经贤传，学者所必习……卿以朕命，导诸生读经史之暇，兼读《说苑》，讲律令，必有所益。"[②]扼要地说，有《御制大诰》、《大明律令》、《四书》、《五经》、《说苑》等。又，在洪武时期，写字、算术、射、礼仪、音乐都曾经是教学内容的一部分。据《明太学志·卷七》记载，"我高祖屡诏诸生讲习律令，而于书仿，监规所示，亦既详明。后又颁书及数之法于国学暨诸乡学。今律令既不常讲，而书仿或亦应文，至于数，置不复及矣。按原洪武二十五年所颁数法，凡生员每日务要习学算法，

---

① 《明史·卷七十三·职官志二》。
② 《南雍志·卷一·事记》。

必由乘因加归除减,精通《九章》之数。昔之善教者,经义治事,贵在兼通,曾谓律令数学切于日用,可忽而不之学乎?"洪武以后,历朝都遵循朱元璋定下的教学内容而只作少许调整。其中的变化主要是教材选择上,如永乐十五年颁行《四书大全》、《五经大全》、《性理大全》,就成为国子监的基本内容。

（二）武学的教学内容

明朝武学设立于建文帝时期,成祖即位后停废武学。到明英宗正统初,有河间府、保定府的地方官相继自动建立武学,正统六年(1441年)五月,英宗命设立京卫武学,次年又在南京设立京卫武学。明代宗景泰三年(1452年),因武学生员太少,只10余人,于是又停废武学。至英宗天顺八年(1464年)十一月,恢复京卫武学。成化、嘉靖年间修订了武学学规,增加了管理官员,武学教育逐渐走上正轨。武学的教学内容分为两类:一为《小学》、《论语》、《孟子》、《大学》;二为《武经七书》、《百将传》。学生在这两类书中任选一本,如果学生已经是都指挥官,则学《武臣大诰》、《历代臣鉴》、《百将传》及古今名臣嘉言善行。明正德以后,武学生年龄在17以下,加习写字,17以上兼习弓马。

（三）中央机关附属教育机构的教学内容

宗人府管辖的宗学是专门为宗室子弟设立的一种特殊学校。但宗学不是设置在京城所在地,而是设立在各王府所在地。嘉靖九年(1530年)丰林王朱台翰建议:"各处抚、按,查亲、郡王同城者共建一学,郡王各城隔远者另立一学。宗室子弟八岁以上未授封者,令其入学习礼。"[①]嘉靖帝同意了这个建议,自此开始宗学相继在山西、河南等地设立。万历十四年(1586年),礼部修成《宗藩要例》。依条例规定,凡宗室蕃衍府分,都应该设立宗学,宗室之子10岁以上者俱入宗学。宗学的教学内容主要是儒家经学、性理之学和史鉴。此外还要学习《明祖训》、《孝顺事实》、《为善阴骘》等。对于那些贫寒的宗室子弟,则允许他们学习医学,选本王府的良医为教师,教授《难经》、《素问》等书。

---

① 《明世宗实录》卷一一四。

第十四章　明朝学校的教学活动

　　翰林院管辖的四夷馆是明朝培养外国语人才的教育机构。永乐五年(1407年)，成祖命令设置四夷馆于长安石门之外，内分鞑靼、女真、西番、西天、回回、百夷、高昌、缅甸8馆。正德年间，由于八百国兰者哥进贡，于是在四夷馆中增设八百馆，因此，由8馆增加为9馆。据弘治三年五月，制定的四夷馆考选之法的规定：四夷馆来自官民之家的学生，必须专习本门学业，不许借口学习举业而另谋出身。可见学生主要是学习外文翻译，熟悉外国语言文字。内分九馆就有九种外国语言文字，这些语言文字就是四夷馆教学的基本内容。

　　钦天监附属天文生等教学内容：明朝钦天监是主管天文的中央机构，而且规定禁止私人学习天文。洪武六年(1373年)规定，凡钦天监的人员，永远不许迁动，其子孙只许学习天文历算，不许学习他业；凡不习学者，发海南充军。[①] 从明初开始，钦天监官员的子孙都因其父、祖的官职而成为天文生、阴阳人，并在父、祖辞世后替补其职。钦天监内，分为四科，即天文、漏刻、回回、历。自钦天监官五官正以下，到天文生、阴阳人，都分科肄业。[②] 钦天监的五官正等官有他们各自的任务，而天文生、阴阳人等则要分别负责观测天象、查看漏刻等具体工作。由此可见，钦天监的天文生、阴阳人等都是把学习与工作结合进行，学习的内容因为规定了"只许学习天文历算，不许学习他业"，当然是以天文历算学为中心。

　　阴阳学的学习内容：明太祖洪武十七年(1384年)六月，令府、州、县设立阴阳学。明朝的地方阴阳学主要是负责地方上的天文、气象事务，虽然也要学习天文历算书籍等内容，有一些教学工作，但不是重点。而且，还明确规定，执掌天文历算是特殊人才，这些人员的任用、考核不只经过吏部，还要通过钦天监的考试。

　　太医院的主要任务是医疗疾病，同时也培养医学生。太医院除了官员外，还设有医士、医生，并按医术分为大方脉科、小方脉科、妇科、疮疡科、针灸科、眼科、口齿科、接骨科、伤寒科、咽喉科、金镞科、按摩科、祝由

---

① 《明会典·卷一七六·钦天监》。
② 《明史·职官三》。

科等13个科。太医院的医士、医生都是分科执业,分科学习,即在医疗实践中一面工作,一边学习。明孝宗弘治四年(1491年)十一月,太医院院判刘文泰奏请命太医院在各地精选年15以上20以下的官生子弟送礼部,再送太医院分到各科学习,还选既懂儒学又精医术的人充任这些学生的教师,还规定了考核制度。从此,太医院的教学才形成一定的规模。其教学内容和宋、元时期基本相同,故不详述。明朝的府、州、县设立有医学,据《礼部志稿》卷八九记载,地方设置医学始于洪武十七年(1384年)。医学的基本任务是"专治药饵,疗疾病,以厚民生"。[①]还"领医生习读医书,修合药饵,医治官吏及一应军民狱囚人等疾病"。[②]依此来看,地方医学仍旧是既治疗疾病,又习读医书,即还是要培养医学人才,和元朝的地方医学相类似。在管理上医官、医生的考核、任用等仍由太医院负主要责任,与钦天监的阴阳学差不多。

二、地方官学的教学内容

(一)府、州、县、都司、行都司、卫学等的教学内容

明朝地方行政区划分为府、州、县三级,分别设立府学、州学、县学;依军队编制设立都司学、行都司学、卫学,以及在谷物财货集散地设置都转运司学,在土著民族聚居地区设立宣慰司学和安抚司学,都统称为儒学。

据《明史·卷六十九·选举志一》记载,洪武二年以后,府、州、县、卫都大建学校,"生员专治一经,以礼、乐、射、御、书、数设科分教。"按照明礼部议定颁布的《皇明立学设科分教格式》规定:"各处府州县于洪武三年正月为始开学。"因此,明朝地方各级设置儒学是从洪武三年(1370年)开始。其中,都司儒学始设于洪武十七年(1384年),行都司儒学始设于洪武二十三年(1390年),卫儒学始设于洪武十七年(1384年),但明朝地方行政区划到洪武十三、十四年后才稳定下来,所以,地方儒学的设置也就先后不同。据《中国教育制度通史》第四卷著作者的统计分析:"到洪武末,全国府、州、县设立的儒学总数,有确切年份记载的就已

---

① 《嘉靖河间府志》卷四。
② 《嘉靖南安府志》卷十三。

经达到了1015所;加上前朝所建的39所,洪武期间已有的府州县学数就达到了1054所。根据我们的考察,洪武末年的府、州、县总数,大约在1440—1480个之间。这也就是说,当时全国府州县,已经有73%都具备了儒学。因此,到洪武末年,明代地方儒学的设立就已经基本完成。""到万历时期,全国的府州县学设立数,也已经超过1435所。这一事实,意味着当时的府州县有94%左右都设立了儒学。儒学设立的这种普遍性,显示了明中央政府对地方正规教育的重视,也显示了地方儒学的建设的确具有一定的规范性。"①《明史》的编修者评价道:"无地而不设之学,无人而不纳之教。庠声序音,重规叠矩,无间于下邑荒徼,山陬海涯。"

明朝地方学校既然统称为儒学,教学内容当然以儒学为核心进行设计,其间经历多次调整、修订。洪武二年明中央政府颁布《皇明立学设科分教格式》规定:"……礼、律、书共为一科,训导二员,掌教礼、教律、教写字……乐、射、算共为一科,训导二员,掌教乐、教算、教射。府教授、州学正、县教谕掌明经史,务使生员知孝悌忠信、礼义廉耻,通晓古今,识达时务。及提调各训导教习,必期成效。生员习学次第:侵晨,讲明经史,学律。饭后,学书、学礼、学乐、学算。未时,习弓弩,教使器棒,举演重石。学此数件之外,果有余暇,愿学诏、诰、表、笺、疏、议、碑、传、记者,听从其便。"

洪武十九年御制《大诰》三编完成,颁为儒学教学内容。洪武二十五年(1392年),再次修订儒学教学内容。据万历《明会典·卷七八·明太祖实录》卷二一六记载,"……朝廷颁行经史、律诰、礼仪等书,生员务要熟读精通,以备科、贡考试……遇朔望,习射于射圃……。习书依名人法帖,日五百字以上……数务在精通九章之法"。概括地说,教学内容有经、史、律、诰、礼仪、射、书、数等。在此之后,仍然有一些调整、补充。如永乐十四年(1416年)颁布《历代名臣奏议》,永乐十五年颁行的《五经大全》、《四书大全》、《性理大全》,正统十三年(1448年)颁行的《五伦

---

① 李国钧、王炳照主编《中国教育制度通史》(第4卷),山东教育出版社2000年版,第172页、175页。

书》,成化年间颁行的朱熹《资治通鉴纲目》等都相继作为儒学的教学内容。从这些史料来看,明朝儒学教学内容并不是一成不变的,而是依据时势需要可以随时变通;再者,前述内容并不是每个学生都必学的,而是分经学习即只选学一经,还按照每个学生所学的不同经书,及不同学习进度,编成不同的学习小组,以区别他们间的差异。

(二)社学的教学内容

明朝社学基本上沿袭元朝在乡村设立社学的做法,而有一些发展。首先,明朝对社学比较重视,历代皇帝都对设置社学发布过命令;其次,明英宗还将社学纳入地方提学官管辖的范围,从此,社学成为地方一级学校,并把社学与地方儒学衔接起来,俊秀学生可以升补为儒学生员。社学的教学内容有《三字经》、《百家姓》、《千字文》、《小学》、《孝经》、《四书》等,学习之后,再学经、史、历、算等各种知识。同时,还必须读《御制大诰》、明朝律令以及讲习冠、婚、丧、祭之礼。

三、书院的教学内容

明朝书院的教学内容,与国子监、地方儒学相同,仍然是以儒学经典、史、鉴等为基本内容。据清代毛德琦编撰的《白鹿洞书院志》卷八记载,明成化五年(1469年)李龄制定白鹿洞书院的《六戒》规定:"读书必循序,不可躐等。先读《小学》,次《四书》、《五经》、御制书,《史》、《鉴》各随资质高下。"又如,《东林书院志》卷二记载,万历年间顾宪成为东林书院所作的《东林书院会约》中,强调要"尊经",还指出孔子表章《六经》,程朱表章《四书》都是为了"昭往示来,维世教,觉人心",而为万世留下了不变的"常道"。其核心主张仍旧是以儒学为内容。再从书院会讲的内容,也能够说明书院的内容,如冯从吾主持关中书院会讲的内容是:"其言当以纲常伦理为主,其书当以《四书》、《五经》、《性理》、《通鉴》、《小学》、《近思录》为主……"①仅这些材料就足以说明,无论是书院教学,或者举行讲会其内容都是以儒家经学为核心,只是各个书院稍有不同而已。

---

① 嘉庆《咸宁县志》卷一三;冯从吾《宝庆寺学会约》清刻本。

四、私学的教学内容

明朝的官学、书院等虽然发达,但是,私学仍旧在民间流行,其教学内容仍然是遵循明朝的文教政策,以儒学为主。如吴康斋勤苦力学,精通理学。躬耕于乡间,设帐授徒,四方来学习者很多,最著名的学生有胡居仁、陈白沙、娄琼等;又薛瑄,少通理学,不求仕进。后为山东提学,学生著称为"薛夫子"。后辞官家居,来学者很多。教"学一本程朱,其修己教人,以复性为主"。再如陈白沙自从跟吴康斋学成归家后,便绝意科举,专心读书,筑阳台,静坐其中,数年不外出。成化二年(1466年)复游太学,祭酒邢让见其诗。惊曰:"真儒复出。"于是名震京师。归家后学生更多。最著名的有湛若水等。湛若水"赐进士,选庶吉士,授翰林院编修。时王守仁在吏部讲学,若水与相应和"。后又"筑西樵讲舍,士子来学者,先令习礼,然后听讲"。另外,还有:梁寅"世业农,家贫,自力于学,淹贯《五经》、百氏……结庐石门山,四方士多从学"。又,陈漠"幼能诗文,遂于经学,旁及子史百家……隐居不仕,著书教授以终"。再,"樵夫朱恕,字光信,泰州草堰场人,听王心斋语,浸浸有味。每樵必造阶下听之……听毕则浩歌负薪而去。陶匠韩乐吾,兴化人,以陶瓦为业,慕朱樵而从之学。久之,觉有所得,遂以化俗为任。随机指点,农工商贾从之游者千余。秋成农隙,则聚徒谈学,一村既毕,又之一村,前歌后答,弦诵之声,洋洋然也"[①]。从以上列举的私学可以看出,他们的教学内容仍然是儒学的《五经》《四书》,以及史、鉴等,无论是倾向"程朱理学",或者是崇尚王阳明的"心学",但都属于儒学的范畴。

第二节 教师和教学

一、教师的选拔任用

（一）国子监的教师

洪武十四年明确规定国子监设博士15人、助教15人、学正10人、学录7人为专职教师,是国子监的属官。永乐九年北京国子监比照南京

---

① 以上所引参见《明儒学案》及《明史·儒林传》相关部分。

国子监设博士4人、助教13人、学正9人、学录6人。国子监的学官由吏部任命,据《明会典》卷二:"凡国子监……博士、助教、学正、学录,于教官内升用。"这里所说的"教官"是指地方儒学的教师,这些教师经过考核,成绩优异者即可经由吏部升任为国子监的教师。

(二)武学的教师

明朝京卫武学设教授1人、训导6人,仍由吏部铨选任命。据《明宪宗实录》记载,成化十三年明宪宗命吏部慎选武学教官。成化二十二年,兵部建议"教授等官,须下所司择颇通《武经》者用之"。又,《明孝宗实录》记载:弘治元年(1488年)五月,工科给事中夏昂建议:京卫武学,选举人年力精强、学行兼全者为教官。这些资料就足以说明,武学教官的选择是十分认真、严格的。

(三)中央机构附属教育机关的教师

对于宗学的教师,正德十四年(1519年)令吏部选择学行优长、能够胜任教师的人,充任长史、纪善、伴读和教授等官,负责教导宗室子弟,即充任宗学教师。

四夷馆教师的选用依正德四年(1509年)大学士李东阳奏议,乃是在四夷馆内推选,或在各边访保。其实,宣德元年(1426年)选取译字生,他们的教师就是指挥李诚和丁全等人。而当时的指挥是武官,以他们充任四夷馆的教师,可见这些指挥是边卫刺探敌情的人员,他们因为工作需要,都熟悉边夷的文字语言,具备作四夷馆教师的基本条件。各馆的教师人数没有限定。据《礼部志稿》卷三六、九二的记载,成化以前,四夷馆每馆有教师三四人或五六人,到成化四年,只回回馆有教师4人,其他各馆都缺教师。嘉靖二十八年(1549年),令各馆在本馆内选年深、通晓番语的通事一人为教师,教习本馆的学生。

对于天文、阴阳学的教师,明律规定:天文、阴阳为世传其业,不许迁动。因此,其教师即是受业者的祖父或父亲,一般采用师傅带徒弟的方式开展教学。

太医院选精通医业的人充当教师;地方医学的教师如何选用,缺乏史料记载。

（四）地方儒学教师

据洪武二年(1369年)设立地方儒学的命令,府学置教授1人、训导4人,州学设学正1人、训导3人,县学置教谕1人、训导2人。其中,应天府学和顺天府学因是京师学,训导比一般府学多2人。至于其他儒学的教师,针对其不同情况仍有些差异,如辽东的金州、复州、海州、盖州儒学,设学正1人、训导4人,其训导比一般州多1人。但在学校级别上,则是以教授、学正、学谕的设置为标准,还设置相同学官的学校就是同级,而不论其训导人员的多少。

儒学教师的选用比较认真、严肃。洪武二年,规定儒学教授、学正、教谕由各处守令选择有才德、学问并通晓时务的儒士担任。训导,教习礼、律、写字的,于有学行、通律令、谙习古今典礼、会书法的儒士中选取；教习乐、数、射的,于知音律、会射弓弩算法的儒士中选取。洪武十四五年,朱元璋又相继发布重视选择儒学教师的命令,指出：凡不通经术的,送吏部另派工作；而凡是通经术,能文章却沉没下僚,则将其情况上报,以便任用。洪武十八年六月,令参加全国会试而没有录取的举人,全部授予学正、教谕。洪武二十六年,以监生年三十以上、能写文章的授予教谕等官；训导有缺,则以举人、考中监生以及通经儒士选用。明英宗正统八年(1443年),令科举取中副榜举人年龄在三十以上者,才能授予教官。

（五）社学教师

明朝各级政府对社学教师的选拔任用都很重视,要求也比较严格。据相关的史料记载,太祖朱元璋下诏立社学时就指出："其经断有过之人,不许为师。"此后,明中央及地方政府在立社学的政令中,多次强调要"择立明师",选择那些"学行可为师范者"、"端庄有德,教训有法者"、"耆旧有学行者"、"儒士之谨饬者"等为社学教师。选用社学教师的基本途径有：地方官和提学官通过考选或短期培训后聘任；社学所在地的乡民推举有学识行艺可为师表者为教师；留居民间的儒士自己要求作教师。

二、教师政治地位和待遇

据《明太祖实录》卷二六记载学官的品级,洪武十四年规定,博士、助教从八品;学正正九品;学录从九品。依《明史·食货六》:国子学官员的经济待遇,洪武十三年定为:博士、助教从八品年薪米70石,俸钞45贯,学正正九品年薪米65石,俸钞30贯;学录从九品年薪米60石,俸钞30贯。实际上,明朝官员的经济待遇,并不是都发给禄米,自永乐及其以后,由中央政府统一规定,官员薪俸按照一定比例支取米和钞,领取米的比例较少,而是将米折合成钞发给。

洪武十三年按府学教授官品为从九品;州学学正亦为从九品,同年又改为未入流。教师的经济待遇,依《明史·食货六》记载,府学教授为月米5斗,州学学正为月米2.5斗,县学教谕及各学训导为月米2斗。

关于中央机关附属教育机构教师的待遇,大约是依据其品级或比照儒学教师享受政府一定待遇,因史料记载不详无法细叙。

明朝小学教师不属于国家官员系统之列。因此,小学教师不能享受国家提供给儒学教师那样的政府待遇。但是,明朝小学教师因地区和时代不同,还是享受有一定待遇。概括起来有两个方面:一是免除差徭。依万历《明会典》卷七八,天顺六年(1462年)英宗在给提学官敕谕时指示:"每里俱设社学……仍免为师之人差徭",足以说明小学教师享受了免差徭的政府待遇。二是获得束脩。明朝社学有官办、官私合办或私人所办几种,官办则由官方提供束脩,合办一般由官私双方供给束脩,私办则由创办者和受益者共同支付束脩。

三、教师的教学

(一)国子监的教学

首先,从教学组织形式来看,实行分堂、分班教学。据《南雍志》卷九记载,洪武十六年(1383年)正月,明太祖在国子监学规中规定:"凡生员通《四书》未通经者,居正义、崇志、广业堂。一年半之上,文理条畅者,许升修道、诚心堂。坐堂一年半之上,经史兼通、文理俱优者,升率性堂。"同年十二月,礼部奏请对送入国子监的生员,由监官再进行考试后"分堂肄业"。这是为了依生员的学业程度而分别入各班学习。按照《南雍志》卷七的记载,"率性、修道二堂各4班,诚心、正义、崇志、广业四堂各6班",总计32班。国子监生员就依据规定,分别编入各堂、各班学习。

其次,教学方法有:1. 会讲。即集中全体生员进行讲授,主讲人由六堂官轮流担任,每次会讲选主讲2人,讲题先由主讲者提出数个,再经司业从中圈定,然后主讲人按照讲题写出讲稿,并送司业改定,到会讲日依讲稿进行讲述,生员以堂班顺序列队听讲。会讲结束后,将讲稿誊清贴于六堂,供生员们誊习。2. 复讲。复讲是由国子监教官指导监生进行讲述。先由教官拟定题目,到复讲日再由教官抽签确定当日的讲题,而后又再抽签选出当日出讲的监生。讲解的顺序,由率性、修道、诚心、正义、崇志至广业,每堂抽出一名监生复讲。因为事先只确定了各个讲题,而没有决定复讲者,这样就迫使各堂生员都必须按照讲题去作准备,以便抽签时抽到自己担任复讲时,能够顺利完成复讲题目。实际上,复讲是督促生员认真复习所学科目的一种方式。参加复讲的除了各堂生员、教官之外,祭酒、司业和博士等都参加,以了解各堂生员的学习情况。3. 作课。所谓作课,仍然是检查、督促生员学习的方式之一。洪武三十年(1397年)颁布的国子监监规:"每月务要作课六道:本经义二道,《四书》义二道,诏、诰、表、章、策、论、判语内科二道。不许不及道数。仍要逐月作完送改,以凭类进。违者痛决。"这个规定表明,国子监生作课早就有明确要求,同样是为了生员毕业后任官出发。作课的具体做法:轮到作课的那天,六堂生员早晨就到各班,等待经博士拟订的题目经祭酒裁定后,分发六堂监生当天在班作完,本堂教官批改。每月末时,由堂长将本堂监生作课送博士厅,经博士批阅后,再送司业查看。对文理俱优者给以张榜表扬,而作课少或文理均差者则予以处罚。监生的作课经司业审查后,还要誊清送入内阁,以备进呈皇帝御览。[①] 4. 背书。背书有两种做法:一是到背书的那天,由六堂官各抽一签,选定需要背书的监生。然后将六名生员集中带至博士厅,逐名试背。假如背不熟或背书者不到,则博士厅书面通知,由本厅礼生带领该生到司业处抽背,若背不熟或不到,则发至绳愆厅进行处罚。二是由祭酒、司业抽签选定背书人。选

---

① 《明太学志》卷七。

出的生员先到博士厅,逐班背诵。凡背书不熟或不到者,即记录于簿。然后博士厅礼生带着簿籍和该生,送司业处再背。如果不熟或不到,则处以扑责,或罚旷,仍记录于簿。以上两种背书,仍旧是督促监生熟读、熟背经籍的方式。背书并不是全体生员人人都背,只是选择几位监生去背。但是,采取抽签的办法确定背书人,则每人都有被抽的可能,因此,每个人都需要认真准备,以避免抽到时背书不熟受到处罚。

还值得提到的是无论是复讲、作课或背书,在进行过程中,如果有疑难或不理解的经文或条规等,都可以向教官提问,而且,也可以进行反复辨析。由此表明,国子监的教学还是灵活多样,并不是铁板一块。

(二)地方儒学的教学

明朝的最高统治者及其中央政府,对于教育一般都采取统一的策略。因此,儒学的教学和国子监的教学有许多也是相同的,如分堂、分班教学,复讲、背书等等,即不再述,只就儒学的课程安排做简单叙述。

依洪武二年颁布的《明立学设科分教格式》,一天的课程分配是:

清晨课目有:(1)经史,性质为必修,任教人为府教授、州学正、县教谕;(2)律,性质为必修,任教人为训导;

饭后(上午)课目有书、礼、乐、算,性质为必修,任教人为训导;

未时课目有射,性质为必修,任教人为训导;

余暇课目有诏、诰、表、笺、疏、议、碑、传、记,性质为非必修。

从上述课程安排可以看出,重要的科目在早晨教学,而且任教人分别是学识渊博,教学能力较强的教授、学正和教谕。书、礼、乐、算、射,虽然属于必修课程,因为在整个课程体系中是次要部分,则安排在午饭后教学,任教人是比教授、学正、教谕次等的训导。至于选修科目,则由生员在空余时间任意选学。体现了教学一定的灵活性与生员学习的自主性。但这个课程安排只在明初施行过。到了明朝的中后期,各地方官针对其缺陷和现实的需要,做了相应的改动。如海瑞担任延平府南平县教谕时,就对县儒学做了调整。将《四书》、本经、《通鉴》、《性理》分为十二分;每月分为前后两部分,安排朔、望讲书;又将每天分为三部分,以便检查每天的学习情况。生员依据自己的基础和学习能力确定个人的学习分量,资质能力稍差者减少《性理》,再差者少习《通鉴》,更差者减习本经。县学生有住校和不住校的两种,海瑞规定:"宿号者,两日背书一次,复书一次。毕,讲书,用辰时。三、六、九作课,用巳午时;将作课,发落前课。不在号生员,去学十里内者,朔、望赴学,背、复半月以前书,送半月以前课。在十里以外者,月考赴学,后一日背、复一月书,送一月课;发落月考,在再考次日辰时。取便村居生员也,发落课亦同。考用二十九日。"①根据以上史料,可以了解明朝儒学教学充分注意从生员的实际情况出发,有针对性地开展教学活动,发挥了生员的学习自觉性、主动性和积极性。

(三)社学的教学

(1)教学的组织形式。基本上仍沿袭宋、元时期私塾、冬学和社学等教学形式而有一些发展,比较有影响的是分堂教学的出现。尽管宋朝教育家胡瑗实行过分斋教学,可是,明朝的分堂教学却与宋朝的不一样。明朝中期在有些社学人数很多,为了教学的方便,则采用分堂(或分斋)教学的办法。据嘉靖《吴邑志》卷一三载,正统十三年(1448年)松江知府朱胜建社学,"爰构大堂,及旁各两斋,斋聚百童而教焉"。又,正德《大同府志》载《新建大同义学记》写道:英宗六年(1462年)大同义学,"中为堂曰由义,左为斋曰时敏,右为斋曰日进"。嘉靖《宁夏新志》载《灵州社学记》:宪宗成化四年灵州社学,有东斋名崇德,西斋名广业。到明朝后期的嘉靖元年(1522年),北直隶成安知县桂萼建社学,才分设"四堂"教学。所以,《古今图书集成·选举典·学校部》载《古今治平略》里,引桂萼疏文:"余治县时,辟义仓废寺隙地……建为学舍,左右相向,中为四堂。"说明分堂教学形式,经历了一段发展过程才逐渐形成。据史料记载,所谓的"四堂"是"习礼堂"、"句读堂"、"书算堂"、"听乐堂"。"四堂"教学是将社学的教学内容分别在相应的堂里进行。

(2)复式教学。这是我国古代启蒙教学常用的教学形式,早在汉、唐时期就已出现,宋、元时期则普遍流行。明朝继承这一形式而大加发

---

① 转引自李国钧、王炳照主编《中国教育制度通史》(第4卷),山东教育出版社2000年版,第258页。

挥,再通过地方官的提倡而在社学教学中广泛应用。特别是学生人数少的社学,由于生员的入学年限不同,学习内容有差异,其知识程度有区别,把这些少年儿童组织在一起学习,教师在同一时间里,只能对一部分学生讲解,另一部分(或者两部分)学生自学或休息。等待教师对先前那部分学生讲解完后,又让他们自学;教师再给原先自学或休息的一部分学生进行讲解、指导。复式教学的特点就是一个教师在一定的教学时间内,对不同程度的教学对象,运用不同的教材进行教学。这种教学形式,在明朝其他私学如义学、义塾、家塾、乡学等也普遍采用。

（3）教学方法。我国从先秦时期就注重儿童的启蒙教育,在教育历史发展的长河中,积累了很多的初等教育的教学方法。在前面记述中已大略地介绍了些。明朝时出现了许多关注少年儿童教育的著名学者,他们在总结历史和当时启蒙教育经验的基础上,提出了各自不同的主张。就以《中国教育制度通史》第四卷撰述的教学法举例,就足以说明。[1]

例如给少年儿童授书的数量上,崔铣《崔氏家塾议·训略》提出:"授书,不过一百五十字。"王阳明说:"凡授书,不在徒多,但贵精熟。量其资禀,能二百字者,止可授以一百字。""常使精神力量有余,则无厌苦之患,而有自得之美。"[2]黄佐也认为,"务贵熟不贵多。如资性记千字以上者,只读六七百字,不得尽其聪明。年小者只教一二句而止,勿强其多记"[3]。上述见解都是从少年儿童的心理素质出发,给学习者留有余地,借以保持学习兴趣,增进学习信心。所以,这些主张是有积极意义的。

在学习内容的程度方面,大都主张由浅入深,循序渐进。如魏校认为社学"授以《养蒙大训》四言五言,口诵既熟,乃授以《小学》、《近思录》、《四书》,然后治经观史"。吕坤主张社学中八岁以下先读《三字经》、《百家姓》和《千字文》。黄佐也提出:先以《小学古训》或《孝经》、《三字经》教之,"以次读《大学》、《中庸》、《论语》、《孟子》,然后

---

[1] 参见李国钧、王炳照主编《中国教育制度通史》(第4卷),第304—312页。
[2] 王阳明《社学教条》。
[3] 《泰泉乡礼·卷三·乡学》。

治经"。①

关于授书时的讲解,一般主张讲述和背诵结合进行。还特别强调讲述应浅显质朴,运用直白的语言。吕坤说:"讲解只用俗浅,如间阎市井说话一般。我尝言:讲《中庸》《大学》,须令仆僮炊妇一听手舞足蹈,方是真讲书。至于深文奥理,天下国家,童子理会不来,强聒反滋其惑。"②而且,要求讲解应结合所讲述的内容对少年儿童进行品德教育。吕坤指出:"每讲书,就教童子向自家身体贴,这句话与你相干不相干,这章书你能不能学。仍将可戒可法故事说与两条,令之省恧。他日违反,即以所讲之书责之,庶几有益身心。"魏校也认为:"凡所告者,皆以生徒职分所能知行。至于起居出入、动静食息,皆当实教,不须告以性命高深之理,躐等无益之言,徒增口耳之末而无益身心也。"③以上简略地引述一些教育家的教学法言论,说明他们从教学实践中总结的理论观点,既强调小学教学应符合少年儿童身心发展,又要求合乎教育的原理原则。这些见解曾经在我国小学教育的发展中,发挥过积极的指导作用。

四、教师的活动

明朝政府实行政治上的专制统治,严格限制教师教学以外的其他活动。尽管如此,教师们还是利用时机开展学术与政治活动。

(一)学术活动

明中叶以后,随着政治的腐败,官学逐渐流于形式,书院迅速兴起,至嘉靖年间达到极盛。书院的复兴和社会背景有着不可分割的关系,同时还受到学者们倡导的影响,最著名的是学者、教育家王守仁与湛若水。王守仁34岁时和湛若水定交,以倡明圣学(儒学)为目标,各立宗旨,彼此互相唱和。王守仁以致良知为主,湛若水以随处体认天理为宗,开创了明朝中期与程朱理学分立的讲学风气。王守仁每到一地,就设立书院进行讲学,因此学生很多。他逝世后5年,即嘉靖十二年(1533年),学生欧阳德召集同学于南京,各地学士来会,讲学于南京各寺刹和国子监

---

① 《泰泉乡礼·卷三·乡学》。
② 《蒙养礼》。
③ 《洹词》卷七。

等处,影响很大。之后,散居各地的学生纷纷创立书院进行讲学。湛若水也是每到一地就建设书院讲学,纪念他的老师陈白沙。在他们的影响下,各地书院迅速掀起,以传播其学术思想,并逐渐形成王、湛两大学派。其他学派的学者与教师如薛宣、顾宪成、高攀龙等,同样以书院为阵地进行讲学,宣传各自的学说和政治见解,促进了社会风气的转变。学者们以讲学为时尚,还有樵夫朱恕、陶匠韩乐吾在听了学者讲学之后,有了自己的心得,就利用秋收农闲到农村聚徒讲学,这个村讲完之后,又去另一个村,农、工、商、贾之人跟随他们听讲的达千余人。可见明中叶以后,讲学活动已经冲破了传统教学形式的束缚,初步具有了社会化和平民化的倾向,有的讲会活动不只是与社会各阶层民众结合,还同当时的政治时事结合,宣扬正义,反对污浊,形成高尚的社会舆论,给腐败的统治者造成巨大压力。这些是明朝书院讲学与历代书院所不同的特点。

(二)政治活动

明朝教师参与政治活动受到严格的管制,史料记述不多。兹罗列几件予以说明。

明建文帝即位后,不少朝臣建议建文帝预防燕王谋叛,有通晓天文的学者,还以天象变异来说服建文帝应采取预防措施。"四川岳池县教谕程济夙通术数,上书言星应兵象,并在北方,来年必有战祸。这书到京,建文帝未免动疑,只面子上恰不便相信,只是说程济妄言,饬四川长官拿解进京。济入都,由帝亲讯,济大呼道:'陛下囚臣,明岁无兵,杀臣未迟。'乃将济下狱。"[①]这是一位县学教谕关心政治的悲惨下场。

明嘉靖年间,专权误国的奸相严嵩,伙同其子严世蕃把持朝政,陷害忠良。兵部员外郎杨继盛,弹劾严嵩十大罪。反被严嵩等罗织罪名下狱。"继盛披枷带锁,由狱入廷,道旁人士,两旁聚观,见继盛身受重刑,各叹息道:'此公系天下士为何遭此荼毒?'又指着枷锁,互相私语道:'奈何不将这种刑具,戴在奸相头上,反冤屈了好人!'国子司业王材,听着舆论,往谒严嵩道:'人言可畏,相公何不网开一面,救出继盛,否则贻

---

① 蔡东藩著《明朝野史》,中国文史出版社2002年版,第12—13页。

谤万世,也为我公不取哩。'王材本依附严嵩,此番良心未泯,竟有此情。"①这个事例中的王材虽然是从保护严嵩名誉出发,而提出挽救杨继盛,但也显示了一位高等学校的领导人、教师,对受害者一定的同情,及关心政治时事而不只是埋头于学校事务的风范。

明熹宗"天启七年(1627年),监生陆万龄,请以忠贤配孔子,忠贤父配启圣公,疏中大意,谓:'孔子作春秋,魏公作要典;孔子诛少正卯,魏公诛东林党人。理应并尊,同祠国子监。'司业林钎,见疏大笑,援笔涂抹,即夕挂冠自去。嗣经司业朱之俊代为奏请,竟得俞允,林钎反坐是削籍"。② 从这个故事就能窥见国子监教师和生员,在参与政治活动中,既有维护正义者,又有趋炎附势和反动统治者、同流合污者。其中林钎是愤恨丑恶,可为楷模;而陆万龄、朱之俊则堕落为卑鄙无耻之徒,遭到正直人们的唾弃。这表明世间人物总免不了有好有坏,其品德差异也是大相径庭。

第三节 学生及活动

一、入学条件与名额

从中央官学层面来,入国子监学习的学生通称为监生。因入学资格不同,分为"举监"、"贡监"、"荫监"、"例监"四种。凡会试下第的举人入国子监学习,称为"举监"。府、州、县儒学生员贡举到国子监学习,称为"贡监"。品官荫一子入监学习,称为"荫监"。庶民子弟在国家遭遇灾害或战争,国库缺钱时,通过纳粟纳马等捐资给国库而取得入国子监学习的资格,称为"例监",亦称"民生"。此外还有少数民族地区酋长的子弟入国子监学习,称为"土官生"。邻邦日本、高丽、暹罗等国的留学生,称为"夷生"。

国子监的学生人数随着明朝的兴衰而变化。据《南雍志》卷十五记载,"洪武二十六年(1393年),官、民生悦慈等八千一百二十四名;永乐

---

① 蔡东藩著《明朝野史》,中国文史出版社2002年版,第82—83页。
② 蔡东藩著《明朝野史》,中华文史出版社2000年版,第121页。

二十年（1422年），冠带举人、官、民生方玉英等九千九百七十二名，为极盛。至宣德时渐少。正德以后，只有一千余名，至少为八百七十名"。

府、州、县儒学学生通称生员，亦称诸生，俗称秀才，分为廪膳生员、增广生员、附学生员三种。廪膳生员在学习期间享受政府提供的伙食。明初，凡生员皆食廪，"月廪食米，人六斗，有司给以鱼肉"。后来，因为要求入学者多，所以增广人数，"增广者谓之增广生员"。正统十二年（1447年），礼部接受凤阳知府杨瓒建议，又于额外增取生员入学，附于诸生之末，谓之附学生员。明朝府、州、县学的廪膳生员、增广生员有名额限制，京府学60人，外府学40人，州学30人，县学20人，附学生员没有名额限制。府、州、县儒学生员招收所在地区的民众子弟。

至于卫所都司儒学生员，最初招收卫所都司官员子弟，后来扩充到一般军士之家的子弟。学生人数也有限定。成化三年（1467年）规定：四卫以上的卫学设军生80人，三卫以上的卫学设军生60人，二卫一卫的学校设军生40人。而都司儒学则设军生20人。

社学招收城镇和乡村地区的民间子弟，年龄在八岁以上，十五岁以下的儿童少年。洪武八年（1375年），明太祖朱元璋命令建立社学，只提到社学招收"军民之家"子弟，没有规定具体条件与名额。后来，有些地方官或社学的创立者与教育学者，又附加了一些条件，如"可句读者"①、"可习儒业者"②、"习读经书者"③、"无过犯子弟"④、"俊秀子弟"等，即招收那些有智力水平和培养潜力，又体貌俊美的儿童少年。对于"残疾及猥劣者"、"娼优隶卒"与"屠沽子弟"则拒之门外。可见明朝社学并不是面向社会的全体儿童。不过，也有官员和学者则"恐教之择类也，广选生童，以习其业"⑤，招"州之胥徒资质清秀可习儒业者"⑥。他们对社学入学却没有任何限制。出现这些矛盾现象，既与倡导者政治立场有关，

---

① 嘉靖《真定府志》卷一五。
② 万历《磁州县志》卷二。
③ 嘉靖《泰安县志》卷六。
④ 嘉靖《惠安县志》卷九。
⑤ 嘉靖《寻甸府志》卷下。
⑥ 万历《磁州县志》卷二。

又受当时政治形势的影响。

武学设立于正统六年,学生为都指挥官和50岁以下的军官。天顺八年(1464年)重设京卫武学时规定五军都督府下属各卫,凡卫指挥以上官员应袭子弟,均入武学。成化元年学规则规定:"在京千、百户镇抚应袭子弟,愿意入武学者听"。可见,武学生的来源有严格的限定。武学生人数没有统一规定,正统六年招收151人,成化十三年规定为一二百人,弘治六年原选600人,但实际只存200余人。[①]

宗学学生均为宗室子弟,正德十四年(1519年)规定,凡世子、众子、长子、将军中尉等年龄在20岁以下的,都入宗学学习。嘉靖九年(1530年)规定,宗室子弟8岁以上俱入宗学。万历十四年(1586年),礼部修成《宗藩要例》规定,宗室之子10岁以上者俱入宗学。这些规定对于入宗学只有年龄限定,凡符合这个要求就可以入学,而没有数量限制。

四夷馆学生名额没有统一规定,随需要与否而增减。永乐五年(1407年),成祖命令礼部从国子监选拔监生38人入四夷馆学习外文。宣德元年(1426年),宣宗命令在国子监选择年少监生以及京师官民子弟之可教者30人,送四夷馆学习。正统初年,四夷馆学生增加到64人。弘治三年(1490年),明朝政府正式确定四夷馆翻译考选法,规定:礼部在国子监中选择25岁以下监生20人,在20岁以下的官民子弟和世业子弟翻译习熟者(无年龄限制)中考选100人,然后分别派到四夷馆各馆学习。上述说明,四夷馆学生来源于国子监、官民子弟和世业翻译的子弟,学生人数依据需要确定。

钦天监附属的教育和阴阳学的学生,按照规定为世业子弟,名额依需要确定。

太医院与医学的学生,主要选拔各地医家子弟和精选各地年龄在20以下、15以上的官生子弟送往礼部,而后分派太医院各科学习。学生数量史料没有具体记载。

---

① 《明孝宗实录》卷七六。

二、生活待遇和毕业出路

（一）国子监生

国子监生的生活待遇十分优厚，伙食由国家供给，衣服、帽、鞋、被褥等由国家发给，每逢节令还给予赏钱。朱元璋之妻（孝慈皇后）并积粮监中，置红仓20余间，以养监生的妻子。没有结婚的，如果是历事生，则由国家赐钱结婚；凡回家省亲每人赐衣一件，钱一锭，以作为路费。对于边疆土官生和外国留学生除了本人享受各种优厚待遇外，还厚赏他们的仆从人员。另外，凡监生本人免除杂役差徭，其家庭也免除两个男丁差徭。

国子监生的出路有几种：1. 中央政府直接授官。品德高尚成绩优异者，经皇帝命令就可任以官职。2. 实行积分法，满8分或历事制成绩上、中等者，授予官职。3. 洪武十七年正式实行科举制度，监生通过科举考试，合格者授予官职。4. 差遣历事进入官僚队伍。差遣是国家临时有事，派遣监生去协助办理；历事是国子监选派监生到京城各衙门处理一定的事务。《明太祖实录》卷九记载："上以儒生专习书史，未谙吏事，一旦任之以官，多为猾吏所侮，乃命于诸司习吏事。"实际是历练政事，实习未来要做的工作；因历事的机关，所历政事，以及历事时间的不同，又将历事分为正历、杂历、长差三种类型。5. 担任儒学教官。洪武二十五年（1392年），太祖朱元璋诏祭酒胡季安选监生年30以上，文理通畅者341人，命吏部授予教谕等官。明仁宗洪熙元年（1425年），批准吏部奏请，选经学精通，堪为师范的监生送行在翰林院考选，授予教职。明英宗正统四年（1439年）令在国子监生中选文学优长、可为师儒者300人担任教职。于是，吏部尚书黄宗载、礼部右侍郎陈琎，会同南京国子监祭酒陈敬宗，集中了1900个监生进行考试，选拔符合条件者送吏部任用。

（二）府、州、县儒学生员

儒学生员享受的待遇，因身份不同而有一些差别。廪膳生员由国家提供津贴，增广生和附生则没有津贴。廪膳生、增广生不仅本人免除杂役差徭，其家庭还可以免除两个男丁的差徭。而附生则不能享受这些待遇。

据《明太祖实录》记载,洪武二年(1369)十月,朱元璋命令府、州、县学的生员,每月每人廪米6斗。洪武十三年,改定廪膳生每人每天给米1升。地方政府还供应一定数量的鱼肉盐醢。洪武十五年,又将廪米每月增加到1石。这是一种定额配给制,实际是由政府提供廪膳生免费伙食。

儒学生员的出路主要是通过岁贡法而进入国子监。洪武十七年(1384年)规定:府州县学每年贡1人进入国子监学习,为了防止岁贡中的舞弊现象,以免贡非其人,保证贡入国子监贡生的质量,还制定了严格惩处违法的措施。各地官员害怕贡举入监的生员,考试不合格受到惩罚而不敢送贡。洪武二十一年九月,明太祖又改定岁贡法,府学1年贡1人,州学2年贡1人,县学3年贡1人,同时规定所贡生员,必须资性淳厚、学问有成,年龄在20岁以上。这项规定减少了岁贡生的数量,导致国子监监生过少。洪武二十五年,朱元璋又再次修改岁贡法,规定府学1年贡2人,州学两年贡3人,县学1年贡1人。[①] 此后历朝又多次改动洪武时期制定的岁贡法。

除了岁贡法之外,明朝政府为了解决儒学生员的出路,还实行过例贡和恩贡的办法。例贡始于宣德八年(1433年)九月,行在礼部尚书胡濙请将全国各地儒学生员年龄在45岁以下者,一律送礼部进行考选后,入国子监学习,以使国子监生年龄稍微小点,才便于在他们还没有进入老年时授予官职。这个建议得到批准执行,就是所谓的例贡。这次有多少生员考选入贡国子监,史料不详载,无法知道。正统十年(1445年)七月,又一次施行例贡法。据《明英宗实录》卷一五八记载,正统十二年九月,命令各地儒学生员年40以下,以正统十年十月十二日为始,凡在两年内到礼部报到,准许考试;凡在两年之外到礼部的,则回原籍肄业,按照常规参加岁贡或科举。这次例贡多少生员入国子监,亦不清楚。天顺五年(1461年)三月,再次实行例贡法,这一次例贡生员有5000余人。[②]

---

① 见《明太祖实录》。
② 参见李国钧、王炳照主编《中国教育制度通史》(第4卷),山东教育出版社2000年版,第58页。

例贡法施行后虽然解决了监生年龄老化的一些问题，但是，国子监的容量和政府的财力有限，而且，例贡中又出现舞弊现象。有鉴于此，明朝政府不得不停止例贡法。

恩贡始于明孝宗弘治七年(1494年)，当时国子监监生人数不多，差遣、历事的人员短缺，国子祭酒林翰为解决廪膳生不足和年龄偏大、出路困难问题，上疏建议："自弘治九年为始，天下府学每年二贡，州学二年三贡、县学、卫学一年一贡。行经四年之后，学校庶几得疏通，人才不至困滞，南北两监不至乏人。"这个建议获得批准并执行。依据规定：从弘治九年到弘治十二年，顺天府、应天府4年该贡6名，许贡12名；其他府学每年该贡1名，许贡2名；州学3年该贡2名，2年许贡3名；县学、卫学2年该贡1名，许每年各贡1名。综合全国各学计算，4年之后，入国子监的人数，可以在原来岁贡人数以外增加3500余人。[①]这次增加的岁贡人数是孝宗皇帝特别恩典，因此称为恩贡。这种恩贡法在正德十五年(1520年)、嘉靖十年(1531年)、隆庆二年(1568年)都相继实行过，其间虽有些小差别，而基本做法相同，故不予细述。

（三）社学生

明朝政府规定社学学生中"俊秀向学者，许补儒学生员"。[②]不过，这只能是少数社学生的出路。因为县儒学廪膳生的名额只有20人，况且县儒学生员，还可以从"民间选补"，所以，进入县儒学十分困难。而社学学生又多，即使县学招收增广生也受到名额限制，扩大附生数量，同样受县学容量的束缚，多数社学学生还是自谋出路。有志求学的富户子弟或入私学、或上书院，大量的则留于民间。尽管如此，明朝政府从社学学生中选择县儒学生员的规定，证明它已经将社学作为整个学校体系的构成部分。

关于武学和中央机关附属教育机构，以及书院学生的待遇与出路，有的在叙述其设置发展过程已作了少数介绍，有些又缺乏史料故从略。

---

① 李国钧、王炳照主编《中国教育制度通史》(第4卷)，山东教育出版社2000年版，第233页。

② 《明会典·卷七六·礼部三十五》。

三、社会服务和政治活动

（一）学习和社会服务活动

学生的教学活动，除了参与由国子监、儒学等各学校自己组织的正规教学活动之外，许多学生还参加书院举行的讲会活动。例如，东林书院每年一大会，每月一小会，就有不少在籍的国子生和儒学诸生参加这些活动。不过一般来说，学生参与讲会的学术讨论，都是在他们附近的书院。远离在籍学校或家乡去参加讲会活动者，则是著名学者如王阳明、湛若水等主持的书院，或是有名的书院如白鹿洞书院、东林书院等。他们参与讲会活动的主要目的是获得学业的增进，并可以乘机表达个人的见解，而得到名师的指点、提携与结交朋友。

社会服务活动主要是由政府差遣去社会服务，洪武九年浙江水灾，派监生田龄等去调查灾情，次年，户部奏天下税课司征收商税未达到额定数量，乃遣中官、监生及部委官各1人前往核实。洪武二十三年十二月，派国子监生钟必兴等14人巡视山东流民。洪武二十四年三月，派国子监生解奎等43人到京师各卫讲说《武臣大诰》。洪武二十五年九月，遣监生潘文等170人，分往各布政司，考校诸司案牍。洪武二十七年八月，遣监生及人才分诣天下郡县、督吏民修治水利。①类似这种社会服务活动，明朝各代都有就不一一列举了。

除了临时派遣服务之外，就是去各衙门历事，洪武二十九年六月，朱元璋命吏部选国子监生年30以上者，分拨在京各衙门协助办理政事，每人给米1石。历事3个月后，由所历事部门进行考核，分勤谨、平常、才力不及、奸懒4等。凡勤谨者，送吏部，仍继续历事，等有官阙时，以次取用；考核平常的再历；才力不及者，回监读书；奸懒者充吏。建文帝二年，修改《监生历事考核法》，规定历事时间为一年，由历事衙门考核，分上、中、下三等。上等者，不拘官格予以任用。中等、下等者再历一年，若再考上等，则依上等用；若考核中等，则不拘品级，随才任用。考下等者，回监读书。明朝各代都实行历事制度，不过针对当时情势有所变通。历事制度既是练习政事，熟悉未来的工作；又是解决国子监生出路的一种办

---

① 以上引洪武九一二十七年史实，均见《明太祖实录》。

法，凡在国子监修习满规定年限，即派往历事而作为预备官员，等待有缺额时就正式担任官职。

（二）政治活动

国子监生和儒学诸生参与比较有影响的政治活动有以下几件。据《明史·李时勉传》记载，明英宗正统六年（1441年），李时勉任国子监祭酒，呈请改建国学。英宗派宦官王振去国子监考察。当时王振掌司礼监，勾结内外官僚，擅作威福，大臣多称他为"翁父"。他到国子监时，李时勉却没有卑躬屈膝地优礼接待。于是王振捏造罪名，"言时勉擅伐官树入家。取中旨与司业赵琬、掌馔金鉴并枷国子监前。官校至，时勉方坐东堂，阅课士卷，徐呼诸生品第高下，顾僚属定甲乙，揭榜乃行。方盛暑，枷三日不解。监生李贵等千余人诣阙乞贷，有石大用者，上章愿以身代。诸生圜集朝门，呼声彻殿庭。振闻诸生不平，恐激变……乃释之"。这次国子监生反抗宦官诬陷国子监祭酒李时勉的斗争，最终取得了胜利。这个事件既说明国子监生主持正义，反对强权，敢于斗争的品质；又表现了师生深厚的情谊。

又，明熹宗年间，宦官魏忠贤任司礼秉笔太监，后又兼掌东厂。他勾结熹宗的乳母客氏，专断国政，政治日益腐败，引起了正直官员和知识分子的反对，反抗的中心就是江南的东林书院。主持书院的是政治上比较进步、主张改革、反对权奸的学者高攀龙、顾宪成等人，他们在讲学之余，往往讽议朝政，裁量人物，特别是揭露当权太监魏忠贤的罪行。讽议引起了当朝官僚的不满，这些人向魏忠贤告密，诬陷东林书院。御史崔呈秀父事魏忠贤，因贪赃枉法被高攀龙揭发过，为泄私愤，他向魏忠贤报告说，东林书院要杀害他们父子2人。熹宗天启五年（1625年）魏忠贤捏造了一个东林党事件，毁掉东林书院及相关书院，并且把反对他们的师生和与东林书院毫无关系的正直知识分子及官员都视为东林党人逮捕起来。尽管东林书院师生的政治活动被镇压下去了。但是，东林书院所造成的社会政治影响仍然在发生作用。如魏忠贤借东林书院事件陷害反对他误国专权的正直官员，"逮御史李应升、周宗建、黄尊素，及前苏松巡抚周起元、吏部员外郎周顺昌"，以上5人都揭发过魏忠贤的罪行，因此魏忠贤吩咐其爪牙李永贞假以苏杭织造李实名义,诬劾周起元担任苏松巡抚时有贪腐行为,又与高攀龙是很好的朋友,常常在一起诽谤朝廷,其中的介绍人就是周顺昌。当时周顺昌已经辞职回老家吴县。魏忠贤派东厂缇骑去逮捕周顺昌时,"吴中士民,素感顺昌恩德,至是都代为不平。苏抚毛一鹭,召顺昌到署,开读诏书,顺昌跪听甫毕,外面拥入诸生五六百人,统跪求一鹭,恳他上疏解救。一鹭汗流满面,言语支吾,缇骑见议久不决,手掷锁链,琅然有声,并呵叱道:'东厂逮人,哪个敢来插嘴!'语未已,署外又拥进无数市民,手中都执香一炷,拟为顺昌吁请免逮,可巧听着缇骑大言,便有五人上前,问缇骑道:'圣旨出自皇上,东厂乃敢出旨么?'缇骑还是厉声道:'东厂不出旨,何处出旨?'五人齐声道:'我道是天子命令,所以偕众同来,为周吏部请命,不意出自东厂魏太监。'说着时,大家都哗躁道:'魏太监是朝廷逆贼,何人不知!你等反替他拿人,真是狐假虎威,打!打!打!'说出,各将焚香掷去,一拥而上,纵横殴击,当场缇骑殴毙一人,余众亦皆受伤,逾垣逸去。毛一鹭忙奔入内,至厕所避匿,大众无从找寻,始各散去"[①]。后来,周顺昌"分缮手书,诀别亲友,潜自赴都,入就诏狱"。次日即为魏阉杀害。"三日出尸,皮肉皆腐,仅存须发。"于此可见,魏忠贤残害正直官员的一斑。尽管这样残酷迫害,府州县学诸生五六百人和市民大众并不畏惧,勇敢地和邪恶势力开展斗争,这种精神值得赞扬。

明崇宗朱由检即位后,魏忠贤被朝廷臣僚纠劾,工部主事陆澄源、钱元悫、员外史躬盛等,"还有嘉兴贡生钱嘉征,更劾忠贤十大罪:一并帝;二蔑后;三弄兵;四无二祖列宗;五克削藩封;六无圣;七滥爵;八掩边功;九伤民财;十通关节。均说得淋漓痛切,无恶不彰。忠贤闻有此疏,忙入宫哭诉。怀宗命左右朗读原疏,吓得忠贤惊心动魄,只是磕着响头,蓬蓬勃勃,大约有数十百个。随被怀宗叱退⋯⋯次日即传出严旨,表明魏忠贤罪状,谪置凤阳,司香祖陵⋯⋯忠贤束装就道,护从尚数百人,复经言官评奏,更颁谕旨,饬兵部发卒逮治⋯⋯忠贤此时,方至阜城,寓宿驿舍,

---

① 见蔡东藩《中华野史·卷九·明朝野史》,中国文史出版社2002年版,第112—120页。

勿由京中秘报谕旨,料知锦衣卫到来被拘入京,必至伏法,遂与干儿李朝钦对哭一场,双双解带,自缢身亡"①。以上记述,说明嘉兴贡生钱嘉征的奏疏,用充分的事实揭露魏忠贤的各种罪行,在扳倒魏忠贤并致他于死地的过程中,发挥了重要的作用,体现了国子监生政治斗争的积极性和勇敢精神。同时,还表明国子监生和地方儒学诸生,并不全是埋头读书的书蠹和统治者的应声虫、御用文人,而是一些积极维护正义、反对腐败的热血青年知识分子。

---

① 见蔡东藩《中华野史·卷九·明朝野史》,中国文史出版社2002年版,第126页。

第十五章
清朝初年至鸦片战争前学校的教学活动

清朝初年至鸦片战争前(1644—1840年)是中国古代社会的最后阶段。清朝的先祖是散居于我国东北地区的女真族,明朝万历四十四年(1616年),建州女真族首领努尔哈赤统一女真各部并即汗位,国号金,建都赫图阿拉(今辽宁新宾),历史上称为后金,以便与十二、十三世纪女真族建立的金朝相区别。随着后金势力的扩大,都城先迁辽阳,再迁沈阳。后金天聪十年(1636年),皇太极即皇帝位,改国号为清。明崇祯十七年(1644年),明朝的统治政权被农民起义军推翻。清军乘机入关,定都北京,然后逐步统一全国。

清朝疆域辽阔,西到今巴尔喀什湖、楚河、塔拉斯河流域、帕米尔高原,北到戈尔诺阿尔泰、萨彦岭、东北到外兴安岭、鄂霍次克海,东到海,包括台湾及其附属岛屿,南到南海诸岛,西南到广西、云南、西藏,包括拉达克。到18世纪后期,人口增加到3亿左右,是当时亚洲东部最强大的国家。

第一节 教学内容

一、中央官学的教学内容

清朝政府为了加强对全国各个民族的统治,进一步实行中央集权专制和民族压迫政策,以压制汉民族为首的各个民族的反抗斗争,急需培育满、蒙的统治人才。因此,其官学教育系统庞大而复杂。特作扼要介绍。

（一）国子监和四个学馆的教学内容

清朝沿用明朝制度，在京师设立国子监作为清朝的最高学府。顺治皇帝进京后，下令改明朝北京国子监为清朝国子监，经过康熙、雍正、乾隆历朝的调整改革，建立起较为完善规制。国子监分设率性、修道、诚心、正义、崇志、广业六堂；四个学馆：算学、俄罗斯学、琉球学、八旗官学。六堂和各学馆的教学内容不同。

六堂的教学内容为《四书》、《五经》、《性理》、《通鉴》等书，及八股文，还可以依据各自的学习能力，加学《十三经》、《二十一史》，从而博及群书。自乾隆初批准孙家淦仿照胡瑗经义、治事斋教学后，国子监一直坚持"凡成均之教，分经义、治事以教诸生。经义以御纂经说为宗，旁及诸家；治事若兵、刑、天官、河渠、乐律之类，各一家，皆综其源流，详其得失"。① 由此可见，国子监的教学内容是相当广泛的。不过，许多内容是安排监生自学，而不由教官系统讲授。监生忙于准备科举考试，也没有多余时间去广泛阅读，实际上学习内容受到科举考试内容的影响。

算学馆设立于清康熙五十二年（1713年），位置在畅春园蒙养斋。乾隆四年（1739年），令算学馆隶属于国子监。从此，国子监恢复建立中断了360多年的算学馆。学习内容据《钦定国子监志》："以御制《数理精蕴》，分线、面、体三部，每部各限一年；通晓七政，共限二年。其初学者由线部按次肄习，填注课簿，期于精熟。月有课，春秋有季考，岁终则会同钦天监大试，分别勤惰去留。"换言之，算学馆的教学内容分为两个阶段，前3年为数学，后2年为天文。

康熙九年（1670年）亲政，便下令钦天监分科教习天文生。钦天监天文生的教学内容，据乾隆《清会典》记载，钦天监天文生分时宪科掌颁行历法，天文科掌观天象，漏刻科掌测定时间。各科学生主要通过实践学习各科专业知识理论，养成专业技能。

俄罗斯学馆设立于雍正六年（1728年）。是年，俄罗斯派学生鲁喀、佛多德等人到京，恳请留学。世宗下诏，在旧会同馆设俄罗斯学，决定以

---

① 《钦定大清会典·卷八五·国子监》。

满助教胡什图与汉助教陈献祖专掌教事,开始了清朝的留学教育。乾隆六年(1741年),俄罗斯派遣留学生来北京留学,学习满、汉文字。国子监再次决定派满、汉助教各一人负责教事。①

乾隆二十二年(1757年),设立俄罗斯文馆,"专司翻译俄罗斯文字……以蒙古侍读学士或侍读一人担任提调官,专司稽查课程。另由理藩院派郎中或员外郎一人兼管"。同治元年(1862年)撤销。②

琉球学馆设立于康熙二十七年(1688年),当时琉球国派其子弟梁成楫、郑秉均等4人来京师留学,康熙皇帝特命礼部:"琉球送到陪臣子弟四人入监读书,著安置得所。钦此。"③国子监即在监内敬一亭右设立学馆。此后,雍正、乾隆、嘉庆各朝,琉球国都多次派遣留学生来国子监学习。琉球学生学习内容"以讲读经史为主,其有余力,愿学诗古文者,各就其资性所近,指授所读书,时为讲解,毋得旷业"④。琉球学生在国子监学习3年,期满回国。

八旗官学是为皇室以外的八旗子弟而设立的学校。八旗官学,即正黄旗官学、镶黄旗官学、正白旗官学、镶白旗官学、正红旗官学、镶红旗官学、正蓝旗官学、镶蓝旗官学。清朝初年建立国子监时,八旗子弟入国子监学习,因为路途遥远往返不便,顺治元年专为八旗各立一书院,由国子监派教官去分头教学;二年将8所官学合并为4所;雍正六年(1728年)又恢复每旗1所。八旗官学的教学内容主要是满蒙汉语文和弓箭骑射。顺治初年规定,每学以10名学汉书,其余学满书。乾隆三年(1738年)管理大臣孙嘉淦奏准:"嗣后八旗子弟入学者,三年内令专诵经书。三年后国子监堂上官考验,择才质聪颖、有志力学者归汉文班,令专心课诵。年长愿学翻译者归满文班,令专心翻译。"⑤从此,八旗学生3年后才实行分馆肄业。满馆内容为满文翻译,汉馆内容为经书、作文,蒙馆内容仍为蒙古文。每馆仍有习字、骑射、弓箭。

---

① 《钦定国子监则例·卷四四·档房》。
② 《清会典》卷十五。
③ 《钦定国子监则例·卷一七·博士厅》。
④ 《钦定国子监则例·卷四四·档房》。
⑤ 《钦定国子监志·卷一二·考校》。

（二）宗人府办理的官学教学内容

宗人府是专门管理宗室事务的机关,所办的学校有宗学、觉罗学、盛京宗学和盛京觉罗学。满族以皇帝本支称为宗室,皇帝的伯叔兄弟之支称为觉罗。因此,宗人府为其贵族子弟设立的学校,就分别称为宗学和觉罗学。

各旗宗学设立于顺治九年（1652 年）十二月;第二年又规定按照宗室级别立宗学。康熙二十四年（1685 年）批准"宗室子弟令延文学优瞻者,在各府第精专学习",宗学处于无组织的分散状态。雍正二年（1724年）,下令建立集中、规范的宗学。其教学内容,和其他官学一样,有满书、汉书、骑射 3 种。

各旗觉罗学设立于雍正七年（1729 年）。教学内容仍然是满、汉文和骑射。

盛京（今辽宁省沈阳市）是清朝入关前的都城。入关以后,仍把盛京作为留都,并在此地建立宗学与觉罗学、八旗官学等。盛京宗学和觉罗学则合并办理,其规制于乾隆二年（1737 年）议准。教学内容仍然是满书、汉书及骑射。盛京八旗官学创设于康熙三十年（1691 年）,在盛京左右两翼设立八旗官学 2 所,其教学内容和宗学、觉罗学相同,其规模在乾隆二十八年（1763 年）有所扩大。

（三）内务府办理的官学教学内容

内务府是清朝管理皇宫中典礼、仓储、警卫等事务的专门机关,办理的学校有景山官学、咸安宫官学、东陵官学、景陵官学和福陵官学。

康熙二十四年（1685 年）,圣祖玄烨鉴于内务府知书的人太少,下令在宫里建立学校进行培育。次年就在北上门两旁选择房屋各 3 间,设立官学即景山官学,其教学内容主要是清书和汉书。

雍正六年（1728 年）十一月,世宗认为景山官学办学质量太差,乃下诏在咸安宫空闲房屋内设立官学,选择内务府佐领、管领下幼童及景山官学的俊秀者到咸安宫学习,其教学内容有汉书、清书、骑射、清语等。乾隆十二年（1747 年）决定,在咸安宫学内建立一所蒙古学房,从八旗蒙古学生中挑选入学。"令其在学,熟读蒙古经书及阿里嘎里字韵,并书写乌木克蒙古翻译等学业。"[1]因此,蒙古经书、阿里嘎里字韵、蒙古翻译等也是这所官学的教学内容。

为方便守陵官役子弟入学,清政府在乾隆年间为守东陵的内务府官役子弟设立东陵官学;嘉庆二十三年(1818年),鉴于守陵官役子弟日益增多,便决定在景陵、福陵分别建立官学1所,以满足他们子弟入学及附近的官役子弟就近入学,其教学内容仍旧是满书、汉书与骑射。

(四)世职幼学及其他满族官学的教学内容

世职幼学是专门为没有成年的八旗世袭佐领设立的学校。雍正七年(1729年),八旗都统奇尔萨建议,将未成年又没有上朝的世袭佐领送入学校肄业,得到世宗批准。乾隆元年(1736年)又议准:"八旗世爵年二十以下者,分拨各旗官学一同教习。"[2]乾隆十七年(1752年),高宗决定将这些世袭官员子弟中年长者派往八旗护军营行走,令其学习清语、骑射,年幼不能当差者则由八旗都统决定,经都统讨论议决,送入学校读书。同时议定,于八旗两翼设立二学。专门教导10岁以上世袭子弟学习清语、骑射。

清文学是为八旗汉军贫寒子弟设立的义学。雍正七年(1729年),八旗汉军副都统刘汝霖上奏,建议在八旗汉军附近建立一所清文学,将佐领以下无力延师的孩子挑选入学读书,得到朝廷批准。于是在八旗汉军附近建立义学一所,专门学习清语、骑射。

清文学设立不久,八旗参领阿鲁认为这是对本旗贫寒子弟普及教育的好办法,于是向朝廷提议在八旗、满洲、八旗蒙古推广这个办法。雍正七年十月,八旗王大臣议复阿鲁的奏疏,决定在每个参领建立一所清文学。除大臣子弟外,其余12岁以上都令入学。清文学的教学内容有清书、骑射和伦理知识等。

军队官学即在军队内设立官学,以教育八旗满洲兵丁。先后建立的有圆明园官学,雍正六年(1728年)批准,在圆明园护军营正黄、镶黄、正白、镶白四旗中立官学一所;正蓝、镶蓝2旗,及内务府护军营各立官学

---

[1] 《清会典事例》卷一二〇〇。
[2] 《钦定八旗通志·卷九八·学校志五》。

一所;乾隆四十年(1775年)奏准设立健锐营官学。嘉庆二十一年(1816年),奏准建立外火器营官学。教学内容均为清文、清语和骑射。

满族义学是专门为贫民子弟建立的免费学校。前面提到的清文学实际就是义学。它既设立于八旗汉军附近,后来,又议决满洲、蒙古每参领各设立一所义学,以解决八旗中贫民子弟的入学,教学内容为满文和汉文。

还有一种礼部义学,即由礼部司官负责稽查的义学,这类义学的内容主要是清书和汉书。但是,上述义学建立后,都没有明显的教学成效。乾隆二十三年(1758年),下诏裁撤说"国家设立学校,原欲教育人才。乃自设立义学以来,不过仅有设学之名,无教育人才之实。且既设有咸安宫、国子监官学,复加恩于左右两翼,各设教训世职官学,则八旗有志读书者,尽可于此等官学内肄业。似此有名无实之义学,适足为贻误旗人之地。所有义学,著即裁去"。① 依据这项诏令,撤销了满族和汉军等各处义学。

东北的黑龙江、吉林和辽宁是清朝的发祥地,但是文教落后,为了发展这个地区的教育,清政府先后建立的官学有墨尔根城学,康熙三十四年(1695年)奏准,在黑龙江等处将军所辖官兵内,有新满洲、锡伯、索仑达呼尔,应于墨尔根地区两翼各设学一所;呼兰官学、绥远官学,雍正元年(1723年),在归化城土默特两旗各设学堂1处,乾隆八年(1743年)再次决定绥远城两翼设学1所,后来乾隆虽然下令裁撤学校,但乾隆五十年(1785年)觉得自从裁学之后,会写汉文的人很难寻找,遂令将军衙门仍然立学;道光十四年(1834年)议准,在呼兰河地区设立官学一所;以上这些学校的教学内容,主要还是学习满洲、蒙古翻译,阅读清书、学习清语、汉文、汉语和骑射等。

热河蒙古官学设立于道光八年(1828年)。热河是清朝皇帝巡幸和避暑之地,热河都统衙门又经常有扎萨克蒙古文书往来,以及各旗蒙古控案。因此,急需熟悉满、蒙、汉语和文字的人才。热河蒙古官学教学内

---

① 《清会典事例·卷三九四·礼部·学校》。

容为满、蒙、汉翻译。

二、地方官学的教学内容

（一）府、州、县学的教学内容

清朝地方官学沿用明朝遗留的府、州、县学体系和设施,并以此为基础恢复和发展地方教育。顺治九年(1652年)下诏礼部,"今天下既定,朕将兴文教,崇经术,以开太平。尔部传谕直省学臣,训督士子,凡理学、道德、经济、典故诸书,务研求淹贯。明体则为真儒,达用则为良吏。果有实学,朕必不次简拔,重加任用。"①同年,顺治还下令规定了地方官学的内容:"今后直省学政,将《四子书》、《五经》、《性理大全》、《资治通鉴纲目》、《大学衍义》、《历代名臣奏议》、《文章正宗》等书,责成提调、教官,课令生儒诵习讲解,务俾淹贯三场,通晓古今,适于世用。坊间书贾,止许刊行理学政治有益文业诸书,其他琐语淫辞,通行严禁。"②以上就是地方官学的基本教学内容。此外,清朝政府还颁发书籍给地方官学,供生儒学习。康熙四十五年(1706年),《御制古文渊鉴》等出版后即颁发给生儒们阅读。此后,又相继颁发"御制"、"御定"、"御纂"书籍,如《御定全唐诗》、《御定子史精华》,以及经书讲解或集注、《十三经》、《二十一史》、《三通》、《尚书、春秋三经汇纂》等。这些书籍发给学校,虽然没有作为必修科目,却丰富了士子的阅读范围,开阔了他们的视野。这些表明清朝官学生儒的学习内容并不是只限于《四书》、《五经》范围内,还包括有子、史、诗、辞以及刑律、音乐、射箭、骑马等。

（二）旗学、卫学、商学与苗学的教学内容

旗学是为八旗满洲、汉军、蒙古生员设立的地方官学。顺治八年(1651年),就开始选择八旗满洲、汉军、蒙古生员入顺天府学同汉人士子一道学习。雍正五年(1727年),将奉天府学所属诸生分附各地学校就近入学。旗学的主要教学内容是清语、汉语,但各有侧重,有的以学汉语和八股文为主,有的以学清语为主,有的着重于清、汉语互译,而蒙古旗学则以习蒙古语和蒙语、清语互译为主。

---

① 赵尔巽等撰《清史稿·选举一》,中华书局1976年版。
② 《清会典事例·卷三八八·学校》。

卫学是沿用明朝卫学制度，在清初就建立了卫学，后来鉴于卫所没有什么实际意义，遂将卫所合并到相近的府州县学。但对于地域广阔、生员分散的卫所，不宜合并者，则增设卫学和教职。卫学的教学内容和相同级别的地方学校一致。

商学是为商人子弟专门设置的府、州、县学入学名额，以保障在外经商人子弟受教育的权益。商学制度开始于顺治十一年（1654年），规定："商籍生员，长庐盐运司所属，在直隶者附河间府学；两淮所属附扬州府学；两浙所属附浙江杭州府学；在山东者附济南府学；陕西所属附宁夏府学；山西有河东运城，另设运司学。"①

苗学是为西南少数民族地区苗族子弟在府、州、县学设置的入学名额，以提高民族地区的文化水平。顺治十八年（1661年）就提出注重西南民族地区土司子弟的教育。从顺治末年至康熙中期，专为苗生设置学额；由康熙中期至乾隆初年，施行苗、汉合考制，只凭文取舍，对苗生不予特殊照顾；乾隆以后，采用专设苗生学额为主，灵活掌握为辅的办法；嘉庆开始，以专设学额为主，临时定额为辅的苗学制度，以确保苗生入学比例，进而发展少数民族教育文化。

以上旗学、卫学、商学与苗学的学额均附属于各府、州和县学，其教学内容则以地方官学的内容为基本内容，并针对实际情况而有所增删。

（三）社学、义学的教学内容

社学、义学是清朝最基础的地方官学。顺治九年（1652年）决定："每乡置社学一区，择其文意通晓、行谊谨厚者，补充社师，免其差役，量给廪饩养赡，提学按临日，造姓名册申报查考。"雍正元年（1723年）又再次强调在乡村建立社学，指出："州县设学，多在城市，乡民居住辽远，不能到学。照顺治九年例，州县于大乡巨堡，各置社学，择生员学优行端者，补充社师，免其差役，量给廪饩。凡近乡子弟，年十二以上，二十以内，有志学文者，俱令入学肄业。仍造名册，于学臣按临之日，申报查考。如社学中有能文进学者，将社师从优奖赏。如怠于教习，钻营充补，查出

---

① 《钦定学政全书·卷六〇·尚学事例》。

黜革,并该管官严加议处。"①上述诏令下达后,各地城乡,相继设立社学。依据朝廷命令,社学是官立性质的乡村学校。在顺治、康熙、雍正和乾隆初年,清政府着力设置社学,取得了一些成效。后因乾隆在贵州苗族区域推广社学失败,遂于乾隆十六年(1751年)停撤贵州社学。经过这次停办社学,致使清代社学逐渐衰落,而义学则应运兴起。义学原来是宗族为本族贫穷子弟设置的教育机构,清政府却把它改变成在乡村普及基础教育的学校。康熙四十一年(1702年),在京城设立义学,康熙四十四年,又在贵州各府、州、县设置义学,康熙五十二年将义学推广到全国。他指出:"各省府州县,令多立义学,延请名师,聚集孤寒生童,励志读书。"②康熙五十四年再在京畿乡村建立义学。以后雍正、乾隆各代都反复下达指令,要求全国各地,包括边疆城乡设置义学,经过最高统治者的三申五令,义学迅速在全国兴办起来。

社学和义学的教学内容,从统治者的指令中可见一斑。如雍正元年规定的学习内容为"《圣谕广训》,俟熟习后再令诵习诗、书"。雍正十三年(1735年)在为广东黎族子弟设学时规定的内容,"训以官音,教以礼义,学为文字,每逢朔望,该学师长率其徒众,亲诣附近约所。恭听宣讲《圣谕广训》,申明律例,务令通晓,转相传诵"③。社学、义学既是乡村普及教育的基本形式,又是宣传教化,维持地方安定的重要途径。

三、书院的教学内容

清朝初年限制设置书院,到雍正十一年(1733年),转为倡导建立书院,同时采取措施使书院成为另类官学,即其地位高于地方府、州、县学的官学。对于书院教学内容,清政府规定:"嗣后书院肄业士子,令院长择其资禀优异者,将经学、史学、治术诸书留心讲贯,以其余功兼及对偶声律之学。其资质难强者,且令先工八股,穷究专经,然徐及余经,以及史学、治术、对偶、声律。至每月课试,仍以八股为主,或论或策或表或

---

① 《清会典事例·卷三六九·学校·各省义学》。
② 《清会典事例·卷三六九·学校·各省义学》。
③ 《清会典事例·卷三六九·学校·各省义学》。

判,听酌量兼试,能兼长者酌赏,以示鼓励。"① 各省立书院及府、州、县立书院就依此执行,而由著名学者建立的书院或官私合办书院,则另设科目。总括清朝书院有三种类型,即崇尚理学的书院、考课式书院、博习经史词章的书院,由于类别不同,其内容也有些差别。

(一)崇尚理学书院的教学内容

这一类型的书院把德行修养和格物穷理密切结合,而首重道德修养。兹以河南南阳书院规定的理学修养和为学纲目为例予以说明。"学有体要,曰立志,曰存心,曰穷理,曰集义";"学有实地,曰入孝,曰出悌,曰谨行,曰信言";"学有关头,曰惩愤,曰窒欲,曰迁善,曰改过";"学有功程,曰时习,曰日新,曰不惰,曰无违";"学有归宿,曰尽性,曰至命,曰希圣,曰达天"。② 在上述的各个纲目之下,还有详细、具体的说明,并列出了为学读书的顺序,即从《小学》、《四书》、再《五经》到《资治通鉴》,这些学习内容都是将德行修养置于首位,配合着研习程朱理学与经史等知识理论。

(二)考课式书院的教学内容

考课式书院即为准备科举考试设置的书院,其内容主要是训练写八股文。其中有些考课式书院也有一定时间的教学活动,由掌教者指导诸生针对应试的科目读书、讲书、答疑和问难,并讲文。这类书院很多,各省和府、州、县设立的书院基本上是考课书院。

(三)博习经史词章书院的教学内容

这类书院不学科举之文,不探讨心性问题,以专门研究经史、训诂、词章作为基本内容。如雍正三年(1725年),鄂尔泰改建后的苏州紫阳书院,由讲心性变为稽古考文;乾隆时期南京钟山书院由卢文弨、姚鼐等经学家、古文家为山长,书院教学以经训、古文为主。姚鼐主讲钟山书院16年,形成了著名的古文派别——桐城派。

再如,著名学者、教育家阮元于嘉庆五年(1800年),任浙江巡抚,在杭州西湖孤山之麓建立诂经精舍,选两浙诸生中学古者30余人,读书其

---

① 《钦定礼部则例·卷八二·仪制清吏司·书院》。
② 《求实书院学规续抄·南阳书院学规》,清光绪二十六年(1900年)刊本。

中。他规定的教学内容,除了经史、小学之外,还有天文、地理、算学等自然科学。阮元聘请著名儒师孙星衍主讲诂经精舍,孙星衍教学有方,请业者盈门,其学术趋向以训诂为主,兼及科学、辞章。孙星衍在《诂经精舍题名碑记》写道:"以《十三经》、《三史》疑义","小学、天部、地理、算法、词章"等教导学生,考学生。嘉庆二十二年(1817年)阮元任两广总督。道光四年(1824年),在广州粤秀山麓建立与杭州诂经精舍性质相同的书院学海堂,每季出题考试诸生。道光六年,阮元调云南任云贵总督,离开广州时还为学海堂定下章程,规定设八学长共同负责课业等事,永不设山长。道光十四年,学海堂设专课肄业生后,继任总督卢坤依据阮元制定的章程规定:"课业诸生,于《十三经注疏》、《史记》、《汉书》、《后汉书》、《三国志》、《文选》、《杜诗》、《昌黎先生集》、《朱子大全集》,自择一书肄习,即于所颁日程簿首行注明习某书,以后按日作,填注簿内。"[1]。

另外,还有倡导实学,强调实文、实行、实体、实用教育的颜元在所定《漳南书院学规》中,设"文事"斋,"课礼乐、书、数、天文、地理等科";"武备"斋,"课黄帝、太公以及孙、吴五子兵法,并攻守营阵陆水诸战法,射御技书等科";"经史"斋,"课《十三经》、历代史、诰制章奏、诗文等科";"艺能"斋,"课水学、火学、工学、象数等科"[2]。这个书院的教学内容,既包括孔孟经学、孙吴战阵武备与文史哲学,又研究自然科学。

四、私学的教学内容

清朝私学有两种,一是启蒙性质的私塾,另一种是提高文化学识水平的私学,二者的教学内容有明显的差异。

(一)私塾的教学内容

清朝私塾有三种,一是教师在自己家里或附近庙宇等地招收生徒设立学馆,称为私塾或家塾;二是有钱人家聘请教师在家里教导子弟,称为教馆或坐馆;三是一村或一族共同延请教师,在公众场所设立塾馆教导贫寒子弟,称为义塾。它们的共同特点是私人设置,还收取一定学费;学

---

[1] 《学海堂志·学海堂课业》。
[2] 《颜元集·习斋记余》。

生入学年龄和出身等没有定规。

私塾主要是承担启蒙教学任务,一方面为社会培养大批初等文化者,另一方面为愿意进一步学习以应科举青少年打好基础。清朝的蒙学教育家,继承明朝蒙学教育家积累的宝贵经验并加以发展。如张行简、王筠、崔学古等都依据少年儿童的发展特征,针对他们的不同需求,提出了切合实际的启蒙教学方案,形成了基本教育程序与内容。例如,王筠认为:"蒙养之时,识字为先,不必遽读书,先取象形、指事之纯体教之。识日月字,即以天上日月告之;识上下字,即以在上在下之物告之,乃为切实。纯体既识,乃教以同体字,又须先易讲者,而后及难者。讲又不必尽说正义,但须说入童子之耳,不可出自我口便算了事。如弟子钝,则识千余字后,乃为之讲,能识二千字,乃可读书,读亦必讲。然所识之二千字,前已能解,则此时合为一句讲之;若尚未解,或并未曾讲,只可逐字讲之。八九岁时,神智渐开,则四声、虚实、韵部、双声、叠韵,事事都须教,兼当教之属对,且每日教一典故。才高者,全经及《国语》、《国策》、《文选》尽读之;即才钝,亦《五经》、《周礼》、《左传》全读之,《仪礼》、《公》、《谷》摘抄读之。才高者十六岁可以学文,钝者二十岁不晚。初学文,先令读唐宋古文之浅显者,即令作论,以写书为主,不许说空话,以放为主,越多越好,但于其虚字不顺者少改易之,以圈为主。等他知道文法,而后使读隆、万文,不难成就也。"① 上引王筠《教童子法》书中的一段叙述,既了解了蒙学的教学程序,更明白了蒙学教学的基本内容。王筠的主张是他个人教学经验的总结,同时还概括了清朝蒙学教育的实际状况。

私塾教儿童识字一般仍以《三字经》、《百家姓》、《千字文》等为教材。

(二)私学的教学内容

尽管清朝的官学系统比较完备,而且招生也向各个阶层开放。但官学容纳的学生仍然有限,再加上许多官学的教学质量差,又大多是为科举考试设计的课程,这些因素促成了潜心追求学术的士子投向讲求学术

---

① 王筠《教童子法》。

的私学。这类私学从清初到清末都在各地存在和发展，最有影响的如：

黄宗羲(1610—1695)，字太冲，号南雷，又号梨洲，浙江余姚黄竹浦人。早年参与抗击清军，四十岁左右即"正襟讲学"，"四方请业之士渐至"。[①] 康熙四年(1665年)在甬上收万斯大、万斯同等20余人，授业讲学。康熙六年，又在郡城绍兴，恢复他的老师刘宗周所办的"证人书院"，并讲学其中，从之请学者数百人。次年，又在鄞县举办了"讲经会"，实施他"治学必以六经为根底"的主张。康熙十五年，"主海昌讲席"，反对空谈心性，提出"用得着的方是学问"，倡导经世致用，学用一致，同顾炎武等开创了清初崇实致用的学风。康熙二十八年，已经八十八岁的黄宗羲，还"讲学于(余姚)姚江书院"。在教学内容方面，他主张"既治经，则旁及九流百家"。[②] 他讲学近五十年之久，弟子遍天下。而且是一边讲学一边著述，著作有九十余种，八百余卷。

王夫之(1619—1692)，字而农，号薑斋，湖南衡阳人。明亡后，他不满清政府的统治，从三十三岁开始，就隐居湖南衡阳石船山创设私学招收生徒，对"及门诸子讲学"，著述达四十年。他将学术研究和教学密切结合，用研究成果教导弟子。所著《礼记章句》、《周易内传》、《春秋家说》、《四书训义》等，就是为了教学需要写成的。在教学内容上，他主张学习《六经》。与此同时，他揭发程、朱理学和陆、王心学的谬误，狠批玄学、佛学对《六经》的曲解，先后完成了《周易外传》、《老子衍》、《黄书》、《庄子通》、《读四书大全说》、《问思录》、《张子正蒙注》、《读通鉴论》等一百余种著作，形成了他独特的学术思想体系。

颜元(1635—1704)，字浑然，又字易直，河北博野人。他二十四岁即设立家塾，教授生徒，将自己的书斋、学舍取名"思古斋"。此时他笃信程朱理学，到三十五岁时，经过亲身实践，"觉思不如学，而学必以习"，认为理学"伤身害性"、空虚无用，于是立志"矫枉救失"，从"穷理居敬"转变为崇尚"习行"，把"思古斋"改为"习斋"，表示与程朱理学决绝。三十九岁时，在博野杨村继续开办私学，来学者逐渐增加，便制订学

---

① 《清史稿·卷四八〇·黄宗羲传》。
② 全祖望《梨洲先生神道碑文》。

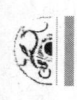

规教条二十则,称为"习斋教条"。其中特别订定"习六艺"一条,具体阐明学校的教学内容。他要求学生学习礼、乐、射、御、书、数,以及兵、农、钱、谷、水、火、工、虞等经世致用之学。这个教学内容,摆脱了传统的束缚,开辟了新的内容。晚年,他在直隶肥乡主持漳南书院,分设文事、武备、经史、艺能等科,在教学内容上注重实学、实用。

戴震(1723—1777),字东原,安徽休宁人。由于家庭贫寒,他随父"客居南丰,课学童于邵武",①从此开始了教学生涯。他一面以教育蒙童为生,一面刻苦学习。年二十岁时,结识了当时著名学者江永,即受学于江氏。江永"精于《礼经》及推步、钟律、音声、文字之学",而戴震"能得其全"。因学识速增,名声益大,曾被豪门大族聘请为家庭教师,又在高邮王安国家里坐馆,担任家塾教师。年近四十,乡试中举,五十岁时,主讲浙东金华书院。乾隆四十年(1775年),年五十三岁奉命与当年贤士赴京殿试,赐同进士出身,授翰林院庶吉士。晚年则讲学于山西寿阳书院。在教学内容方面,戴震提倡学习《六经》,即"以《六经》、孔、孟之旨,还之《六经》孔、孟",用经学代替宋、明空疏的理学。他指出:要学经、通经、教经必须研究自然科学。于是,他在教学内容中,把天文、地理、数学、工艺等作为治经、教经的重要组成部分,列为学生必学的科目。他对天文、数学的研究很有成就,留下的著作有《原象》、《历问》、《古历考》、《策算》、《勾股割园记》、《续天文略》等。还对许多重要的古算书,精心整理校注,如《周髀算经》、《九章算术》、《海岛算经》、《孙子算经》、《五曹算经》、《夏侯阳算经》、《五经算术》等。后来,经他校注的古算书由学者题为《算经十书》。

从戴震起,天算不仅是习经者的副业,专门研习天文、算术的风气也迅速掀起,推动了这两门科学的发展。其著名者有焦循、凌廷堪等。

焦循,字理堂,是戴震的学生。他一生敬重师长,并继承老师遗志,在中举之后,绝意仕途,专心研究和传播经学和数学,著有《加减乘除释》八卷、《天元一释》二卷、《释弧》三卷、《释轮》二卷、《释椭》一卷、《开

---

① 段玉裁《戴东原先生年谱》。

方通释》一卷、《乘方释例》、《孙子算经注》,以及《论语地理考》、《湖北小志》六卷等。在研究中,他采用"纯数学"的方法,使用了表示数字的符号,这是我国数学发展史上的一次飞跃。

凌廷堪,字次仲,十分崇拜江永、戴震的学说,特别专心学习研究天算。乾隆五十五年(1790年)中进士,主动要求担任教职,授予宁国府教谕,曾被称赞为"远利而就冷官"。他一面教学,一面钻研天文、数学,对"九章"、"勾股"、"三角"等算术特别精通,对攻破球面三角的难点,提出了比师长江永、戴震更简明的方法,教导学生以简驭繁。

类似的事例很多,以上所介绍的私学,其教学内容都有各自的特色,反映了清朝在乾隆、嘉庆时期学术风气的变化。

第二节 教师和教学活动

一、教师的选拔任用与待遇

(一)国子监教师的设置、选拔任用

国子监设满汉祭酒各1人,其任务是"总司监事,董率其属,以教贡监、官学生"。祭酒以下置司业,作为辅佐官员,满蒙汉各1人,蒙古司业专管八旗蒙古的教学。满汉司业则辅佐祭酒,"凡率官属以行政典,董师徒以勤教学,及遴选保送,课试甄核,皆赞行之"[①]。国子监下的博士厅,设满汉博士各1人,职掌训课,并负稽查六堂八旗官学教学的责任。六堂是主要教学场所,率性、修道、诚心、正义四堂,每堂设助教1人,学正1人;崇志、广业二堂,每堂设助教1人,学录1人,负责本堂的教学,包括讲书、考试、指导自学和学生的生活管理。此外,设八旗官学助教16人,蒙古助教8人,专教八旗子弟;算学助教1人,掌算学教育。以上教学人员的设置,后来又依据形势变化有所增减,而其品级却有些提高。

在国子监官员的选拔任用上,祭酒由吏部在科甲出身的詹事府庶子、翰林院侍读、侍讲、国子监司业等官中开列名单,由皇帝挑选。在任

---

① 《钦定国子监志·卷四二·官师志二》。

命前，皇帝要作慎重的考查。首先，坚持引荐制，即由朝廷大臣引初任官员去朝见皇帝，由皇帝当面考查，写出任用意见。按照规定京官五品以下，外官四品以下，初次任用须朝见皇帝。祭酒是从四品，在任命前不须引荐。乾隆十一年（1746年）高宗谕内阁："祭酒为成均司铎之长，有造就人材之责，著吏部将应行开列及其应升人员一并引见。"①从此，祭酒的选任也通过引荐，由皇帝亲自考查确定。其次，坚持德才兼备的要求，强调其学问、人品可为师范者。再次，坚持资格限定。清朝规定，国子监祭酒只能在科甲出身者的文进士中选任，翻译出身的进士都不可以。如乾隆十九年（1754年）下诏免武极职："国学以课训士子为职，现任国子监祭酒武极系翻译进士出身，不宜司教之任，著以对品京官缺补用。"②司业的任用与祭酒基本相同，由吏部开列名单，拟定正陪，引荐补授。

满博士从满、蒙文进士、举人、翻译进士中铨选，汉博士由京府教授、外府教授升任。但外府教授升任到博士时，已经年老体衰，不能赴京供职，遂于嘉庆十六年（1811年）经吏部议准，以学正、学录与府学教授轮流选用。

具体负责六堂教学的助教、学正、学录的选拔，清政府十分重视，经历了多次变化。

助教，最初采用考选制。康熙二十三年（1684年）谕内阁："助教官员职掌教习荫监官生，应选优于文学者补用。若用文学庸劣之人，何以表率生徒？以后著吏部考取，仍将试卷送内阁阅看，具奏。"③三年后，采用考选与升任相结合的方法，吏部将考取人员咨补四缺后，以正途出身之现任官推升一缺。雍正初采用升任法，于进士、举人出身的教授升补，后又改为以学正、学录升补，还实行由九卿于进士、举人内保举制，停止京外升任制。乾隆时期，助教就由学正、学录升任。

学正、学录的选任，同样经历了保举、考试等多种变化。乾隆朝时确定，主要从考取新进士中挑选，由皇帝记名，等候空缺。此后，学正的选

---

① 《钦定国子监志·卷四四·官师志四》。
② 《钦定国子监志·卷四二·官师志二》。
③ 《钦定国子监志·卷四二·官师志二》。

用采取考试的方法,选拔进士、举人充当。于此可见,清政府对选拔教师十分重视。

(二)国子监教师的品级和物质待遇

清朝教官的品级:祭酒从四品,司业正六品,博士正七品,助教从七品,学正正八品,学录正八品,算学助教正八品,八旗官学满助教从七品,蒙古助教从七品。以上事实说明清朝国子监教师的品级比明朝的高,特别是实际担负教学的助教、学正、学录比明朝高一个品级。

清朝国子监教师的物质待遇包括正俸、恩俸、禄米、公费银4部分。

正俸:祭酒每年105两,司业60两,博士、助教45两,学正、学录40两。

禄米:自顺治十年(1653年)开始,满官俸银若干两,即发米若干斛,汉官不论品级,一律给禄米12石。雍正三年(1725年),世宗考虑到汉官多携带家属居住,俸米照旧数,可能不敷食用,决定汉官也与满官一样,按照俸银数给予俸米。

恩俸:自乾隆元年(1736年)开始,恩俸数与正俸相同,谓皇帝加恩给予,是为"恩俸"。

公费银:自顺治二年开始发给,每银1两折制钱1000文。每月祭酒3两,司业2两2钱,博士、助教1两5钱,学正、学录1两。公费银是为在官署办公而设立,如出差离署,则须按日扣除。

上述国子监教师的薪俸待遇,能够保证教师们的基本生活需要,大致相当于知府至州判、县丞、地方官学训导的地位,属于中下级文官的待遇。而地方官还有"养廉银",因此,教师的收入不高。另外,八旗官学、算学馆还有一些教习,与助教、学正、学录一样承担教学任务,却没有俸禄,只有每月2两左右的"廪饩",表明清朝教师的待遇和其他官员相比仍然较低。

(三)地方官学教师的设置、品级与待遇

在地方官学教师的设置上,府学设教授1名,训导1名;州学设学正1名,训导1名;县学设教谕1名,训导1名,训导为教师的副职。所有教师都由朝廷委派。各级教师的职责是训迪学校生徒,课艺业勤惰,评品行优劣。规定教授必须由科目出身,捐纳者必须是生员才能为教师。

在地方官学教师的品级和待遇上,清雍正十三年(1735年),高宗考虑到教师"官职卑微,恐以冗散自居,不思殚心尽职",故特加品级以鼓励之。经议定:京府教授,四氏学教授,各府、卫儒学教授,为正七品官,各州学正、各县教谕为正八品官,各府州县卫训导为从八品官。[①] 这项规定不只是各级教师都有了品级,而且相应的品级都比明朝高。关于经济待遇,按照旧例教职是"两官同食一俸";也就是说,一个教师只能领到半俸。乾隆元年规定:今后各照品级,给予全俸,永著为例。[②] 这样,教师的物质待遇也比较优厚了,维持基本生活还有余裕。

二、教师的考核与升迁

(一)国子监教师的考核与升迁

清朝对在京官员的考核称为"京察"。按雍正元年(1723年)规定,每三年考核一次,以守(操守、品德)、才(才干)、政(工作态度)、年(年龄)四格为考核标准,分称职、勤职、供职三等。列一等者加级记名,引见备用。不合四格者,有贪、酷、罢(疲)软、无为、不谨、年老、有疾、浮躁、才力不及八种情况,称为"八法",须分别处理。

国子监教师的考核也按照上述标准进行。京察时,祭酒由部院考核,其余官员由本监堂官及掌印官分别等第。按乾隆五十一年(1786年)规定,国子监可以报送四名一等。这种考核十分笼统,没有和教师担任的具体任务结合起来进行考查,早有管理大臣提出不同意见和建议。如乾隆五年(1740年)管理大臣赵国麟奏准:"助教等官课士宜严。查六堂助教、学正、学录每堂二员,以司教课。该员或分课,或轮班,或居住南学,必须朝夕讲诲,稽其课程,察其勤惰,辨其优劣,禁其浮嚣。其实力奉行者分别记功,京察列为优等;怠荒厥职者重则即行题参,轻则分别记过,京察列为下等。"[③]乾隆三十四年(1769年)管理大臣德保奏:"满汉博士、助教,除京察应留应去严加厘定外,臣等随时验看,满汉博士、助

[①] 《清会典事例·卷三六九·礼部·学校·教职考核》。
[②] 《钦定国子监志·卷四二·官师志二》。
[③] 《钦定国子监志·卷四二·官师志二》。

教等官如有文理生疏、年力精壮、尚能办事者,即照例咨行吏部,对品补用。"①以上考核意见仍然十分空洞,而且考核的等第在考核之前就作了规定。因此,只是徒具形式而已,实质意义很小。

在教师的升迁上,依清朝官制,官员任满一定年限,可以酌情升迁,称为"俸满",国子监官员也是这样,如祭酒应升内阁学士、詹事府詹事、太常寺卿、光禄寺卿等官,司业应升通政司左通政、大理寺少卿等;担任教学任务的助教、学正、学录等按照规定同样可以升迁,例如,助教内可以升为主事,外可以升为同知。培养人才的教师不仅应当有广博的学识、高尚的品德,而且教学上应当有丰富的经验和优良的方法。因此,清政府在制度上鼓励优秀教师升衔不离任。乾隆九年(1744年)管理大臣刘吴龙带领俸满即将离任的优秀博士黄施锷朝见皇帝,高宗下诏:"黄施锷著仍留国子监博士之任,令其启迪诸生。如果勤于训课,尔监具奏,请旨加以升衔,示之鼓励……如惜其材品或致沦弃,且别无鼓舞之方,殊不知天下之大,州县之多,岂少此一二能干之县令乎?加之升衔而不离其任,则其身已荣,且成全多材,是化一二而百十也。尔监其永遵之!"②为此,国子监注意从教师中发现能训士的人才,逐级提升其职衔,而仍旧留监服务。乾隆三十四年(1769年),管理监事大臣德保奏准:"学正、学录……其有文理优长,训课有方者,或遇推升,准奏请留监,俟助教缺出,照例题补。"于是国子监明确规定:"凡六堂汉助教缺出,本监于学正、学录中秉公拣选,拟定正陪,咨明吏部,并查有无正陪之员,出具考语,带领引见,恭候钦定。"③借以使教师的升迁常规化。嘉庆十六年(1811年)又定:"学正、学录应升助教,而博士与助教俱系从七品,品级相等。六年俸满,俱系内升主事,外升同知,升阶亦复相同,且俱有训士之责。助教既由学正、学录升任,其博士轮用京升时,亦应由学正、学录升任,则其人与缺相宜。"④经过清朝历朝皇帝和管理监事大臣及国子监的多次议定,

---

① 《钦定国子监志·卷四四·官师志四》。
② 《钦定国子监志·卷四四·官师志四》。
③ 《钦定国子监则例·卷二五·典簿厅》。
④ 《钦定国子监志·卷四四·官师志四》。

教师升迁法规为建立一支稳定的教师队伍创造了前提。

(二)地方官学教师的考核与升迁

清政府对地方官学教师的考核分为三种:上任前,任职中和俸满时。

教师任用前,须通过督抚的考试。康熙四十三年(1704年)议定考试教师法:"嗣后教职由部选后,赴抚臣考试,其考居一、二、三、四等者令其赴任,五等令归学习,六等革职。"①

教师任职期中,每逢学政按临,须接受文化水准的考试。乾隆七年(1742年)议定:"考试教官,题目与生员同,一体封门,不许携卷归寓,以杜代倩。试毕分别等第,移明督抚,以为大计考核之实据。"由此看出,任期中考核是严格而全面的。依清朝制度,官员三年考绩一次,以定升降,在京为京察,在外为大计。由上司以守、政、才、年四格进行考察,写出确实评语。地方官学教师同样参与地方官员的考察。上述考核成绩是大计考核的依据之一。

官学教师六年一任,任满由地方学政与督抚对其工作进行考察,以决定去留。如果才能出众,成绩优异,应当举荐的教师,即具实拟题请旨;其工作平常,表现一般的教师,则确定去留后,俱出具切实考语,仍然具题请旨裁决。假如有不宜留任的教师而留任了,则对该督抚、学政严加惩处。

关于地方官学教师的升迁,前面已经叙述,进士、举人出身的府学教授,俸满又成绩显著,可以升为国子监博士、助教,而州学正、县教谕、训导,同样可以依其工作成就而逐级升为府学教授、州学正、县教谕等。

三、教师的教学与活动

(一)国子监教师的教学

国子监的教学,有讲书、自习指导、考试等形式。

讲书和现代的上课类似,每月朔、望释奠以后,博士厅集合诸生,讲解经书。每月上旬和望后,助教和学正、学录分别讲解一次《四书》、《五经》。讲书以后,监生应对所学内容熟读背诵,并理解其含义,三天后

---

① 《清会典事例·卷三六九·礼部·学校·教职考核》。

"掣签复讲,有触发贯串者加以奖励,未能通彻者曲为训解"。① 题签是博士厅事先拟好,放于筒中,监生以抽签的方式复述讲书的内容,以检验学习情况。复背是背诵学过的经书。总计每月讲课五次,复讲复背每月进行三次,周而复始地反复进行。这说明国子监的教学是以监生熟读背诵为主,教师讲解则置于次要地位。

自习是国子监教学的补充,带有选修性质,监生可以根据自己的兴趣爱好,选修经义或治事,分别写读书笔记,内班生每三天呈交一次,外班生每半月呈交一次,由助教批阅。同时,还有必修的内容,即每天临摹晋、唐名帖数百字,每三天读一篇八股文。凡读书、写字,由监生自立功课册,如实登记,隔10天送助教查阅一次,至朔望由博士呈堂查阅。

考试是国子监的重要教学手段,因为国子监教学实质上是科举考试的预备。考试有以下几种:

一是大课。每月十五日,管理监事大臣、祭酒、司业轮流出题,试题有《四书》一篇,五言八韵诗一首。这是国子监最重要的考试故称为大课。考试十分严格,有专人点名、巡场、监考和收卷,并供给伙食。监生早晨入场,薄暮交卷。成绩分为一、二、三等、附三等四种,并对优劣分别给以重奖重罚:"优通者列为一等,奖赏有差;其次为二等,唯第一名有赏;又次为三等,俱无赏。"②最劣为附三等,三次考附三等者斥退。

二是月课。博士厅每月出题考诸生,内容有经解、策或论各一题,称为月考。

三是堂考。每月初三日助教出题考试,十八日学正、学录出题考试,内容与大课相同,为《四书》文、诗或经文各一题。因为是六堂教师主考,因此称为堂考。

四是季考。每三月一次,由祭酒、司业轮流出题,考试内容有《四书》、《五经》文,并有诏、诰、表、策论、判。

五是小课。相当于开卷考试,每月三次,带回去做题,限期交卷。

上述各种考试,出了小课带回去做,其余内班生都当堂做完,日暮前

---

① 《钦定国子监则例·卷八·绳衍厅·卷三四·六堂》。
② 《钦定国子监志·卷一二·学志四·考校》。

交卷,外班生则于望日领卷,带回去做,三天后交卷。总计每个监生每月有七次固定时间的考试,遇上季考则有八次考试。监生经过多次考试的磨砺,习惯了考试,到参加科举考试时,则可以顺利完成考试任务,这就是将考试作为教学手段的根本原因。

(二)国子监的教学管理

清朝国子监教学管理制度,比历代周密完善,凡监生的录取、考试、考核、学风、纪律等都有明确、严格的要求,借以保证完成教学任务。具体的办法如下。

第一,把好入学关口。规定:"凡贡监生考到后,绳衍厅率领考验,务择文优年壮、人品可观者方准肄业。若年力衰迈、文理荒疏者,不得收录,亦不准其复考。至考验贡监作文时,如有夹带、传递、不在公所面试诸弊,察出除名严罚。考日仍派监属官一员稽查。"[①]

第二,使用经济和行政手段,严格请假制度。"凡诸生复班、告假,皆应具呈绳衍厅,按月呈堂上官查验,则给发月费既无冒滥,日期亦易稽查。嗣后诸生复班,如不呈明绳衍厅籍记,呈堂上官者,不给月银。至私自回籍者,将来不许复班。"[②]

第三,明确治学方向。国子监分设经义、治事两科,每个监生都要选择一科为治学方向。并依其规定内容,按日研习,札记心得,三天一次呈本堂官批改,朔望呈管理大臣、祭酒、司业,分别优劣。

第四,认真考勤。对监生学习态度、成绩和遵守监规等每月末进行考核。"以每日在学舍读书,勤于札记问难,拜庙讲课必到为勤;以娴习礼节及考课屡居前列,札记经义果有发明为功;以屡次告假,懒于札记,雷同剿袭,苟且塞责及无故不拜庙应课者为惰;以不守礼节,屡次考劣,札记经义全不融贯者为过。月终由助教等核实呈堂,并付绳衍厅记档办理。"[③]后来,又增加年终核查本年的勤惰记录,对肄业生的人品学业全面衡量,分为一二三等及附三等,决定去留。"其文艺生疏,不务实行

---

① 《钦定国子监志·卷一二·学志四·考校》。
② 《钦定国子监志·卷一二·学志四·考校》。
③ 《钦定国子监则例·卷三四·六堂》。

者,列为附三等,训饬不悛者勒令出学。"①

第五,逃避考试,扣除月银。"凡诸生逢季考、月课,其实有疾病者,先期呈明本堂官,移绳愆厅记籍,仍与本月月银。若无故缺课,则不与银。至本堂官月课,内班必本日交卷,外班必三日交卷。逾期即不复收。定案后移博士厅张榜。无故不应课者并移厅,呈明堂上官,不与次月月银。"②

第六,加强奖惩力度。凡考课屡次列前、札记果有发明者,记入档案,作为将来保举的依据。为了奖励优等生,国子监可以于每届肄业生中,保举一二名品学皆优者,留监再深造三年,毕业后不必候选,直接任命为知县。对不守监规,屡次记过,三个月不改者,令其回籍,不许肄业。至于酗酒喧争,造言生事、诋忤师长等"大过"者,不论平时有无功过,立即呈堂纠治。

以上管理条规的实施,确实对维护教学秩序起到了积极的作用。但是,到清朝后期,随着政治腐败,国子监的教学只徒有形式,这些管理办法也就废弛了。

(三)八旗官学的教学

八旗子弟入学后,必须每天上学。规定:"凡学生上学,端午节后以卯时到学,未时散学;中秋节后以辰时到学,申时散学。"学校设"到学簿",每日由学生画到。如有三天不到,或连日迟到者,助教予以斥责。如不改正,即予斥革。这是与当时只管考课的学校不同之处。

满、汉、蒙各馆都有"常课"。满馆每天教授满文翻译,汉馆教以经书、作文,蒙馆教以蒙古文。每天授书、背书、讲书、复讲、习字、默书、习射,但以讲书、背书、复讲、练字为主。弓箭、骑射是各馆的公共课,13岁以上者学步箭,16岁以上学骑射。除了常课外,每逢三、六、九日教习还要各讲经义数条,令学生记录下来,等国子监官员查学时,令学生当面回讲,以考察教学效果。

各馆学生的自习,由教习按照学生的程度和资质,分别提出要求,如

---

① 《钦定国子监则例·卷三四·六堂》。
② 《钦定国子监志·卷一二·学志四·考校》。

每天读书多少行或多少篇，诗若干首，记满洲或蒙古语多少句，等等。学生按照规定的内容自学，并将情况如实填写在自己的"四季功课册"上。助教按四季将功课册移交博士厅查核。

各馆每月三、八日考试学生。助教、教习每月有会课一次，汉文馆学生作文一篇，蒙童背书一次，满洲、蒙古馆学生则试翻译一道，每季度有"四季会课"一次，每季度和春秋两季还有两次会考，考试后要将试题和试卷造册移交博士厅查阅。弓马教习会同助教率诸生出城试骑射一次。累计每月有七次考试。

（四）地方官学教师的教学

清朝初年，地方官学只有季考月课，考完就散学，没有开展教学活动。雍正元年（1723年），"令直省学臣，通饬府州县卫教授、学正、教谕、训导，务立课程而加考试……至于新进生员，尤为进身之初，岂可使身无检束，听其游荡。应照国子监坐监之例，令其在学肄业，俟下案新生至学为满。或有亲老家贫，势不能在学肄业者，亦必分题考校，每月定期，使无旷业。"这项指令下达后，地方官学才开展一些教学活动。同时，为了生员将来从事政务的需要，地方官学还有两项重要讲学活动：一是讲解《大清律》。雍正七年，"令各省学政转饬各学教官，每当月课季考之日，将《大清律》与之讲解"。要求学政到学校时，要听生员各讲律例三条。雍正十三年，还将讲解律例作为考核教官的内容之一，即应在"详报月课季考文内，将所讲律例何条、其听者何人，逐一声明，以凭学臣查覆"。二是诵读卧碑等"圣旨"。乾隆九年（1744年）议准，"儒学教官，每月集文武生员于明伦堂，恭诵圣祖仁皇帝《训饬士子文》及卧碑所载各条，令诸生敬听"[①]。而且还指出："嗣后各学教官，训迪士子，每日照例面课四书文外，即于赴课时，将士子专经令其分册诵习，纲目必分年详解，面加谆劝，务期实力讲贯。或间月，或每季，试以本经疑义及史策，并二场表判。"[②]

以上史料说明，清朝地方官学的教学活动比较少，重点在于对生员

---

① 以上未注明出处的引文均见《钦定学政全书·卷三四·季考月课》。
② 《钦定学政全书·卷三四·季考月课》。

进行考课。只是在雍正、乾隆时期开展了一些讲课活动。到嘉庆之后，季考月课都逐渐废弛，就根本谈不到有什么教学了。

(五) 书院教师的教学

清朝书院教学的基本方式有会讲、讲学、个别辅导、自学指导、考课等。会讲是一种传统的学术交流方式，大都定期举行，有的书院每年进行多次会讲，在会讲时书院的学生都参加，有时还有院外的学者参与，除了主讲人陈述自己的学术见解之外，与会人员也可以发表个人的看法或质疑、问难，这种形式有利于活跃学生的思想，使他们得到实际锻炼。

不过，平时的教学还是由山长讲学，类似于现代上大课，学生集体听讲，讲课的时间不十分固定，有时是针对学生的问题进行讲解。

个别辅导是书院教学最常用的方法，它比上大课的针对性更强，效果也好。不少著名学者在书院讲学都喜欢实施个别辅导，因为教师可以根据学生的实际水平和能力，针对具体问题给予指导。

指导自学也是书院广泛采用的教学方法。由于学生有不同的学识基础，又有各自的兴趣、爱好，更有相异的学习目标，指导自学就能够依据需要选择自学的书籍。经、史、子、集浩如烟海，自学何书最为恰当？先读什么？再学那本？怎样阅读效果更佳？这类问题都要通过教师的指导才获得解决，因此，书院十分倡导自学的方法。如，诂经精舍的教学活动大多采用教师讲学指导和学生自学研究相结合的方式，其中以学生自学研究为主，教师讲学指导为辅。诂经精舍的教师大多是兼职，除了定期的月课外，常是利用空暇时间进行讲学。所谓"暇日聚徒讲议服物典章，辩难同异"，教师讲课也允许外来人听讲。由于讲解含有新意，一般又是针对某个疑义发表自己的看法，着重于启发学生"识精而思锐，不惑于常解"，故旁听者很多，学生常常带着问题和作业，"执经问学"，"执卷请业"，甚至和教师辩论。师生关系十分融洽，学生不重视苦读、背诵，彼此间互相讨论、争论，而毫无顾忌，相互学习，实事求是，友善相处。为了检验教学效果，诂经精舍和学海堂都重视考试的作用，经常出题考试，评讲佳文。但无论月课、季考都实行开卷，学生可以将试题带回去作，限日交卷。有时考试也采取在课堂上以问答方式进行，一个问题允许各抒己见，保留自己的看法，不设标准答案，既培养学生广博的学识，又营造优良的治学风气。

（六）教师教学以外的活动

清政府对教师的管理、监督十分严格，一切社会活动都有明确规定。国子监教师的行为、活动，在叙述教师考核情况时已经谈过，不再赘述。对于地方官学教师，清政府同样对其思想、行为进行了严格监督、限制。清朝《礼部则例》就规定了教师的任务和行为准则。

教师的任务：一是朔望宣讲。"传集诸生于明伦堂，恭诵圣祖仁皇帝御制《训饬士子文》、御制万言《广训》世宗宪皇帝御制《朋党论》，及卧碑各条。令诸生恭听恪遵。遇督抚到任及学政按临，祗谒先师之日，该教官亦率诸生宣读如仪。无故不到者，由学戒饬。居址遥远者，仍令轮班入城，恭听宣读。其有抗粮、缘事之生，令其阶下跪听，以示惩戒。"二是凡遇"万寿"、元旦、丁祭之期，传令优等生员分班陪列行礼。居址遥远者，亦令轮班入城学习行礼。三是"季考、月课，除实在丁忧、患病，及有事故外，严传各生面加考试。照例用四书文一篇，排律诗一首，或试以策，或试以论，由教官衡定等次"[①]。四是季考、月课之次日，教官将律内开载刑名钱谷、关系紧要者，与诸生详为讲解。五是学政前来主持岁考时，举报优生、劣生。六是发放学租给廪生、贫士。依据这些规定，地方教师的任务是宣读皇帝文告和讲解刑律，其余活动就是季考月课。

教师的行为准则有下列五条：一是凡遇钦差上司经过地方，教官不得率领生员道旁迎送，违者参处。二是不得干预地方事务。三是不得包庇生事生员。"教官所属士子内，除受诬被告，及实有冤抑，切己不得已之事，许申诉控理外，其有依恃衣顶，抗欠钱粮，并捏辞生事，唆讼陷人等情，该教官纵容徇庇，不行申报者，事发照溺职例革职。"[②]四是举报优生、劣生，不得通贿滥举，及挟嫌妄报。五是不得勒索师生见面礼。"督抚、学政随时察核，如有违者，照借师生名色私相馈送例革职。"上述行为准则的核心在于限制教师的活动，并凭借教师的影响力来防止生员造

---

① 《钦定礼部则例·卷五六·仪制清吏司·教官事例》。
② 《钦定礼部则例·卷五六·仪制清吏司·教官事例》。

反和发生恶性案件。清朝《吏部条例》写得更清楚,其中规定:"凡各学教官所属文武生员,有抗粮生事、灭理悖伦等事,该教官即行详报,免其议处。若漫无觉察,或被访查及旁人首告,审实不准补开详揭,将正副教官照溺职例革职。如府州县官于事发之后,仍令该教官补开详揭者,将府州县官照徇庇例降三级调用。若教官有受贿徇隐及借端勒索等弊,查出将该教官革职究拟。州县官不行申报者,亦照徇庇例议处。"[①] 这段史料表明,清政府通过严厉处罚教师,既约束了教师的活动范围,又试图透过教师来限制生员的行为。而对于教师的教学则甚少过问。

第三节 学生及其活动

一、学生入学条件和名额设置

国子监招收的学生有两种,一是贡生,即由各地官学选出贡入朝廷的学生,二是监生,是国子监自行招收的学生。

贡生分为六种:一是岁贡。顺治二年(1645年)定:由各地官学贡举入国子监学习的廪膳生,京师府学满洲、蒙古岁贡2人,汉军岁贡1人,盛京满洲、蒙古3年贡1人,汉军5年贡1人,直省府学每年贡1人,州学3年贡2人,县学2年贡1人,并按1正2副由学政遴选,贡生至京由朝廷进行考试,正贡不行选副贡,通过者即予官职。顺治十一年按旧例合格者补为监生,学成后参加廷试,如不合格则退回原籍。二是恩贡。凡遇庆典吉事,如新皇帝登基等,由皇帝下诏,以本年岁贡为恩贡,次贡为岁贡。三是拔贡。即通过考试选拔的贡生,每6年举行一次考试。参加考试的不限于地方官学的廪膳生,凡岁考或科考均为一二等者都可以入选,京师满洲、蒙古每旗选拔2人,汉军每旗1人,盛京满洲、蒙古共2人,汉军1人,顺天府6人,直省府学2人,州、县学各1人,录取送到京师后,参加廷试,考列一二等者即时授官,未授官者及名列三等者入国子监肄业,文理有疵者发回本籍读书,3年后再送廷试,荒谬者黜革,原选

---

① 《钦定学政全书·卷三三·举报优劣》。

拔官员也要受到惩治。四是优贡。清朝规定各省学政3年任满,例应举报生员优劣。优生保题到部,送国子监学习,为优等生。包括府、州县学的廪、增生,只要文行皆优都可以录取,乾隆四年规定大省5—6名,中省3—4名,小省1—2名,每3年学政会同地方官分两场考试。选拔的次数比拔贡多,而且重视学生的优行实绩。拔贡、优贡录取的都是各地的优秀者,他们成为国子监学生的主要来源,在贡生中最受尊重。五是副贡。顺天府和各省乡试,除正卷之外,还可取若干名副榜。考中副榜者,准作贡生,升入国子监学习,称为副贡。六是例贡。沿用明朝纳粟入监的办法,由廪、附生捐纳者为例贡生。

另外,据《清会典》还有功贡生,是少数以积累的军功而入国子监学习,称为功贡。

监生分为四种:一是恩监。对一些身份特殊的学生,包括八旗官学、算学馆中满、汉肄业生等,每3年招考一次;还有皇帝临雍时参加观礼的圣贤后裔也作为恩监生入国子监学习。二是荫监。有恩荫、特荫、难荫的区别,恩荫是在京文官四品、在外文官三品以上,武官二品以上者,可以荫一子入国子监;特荫是内外大臣效力多年,皇帝特令其一子入国子监;难荫是三品以上官,三年已满,勤事以死,可荫一子入国子监,到后来,从三司首领到州县佐贰死难者之子都可以难荫入国子监。三是优监。对直省府州县学附生、武生由各教官申报,学臣核定,礼部和国子监汇考录取。其手续与优贡相同,而条件比优贡差些。四是例监。府州县俊秀又没有取得生员资格的通过报捐而获得监生,称为例监。总体来看,国子监的招生范围包括了社会各个阶层的子弟,突破了唐、宋以来的各种限制,又比明朝增加了优贡、优监的名目,招收了各地各类生员进入国子监学习,体现了国子监教育已经向平民化方向发展,这是一种历史的进步。

国子监学生人数的设置,在顺治、康熙、雍正时期没有定额。乾隆元年(1736年),孙家淦升任刑部尚书,兼管理国子监事大臣,他开始对国子监进行改革,特向高宗上《太学条规疏》,建议六堂肄业生员,以300人为定额,每堂50人,以30人为在内肄业,即住读生;20人为在外肄业,即走读生。对各省送到国子监的恩、拔、岁、优、副贡等,由祭酒、兼管理大臣等详加考验,择其品端文优者充补额数,坚持"宁缺毋滥"的原则,衰老、才庸者令其回籍肄业。这样"选择精慎,则成均之士皆英俊之才矣",若国子监人数已经满额,又有续到之士,则照前考录,俟有名额,予以顶补。这个疏奏还提到了分斋教学制度、及时使用国子监毕业生等,都得到高宗的批准实施。

算学馆额定学生60名,包括满洲12名,蒙古、汉军各6名,汉族12名,钦天监肄业生24名。满洲、蒙古、汉军算学生都从八旗官学生中考取;汉人算学生无论举人、贡生、生员、童生都可以报考,由国子监会同算学馆考取;钦天监肄业生由该监考取选送。

据乾隆《清会典》,钦天监时宪科有天文生满洲12人,汉军8人,汉族24人;天文科有满天文生2人,汉天文生32人;漏刻科有满天文生2人,汉6人;此外,还有汉阴阳生10人。共计天文生86人,阴阳生10人。而据《清史稿·钦天监》载,有食九品俸天文生48人,食廪饩天文生56人,共计104人;食廪饩阴阳生(并给九品冠带)10人,足见清末天文生的数量还超过乾隆时期。

据《钦定国子监则例·卷三六·八旗官学》记载,八旗官学每学的学额100名,满洲学生60名,蒙古学生20名,汉军学生20名。下五旗每学添设包衣生10名,共计八旗学生850名。入学条件是各旗聪明俊秀,10岁以上,18以下者。

据《钦定八旗通志·卷九七·学校志四》记载,宗学的学额乾隆十一年(1746年)定左翼70名,右翼60名。嘉庆初增右翼10名,使两翼学额划一。嘉庆十年(1805年)两翼各增30名,凑足一百名,遂为永制。凡未封宗室之子年10岁以上者,俱入宗学。

觉罗学于雍正时建立,设在八旗官房的觉罗衙门旁,招收年8—18岁的觉罗子弟。18岁以上愿意学习者也准其入学,但30岁则必须出学。基本和宗学相同,只是考试制度和出路不及宗学。

景山官学于康熙二十五年在北上门两旁建立,招收内府佐领管领下闲散幼童360名。到康熙三十一年(1692年)增加为388名。嘉庆十三年(1808年),招生对象仿照八旗官学,定为10岁以上、18岁以下者。肄业年限为10年,"十年学业无成者,拨回本旗挑差"。

咸安宫官学于雍正七年(1729年)设立于咸安宫空房内,招收景山官学内及管领下13—23岁的子弟,选择90名入学。乾隆元年规定招生范围是八旗内府三旗官学的俊秀者,"不拘贡生、生员、闲散幼童,及现在官学生内,每旗挑选十名,共一百十名,作为各该旗额"①。咸安宫学的肄业期限,仿宗学之例,以10年为限。凡由国子监、景山官学入学者,到期如果不能考取生员,即行出学。凡以举人、监生入学者,经过3次会试,不能考中者,也一并出学。乾隆十二年(1747年),于咸安宫学内设立蒙古学房,从八旗蒙古学生中,每旗挑选3人,共24人,入该学房学习。

康熙三十年(1691年),在盛京左右两翼各设官学二处,将该处俊秀幼童各旗选十名,每翼四十名,建立盛京官学。到乾隆二十八年(1763年)学生名额有所增加,议定:"左翼四旗内满洲官学生三十六名,汉军官学生四名,包衣官学生三十名;右翼四旗内满洲官学生三十四名,蒙古官学生二名,汉军官学生四名,包衣官学生三十名。左翼内并无蒙古之缺,应将左翼官学生定为三十四名,所裁二缺改为蒙古,以昭划一。"②盛京将宗学与觉罗学合并为一,乾隆二年(1737年)议定,凡20岁以下,10岁以上,情愿读书者,准其入学,不限名额。至乾隆二十六年(1761年)议准,宗学20名、觉罗学40名为准。

另,其他各种官学如陵园官学则为守陵者子弟,军营官学则为营内幼丁及两翼子弟,满族义学为本旗12岁以上贫民子弟、清文学为12岁以上贫寒子弟,还有书院等的招生对象和学生名额都没有具体资料,不予记述。

清朝初年,地方学校依人文情况分为大、中、小三类,分别确定招生人数,各官学每次入学数又按地区分为四个档次:一是京师满洲、蒙古60人,汉军30人。二是直隶顺天府、大兴、宛平县学均25人,各府23

---

① 《清会典事例·卷一二〇〇·内务府三一》。
② 《钦定八旗通志·卷九八·学校五》。

人。大州县视同府学,其次州县,大学18人,中学15人,小学10人。三是江南、浙江府学均25人,大州县视府学,其次州县大学20人,中学16人,小学12人。四是其余省,府学均20人,大州县视府学,其次州县大学15人,中学12人,小学8人。①

各地官学的廪生数:京师满洲、蒙古共60人,汉军30人;盛京满洲、蒙古共6人,汉军3人;府学40人,州学30人,县学20人,卫学10人;各官学的增广生员与廪膳生之数相同。

雍正二年(1724年),世宗有感于各地生员名额少而应试者多,于是大力增加名额,下令"直省应试童子人多额少,有垂老不获一衿者。其令督抚、学臣查明实在人文最盛之州县,题请小学改中学,中学改大学,大学照府学额数录取。督抚等宜秉公详查,不得徇私冒滥。"②

上述各学的名额,至乾隆、嘉庆时期有些增加,其间也有过减少,但增加的时候比较多,而减少的时候少。报考地方官学生员有条件限制,顺治九年(1652年)规定:"童生入学,乃进身之始,不可不严为之防。或系娼、优、隶、卒之家,及曾经问革,变易姓名,侥幸出身,访出严行究问黜革。"即凡有上述五种情况之一者,就没有资格报考地方官学。乾隆三十五年(1770年),又再次强调以上五种人不能报考地方学校生员,指出:"查娼、优、隶、卒,专以本身嫡派为断。本身既经充当贱役,所生子孙例应永远不准收考。其子孙虽经出继为人后者,终究系下贱嫡裔,未便混行收考,致启隐匿冒考等弊。"③进一步说明出身贱业的子弟,都不能招收为地方学校的生员,除此之外的各阶层人士,才有资格报考官学生员。考试包括由知县主持的县试,知府主持的府试,最后由学政主持的岁科考试,即院试。经过这三级考试合格,被学政录取者,才成为地方官学生员。

清初依明朝制度设有卫学,规定每卫廪膳生额10名。但从顺治末至康熙时期,采取将卫学与府州县学合并的办法,暂时不能合并的则由

---

① 《钦定大清会典·卷三二·学校》。
② 《清文献通考·卷七〇·学校八》。
③ 以上所引均见《钦定学政全书·卷四三·区别流品》。

附近州县学教官兼管,廪膳生和贡举学额,同时归并到相应的州县学;地域辽阔、生员分散的卫所,仍然设立卫学和教职,加强管理。

商学是指为商人子弟专门设立的府州县学额,以保障商人子弟的学习权益和进身的阶梯。顺治十一年(1654年)确立商学制度。"商籍生员,长庐盐运使司所属,在直隶者附河间府学;两淮所属附江南扬州府学;两浙所属附浙江杭州府学;在山东者附济南府学;陕西所属附宁夏府学;山西有河东运城。另设运司学。"据嘉庆《礼部则例》,商学分布和名额:一是直隶商籍额进3名(应试者10名,取进1名;如应试人多,仍不超过3名。若人数不到10人,可取文理皆优1人,无则宁缺毋滥)。灶籍额进7名(应试人数在70名以上者,准其照定额录取;如应试人少,照商籍例,每10名取进1名)。廪生20名,增生20名,2年一贡(属天津府学兼管)。二是浙江商籍额进50名(内拨杭州府学20名,仁和县学15名,钱塘县15名);无廪、增生额,与民籍一起,凭文录取。三是山东商籍额进4名(以10名取进1名,如有40名,准取4名;若人数太多也不能超过4名)廪生5名,增生5名,5年一贡(属济南府学兼管)。四是山西灶籍额进10名,廪生20名,增生20名,2年一贡(属安邑县学兼管)。五是广东商籍额进7名(以10名取进1名,如人数少,则宁缺毋滥)。商籍童试,由盐运道衙门考试,录送造册,申送学政院试。

苗学是指在府州县学为西南苗族等少数民族子弟专门设置的学额,招生对象为土司和苗、瑶族等西南少数民族普通人子弟。苗学制度的建立经历了以下过程:

顺治末年至康熙中期,为苗、瑶等少数民族专置学额。顺治十六年(1659年),开始在贵州苗族中考选稍通文义者,送附近府州县学肄业,定额补廪、出贡,并令"不许各处士民冒考"。次年"贵州省各属苗生,分大、中、小,定入学、补廪额数,俱附各学肄业,另立一册,勿与府州县学额相混"。康熙二十二年(1683年)规定具体法则:"贵州、云南各土官族属子弟及土人应试,贵州附于贵阳等府,云南附于云南等府,各三年一次,定额取进,俱另行开列,附各府学册后,照例解部察核。"①同时规定,贵州、云南官学每 3 年各取苗生童 25 名。

康熙中期至乾隆初年,为苗、汉合考,即湖南、贵州、广西苗民应试和汉民生一同考试,其取进名额作为该县名额,逐渐取消对苗生的照顾。雍正十三年(1735 年),通令"川省各属土司苗童,与汉民文武童生一并凭文去取,卷面不必分别汉、苗,取额不必加增,通行各省俱照此例"②,完全取消苗族生童另额录取政策。

乾隆以后,采取专置学额为主,灵活掌握为辅的办法。因为一些"归化未久"的苗民与汉民同试差距很大;所以,乾隆四年(1739 年)就对雍正十三年的政策进行了修改,对"归化已久"和"归化未久"的苗民区别对待。前者和汉民"一并凭文去取",后者则仍用过去加额录取的办法。从此之后,对于少数民族考生,根据不同情况,采用专设学额,合并考试,不固定学额等政策,不强求一致,灵活处置。

书院学生由地方官通过甄别考试录取,少数省会书院由本省书院和官学中保送高才生入学。乾隆九年(1744 年),通行各省督抚,要求将书院现有生徒细加甄别,务使肄业者皆为有学有品之人。同时规定,嗣后各省书院肄业之人,令各州县秉公选择报送,各布政司会同专司稽查之道员再加考验,其果才堪造就者,方准留院肄业,不得滥行收送。明确了书院学生的入学条件,并经过甄别考试进行录取,考取者又按照成绩,分为正课、副课、随课等级别。正课生和副课生为正式学生,随课生则不是。录取多少没有统一规定,各书院依据现实状况灵活掌握。

二、学生待遇和毕业出路

(一)国子监生待遇与出路

监生学习期间,由"户部岁发帑银,给膏火"。外国留学生,同样"月给银米器物",监生的就业出路有几种:

第一,候选教师职位。雍正八年(1730 年)决定:"恩、拔、副榜、岁贡生,肄业三年期满,使充教职,给发执照,回籍候选。"但是,这种候选的

---

① 以上所引均见《钦定学政全书·卷六二·土苗事例》。
② 《钦定学政全书·卷六二·土苗事例》。

时间比较长,需要等到有教职缺额时,才能得官。据孙家淦的奏疏,"于十一缺之后叙用一人,计其得官之日,必需二三十年之久"①。因此,多数监生都不愿意候选教职,而选择其他途径获得官职。

第二,考定职衔。顺治十一年(1654年),给事中孙柏龄奏准期满肄业生"听吏部会同内院、礼部公同考试,以定职衔"。② 从此,开始进行考定职衔。考职由吏部奏请钦派大臣主持,考试内容为四书文一篇,判一道,题请钦命。考职的对象是全国的监生。乾隆以前,每年举行考试一次。乾隆三年决定,每三年考试一次,于乡试之年举行。乾隆五十六年(1791年)因考职后没有任用者,还有1000余人,决定停止考职。嘉庆五年(1800年)又举行一次。此后,也偶然进行。

凡考职入选者,恩、拔、副贡生一等者以州同用,二等者以州判用,三等以县丞用;岁贡及优贡、捐纳贡监生一等者以主簿用,二等以吏目用。③ 但这些州县佐贰,仍然需要按照成绩名次,排队等候空缺。

第三,参加科举考试。对贡监生来说,最佳途径是科举考试走上仕途,科举考取者,可以通过朝考,入翰林,得美官,比其他途径都优越。朝廷为监生报考铺平了道路。顺治二年(1645年)礼部定:"国子监诸生乡试中额八十六名。"这个取录数字是专为监内肄业生和全国上京应顺天乡试的监生设置的,以后中额数还有增加。而且朝廷为国子监考生依籍贯分别规定考中名额,实际上是为在监肄业生应试得官提供了有利条件。国子监还为各地监生进行录科考试。所谓的录科考试就是科举考试的前一年,国子监就通知各旗各地监生,取具本籍文结,到国子监肄业,国子监对到达的监生,即由堂上官轮流出题进行考试,称为录科。这既是接受短期培训和科举前的模拟考试,又是取得国子监肄业生资格以便参加乡试。国子监在制度上对学生乡试十分关心,参加科举考试没有坐监时间的规定,就是刚入学的也允许科考。对不参加乡试者还要受到

---

① 《孙文定公奏疏·卷一·太学规条疏》。
② 《钦定国子监志·卷一三·学志五》。
③ 《钦定国子监则例·卷一二·绳愆厅》。

惩罚。"其有乡试之年不录科应试者,即系无志向之人,勒令出学"。①

在清政府政策导向和国子监制度的影响下,迫使监生放弃学术追求,而醉心于科举考试,导致国子监变成科举考试的预备机构,其他经义、治事课程,形同虚设,最高学府也逐渐失去了它的本源意义和价值。

(二)算学生和天文生、阴阳生的待遇与出路

算学生在学习期中仍然享受政府发给的月银、膏火待遇。毕业出路,大多数考取为钦天监天文生。此外,算学生肄业期间遇朝廷开考恩监时,可参加恩监考试;遇乡试时,也可以参加科举考试。但考取为文举人的算学生,仍要在钦天监供职,以博士补用。据《清会典事例·卷一一〇二·国子监·算学》,乾隆十年(1745年)定:"期满之算学生,有举人出身者,以博士补用。"后至道光元年(1821),再次指出:"满洲算学生中式文举人,照乾隆十年奏定之案,举人算学生以博士补用,嗣后有博士缺出,由钦天监酌量于应升人员拣选升用。"

天文生和阴阳生的待遇高于其他官学生,而且还逐步提高。原来汉天文生每人月给银1两,米7斗;阴阳生银1两,米3斗;每2年发给衣帽。康熙二十一年(1682年)奏准,天文生、阴阳生每人月增公费银1两5钱。康熙三十三年(1694年)又月增廪饩5钱。雍正八年(1730年)定,天文生以生员补用者,照八品笔帖式食俸。乾隆元年(1736年)给未入流的满洲天文生以九品俸的优惠。但是,天文生这些优厚待遇也跟他们的工作业绩相连,乾隆二年定,汉天文生照满天文生之数,考选24人,给予九品俸,而成为官员,其余仍然享受廪饩待遇。

(三)八旗官学学生的待遇与出路

学生的待遇比国子监内班生低,满洲、蒙古生每名月给银1两5钱,汉军生每月1两。包衣为满族最低的阶层,相当于家奴,故包衣学生不给银两。

学生一般肄业10年,其出路是参加会试得官,或考取中书各项笔帖式、库使以及各馆翻译、誊录等官吏。假如10年内不能考取上述职位,

---

① 《钦定国子监则例·卷八·绳愆厅》。

337

就必须离学回本旗另挑差事。如果考取文生员、翻译生员，从考中之日算起，留在官学再肄业10年。如再考取副榜、拔贡、优贡等，复以考中之日为始，再留校10年，以便成就人才。假使考中举人，有了铨选之路，则不得留在校内。总之，对八旗官学生给予特别照顾。

（四）宗学生、觉罗学生的待遇与出路

宗学生的待遇优厚，每月每人给银3两，米3斗，还按月给纸笔墨，冬给炭，夏给冰。

宗学生出路为其他官学生望尘莫及，宗学生不必通过乡试、会试就直接殿试授官。乾隆九年（1744年）规定："每届五年，简大臣合试两翼学生，钦定名次，以会试中式注册，俟会试年，习翻译者，于八旗贡生同引见，赐进士，用同属额外主事。习汉文者，与天下贡生同殿试，赐进士甲第，用翰林部属等官。"①

觉罗生在校的待遇与宗学生相同，出路则和宗学生有些差异，学成与旗人同应岁科及乡试、会试，也可以考笔帖式等官。

（五）景山官学生、咸安宫学生的待遇和出路

景山官学生，每人每月给银一两。三年一次奏请委官考试，一等者以笔帖式用，二等者以库使、库守用，三等者仍留学读书，四等者革退。咸安宫学生待遇，每人每月给银二两，还供给饭食、菜蔬、纸笔，冬有煤炭，夏有冰块。

官学生出路比照宗学之例，雍正时，定三年或五年一次，皇帝派人主持考试，一二等者用作七、八品笔帖式，三等者仍留学肄业，不思上进者黜退。乾隆二十三年（1758年）决定，停止固定考试时间，学生愿意考试者不拘年限，都可以考中书、笔帖式等官。其中，所设蒙古学房学生待遇，照宫学生之例，每月给银二两，以10年为期满。其出路，如考试列一二等者，可以奏请引荐，以中书、笔帖式用。

（六）其他满族官学生的待遇与出路

世职幼学生学满三年，奏派王大臣考试，拟定等级，头等带领引荐，

---

① 赵尔巽等撰《清史稿·选举一》。

由皇帝决定,或以侍卫用;二等者交该旗印房行走,或对品升用;三等者仍给半俸留学,俟三年期满考验,若无长进,则教亦无益,即行革职,将应有世职选应袭之人承袭。

清文学生遇有考试帖写中书、笔帖式、翻译、誊录,可以照例一体参加考试。

盛京八旗官学、宗学、觉罗生考试盛京笔帖式;宗学生可以赴京与京师宗学生一样参加选拔侍卫、笔帖式。

礼部义学生、热河官学生,可以考试翻译清汉文、笔帖式。

(七)府州县卫学生的待遇与出路

府州县卫学生通过考试录取的生员,只受教官和学政的约束,地方官只能监督但无权责罚生员。如生员有了过错,地方官应向教官汇报,会同教官和学政发落,不得擅自惩治。如犯大罪,须先报学政革去其生员资格,然后才能依法处治。而对纳捐生员,小事按照生员的办法处理,大事则由地方官处置,教官无权过问。因为纳捐事务是地方官办理,故这类生员发生重大过错交给地方官惩治。

生员除了不受官员随意打骂,还享受朝廷给予的四项精神和物质优待:

一是法定服装。顺治二年规定生员服式:"银雀帽,顶高二寸;带用九品(乌角圆板四块);蓝袍青边,披领同。"①清政府颁布生员法定服式,表明朝廷承认生员为预备官员,提高了生员的政治地位,促使他们努力学习上进而成为正式的官僚。

二是给予廪膳。清沿袭明朝制度,于顺治元年(1644年),确定"直省各学支给廪饩法":"在京者户部支给,在外者州县官支给。""各省府州儒学,食廪生员仍准廪给,增、附生员仍准在学肆业。俱照例优免"。②

三是优免丁粮。顺治十二年(1655年),令"各省提学,将各学廪、增、附名数,细查在学若干,黜退若干,照数册报,出示各该府州县卫张挂,俾通知的确姓名,然后优免丁粮"。

---

① 《清文献通考·卷六九·学校考七·直省乡党之学》。
② 《清文献通考·卷六九·学校考七·直省乡党之学》。

四是免去差役。乾隆元年(1736年)诏令:"嗣后举贡、生员等,著概免杂差,俾得专心肄业。倘于本户外别将族人借名滥充,仍将本生按律治罪。"①

以上优待,提高了生员的政治地位,不受地方上官僚、恶霸的随意凌辱,人格得到尊重,保障了经济来源,有了稳定的钱粮供给,还免去了沉重的粮赋、繁杂的徭役,为他们专心学习,努力进取创造了条件。但是,这些优惠是长期的,只有生员中举、中进士,或因过错而被黜革,才取消优待。因此,又容易使懒惰的生员,在学中呆数十年,而不思进取,甚至直到终老,空费国家钱财和社会对他们的尊敬。

生员通过考试而谋取出路。学政在三年中分别举行一次岁试和科试,生员通过考试升级,或入国子监或取得科举考试的资格,并最终经由中央政府礼部主持的会试而走上仕途。

(1)岁试。对生员来说岁试是升级考试,成绩分为六等,称"六等黜陟法"。按照成绩的等第,决定生员的升降和待遇的变化。清朝生员分为:廪生(为最高)、增生、附生、青衣生、发社生(为最低)五等。顺治九年(1652年)定:

一等,文理平通,增、附、青、社俱补廪;无廪缺,附、青、社先补增;无增缺,青、社先复附,仍各候廪;原廪、增停降者,俱准收复,照序补廪。

二等,文理亦通,增补廪,附、青、社俱补增;无增缺,青、社俱复附;原停廪降增者,俱准复廪;增降附者,只准复增候补,不准补廪。

三等,文理略通,原停廪者,准收复候廪,其丁忧起复、病痊考复、缘事考复、缘事辩复,及原增降附者,亦准收复,照新旧间补;青衣发社者,准复附;廪已降增者,不准复。

四等,文理有疵,廪姑免责,暂停食饩,不作缺,予限读书六月,送考定夺;原系停降者,不准限考,至下次岁考定夺;增、附、青、社,均扑责示惩。

五等,文理荒谬,廪停作缺,原停廪者,降增;增降附,附降青衣,青衣

---

① 以上引文均见《钦定学政全书·卷三二·优恤士子》。

发社;原降增、降附者,照增、附递降;原发社者,黜为民。

六等,文理不通,廪膳十年以上,发社;近六年以上,与增十年以上者,俱发本处,各充吏,不愿者听,余俱黜为民;内进学未及六年者,发社。①

生员的升降除了根据成绩,还要依据该学校的廪膳名额。清朝定廪、增生数额:府学各40名,州学各30名,县学各20名。名额有缺时,低一级生员则升为廪生,称为补廪。怎么补法?有严格的次序规定,兼顾到新考上者和因丁忧、患病痊愈、停降考试恢复原先等级者的利益。补廪没有具体的时间限制,只要有缺,随时进行补廪。通过岁试和"六等黜陟法",建立起生员学习的竞争和激励机制,又使生员的升级公开、公正,促进了生员学习的自觉性、积极性与主动性。

(2)科试。它是乡试前的选拔考试。凡考取第一、二等,及三等的前数名(大省前10名、小省前5名)者,即取得了参加科举考试的资格。府州县学的学生均可参加本省的乡试,考中者为举人,就有资格参加全国范围的竞争——会试,即取得了科举考试的资格。会试由礼部主持。顺治二年(1645年)定,直省乡试,每中式举人1名,取应试生儒30名。康熙二十九年(1690年),江南、浙江应试人数增加到每中举1名,额定录科举人数60名,次年又于60名外,另加40名为100名。乾隆七年(1742年)统一规定,各省乡试中额和科举录取人数,每举人1名,大省录80名,中省60名,小省50名。通过科试的筛选,把在地方官学经过科举考试训练的人才,输送到全国会试的考场,由朝廷挑选。这样就使地方官学和科举考试连接起来,而成为科举的培训机构。所以,人们称童试是官学的入口,科试则是官学的出口。

另外,拔贡考试和优贡考试也是生员的重要出路。拔贡考试每12年举行一次,由国子监题请下旨,行省学政考选。府学2名,县学1名,经过学政考选后,送礼部,参加朝考。考取一二等者在保和殿复试。再考取一二等者,或以七品小京官分部学习,或以知县分发试用,其余以

---

① 以上均见《钦定学政全书·卷二六·发案发落》。

341

教职或佐贰等官用。优贡为地方官学所举报的优生,送国子监学习,以示鼓励,其考试与拔贡基本相同。

（八）武生员的出路

武生员是通过考试取得会试资格,经过会考录取获得官职。清朝没有独立的地方武学,武生员附属各地儒学,直省武生,儒学教官兼管之。武生学额和文生相同,分大中小学,自20名减至7—8名。考试规定从顺治二年(1645年),经康熙、雍正、乾隆至嘉庆均有指令,基本原则照文生例,实行学政三年一考的三级考试制,分内外两场,内场试武经及策论等;外场试骑射。

（九）书院学生的待遇与出路

书院的正课生享有膏火银,一般每月一两左右。但是,书院没有正式列入官学系统,学生也就没有升贡的资格,他们的出路只有参加科举考试进入仕途。

其他地方学校学生,主要也是经过考试谋求出路,或为官或为民,或者自谋职业以营生。

三、学生活动概述

（一）学习、学术活动

清朝的各级各类官学的教学活动都很少,学生住校读书的也不多,由学校举行的学术讨论活动更是少见。他们获得政府资助的膏火银和各项优惠待遇后,没有了物质生活方面的后顾之忧,大多数安心住在自己家里学习。凡遇到有著名学者讲学,或者书院举行讲会,他们就积极趋赴听讲,以增进学识和探讨学术问题;有时还去附近学校向博士、教授或相关的知名专家请教,这些是他们参与的主要学习、学术活动。

（二）社会活动与社会实践

社会活动主要有祭祀活动,中央官学的学生都要参与朝廷和国子监举行的各种祭祀、庆典活动。

首先是祭祀孔子的活动。顺治元年(1644年)下令礼部崇祀孔子。次年,加称孔子为"大成至圣文宣先师",行隆重的祭孔典礼。康熙二十二年(1683年),御书"万世师表"匾额,悬挂于各地孔庙大成殿,还亲自到曲阜祭孔。雍正五年(1727年),御制《孔子诞辰告祭文》,以皇帝规格尊孔。以往皇帝祭孔不必下跪,世宗改行跪拜礼,还将孔子的生日定为八月二十七日,届时庆祝规格同祭祀皇帝一样。每年春秋仲月,国子监祭祀孔子先师,以及每月朔望和博士讲书前拜谒文庙,在京的官学生员,包括留学生都要参与行礼。不仅在国子监,全国各府州县学都有孔庙,置孔子神位,按时祭奠,地方官员和学生都参加行礼。

其次是皇帝行临雍典礼。皇帝临雍视学释奠,历代都曾举行,但清朝最为频繁而隆重。雍正时,改皇帝"视学"为"诣学"。乾隆四十八年(1783年),高宗下诏,按照古代国学之制,天子在辟雍行礼乐、宣德化、昭文明,命仿《礼经》旧制,在彝伦堂南建辟雍。从此将视学释奠礼改称临雍典礼。行礼之日,乐部在辟雍等地设乐队。皇帝出宫时,午门钟鼓齐鸣,王以下文武百官于东华门外跪送。国子监祭酒、司业等率所属及诸生在成贤街左跪迎。皇帝行释奠礼毕,诣彝伦堂讲幄,祭酒讲《四书》,司业讲经。然后皇帝颁布御论两篇,并宣志勉励诸生。凡参加或参观临雍者均有赏银或赏物。每次典礼参观者有数千人之多。在京师最高学府,举行这么大规模的祭祀典礼,其轰动效应可想而知,既达到了尊孔崇儒的目的,又激励了人们,特别是众监生安心向学。

再次是遇到朝廷庆典,在京的学生包括留学生在内要参与迎接圣驾。如乾隆二十六年(1761年)宪皇后70寿辰,国子监学生和琉球学生都随班接驾于西直门内,并"恭敬诗册"。高宗见了还"霁颜顾问"琉球学生,回宫后特别赏赐他们缎匹。

又次是监生的社会实践。清初沿用明朝的监生历事制度,顺治三年(1646年)国子监祭酒薛所蕴上奏朝廷,依照明朝历事制度,规定监生历事,指出"学者博通经史,犹必练习时务,然后服官从政可见施行",但"沿习既久,虚文塞责,岁月虽多,大抵徒挂空名,今须著实举行。读书期满,仍照旧规,分派在衙门历时,以一年为期,但务使实实练习,通晓政体,然送内院廷试,与恩、岁贡一体考职选授"。[①] 这个奏疏经过批准实行,监生必须到政府衙门历练政事一年,在取得基本经验以后,再考定职

---

① 以上引文见《钦定学政全书·卷三四·季考月课》和《钦定国子监志·卷六七·请定监规疏》。

衔,授予相应官职。但清朝最高统治者主要采取科举考试选任官员,因此到康熙初年即停止监生历事,从此部院诸司无监生,唯有考选通文理能楷书者,送修书各馆,但其性质已是担任官职,而不属于监生历事。

(三)学生参与思想政治活动受到严格限制

清朝政府吸取明朝末年知识分子讽议朝政,裁量人物,动摇了明朝统治权的教训,严厉限制监生和生员的思想、行动。顺治九年(1652年),在明朝国子监生卧碑的基础上,编制了清朝的卧碑,颁布全国各官学作为统一的学规,以规范学生的思想行为,其中心内容是控制学生的言行自由。雍正三年(1725年)颁布《御制朋党论》,用以钳制生员的思想自由,试图将学生的思想和统治思想保持一致。后来,又以"卧碑"和"《朋党论》"为基础,相继颁布了五条禁令:

第一,禁止聚众结社。顺治八年(1651年)规定,不准10人以上的聚会:"生员若纠众扛帮,聚至十人以上,骂詈官长,肆行无理,为首者照例问遣,其余不分人数多少,尽行黜革。"顺治十六年(1659年)又下诏:"士习不端,结社订盟,把持衙门,关说公事,相煽成风。著严行禁止。以后有犯者,该学臣即行黜革参奏。学臣徇隐,事发一体治罪。"

雍正三年(1725年)对生员聚会和结社问题,又作了具体的规定:"士子纠众结社,于人心风俗实有关系,应饬令各直省督抚、学臣,嗣后除宿学之士,授徒讲学,及非立社订盟,实系课文会考者,无论十人上下,俱勿庸议外,如有生监人等,假托文会,结社聚党,纵酒呼庐者,令地方官立即拿究申革。其有远集各府州县之人,标立社名,论年序谱,指日盟心,放僻为非者,照奸徒结盟律,分别首从治罪。如地方官知而故纵,或被科道纠参,或被旁人告发,将该管官从重议处。"

第二,禁止抗粮欠粮。已如前述,清朝生员免交丁粮。但是,家属却没有这种优待。而生员家庭常常以各种原因欠交或抗交粮赋。生员之家为四民之首,其行为往往是一般老百姓的表率,既然生员家里可以欠交国家钱粮,其他百姓也会随着效仿。故清政府对生员家欠粮或抗粮严格禁止。顺治十八年(1661年)题准:"凡绅衿、贡监在地方抗粮不纳,并伊兄弟亲戚宗族包揽串通,倚势不完,及废绅黜衿抗粮不纳者,严拿解京,送刑部照悖旨例从重治罪。"

雍正六年(1728年)政策稍微放宽:"生员抗欠钱粮者,学政于按临所至,令地方官详查开报,欠粮之生,必俟完粮后,方准投考。"次年,又制定"三限"惩治法。乾隆元年(1736年)又取消"三限"规定,并针对富生限十月全完,如到时不清,再延三月,至岁底全完为率;中下贫生,以八月完半,岁底全完,如到期不清,分别再延数月,以开岁二、四月全完为率;若逾限不完,始行详革。革后全完,仍准开复。如委系赤贫无力,而尾欠仅属分厘者,仍照例暂免详革。其不待限期,先行完纳者,该地方官照例量加奖赏。①

第三,限制出入衙门及参与诉讼。生员有知识、懂政策,熟悉法令、法律等,他们既能利用这些优势维护自身利益,又可以凭借这种优越条件谋取私利,还能以此与官员沟通,品评人物、议论朝政。清朝政府从稳定统治地位出发,限制生员出入衙门的机会及参与诉讼。

顺治八年(1651年)设立生员出入衙门的登记制度:"该管有司官于诸生进见,须设门簿,或公事入,或私事入,悉登姓名。或自构讼,或为人讼,或自为证,或被牵证,全载情节。其有事不干已,辄便出入衙门,乞恩网利,议论官员贤否者,许即申提学官,以行止有亏革退。"

雍正五年(1727年),规定监生出入衙门,也和生员一样进行登记,每月申报督抚、学政,严格查核。次年议准:"生员有切己之事,赴州县告理者,先将呈词赴学挂号,该学用一戳记,州县官验明收阅。倘有恃符健讼,重则斥革,轻则以劣行咨部。"

乾隆二十四年(1759年),又将生员、监生出入衙门进行登记进一步具体化,内容包括:办理词讼是原告或被告,审理情况,结论;或为人作证或自证或受牵连等。如无故多事,则属不守学规,地方官通知学臣,分别予以戒饬、黜革,照例办理。乾隆三十六年还确立了一条原则,凡生员为人作证,证词不实,罪加一等,如果属实,仍要受到戒饬,屡教不改者黜革。② 总之,采取了种种措施来控制生员们出入衙门及参与诉讼。

---

① 以上引文均见《钦定学政全书·卷七·整饬士习》。
② 以上引文均见《钦定学政全书·卷三一·约束生监》。

第四，禁止包揽词讼钱粮。雍正七年（1729年），议定生员、监生不得有包揽词讼钱粮等行为，否则给予严惩。其中指出："生监中有串通窃盗、窝顿牛马、代写词状、阴为讼师、诱人卖妻、作媒图利者，将本身加常人一等治罪。"①乾隆元年，更严定生、监包揽钱粮的罪刑，"生员包揽钱粮，侵收入己者，照例黜革，仍按赃定拟。系八十两以上，照不应为而为之律，杖八十，革去衣顶；如不及八十两以上，仍照揽纳税粮杖六十之例，定拟收赎"②。

上述严厉规定，是试图控制生员运用自身能说会写，知法律、懂政策等优势，包揽词讼、钱粮，谋取私利，危害百姓，从而引起社会动荡，损害朝廷形象与社稷安稳。

第五，禁止聚众反抗。清朝政府严厉制止生员聚众反抗，一旦出现，即迅速镇压，毫不姑息。嘉庆时《礼部则例》规定："生员果有聚众罢考，挟制官长等事，审实分别首从，照例治罪。逼勒同行罢考之生，黜革衣顶，俱停考试。其有临考时不待联谋，群相萃集，或偶与士民争讼，辄喧播传看者，虽无不法情事，仍分别革惩。"凡是生员集聚在一起，反抗政府的某些决定，或议论、传播某一事件等，都要受到严厉的惩罚。这些禁令，归根结底都是为了稳固统治政权，防止生员造反作乱。

尽管清政府有各种严格限制和惩办条例，但生员们伸张正义，反抗苛捐杂税的斗争事件仍有发生，并没有被统治者完全禁绝。乾隆四十六年（1781年），山东阳谷县因派拨人夫挑河，生员薛滋和平民王士魁商量后传帖集众，反抗派人夫，还殴打官吏。后来，薛滋被处死刑，学政、教官也受到处罚。表明生员为了维护百姓利益，敢于以死抗争。嘉庆八年（1803年）熊士鳌抗粮，发展到纠集群众劫狱的大案。道光五年（1825年）浙江杭、嘉、湖三府生员抗粮普遍存在，甚至成为一种风气。

综上所述，清政府对生员和其他知识分子的压制非常厉害。除了以上述规定为罪名迫害了一些主持正义的生员外，还表现在制造文字狱方面的种种陷害。无论生员、教师或其他士人，在使用字、词、句稍不注意，

---

① 《钦定学政全书·卷七·整饬士习》。
② 《钦定礼部则例·卷五七·生员事例》。

就被加上莫须有的罪名而被杀害。如礼部侍郎查副庭任江西乡试正考官,出"维民为止"题,被诬为是欲斩"雍正"的头,因为将"雍正"两字的上半部去掉就是"维止"二字,于是查副庭被杀害。乾隆时徐陵作诗"清风不识字,何故乱翻书";沈德潜作诗题"牡丹"其中有"夺朱非正色,异种亦称王",都被诬为攻击了清政府而遭到杀害。于此可见,清政府对知识分子的控制真是无所不用其极。尽管清朝政府实施强硬的镇压手段,企图扼杀主持正义的知识分子的反抗。但最终还是在"辛亥革命"时,被以孙中山为代表的爱国知识分子和广大革命人民所推翻,从此结束了中国的封建统治政权,而步入一个崭新的时代。

结束语

　　《中国古代教学活动简史》一书,已经完稿了,但总觉得意犹未尽,所以还写个结束语,把几个主要问题再集中一下。通过撰写这本书,感觉中国古代教学活动有以下几点值得进一步说明,以便阅读和参考。

一、教师的选拔任用考核升迁都认真严格

　　古代历朝都十分重视官学教师的选拔任用。西汉官学教师主要是指太学教师通称为博士,选拔任用博士是召请、征拜和荐举,大都由学界名流充任。《汉书·贾谊传》:贾谊,"颇通诸家之书……以为博士"。《汉书·张苍传》:"鲁人公孙臣上书,陈终始五德传……召公孙臣以为博士。"《汉书·公孙弘传》:"武帝初即位,招贤良文学士,是时弘年六十,以贤良征为博士。"《汉书·平当传》:平当,"以明经为博士"。《汉书·翟方进传》:翟方进"举明经,迁议郎……河平中,方进转为博士"。以上这些博士,都是由皇帝征召或转为、迁为博士的事例。

　　荐举博士见于《汉书·成帝纪》:"古之立太学,将以传先王之业,流化于天下也。儒林之官,四海渊源,宜皆明于古今,温故知新,通达国体,故谓之博士。否则学者无述焉,为下所轻,非所以尊道德也。'工欲善其事,必先利其器'丞相、御史其与中二千石、二千石杂举可充博士位者,使卓然可观。"在同一本书里,还写道:"'古之选贤,傅纳以言,明试以功,故官无废事,下无逸民,教化流行,风雨和时,百谷用成,众庶乐业,咸以康宁。朕承鸿业十有余年,数遭水旱疾疫之灾,黎民屡困于饥寒,而望礼义之兴,岂不难哉?朕既无以率道,帝王之道日以陵夷,意乃招贤选士之路郁滞而不通与,将举者未得其人也。其举敦厚有行义能直言者,冀闻切言嘉谋,匡朕之不逮。'"

以上史料说明,对博士的要求很高,要"明于古今"、"通达国体"、"敦厚有行义能直言者"。也就是说,博士既要学识渊博,品德高尚,还要有独特的政治见解,敢于对政事提出自己的意见和建议,能"切言嘉谋",指出皇帝的不足之处,这样的人才能充任博士。事实上,西汉博士确实有不少是一代儒宗,或能成一家之言,无滥竽充数者。它进一步表明了汉朝统治者对选拔教师的重视及对教师的尊重。

东汉太学的教师任用是通过荐举与考试,合乎条件就可以任为博士。据《后汉书·百官志二》记载,"太常卿一人……每选试博士,奏其能否"。就是说,由太常卿负责主持博士的考试事宜。《文献通考·卷四十·学校一》写道:"建武中,太常选试博士四人,陈元为第一。张元举孝廉为郎,会颜氏博士缺,元策试第一,拜为博士。蔡茂试博士,对策陈灾异,以高等擢拜议郎。"这次考试选出的博士都是在京城洛阳的学者,于是朱浮向光武帝上书提出应当广泛选择人才。《后汉书·朱浮传》:"夫太学者,礼义之宫,教化所由兴也。陛下尊敬先圣,垂意古典,宫室未饰,干戈未休,而先建太学,进立横舍,比日车驾亲临观飨,将以弘时雍之化,显勉进之功也。寻博士之官,为天下宗师,使孔圣之言传而不绝。旧事,策试博士,必广求详选,爰自畿夏,延及四方,是以博举明经,唯贤是登,学者精励,远近同慕。伏闻诏书更选五人,唯取见在洛阳城者,臣恐自今以往,将有所失。求之密迩,容或未尽,而四方之学,无所劝乐。凡策试之本,贵得其真,非有期会,不及远方也。又诸所征试,皆私自发遣,非有伤费扰于事也。"汉光武帝认为朱浮的建议很有道理,接受了他的意见。从此以后,选举人才遍及全国,而且对边疆地区还作了特别的规定。

南北朝时期中央和地方官立学校教师都由朝廷选派当时著名学者担任。如前面已经叙述过南朝相继设立的《五经》博士、"四馆""五馆"博士、国子学博士、太学博士、皇宗学博士、四门学博士,以及律学、文学、书学、算学、医学等各个学科的博士、助教,都是选聘各个相关专业的著名专家。例如陈朝尽管存在的时间短,官学比宋、梁两朝差得很远,但是陈文帝天嘉元年(560年),"授沈德威太学博士"[①]。天嘉五年(564年),沈不害"迁国子博士……敕治五礼"。[②] 张轨"天嘉中,迁国子助教"。[③] 王元规"天嘉中……领国子助教……迁国子祭酒"。[④] 这些人都是当世的著名学者。北魏最初也曾经采取征聘的办法选任教师,《魏书·卷三·太宗纪》载:永兴五年(413年)提出的要求是"先贤世胄,德行精美,学优义博,可为人师者"。到北魏献文帝天安元年(466年)则对博士、助教的选聘资格作了明确规定。据《北史·高允传》,"博士取博关经典,履行忠清,堪为人师者,年限四十以上。助教亦与博士同,年限三十以上。若道业夙成,才任教授,不拘年齿"。这项选拔标准,成为北朝任用中央和地方官学教师的基本依据。地方官学教师还需要经过地方政府主管官员的考核。如李平任职相州,"劝课农桑,修饰太学,简试通儒以充博士",这表明地方官学博士要考试合格才可任用。

唐朝中央官学由政府征召天下"淳师老德"的硕儒为教师。地方官学中的经学教师也由中央政府选拔;而地方州学助教,及县、乡学与医学教师由州长史自主在各地招聘。教师名称各学略有区别:国子学、太学、四门学、广文馆、律学、书学、算学、太医署、太卜署、司天台、掖庭局为博士、助教;弘文馆、崇文馆为学士、直学士;太乐署为乐正;地方官学唐初称经学教师为博士,代宗大历十四年(779年)12月5日,诏"诸州府学博士,改为文学,品秩同参军,位在参军上"[⑤]。医学教师仍称博士。

宋朝的教师据《宋史·职官志》,在各级各类学校有不同的名称:太学初建时置博士、学谕;武学置教授;神宗时改置博士;律学设博士;医学各科置教授,崇宁年间医学改置医博士;宗学、诸王宫学、内小学及国立小学等,都按照实际情况,设置教授、博士、教谕、学谕;地方官学的教师则称为教授。

教师的选拔任用都十分认真、严格,庆历兴学时,范仲淹主张严择

---

① 《陈书·沈德威》。
② 《陈书·沈不害传》。
③ 《陈书·张轨传》。
④ 《陈书·王元规传》。
⑤ 《唐会要·卷六九·判目》。

"明师",认为只有"明师"才可以"教人六经,传治国治人之道"。王安石熙宁兴学时同样强调严格选择教师,将那些有志改革、通古知今、明体达用、熟谙礼乐政刑的学者充实到教师队伍中。武学选文武知兵者为教授;医学"选翰林医官以下与上等学生及在外良医为之"。① 总之,仁宗、神宗、哲宗及至高宗各朝都明令严格考选教师,要求教师必须学业德行俱优。如庆历时规定:"本道使者选部属官为教授,员不足,取于乡里宿学有道业者。"②至于州、县教授"委运司及长史于幕职州县内荐,或本处举人有德业者充";教师应有较高的出身与学历,哲宗绍圣时规定:"内外学官,选进士出身及经明行修人";教师应当有工作经验与一定的威信。哲宗元祐时,诏"内外学官,选年三十以上历任人充当"。③ 正因为选拔教师严格,因此神宗元丰元年(1078年)诏命的全国府、州学教授只有53名。《文献通考》评论说:"盖重师儒之官,不肯轻授滥设故也。观其所用者,既是有出身人,然又必试中而后授,则与入馆阁翰苑者同科,其遴选至矣。"

元朝教师的选拔条件,大德七年(1303年)规定:"文翰师儒难同常调,翰林院宜选通经史能文辞者,国子学宜选年高德劭能文辞者,须求资格相应之人,不得预保。布衣之士若果才德素著、必合不次超擢者,别行具闻。"④从这些规定可以看出,元朝选拔国子学的教师要求十分严格,必须是"年高德劭",有很高的社会威望;"能文辞"学识广博,是资深学者;如果是一般士人,确有真才实学,德行高尚,可以作为特殊人才选拔为教师。

元朝地方官学的教师,据《元史·卷八一·选举志一》记载,地方官学教师的教授由朝廷任命,称为"受敕教授"。教授以下的教师则分别由礼部、行省、宣慰司任免。选拔教师的条件,有明确的规定,教师的升迁或转换岗位都要经过考试和举荐。在教授的选拔上,至元六年(1269

---

① 《宋史·职官四》。
② 《宋史·选举志》。
③ 《宋史·职官志五》。
④ 《元史·卷八三·选举志三》。

年)礼部札文规定:"委是德行学问、通晓文字,可以为后进师范之人,拟令委保申省,依旧勾当。"

至元二十四年(1287年),中书省咨文指出:"各路并府、州教授别有迁调,影下窠阙,拟合令本路官司于所辖州郡教官内通行推选才德服众之人,牒委文资正官复察相应,然后行移本道按察司。公坐出题试验,将亲笔所业文字并察司的本牒文交申省部,移文翰林国史院,再行考校定夺。"①依据以上规定,任命地方官学的教授,要经过路、道按察司和翰林院三级考试,足见其要求十分严格。教授以下学官的条件,"例以下第举人充正、长,备榜举人充谕、录"②。就是说,乡试举人只有通过礼部会试者,才有资格担任学正、山长;而充任学谕、学录者,也必须参加过乡试。同时,仍然要通过考试才能升迁。具体规定是:"郡守及宪司官试补直学,考满,又试所业十篇,升为学录、教谕。凡正、长、学录、教谕,或由集贤院及台宪等官举充之。谕、录历两考,升正、长。正、长一考,升散府、上中州教授。上中州教授又历一考,升路教授。"这些规定和要求,足以说明元朝政府对地方学校教师的选拔是认真、严肃的,任免也很慎重。

清朝国子监官员的选拔任用,祭酒由吏部在科甲出身的詹事府庶子、翰林院侍读、侍讲、国子监司业等官中开列名单,由皇帝挑选。在任命前,皇帝要作慎重的考查。首先,坚持引见制。即由朝廷大臣引初任官员去朝见皇帝,由皇帝当面考察,写出任用意见。祭酒是从四品,按照他的品级在任命前不须引见。乾隆十一年(1746年)谕内阁:"祭酒为成均司铎之长,有造就人材之责,著吏部将应行开列及其应升人员一并引见。"③从此,祭酒的选任也通过引见,由皇帝亲自考查确定。其次,坚持德才兼备的要求,强调其学问、人品可为师范者。再次,坚持资格要求。国子监祭酒只能在科甲出身的文进士中选任,翻译出身的进士都不可以。如乾隆十九年(1754年)下诏免武极职,"国学以课训士子为职,现

---

① 《庙学典礼·卷二·儒职生转保举后进例》。
② 《元史·卷八一·选举志一》。
③ 《钦定国子监志·卷四四·官师志四》。

任国子监祭酒武极系翻译进士出身,不宜司教之任,著以对品京官缺补用"①。司业的任用与祭酒基本相同,由吏部开列名单,拟定正陪,引见补授。

满博士从满、蒙文进士、举人、翻译进士中铨选,汉博士由京府教授、外府教授升任。嘉庆十六年(1811年)又经吏部议准,从学正、学录与府学教授轮流选用。

助教,最初采用考选制。康熙二十三年(1684年)谕内阁:"助教官员职掌教习荫监官生,应选优于文学者补用。若用文学庸劣之人,何以表率生徒?以后著吏部考取,仍将试卷送内阁阅看,具奏。"②三年后,采用考选与升任相结合的方法,吏部将考取人员咨补四缺后,以正途出身之现任官推升一缺。雍正初采用升任法,于进士、举人出身的教授升补,后又改为以学正、学录升补,还实行由九卿于进士、举人内保举制,停止京外升任制。乾隆时期,助教就由学正、学录升任。

学正、学录的选任,同样经历了保举、考试等多种变化。到乾隆朝确定,主要从考取新进士中挑选,由皇帝记名,等候空缺。最终,学正的选用采取考试的方法,选拔进士、举人充当。于此可见,清政府对选拔教师十分重视。

关于教师的考核与升迁问题,仅以清朝为例来说,国子监教师的考核,按雍正元年(1723年)规定,每三年考核一次,与在京官员的考核标准相同,即以守(操守、品德)、才(才干)、政(工作态度)、年(年龄)四格为考核标准,分称职、勤职、供职三等。列一等者加级记名,引见备用。不合四格者,有贪、酷、罢(疲)软、无为、不谨、年老、有疾、浮躁、才力不及八种情况,称为"八法",分别对官员和教师进行考核,并作出处理。祭酒由部院考核,其余官员由本监堂官及掌印官分别等第。

在教师的升迁上,依清朝官制,官员任满一定年限,可以酌情升迁,称为"俸满"。国子监官员也是这样,如祭酒应升内阁学士、詹事府詹事、太常寺卿、光禄寺卿等官,司业应升通政司左通政、大理寺少卿等;担

---

① 《钦定国子监志·卷四二·官师志二》。
② 《钦定国子监志·卷四二·官师志二》。

任教学任务的助教、学正、学录等按照规定同样可以升迁,助教内可以升为主事,外可以升为同知。清政府在制度上鼓励优秀教师升衔不离任。乾隆九年(1744年)管理大臣刘吴龙带领俸满即将离任的优秀博士黄施锷朝见皇帝,高宗下诏:"黄施锷著仍留国子监博士之任,令其启迪诸生。如果勤于训课,尔监具奏,请旨加以升衔,示之鼓励……如惜其材品或致沦弃,且别无鼓舞之方,殊不知天下之大,州县之多,岂少此一二能干之县令乎?加之升衔而不离其任,则其身已荣,且成全多材,是化一二而百十也。尔监其永遵之!"①从此,国子监注意从教师中发现能训士的人才,逐级提升其职衔,而仍旧留监服务。乾隆三十四年(1769年),国子监明确规定:"凡六堂汉助教缺出,本监于学正、学录中秉公拣选,拟定正陪,咨明吏部,并查有无正陪之员,出具考语,带领引见,恭候钦定。"②借以使教师的升迁常规化。至嘉庆十六年(1811年)又定:"学正、学录应升助教,而博士与助教俱系从七品,品级相等。六年俸满,俱系内升主事,外升同知,升阶亦复相同,且俱有训士之责。助教既由学正、学录升任,其博士轮用京升时,亦应由学正、学录升任,则其人与缺相宜。"③经过清朝历朝皇帝和国子监多次议定教师升迁法规,为建立一支稳定的教师队伍创造了前提。

至于地方官学教师的考核分为三种:上任前、任职中和俸满时。教师任用前,须通过督抚的考试。康熙四十三年(1704年)议定考试教师法:"嗣后教职由部选后,赴抚臣考试,其考居一、二、三、四等者令其赴任,五等令归学习,六等革职。"④教师任职期中,每逢学政按临,须接受文化水准的考试。乾隆七年(1742年)议定:"考试教官,题目与生员同,一体封门,不许携卷归寓,以杜代倩。试毕分别等第,移明督抚,以为大计考核之实据。"教师六年一任,任满由地方学政与督抚对其工作进行考查,以决定去留。如果才能出众,成绩优异,应当举荐的教师,即据实

---

① 《钦定国子监志·卷四四·官师志四》。
② 《钦定国子监则例·卷二五·典簿厅》。
③ 《钦定国子监志·卷四四·官师志四》。
④ 《清会典事例·卷三六九·礼部·学校·教职考核》。

拟题请旨；其工作平常，表现一般的教师，则确定去留后，俱出具切实考语，仍然具题请旨裁决。假如有不宜留任的教师而留任了，则对该督抚、学政严加惩处。

关于地方官学教师的升迁，前面已经叙述，进士、举人出身的府学教授，俸满又成绩显著，可以升为国子监博士、助教，而州学正、县教谕、训导，同样可以依其工作成就而逐级升为府学教授，州学正、县教谕等。

二、教师地位高，待遇优厚

古代教师备受皇帝的尊重。在汉朝博士要参加朝廷重要事件的议定，还要受皇帝委托做些社会工作。汉武帝就曾经被派博士去作社会调查，抚恤鳏寡孤独，举荐贤才隐士和倡导教化；查访失职官员及百姓的冤情；了解为害地方的奸人与苛政，考察水旱灾害，并将获得的各种情况直接向皇帝报告。

汉成帝时也多次派中央政府的官员和太学博士去沿河的郡县考察水灾与赈济灾民。其中有一次派去的博士，所作的调查、处理得不好，使成帝很不满意。并特别为此下诏，要求各地选举博士一定要认真、慎重，使所选的博士能名副其实，不然有辱博士的名望，《汉书·匡张孔马传》记载：孔光于成帝初年举为博士之后，曾经被派去审查冤狱、赈赡流民等。

另外，博士除了参与上述社会服务活动，还承担朝廷选拔人才的一些具体事务，诸如在太常的领导下，参与讨论和提出选举人才的初选建议等教学以外的工作。

总的来说，教师的政治地位和待遇都比较高。再以唐朝教师为例：首先以国子监所直属的中央官学来看：除了国子祭酒和国子博士一直保持从三品很高的品级外，其余各学教师的品秩都有提高。如太学博士的品秩，由隋朝的从七品上，提升为正六品上，即由下级官员提高到中级官员。国子助教，隋为从七品上，唐提升为从六品上；太学助教，隋为正九品上，唐提升为从七品上；四门博士，隋为从八品上，唐提升为正七品上；四门助教，隋为从九品下，唐提升为从八品上；《五经》博士，唐为正五品上，隋没有设置地方学校的《五经》博士，但南朝的梁为七品，陈为六品，都低于唐朝；律学博士，隋为正九品上，唐提升为从八品下；书学博士，隋为从九品下，唐亦为从九品下；算学博士，隋、唐均为从九品下。

其次中央其他机构所属学校教师的品秩是：广文馆博士正六品；弘文馆学士五品，直学士六品；崇文馆学士五品，直学士六品；太医署医博士正八品，医助教从九品上，针博士从八品上，针助教从九品下，按摩博士从九品下，咒禁博士从九品下；太卜署卜正、卜博士均为从九品下；掖庭局宫教博士从九品下；太乐署乐正从九品下；司天台漏刻博士从九品下。① 从以上引述的资料来看，唐朝对教授自然科学和书学等艺术学科教师的品级有些压抑，而儒家经学教师的品级则普遍提高，为历史上所仅有。

唐朝不仅提升了教师的品级。而且还在法律上规定，保障教师的尊严，使教师不至于受到侵害。如《贞观律》规定，最重的罪是"十恶"。而殴、杀教师则属于"十恶"中的第九恶"不义"。凡犯"十恶"罪者，不准议请减刑，遇大赦，"十恶"也不能赦免。唐律的"不义"是指什么呢？其注云："谓杀本属府主、刺史、县令、见受业师。"所谓"见受业师"，是指官学教师。又据《唐律疏议·卷二三·斗讼》记载，"殴伤见受业师，加凡人二等。死者，各斩。……问曰：殴见受业师，加凡人二等。其博士若有高品，累加以否？答曰：殴见受业师，加凡人二等，先有官品，亦从品上累加。若斗殴无品博士，加凡人二等，合杖60；九品以上，合杖80；若殴五品博士，亦于本品上累加之"②。唐朝这些法律规定，足以说明，唐朝政府对官学教师的政治地位非常重视，保障教师的人格尊严和人身安全不受侵犯。对杀害教师、侮辱教师、殴打教师的肇事者给以严厉的惩办。任何人都不予宽恕，包括皇亲国戚都不能赦免。如果将教师的政治地位和他们同品级，或高于教师品级的官员相比，则教师的地位超过了官员。唐朝政府提高教师政治地位的做法，不仅为唐以后历代王朝所仿效，而

---

① 参见李国钧、王炳照主编《中国教育制度通史》(第2卷)，山东教育出版社2000年版，第374—375页。

② 参考李国钧、王炳照主编《中国教育制度通史》(第2卷)，山东教育出版社2000年版，第280—282页。

且迄今都值得学习和借鉴。

唐朝教师的待遇也较为优厚,主要表现在薪俸方面。唐朝教师的薪俸由禄米、俸料、其他收入组成。

唐朝教师禄米的数量依品级而定,武德元年规定教师和其他品官一样领取禄米。具体数量是三品 400 石,从三品 360 石;四品 300 石,从四品 260 石;五品 200 石,从五品 160 石;六品 100 石,从六品 90 石;七品 80 石,从七品 70 石;八品 60 石,从八品 50 石;九品 40 石,从九品 30 石。①

贞观初年,鉴于八品以下教师禄米比较少,于是调整了禄米数量,规定京城学校教师从三品 360 石;正四品 300 石,从四品 260 石;正五品 200 石,从五品 160 石;正六品 100 石,从六品 90 石;正七品 80 石,从七品 70 石;正八品 67 石,从八品 62 石;正九品 57 石,从九品 52 石。②

贞观八年(634 年),规定地方教师为:大都督府经学博士从八品上,医学博士从八品下,均为 59.5 石;中都督府经学博士从八品上,59.5 石,医学博士正九品上,54.5 石;下都督府经学博士从八品下,59.5 石,医学博士正九品上,54.5 石;上州经学博士从八品下,59.5 石,医学博士从九品下,49.5 石;中州经学博士正九品上,54.5 石,医学博士从九品下,49.5 石;下州经学博士正九品下,54.5 石,医学博士从九品下,49.5 石。

唐朝中央官学教师的俸料,是乾封元年(666 年)规定的,包括月俸、食料、资课和杂费四项,并正式列入国家财政支出,依品级差别定额按月发放。地方官学教师的俸料,是开元十年(722 年)制定地方官员薪俸时,才一起纳入国家预算支付。大历十二年(777 年)四月,度支奏增加中央和京兆官学教师俸料数额。同年五月,地方官学教师的月俸、食料、资课、杂用和纸笔费等合而为一,共计十五贯。中州以下学校减三分之一,为十贯。贞元三年(787 年)六月,加京官俸料,中央官学教师也同时增加。会昌元年(841 年),因增加地方官员料钱,地方官学教师也同样

---

① 《新唐书·卷五五·食货·卷五》。
② 《通典·卷三五·职官·卷一七》。

增加。直到唐末,教师的俸料钱没有再增减。特将贞元、会昌时,规定的中央官学教师月俸数额介绍于下:国子祭酒,贞元、会昌80贯;国子司业,贞元、会昌65贯;国子博士,贞元40贯,会昌37贯;国子助教,贞元、会昌20贯;太学博士,贞元25贯,会昌20贯;太学助教,会昌13贯;四门博士,贞元25贯,会昌16贯;四门助教,贞元16贯,会昌13贯;广文馆博士,贞元25贯,会昌20贯;广文助教,贞元20贯,会昌13贯;律学博士,贞元、会昌4贯;律学助教,贞元1贯;书学博士,贞元1贯,会昌4贯;书学助教,会昌3贯;算学博士,贞元1贯,会昌4贯;算学助教,会昌3贯;医博士,贞元、会昌4贯;医助教,贞元1贯,会昌3贯;针博士,贞元、会昌各4贯;针助教、按摩博士、咒禁博士、卜博士、宫教博士、乐正等的月俸与医助教相同;地方官学教师月俸规定,京兆府学会昌经学博士15贯,医学博士13贯;大都督府学经学博士、医学博士,会昌均是15贯;中都督府学、下都督学、上州州学经学博士,会昌各15贯,医学博士会昌13贯;中州、下州州学经学博士、医学博士各13贯。①

唐朝教师的其他收入包括职田、伙食尾子和常食料三部分,但只有在职教师才能享有,退休或致仕则不予发给。

其一是职田按教师品级划拨。三品给田9顷,四品给田7顷,五品给田6顷,六品给田4顷,七品给田3顷50亩,八品给田2顷50亩,九品给田2顷。凡所给田,皆在百里之内。② 地方学校教师,八品给田3顷,九品给田2顷50亩。③ 据《唐会要·卷七二·内外官职田》记载,职田收多少租税,由政府统一标准,"无过六斗,地不毛者,亩给二斗"。这些规定,在保障教师收入的前提下,并注意农户有田耕种。

其二是伙食尾子。唐朝官学的规模比较大,国家划拨的经费多。制度规定,可以用伙食费做本钱,由捉钱使放高利贷,所得利息为官厨费用。各校每月结算一次伙食费,盈余部分就分给教师,称为"伙食

---

① 参考李国钧、王炳照主编《中国教育制度通史》(第2卷),山东教育出版社2000年版,第376—380页。
② 《新唐书·卷五四·食货志·卷四》。
③ 《唐会要·卷七二·内外官职田》。

尾子"。

其三是常食料。简单地说就是副食品补贴,分为粮、炭、调料、蔬菜、果物、酒、肉、鱼等。据《大唐六典·卷四·膳部郎中员外郎》记载,教师三品以上每日发给细米2升2合,粳米8合,面2升4合,酒1.5升,羊肉4分,酱4合,醋4合,瓜3颗,木炭春季2分、冬季3分5厘,炭春季3斤、冬季5斤,另外,还发给盐、豆、葱、姜、葵和韭菜等。四、五品教师,每日发给细米2升,面2升3合,酒1.5升,羊肉3分,瓜2颗,其余供应与三品教师相同。六品至九品教师,每日发给白米2升,面1升1合,油3合,小豆1合,酱3合,木炭春季2分、冬季3分,其余盐、葵、韭的供应不等。

总起来说,唐朝教师的物质待遇相当丰厚。以一个正六品的太学博士一年的收入来算:禄米100石,俸料钱(以贞元时每月二十五贯为标准)300贯,职田4顷(依亩得租税三斗)计租税120石。再加上"伙食尾子",以及"常食料"每日白米2升,面1升1合,油3合,小豆1合,酱3合,醋3合,木炭春季2分、冬季3分,其余盐、葵、韭等供应不等,这些足以说明教师的薪俸十分可观。不只教师的经济收入多,而且教师的声望也高于同级的政府官员。

清朝教师的品级比明朝高,物质待遇也如此。国子监祭酒从四品、司业正六品、博士正七品、助教从七品、学正正八品、学录正八品,算学助教正八品,八旗官学满助教从七品,蒙古助教从七品;特别是实际担负教学的助教、学正、学录比明朝高一个品级。

国子监教师的物质待遇包括正俸、恩俸、禄米、公费银四部分。正俸,祭酒每年105两,司业60两,博士、助教45两,学正、学录40两。禄米,自顺治十年(1653年)开始,满官俸银若干两,即发米若干斛,汉官不论品级,一律给禄米12石。雍正三年(1725年),世宗考虑到汉官多携带家属居住,俸米照旧数,可能不敷食用,决定汉官也与满官一样,按照俸银数给予俸米。恩俸,自乾隆元年(1736年)开始,恩俸数与正俸相同。谓皇帝加恩给予,是为"恩俸"。

公费银,自顺治二年(1645年)开始发给,每银1两折制钱1000文;

每月祭酒3两,司业2两2钱,博士、助教1两5钱,学正、学录1两;公费银是为在官署办公而设立,如出差离署,则须按日扣除。

在地方官学教师的品级与待遇上,清雍正十三年(1735年),高宗考虑到教师"官职卑微,恐以冗散自居。不思殚心尽职",故特加品级以鼓励之。经议定,京府、各府、卫儒学教授,为正七品官,各州学正、各县教谕为正八品官,各府州县卫训导为从八品官。① 这项规定不只是各级教师都有了品级,而且相应的品级都比明朝高。关于经济待遇,按照旧例教职是"两官同食一俸",就是说一个教师只能领到半俸。乾隆元年(1736年)规定,今后各照品级,给予全俸,永著为例。② 这样,教师的物质待遇也比较优厚了,维持基本生活还有余裕。上述地方官学教师的薪俸待遇,能够保证教师的生活需要,大致相当于知府至州判、县丞。不过,地方官学训导的地位仅属于中下级文官待遇,而地方官还有"养廉银",因此,清朝教师的收入与官员相比仍然较低。

三、教学内容逐步发展,课程开设遍及各个学科

古代学校教学内容是逐步发展的,从唐、虞、夏时代即已萌芽的"六艺教育",到商朝已开始将礼、乐、射、御、书、数等作为基本的教学内容。西周学校继承并发展了以"六艺"为内容的教学,但国学中的大学和小学略有区别,"在大学以礼、乐、射、御为重点,在小学以书、数为重点。而射、御的学习,除了传授和培养有关的知识、技能外,还着重与礼、乐之教相配合"。"在西周乡学之中更侧重礼、乐之教,其教育内容主要为'乡三物',即德、行、艺三方面。"③ 总括起来看,西周的教学内容里已经包含有德、智、体、美等多种教学因素,为我国后世教学内容奠定了最基本的基础。

另据《汉书·艺文志》记载,西周史官编写了一本儿童识字课本《史籀篇》,即所谓"周时史官教学童书也"。说明西周时期的教学内容,除

---

① 《清会典事例·卷三六九·礼部·学校·教职考核》。
② 《钦定国子监志·卷四二·官师志二》。
③ 参考李国钧等主编《中国教育制度通史》(第1卷),山东教育出版社2000年版,第86页。

了"六艺"之外,在儿童识字阶段,还有识字教材《史籀篇》。

春秋、战国时期各派私学的发展,促进教学内容发生了巨大的变革。除继承西周时期的一些内容之外,还将"六艺"演变为"六经",其教学内容的创新已涉及到政治哲学、自然哲学、逻辑学、伦理学、文学、历史学、法律学、军事学、农学、医学、自然科学与技术科学等学科,为此后学校选择教学内容产生了深远的影响。

汉朝中央太学和地方学校教学内容,继承了春秋战国时期形成的儒家学派的"六经",并由皇帝下达指令在官学实施儒家经学教学,而其他各派学术的内容则在私学里进行传授。汉朝皇帝为了审定《六经》异同,以及在学校开设哪些经学还亲自主持学者专家进行了多次讨论。其中规模最大的是汉平帝元始四年(4年),应诏至京师讨论《六经》,以"正乖谬"、"壹异说","至者前后千数"。元始五年(5年)"征天下通知逸礼、古记、天文、历算、钟律、小学、《史篇》、方术、《本草》及以《五经》、《论语》、《孝经》、《尔雅》教授者,在所为驾一封轺传,遣诣京师。至者数千人"。这段史实证明在西汉末年,各地公私立学校教授的课程(或者说教学科目)包括《逸礼》、《古文尚书》、《天文》、《历算》、《钟律》、《小学》、《方术》、《本草》、《五经》、《论语》、《孝经》、《尔雅》等十余门。而且,担任这些课程的教师,按照诏书到京师的就有数千人,比前一年到京讨论、讲解各种学术,正其乖谬与壹异说的还多了至少一千人,才能称之为"数千人"。这个"数千人",既说明汉朝学校的设置较为普遍,又表明教学内容除了"六经"还有其他学科。更表明"教授者"有数千人聚集到京师,其目的主要是讨论教育、教学问题。如果把前一年讨论"六经"以"正乖谬"、"壹异说"联系起来看,就能够发现是研究教学内容问题。在公元5年,为了进一步议论《六经》和其他各个学科内容的异同,到京师长安赴会的各个学科的私学教师有"数千人"。它对奠定我国古代学校教学内容起了决定性的作用。不仅如此,它还说明了在西汉时期,私学教育十分发达,教学内容也异常丰富多彩,包括了文、理、法等各个学科。

王国维有一段研究汉朝教学科目设置的结论,很值得重视,他认为:

"刘向父子作《七略》，六艺一百三家，于《易》、《书》、《诗》、《礼》、《乐》、《春秋》之后，附以《论语》、《孝经》、《尔雅》附《小学》三目；六艺与此三者，皆汉时学校诵习之书。以后世之制明之，《小学》诸书者，汉小学之科目。《论语》、《孝经》者，汉中学之科目，而六艺则大学之科目也。武帝罢传记博士专立《五经》，乃除中学科目于大学之中，非遂废中小学也。汉时教初学之所名曰书馆，其师名曰书师，其书用《苍颉》、《凡将》、《急就》、《元尚》诸篇，其旨在使学童识字习字……汉人就学，首学书法，其业成者，得试为吏，此一级也；其进则授《尔雅》、《孝经》、《论语》，有以一师专授者，亦有由经师兼授者。"[①]王国维还说，这是"以后世之制明之"，而得出的结论。即太学设置的科目是《五经》；地方郡国学设置的科目是《论语》、《孝经》、《尔雅》；小学设置的科目是《苍颉》、《凡将》、《急就》、《元尚》等，这些分析是有一定史实根据的。

汉朝究竟什么时候开始设立地方小学，史书上没有确切记载。据《东观汉纪·卷一·帝纪》，汉光武帝年少时入过小学，其中写道：光武"年九岁而南顿君卒，随其叔父在萧（今江苏萧县），入小学。长之长安，受《尚书》于中大夫庐江许子威。"光武帝生于哀帝建平元年（前6年），九岁时入小学是平帝元始三年（3年），说明在汉平帝时期，有些地方就设立了小学。

魏、晋、十六国官学教学内容，仍然是儒家经学，但儒学已经玄学化。不过，十六国的经学，保留汉代经学的成分要浓厚些。除了儒学还有玄学、文学、律学、书学、史学、佛学、军事学等都是官学的教学内容。

南朝官学的教学内容，仍以儒学的《五经》为主。此外还有玄学、史学、文学、律学、医学等，彻底突破了儒学独尊的状态。教学内容基本上是文、史、玄、道、佛等各科并行。

北朝官学的教学内容，仍然是以儒家经学为主。而且，北朝经学继承了汉代的学风，比较重视名物制度的考证，选用汉代学者注解的经学著作为教材，如郑玄注《尚书》、《周易》等。这就是说，北朝的经学，不谈

[①] 转引自孟宪承等主编《中国古代教育史资料》，人民教育出版社1980年版，第141页。

玄理,或者说受到玄学的影响少。但是,北朝并没有形成儒学独尊的状态。除了儒学,还有道学、佛学、史学、文学、书学、法律学、军事学、自然科学中的算学、医学等学科,都是学校的教学内容。

南北朝私学教学内容较为广泛、丰富,包括有道学、史学、书学、天文、历算学等。在私学教学中,家族私学兴盛是一个突出的特点。家族私学教学内容除了家传学术,还包括有《诫子书》、《诫子侄书》、《家训》、《孝经》等为必读的教材。家族中的女子还要学习《曹大家女诫》、《女鉴》、《妇女训诫集》等有关妇道的书籍。至于少儿启蒙教育,教学的内容比汉代丰富,流行的启蒙教材,据《隋书·经籍志二》记载有《小学篇》、《始学》、《少学》、《发蒙记》、《启蒙记》、《训蒙文字略》、《千字文》等。

总括唐朝中央和地方官学的教学内容有《周礼》、《仪礼》、《礼记》、《毛诗》、《春秋左氏传》、《周易》、《尚书》、《春秋公羊传》、《春秋谷梁传》、《孝经》、《论语》、《国语》、《说文》、《字林》、《三苍》、《尔雅》、"时务策"、"律令"、"格式法例"、《石经》、《九章》、《海岛》、《孙子》、《五曹》、《张丘建》、《夏侯阳》、《周髀》、《五经算》、《缀术》、《辑古》、《记遗》、《三等数》、《本草》、《脉经》、《黄帝针经》、《素问》、《明堂》、《脉诀》、《神针》、"消息引导术"、"正骨术"、"咒禁五法"、《名医别录》、《唐本草》、"占卜法"、"驱鬼术"、"龟法"、"五兆法"、"易法"、"式法"、"戊寅历"、"麟德历"、"神龙历"、"大衍历"、"天文、气象的各种图经"、"各种星经"、"星图"、"占星术"、"刻漏术"、"兽医学"、"众史"、"子书"、"文集"、"太一"、"诗词"、"围棋"等,再加上少年儿童的启蒙教学内容,总计达八十多种,可见内容非常丰富。

唐朝私学教学内容有官定儒学的《五经正义》、算学的《算经十书》、医学的《新修本草》、《黄帝内经》等统一内容,以利于学生参加科举考试。而另外一些教学内容,则由私学的创办者自选自定,主要有《老子》、《庄子》、《文选》、辞赋、诗歌、天文、历算、医药、法律、历史、书法、佛教典籍、佛寺典章等。

纵观宋朝官学、私学及书院的教学内容已经多样化,儒学除了"五经"，又增加了《论语》、《孟子》、《大学》、《中庸》，即所谓"四书"。此后"四书"、"五经"，就流行开来，不过它并不是教学内容的主体，因为还有众多的其他学科。而且儒学到宋朝已演变为理学，又分为"濂、洛、关、闽"四大理学学派。此外，还有象数学派；强调实用的事功学派；三经新义学派等。说明儒学本身已分化为各种派别，在教学内容的选择上，各有侧重，而不再是汉、唐时期统一的儒学，表明儒学发展了，变成了多种意识形态。除了儒学以外，还有道学、佛学、文学、史学、刑法律令、侦查断案、书学、画学、音乐、舞蹈、戏剧艺术、军事学、战略学、数学、历算、天文、气象、医学、药学、脉学、诊断学、针灸学、内科学、外科学、儿科学、产科学、畜牧兽医学和农耕、种植、水利等；还有技术的弓、马、骑、射、金、木、石工技艺等等都作为教学内容进入课堂。这就使教学内容发生了巨大变革，构成了百科全书式的教学内容体系。在公元9至11世纪的古代中国学校里，就有如此丰富的教学内容，从全世界来看，可以说也是十分先进的。遗憾的是对这些史实，没有注意整理，以致在近百年间批判封建教育时，只是一味地指责古代学校学习"四书""五经"，人云亦云，相沿成习，造成许多历史误解；许多值得发扬的教学内容，也因此而被湮没。

元、明时期和清朝"鸦片战争"前，官私学校的教学内容，是以唐、宋教学科目为基础而有所增删而已，就不赘述了。古代教学内容发展的事实，说明了学生学习的内容是广泛的，并不是只有"四书"、"五经"。

四、教学形式与方法多样而灵活

我国古代教学形式从教育活动萌芽时期起，就是在集体和实践中进行，其中也不排除采用个别的教学方式。汉朝太学教学就是实施集体讲述、辩论和自学辅导等形式。随着教育的发展与教学经验的积累，以及佛学讲经和道家传道的影响，教学组织形式和方法也不断发生变化，逐渐趋于多样而灵活。

首先，以魏晋南北朝为例来看，就有以下形式和方法：

一是集体讲学的问、辩结合。这种形式先在佛家讲经中产生，在东晋时，一些佛教高僧讲经就是一人担任都讲发问，法师阐述经义。南北朝佛家讲经也采用这种形式,从而影响到官、私学校教学。《陈书·马枢传》记载:马枢博通经史,梁邵陵王慕其名,引为学士。为了考查马枢的学识能力,邵陵王自讲《大品经》,令马枢讲《维摩》、《老子》、《周易》。同日发题,讲授者即所谓主,依题讲述,而由听者即所谓客,提出问题,让讲解者给予回答,然后互相辩论。僧俗听众2000多人。邵陵王想弄清楚马枢的学术水平,乃谓众曰:"与马学士论义,必使屈伏,不得空立主客。"各家学者都起问端,马枢乃依次剖判,开其宗旨,然后枝分别流,转变无穷,论者拱默听而已。这个教学方式是在汉代集体教学、设置都讲、相互辩难的基础上,吸取佛家讲解佛经的方法,形成的一种新的教学形式。这种教学形式可以促进教、学双方的积极思维,把提出的问题深入讨论,因而取得了良好的教学效果。

二是都讲教学制。汉代太学实行过都讲,但并不是普遍采用。到南北朝时期,这个教学方式已经广泛流传。这种形式是由主持者指定讲授的内容。据《陈书·儒林传》记载,吴郡朱异、会稽贺琛于梁朝士林馆讲经义,沈洙就曾经担任过士林馆的都讲,说明南朝实施了都讲教学制。北朝的教学也采用都讲制。都讲由学生充当,其职责主要是诵书。据《魏书·祖莹传》记载,祖莹在中书学读书时,中书博士张天龙讲《尚书》,祖莹选为都讲。生徒悉集,莹夜读书劳倦,不觉天晓。催讲急迫,遂误持同房生李孝怡《曲礼》卷上座。张博士一向严毅,因此不敢回宿舍去取《尚书》,只得置《曲礼》于前,却口诵《尚书》三篇,不遗一字。等待张博士讲完,李孝怡十分诧异,向博士讲述了祖莹本来应该提前到讲堂,准备诵《尚书》,但由于他夜读劳倦,起床晚了,在慌张中拿了《曲礼》,匆忙上座而背诵《尚书》,于是整个中书学都对祖莹的记忆力感到佩服和吃惊。《北齐书·儒林传》记载:北齐教学也采用过都讲制,其中写道:鲍季洋甚明礼,又"通《左氏春秋》,少时恒为李宝鼎都讲,后亦自有徒众,诸儒称之"。这种都讲制,在博士讲经前,由都讲将要讲的内容诵读一遍,而且还在博士讲解中,适时向主讲博士提问,这样必然会引起讲、听双方的高度注意,积极参与到教学活动中,取得良好的教学效果。

三是讲授前先发题,后讲述。所谓发题就是公布讲解的主旨,佛家讲经就采取这种方式。《高僧传·竺法汰传》记载:"晋简文帝请僧汰讲《放光经》,开题大会,帝亲临。"又《梁书·卷三·武帝纪下》写道:"大通五年,二月,癸未,行幸同泰寺,设四部大会,高租升法座,发《金字摩诃般若经》题说。"这种讲学方式,影响到学校的教学,所以在南北朝的学校教学中也比较流行。前面引述的马枢、张天龙等讲经就是这样,先发题,后讲解。先使主讲者和听讲的弟子明白讲授的要点,既使讲解者不致远离主题,又能让门徒抓住重心,教学效果良好。这些教学方式,可惜没有被继承下来,以至于后代教学,多是由主讲一人,一讲解到底,而没有发问和辩论,课堂氛围沉闷、枯燥,讲、听双方都缺乏激情与活跃气氛。

其次,宋朝教学很有特点。

一是教学形式实行按级分班教学。在中央太学比较普遍采用按级分班教学形式,不过当时称为分斋教学。太学实行三舍制,按照学生学业能力和品行分别编为上舍、内舍、外舍,再将各舍分为各斋进行教学。元丰二年(1079年)规定太学置80斋,每斋30人,上舍生100人,内舍生300人,外舍生2000人。外舍生每年升级1次,考试成绩和平时成绩与操行列一、二等者升入内舍;内舍生学满两年,由学官按照贡举程序进行升舍考试,若成绩达到优平二等,再参考平时成绩及操行,升入上舍。这实际上就是我国古代的按学生学业程度分级编班,依照学生考试成绩升级的班级授课制。

地方官学实行按级分班教学。哲宗元符二年(1099年),诏令诸州郡学实行三舍法,即在地方官学推广按级分班的教学制度。实际上早在景祐、庆历年间,胡瑗在苏州和湖州州学作教授时,就已经实行分斋教学,他把州学分设经义斋和治事斋;经义斋学习儒家经典,治事斋又分为治兵、治民、水利、算数四科,学生专治一门主科,同时还兼治一门副科,或专或兼,因各个学生的实际状况确定。南宋的地方官学也实行按级分班教学,朱熹担任同安县主簿时整顿县学,将县学分为"志道"、"据德"、"依仁"、"游艺"进行教学。

二是教学方法的改进和创新。宋朝的官、私学校都积极地改进和创造新的教学方法。最主要的有以下一些。

(1)利用直观教具实行直观教学。胡瑗在湖州教学时,把《礼记》、《仪礼》和《周礼》所记载的礼仪器物绘制成图,悬挂讲堂,给学生参看,使学生了解礼的形式和内容。医学教学也使用直观教具,医学教师王惟一通过多年教学实践编写了《铜人俞穴针灸图经》,还制作了刻有经脉俞穴的铜质人体模型。使用针灸铜人这种非常逼真的教具,取得了良好的教学效果。在铜人的全身刻有经脉俞穴,可以帮助教师和学生认准穴位,还可以在考试时考察学生是否能用针灸找准穴位。考试前,将铜人全身涂上一层蜡,体内装满水,还给铜人穿上衣服,考生如能准确地刺中穴位,将蜡刺破水就流出,如果没有刺中穴位,则无水流出,即为针灸不合格。著名国医许叔微还绘制了《仲景三十六种脉法图》等医学教学挂图,使学生形象地了解脉象,取得很好的教学效果。天文学家苏颂创制的天文计时仪器"水运仪象台",也是算学学生掌握天体时空运行知识的有效教具。

(2)组织参观、游览、实习、演习进行实际教学。宋朝教师教学大都重视课外教学活动,认为通过课堂以外仍然可以使学生获得书本外的知识、学问。胡瑗赞同"于无文字处读书",学者走出书斋,"必游四方,尽见人情物态,南北风俗、山川气象,以广见闻"。他经常带领学生游览名胜、古迹,既增长了知识,又陶冶了情操,还锻炼了意志。其他如武学,除了操练武术,还要演习战阵;医学学生要到医院进行临床实习。总之,各类学校都较普遍注重实际教学。

(3)重视兴趣教学。教师教学注意学生的兴趣爱好,并按照不同学生的情况安排教学。胡瑗针对学生有"好尚经术者,好谈兵者、好文艺者,好尚气节者,皆使之以类群居,相与讲习";还有在现实的教学中,引起学生的学习兴趣也是教师关注的方面。程颐明确指出"教人未见兴趣,必不乐学",强调在教学中要激发学生的学习兴趣。胡瑗在太学讲学,"音韵高朗,旨意明白",谈古论今,引经据典,深入浅出,以理服人,听讲者皆心悦诚服。他还时常带领学生到首善堂,奏乐歌诗,开展游艺活动。朱熹教学也是生动活泼,还依据青少年特点,通过讲故事、编写诗歌等方式,激励学生的学习热情与兴趣。

(4)不同层次的学生,采用不同的方法进行教学。

启蒙阶段的学生学习主要是识字、读书、习字、习作,常用的方法是读书、背书、温书。在识字过程中读书与读书过程中识字两者紧密结合;认识一些字以后,为了使学生牢记,就练习写字与习作。采用的方法是多读,所谓"读书千遍,其义自见"。读到什么程度呢?达到能背诵为止,而且还要多背。在蒙学里,教师在教学新课前,都要求学生将已经学过的进行背诵。朱熹的弟子在总结《朱子读书法》时,特别提出读书、背诵都是重要的方法。温书,则是蒙学中学习新书前,要求先温习以前学过的书。吕祖谦在《辩志录》说:"大抵后生为学,须严立课程,不可一日放慢。每日须读一般经书、一般子书,不须多,只要令精熟。须静坐危室,读取二三百遍,字字句句须要分明。又每日须连前三五授书通读五七遍,须令成诵,不可一字放过也。"在蒙学中除了温习前几天学习的之外,还有定期温习,如10天、每月、每一年都要将前阶段学过的温习一遍。经过反复温习,所读的书才不致遗忘,这也是朱熹所强调的熟读精思的读书法。至于蒙学中的写字教学,宋朝已经采用描红、影写,然后临帖的方法。

经馆、精舍的教学方法主要是集体讲学,与辩论和个别辅导。例如《象山先生全集》第26卷记载陆九渊于贵溪应天山象山精舍讲学情况:"先生常居方丈,每旦鸣鼓,则乘山箩至。会揖,升讲坐,容色粹然,精神炯然。学者又以一小牌书姓名年甲,以序揭之,观此以坐。少亦不下数十百,齐肃无哗。首诲以收敛精神,涵养德性,虚心听讲。诸生皆俛首拱听。非徒讲经,每启发人之本性也。间举经语为证,音吐清响,听者无不感动兴起。初见者或欲质疑,或欲致辩,或以学自负,或有立崖岸自高者,闻诲之后,多自屈服,不敢复发。其有欲言而不能自达者,则代为之说,宛如其所欲言,乃从而开发之。至有片言半辞可取,必奖进之。故人皆感激奋励。"从以上所述可以看出陆九渊在精舍教学的状况及其方法特征,除了讲学及在讲解中答疑,对于学识程度高、年龄较大的学生,则采用讨论、问答、辩论、个别辅导的方法。胡瑗、朱熹、张栻等在教学中就经常运用这些方法。特别值得重视的是胡瑗使用了组织学生讨论、辩论的方法。他让学生自述学习的心得体会,然后由他给以概括;或者由学生提出问题,再组织学生进行讨论、辩论,依据学生发表的见解予以评价。这种方法调动了学生的积极思维性,锻炼了口头表达能力,取得良好的教学效果。

书院的教学方法和官学、私学的教学基本相同,主要还是讲授,及会讲、讲会。不过讲授与官学、私学稍微有些区别,即讲授的次数少,内容高深,而听讲的人数多。如马令《南唐书》记载:"朱弼……知庐山国学,生徒数百……每升堂讲释,生徒环立,各执疑难,问辩锋起,弼应声解说,莫不造理。虽题非己出,而事实联缀,宛若宿构。以故诸生诚服,皆循规范。"又,朱熹在城南书院、岳麓书院讲学,"学徒千余,舆马之众至饮池水竭"。[①] 从上述事例中可见书院讲学的情形与盛况。书院讲学一般由著名学者主讲,也可以由名师的弟子代讲,如陆九渊令学生傅子云代讲。学生初入学,陆九渊让学生随早入学的高才生邓文范学习,即采用汉朝马融实行的高年级辅导低年级的方法。书院名师讲学时,不只书院的弟子参加,院外的学者也可以自由参与听讲。

书院的会讲是学者之间在一起进行学术讲论,交流研究心得,交换学术见解。朱熹说是"会友讲学",张栻说是"会见讲论"。在宋朝最著名的会讲活动有三次,一次是朱熹和张栻的会讲。乾道三年(1167年)八月,朱熹带领学生由福建崇安出发至湖南长沙岳麓书院访问,9月8日在长沙和张栻相会,一起进行学术讨论、交流,还相继在城南书院、岳麓书院讲学,阐述各自的学术见解。会讲两月余,朱熹才返回福建。另一次会讲是淳熙二年(1175年),吕祖谦到福建访问朱熹后,在朱熹送他返回湖南长沙途经信州时,吕祖谦想调和朱熹与陆九渊之间学术观点上的矛盾,试图通过会讲以取得一致,因此邀请陆九渊及其兄陆九龄会于鹅湖寺。会议由吕祖谦主持,参加会讲的还有刘清之等20余人。"诸人皆相与讲其所闻之学"。"论及教人,元晦(朱熹)之意令人泛观博览,而

---

① 《新修岳麓书院志》卷三,清康熙版。

后归之约;二陆之意欲先发明人之本心,而后使之博览。朱以陆之教人为太简,陆以朱之教人为支离"。[①] 这次不同学术观点的会讲,尽管没有获得相同的见解,但开创了学术争论的先河,推动了古代学术思想的发展。再一次是淳熙八年(1181年),陆九渊带领学生到南康军访问朱熹,朱熹邀请陆九渊到白鹿洞书院讲学,两人"同升讲席"。陆九渊选《论语》的"君子喻于义,小人喻于利"为题进行讲解,结合历史与现实事实,旁征博引,听者莫不动容,甚至有"泣下者"。朱熹十分钦佩陆九渊的论述,表示"熹当与诸生共守,以无忘陆先生之训"。事后,还将陆九渊的讲义刻于石碑上,以为纪念和师生遵循。这种会讲在南宋的书院和精舍、精庐里很流行,尔后还形成了讲会制度。

书院的教学还非常重视学生的自学,教师进行读书指导。给学生提供阅读书目,说明读某书的目的意义及阅读方法,由学生自动熟读精思,体会书中的义理。教师为使学生把握书中精要,并能融会贯通,也可以提纲挈领,简要叙述全书重点,给以适当引导。学生自学获得的学识,不只是能充分理解,而且还易于实践和运用。

综合上述教学形式方法的发展变化概况,说明古代学校教学还是生动活泼,灵活多样的,并不都是"死记硬背"或"墨守成规"。认真总结其中有益因素,不仅能够正确评价古代教学,而且还能吸取其积极部分,作为进一步教学改革的参考与借鉴。

五、学生入学条件逐渐向平民倾斜

古代学校的学生在汉朝以前大都是贵族子弟,从汉朝建立太学起,学生入学条件逐渐发生变化。汉朝太学学生的来源有两种:一是由中央太常选择年18以上,仪状端正的为正式生;另一种是从地方选送"好文学、敬长上、肃政教、顺乡里、出入不悖"的特别生;从规定来看,学生并不都是贵族子弟,平民子弟也可以入学。所以,太学里有不少穷苦学生。《汉书·儿宽传》写道:儿宽"以郡国选诣博士,受业孔安国。贫无资用,尝为弟子都养。时行赁作,带经而锄,休息辄读诵,其精如此"。《史记·张丞相传》记载:匡衡"从博士受《诗》。家贫,衡佣作以给食饮"。

---

① 《象山年谱》,《陆九渊集》,第491页。

说明汉代太学可以自己申请入学,不一定都要经过郡国的推荐,但是自己入学的学生,需要自己解决生活费用。

平帝时,王莽辅政太学学生的来源增加了元士子弟入太学受业,从此公卿子弟才逐渐增多。

东汉太学的学生入学仍旧沿用西汉时期的办法:一是由中央太常选拔;二是由各地方郡县选送。只是增加元士子弟受业太学,东汉时太学里,公卿子弟逐步增长。质帝时,又放宽自大将军以下到六百石的官员子弟都可以入太学,[①]于是官员子弟在太学的比例急速增加。但由地方选送入太学的人员,其中仍然有不少出身贫寒的学生。如陈实,"少作县吏,常给事厮役,后为都亭左。而有志好学,坐立颂读。县令邓邵试与语,奇之,听受业太学"[②]。杨终,"年十三,为郡小吏,太守奇其才,遣诣京师受业,习《春秋》"[③]。庾乘,"少给事县廷门士。林宗见而拔之,劝游学[宫],遂为诸生佣。后能讲论,自以卑第,每处下坐,诸生博士皆就仇问:由是学中以下坐为贵"[④]。正由于官员子弟增多,加上地方选送的学生,到东汉中叶以后,太学生人数多达三万余人。

三国时期只曹魏初年因袭汉朝制度,要求州郡选送愿意求学,又有培养前途者入太学学习,经过考试合格才算正式的太学生。蜀、吴两国官学学生入学仍沿用东汉办法,学生可以自愿到太学求学。

西晋中央官学分别设置国子学、太学,前者招收五品以上官员子弟,到东晋孝武帝诏令"选公卿二千石子弟为生"。就是说国子学只招收皇亲国戚,二千石以上官僚子弟入学。后者则招收二千石以下官僚、地方豪强、士族子弟。当时太学里还有所谓寄生、寄学陪生、散生等名称,说明学生来源比较广泛,如散生就是凉州所属四郡和西域来的学生叫散生。

南北朝基本上沿袭两晋的做法,但由于寒门势力的兴起,学生的选

---

① 参见《文献通考·卷四十·学校一》。
② 《后汉书·陈实传》。
③ 《后汉书·杨终传》。
④ 《后汉书·郭林宗传》。

拔又有些新变化。太学学生主要是寒门庶族出身的知识分子，一般不限门第。宋文帝设立"四馆"招收门阀士族子弟爱好玄学、文学、史学、儒学者入学受业。又下令设立国子学，仍以贵族子弟为国子生。宋明帝设"总明观"分为道、儒、文、史、阴阳五部学，征学士在观研究和教学。齐高帝设立国子学，"取王公以下子孙"入学，废刘宋时期建立的"总明观"。到齐武帝时，又在王俭宅立"学士馆"，招收青年学士一面学习一面研究。梁武帝于天监四年（505年）建立五学馆，为贫寒庶族敞开学校大门，当时法令规定，凡入学就试，只问程度，不问出身，没有门第限制。五馆都招寒门子弟，不限制人数。天监七年（508年）又立国子学，要求皇亲国戚贵族子弟，年在从师者，皆入学。陈朝立国子学和太学，仍旧分别招收贵胄与庶族寒门子弟入学受教。

北朝在官学学生的选拔上，北魏设立的中央官学学生仍然区分为王室贵胄与庶族寒门两个体系入学。太武帝曾经下令全国各州郡选派有才学之士入太学学习。还下诏："自三公以下至于卿士，其子皆诣太学。"献文帝时又明确规定："学生取郡中清望，人行修谨，堪循名教者，先尽高门，次及中等。"[①] 这些规定就使学校只为皇室、贵族、官僚、豪门设立，也只招收他们的子弟为学生，享受教育的特权。北魏分裂为东魏、西魏以后，互相攻伐，战争不断，官学基本停办。到北齐、北周官学恢复以后，仍然以北魏政策选取学生。

唐朝官立学校学生入学，由主管机关根据规定标准选补。在贞观时期制定了各级各类学校学生入学标准。据《文献通考·卷四十二·学校考二》的记载，国子学学生以文武三品以上子孙，若从二品以上曾孙，及勋官二品、县公、京官四品带三品勋封之子为之；太学学生，以五品以上子孙、职事官五品期亲若三品曾孙，及勋官三品以上有封之子为之；四门学学生，以勋官三品以上无封、四品有封及文武七品以上子为之，以及庶人之俊异者；律学生，书学生，算学生，以八品以下子及庶人之通其事者为之。京都府学生，大都督、中都督府、上州学生，下都督府、中州、下

---

① 《北史·高允传》。

州、京县、上县、中县、中下县、下县其入学标准与律学、书学、算学相同。国子监生,尚书省补,祭酒统焉。州县学生,州县长官补,长史主焉。凡馆二:门下省有弘文馆生;东宫有崇文馆生。以皇缌麻以上亲,皇太后、皇大功以上亲,宰相及散官一品、功臣身食实封者、京官职事从三品、中书黄门侍郎之子为之。凡学生,限年 14 以上,19 以下;律学 18 以上,25 以下。从以上入学标准可看出唐朝学校的等级性十分突出。弘文馆、崇文馆是为皇亲、国戚及官居一品与皇帝近臣三品以上官僚之子设立的特殊学校,位次居首;国子学在六学中等级最高,是专门为三品以上贵族、大官僚子孙设立的学校;太学为次一等,是为三至五品以上官僚子弟及三品曾孙设置的学校;四门学又次之,是为三品至七品以上官员子弟及地方举荐的"庶人之俊异者"设置的学校;律学、书学、算学则更次之,是为八品以下子弟及庶人之通其事者设立的学校;地方学校的等次标准与律学、书学、算学相同。这些规定使广大平民百姓的子弟受到排斥,还不如汉朝太学向贫寒子弟大开入学之门。从学生入学条件看,唐朝落后于汉朝,是历史的倒退现象。

宋朝官学学生入学资格和魏、晋、隋、唐相比,明显地放宽了限制。宋朝以前基本上是官僚子弟进入官学,而宋朝庶民子弟也可以入官学。其具体规定是:国子学,凡京官七品以上子孙都可以入国子学;太学,招收八品以下子弟及庶人之俊异者为学生;四门学,也招收八品以下子弟;律学和算学的入学资格分为命官、举人两种,举人入学必须由命官两人保荐;武学的入学资格分为小臣、门荫子、庶民三种,须"人材弓马应格听入学";广文馆,入学资格不限,凡四方赴京参加科举考试的学士及已试落第的举人都可以入馆听读;画学,入学资格分为士流和杂流两种;书学、医学的入学资格没有明确规定,实际上大多是庶民子弟。

地方官学的入学资格实际上没有限制,尽管规定,凡隐匿丧服、尝犯刑、亏孝悌有状、两犯法经赦、为乡里害、假户籍、父祖犯十恶、工商杂类及尝为僧及道士者,"皆不得与士齿"。就是有上述问题的人,不得入地方官学读书。然而在事实上,工商杂类子弟还是可以入州、县学校学习。

辽朝官学的学依据仅有资料看出,学生主要是官宦贵族子弟,间或也招收才华出众的庶民子弟。但在这些学生中,契丹族、女真族、蒙古贵族的子弟享受特权,汉族官僚子弟则地位偏低。

金朝国子监仅招收"宗室及外戚皇后大功以上亲,诸功臣及三品以上官兄弟子孙"。① 即只招收宗室、外戚、功臣子弟和三品以上官员子弟。其入学条件非常严格,国子监是专门为贵族设立的。太学学生入学条件:一是三品以下,五品以上的官僚子弟,是为满足中等官僚子弟入学的问题。二是"曾得府荐及终场人",这是从参加过若干次府试终场落选而成绩比较好或府试合格而在礼部省试落选的举子中按一定比例录取的生员。在这部分人中有些是平民子弟,因此金朝太学生与宋朝有平民化的相似之处。

元朝国子学学生入学条件规定十分严格。国子学初建时,学生主要是蒙古贵胄子弟和四大怯薛子弟。至元二十四年(1287年)正式建立国子学时,规定"凡公卿大夫与夫富民之子,皆依汉人入学之制",但不允许南人入学,而一般庶民子弟则可以入学。大德八年(1304年),确定"增蒙古国子生,选宿卫大臣子弟充之"。回回国子学学生则招收"公卿大夫与富民之弟子"。

地方官学的学生,依《续文献通考·卷五十·学校考》的记载,招收地方官子弟和民间子弟。诸路蒙古字学学生与府学同,诸路医学和阴阳学则依儒学之例,所谓"民间子弟",主要招收儒户出身的子弟入学,不是儒户又愿意读书的也可以入学。而且要求儒户如有余闲子弟,必须有一人入学,这是法律规定的义务,带有一定的强迫性。这类学生入学,不编入学籍,等到学习一定时间,经过考试,学有所长,才编入学籍成为府州学的正式学生。

明朝官学生的入学条件:国子监学生因入学资格不同,分为"举监"、"贡监"、"荫监"、"例监"四种。凡会试下第的举人入国子监学习,称为"举监"。府、州、县儒学生员贡举到国子监学习,称为"贡监"。品官荫一子入监学习,称为"荫监"。庶民子弟在国家遭遇灾害或战争,国

---

① 《金史·卷五一·选举志一》。

库缺钱时,通过纳粟纳马等捐资给国库而取得入国子监学习的资格,称为"例监",亦称"民生"。此外,还有少数民族地区酋长的子弟入国子监学习,称为"土官生"。邻邦日本、高丽、暹罗等国的留学生,称为"夷生"。府、州、县儒学招收所在地区的民众子弟;卫所都司儒学最初招收卫所都司官员子弟,后来扩充到一般军士之家的子弟;社学招收城镇和乡村地区的民间子弟,年龄在8岁以上,15岁以下的儿童少年。洪武八年(1375年),明太祖朱元璋命令建立社学,只提到社学招收"军民之家"子弟,没有规定具体条件。后来,有些地方官或社学的创立者与教育学者,又附加了一些条件。如"可句读者"[①]、"可习儒业者"[②]、"习读经书者"[③]、"无过犯子弟"[④]、"俊秀子弟"等,即招收那些有智力水平和培养潜力,又体貌俊美的儿童少年。对于"残疾及猥劣者"、"娼优隶卒"与"屠沽子弟"则拒之门外。可见,明朝社学并不是面向社会的全体儿童。不过,也有官员和学者则"恐教之择类也,广选生童,以习其业"[⑤],招"州之胥徒资质清秀可习儒业者"[⑥]。他们对社学入学却没有任何限制。出现这些矛盾现象,既与倡导者政治立场有关,又受当时政治形势的影响。

以上史实说明历代官学规定的学生入学条件,首先是保护官员和富豪子弟的入学,只在一定程度上和范围内注意到庶族与平民子弟的入学问题。到宋、元、明、清时期已经趋向平民化,政策上尽力向广大平民阶层倾斜,这是顺应时代发展的必然结果。因此,不能笼统地说古代学校都是为官僚地主子弟开办的,没有平民百姓子弟入学的资格,或者说古代学校的学生都是地主官僚子女,没有贫民的儿女,这类结论是不了解古代学校教育史实产生的一种误解。

---

① 嘉靖《真定府志》卷一五。
② 万历《磁州县志》卷二。
③ 嘉靖《泰安县志》卷六。
④ 嘉靖《惠安县志》卷九。
⑤ 嘉靖《寻甸府志》卷下。
⑥ 万历《磁州志》卷二。

六、学生积极参与维护社会正义、反对贪污腐败和保卫国家民族利益的斗争

古代太学和地方官学的学生在学习过程中,仍然很关心社会状况与国家民族的命运,并积极参与社会活动。西汉元始二年(2年),为了营救受冤枉的鲍宣而爆发了我国历史上第一次学生运动。司隶鲍宣,因阻止丞相孔光的车马违反规定行于驰道之中,被指责为侮辱了丞相而下狱治罪。鲍宣是当时的著名儒学学者,又比较耿直,敢于维护国家法纪,大胆揭露外戚宦官引用私人,充塞朝廷,阻碍贤人进路等丑恶行径。他这些作为和意见都十分正确,得到太学生的支持。太学学生王咸领导太学学生一千余人向皇帝请愿,营救鲍宣,才使他免于死罪改为髡钳。鲍宣受刑后,离长安迁往上党闲居。这是中国历史上太学学生维护正义行动的最早记录。我国历史上第一次学生运动,以皇帝宽容、让步,学生胜利而终结。

东汉永兴元年(153年),朱穆调任冀州刺史,他为官清正,贪官污吏闻风而逃。冀州共有一百县,听说朱穆将至,解印逃走的县官达40多人。朱穆到任后,严厉惩办贪官豪强,因而得罪了宦官,被冤枉押往京师下狱,罚作刑徒,太学生刘陶等几千人上书请愿,为朱穆辩冤,才将朱穆放归乡里。① 这次斗争学生也取得了胜利。朱穆虽然被罢官,但经过在朝正直官员的推荐,又"征拜尚书……延熹六年(163年)卒"。

延熹四年(161年),有战功的皇甫规不愿意给勒索钱财的宦官中常侍徐璜等行贿,不仅没有得到奖赏或升官,反而被诬害下狱。太学生张

---

① 《后汉书·朱穆传》"永兴元年……穆为冀州刺史。州人有宦者三人为中常侍,并以檄谒穆。穆疾之,辞不见。冀部令长闻穆济河,解印绶去者四十余人。及到,奏劾诸郡,至有自杀者。以威略饬宜,尽诛贼渠帅。举劾权贵,或乃死狱中。有宦者赵忠,丧父,归葬安平,僭为玙璠、玉匣、偶人。(葬天子之制)穆闻之,下郡案验。吏畏其严明,遂发墓剖棺,陈尸出之,而收其家属。帝闻之大怒。征诣廷尉,输作左校。太学生刘陶等数千人诣阙上书颂穆曰:'伏见施刑徒朱穆,处公忧国,拜州之日,志清奸恶。诚以常侍贵宠,父兄子弟布在州郡,竞为虎狼,噬食小人,故穆张理天网,补缀漏目,罗取残祸,以塞天意。由是内官……谤讟烦兴,谗隙仍作,极其刑谪,输作左校……臣愿黥首系趾,代穆校作。'帝览其奏,乃赦之。"

凤等三百多人至宫廷上书桓帝为皇甫规辩护冤枉,才得赦免。① 由此足以了解当时政治黑暗腐败的实际,如果没有太学生们主持正义,还将有一些清廉、正直的人士遭受迫害。

东汉学生主持正义斗争的高潮,发生在"党锢之祸"两次大肆逮捕党人的时候,即延熹九年(166年)和建宁二年(169年)。

延熹九年,李膺为河南尹,因宦官张让之弟张朔贪残无道、杀孕妇。李膺依法处决了张朔,因此引起了宦官们的怀恨。而李膺的所为却得到了太学生和正义知识分子的拥护。同年李膺又依法处决了任意杀人的张成的儿子。"张成善风角推占当赦,遂教子杀人。李膺为河南尹,督促收捕,继而逢宥赦免,膺愈怀愤疾,竟案杀之。初,成以方伎交通宦官,帝亦颇谇其占。成弟子牢修因上书诬告膺等养太学游士,交结诸郡生徒,更相驱驰,共为部党,诽讪朝廷,疑乱风俗。于是天子震怒,班下郡国,逮捕党人,布告天下,使同忿疾,遂收执膺等。其辞所连及陈实之徒二百余人,或有逃遁不获,皆悬金购募。使者四出,相望于道。明年,尚书霍谞、城门校尉窦武并表为请,帝意稍解,乃皆赦归田里,禁锢终身。而党人之名,犹书王府。"②在这次镇压太学生和正直官员的过程中,不少太学生和名士,表现了大无畏与视死如归的英勇斗争精神。如陈实知道牵连到自己,便亲自去投案。范滂被捕后,带着刑具慷慨陈辞。"滂坐系北寺狱……桓帝使中常侍王甫以次辩诘……王甫诘曰:'君为人臣,不惟忠国,而共造部党,自相褒举,评论朝廷……并欲何为?皆以情对,不得隐饰。'滂对曰:'臣闻仲尼之言,见善如不及,见不善如探汤,如使善善同其清,恶恶同其污,谓王政之所愿闻,不悟更以为党。'甫曰:'卿更相拔举,迭为唇齿,有不合者,见则排斥,其意如何?'滂乃慷慨仰天曰:'古之循善,自求多福;今之循善,身陷大戮。身死之日,愿埋滂于首阳山侧,上不负皇天,下不愧夷、齐。'甫愍然为之改容,乃得并解桎梏。"③经过范滂的据理力争,才勉强被释放。"南归。始发京师,汝南、

---

① 《后汉书·皇甫规传》。
② 《后汉书·党锢列传》。
③ 《后汉试·党锢列传·范滂》。

南阳士大夫迎之者数千辆"。足以说明范滂的高贵品德与行为得到知识界的衷心拥护。

灵帝建宁二年(169年),第二次大肆逮捕党人,这次涉及的范围更大,手段也更加残酷。事件的起因是桓帝延熹八年(165年)张俭为东部督邮。"时中常侍侯览家在防东,残暴百姓,所为不轨。俭举劾览及其母罪恶,请诛之……由是结仇。乡人朱并,素性佞邪,为俭所弃,并怀怨恚"。① 朱并"承望中常侍侯览意旨,上书告俭与同乡二十四人别相署号,共为部党,图危社稷……以俭为之魁。灵帝诏刊章捕俭等。大长秋曹节因此讽有司奏捕前党故司空虞放、太仆杜密、长乐少府李膺、司隶校尉朱寓……河内太守魏朗、山阳太守翟超、任城相刘儒、太尉掾范滂等百余人,皆死狱中。余或先殁不及,或亡命获免。自此诸为怨隙者,因相陷害,睚眦之忿,滥入党中。又州郡承旨,或有未尝交关,一离祸毒,其死徒废禁者,六七百人"。② 在这次大镇压中,许多太学生和正直官员临危不惧,李膺自去"诏狱,考死,妻子徙边,门生、故吏及其父兄,并被禁锢"。督邮吴导去逮捕范滂不忍下手,接"诏下急捕滂等……至县,抱诏书……伏床而泣。滂闻之,曰:'必为我也。'即自诣狱。县令郭揖大惊,出解印绶,引与俱亡。曰:'天下大矣,子何为在此?'滂曰:'滂死则祸塞,何敢以罪名累君,又令老母流离乎!'其母就与之诀……曰:'汝今得与李、杜齐名,死亦何恨!既有令名,复求寿考,可兼得乎?'滂跪受教,再拜而辞……行路闻之,莫不流涕,时年三十三"。③ 故后世人称"范滂有母"。这次逮捕的首要人物是张俭,他在逃亡之中,"望门投止,莫不重其名行,破家相容",竟有十多人为收容、保护张俭逃走而被判死罪。④ 最使人感动的是孔融一家人为掩护张俭逃走而争死的事件:"俭与融兄褒有旧,亡抵于褒,不遇。时融年十六……因留舍之。后事泄,国相以下,密就掩捕,俭得脱走,遂并收褒、融送狱。二人未知所坐。融曰:'保

---

① 《后汉书·党锢列传·张俭》。
② 《后汉书·党锢列传》。
③ 《后汉书·党锢列传·范滂》。
④ 《后汉书·党锢列传·张俭》:张俭,"困迫遁走……其所经历,伏重诛者以十数,宗亲并皆殄灭,郡县为之残破"。

纳舍藏者，融也，当坐之。'褒曰：'彼来求我，非弟之过，请甘其罪。'更问其母，母曰：'家事任长，妾当其辜。'一门争死，郡县疑不能决，乃上谳之。诏书竟坐褒焉。"①于此可见当时的广大人民和正直的知识分子与主持正义的官员对邪恶势力的极度不满，而对敢于同腐败的官僚和不正义行为作斗争的人给予了最大的支持和帮助，甚至牺牲自己和整个家庭与宗族也在所不惜。

在腐朽的统治者与宦官的血腥镇压下，凡主持公道和正义的人士几乎都遭到杀害。在灵帝熹平元年(172年)，有人在朱雀阙书"天下大乱，公卿皆尸禄"的标语，反对镇压主张正义的学生和官员。"于是……乃四出逐捕，及太学游生，系者千人"。② 在三万多太学生中，只要是提出过不同意见的，都遭到杀害或被禁锢③。《后汉书》的《党锢列传》评论说："桓灵之间，主荒政谬，国命委于阉寺，士子羞与为伍，故匹夫抗愤，处士横议，遂乃激扬名声，互相题拂，品覈公卿，裁量执政，婞直之风，于斯行矣。""二十余年，诸所蔓衍，皆天下善士。"尽管统治者对主持正义的学生和官员实施残暴的镇压、杀害，但并没有使政权稳固，反而是抗争不止。后来，在人民群众的强烈反对下，统治者不得不赦免党人，可是东汉政权却面临着即将灭亡的命运。

魏文帝时还有汉代遗风，有的学生和士大夫们品议时政，裁量人物，因而发生了一次大的学生请愿运动。事件的起因是魏文帝朝的廷尉钟繇的儿子钟会，这位豪门贵公子，突然想去见著名学者嵇康，不料却遭到冷遇，"康不为之礼……会以此憾之，及是言于文帝……'因谮康欲助母丘俭'"。又诬陷嵇康"言论放荡，非毁典谟。帝王者所不宜容，宜因衅除之，以醇风俗。帝既昵听信会，遂并害之。康将刑东市，太学生三千人请以为师，弗许……时年四十，海内之士，莫不痛之。帝悟而恨焉"④。

宋朝太学学生非常关心国家民族的命运，参与社会活动主要是反对

---

① 《后汉书·孔融传》。
② 《后汉书·宦者列传·曹节》。
③ 《文献通考·学校》："当时太学诸生三万余人，其持危言核论，以激浊扬清自负者，诛戮禁锢殆靡孑遗。"
④ 《晋书·嵇康传》。

投降派与金兵议和，主张抵抗金军的侵略。徽宗宣和七年（1125年），金兵南侵，国都汴京危急。徽宗吓得急忙将皇位传给他儿子赵桓。靖康元年（1126年）2月，金军围攻汴京，全城军民在抗战派李纲的领导下，奋起抵抗。而宋钦宗则在投降派的怂恿下，策划割地乞和，解除主张抗击金兵的李纲职务，还派使臣带着国书和割让太原、中山、河间三镇的诏书与地图到金营谢罪。这一举措，立即引起汴京军民的无比愤慨，陈东率领数百太学生到宣德门上书请愿，强烈要求恢复李纲、钟师道的职务，惩办投降派的骨干李邦彦、白时中、张邦昌等人。汴京数十万民众都行动起来，声讨投降派，支持太学生的爱国行为。宋钦宗在形势的逼迫下，不得不恢复了李纲的职位。

在太学学生运动高潮时，为了缓和学生们的爱国热情，任命年已74岁高龄的理学家杨时担任太学祭酒，试图利用他的学术威望，缓解学生们的抵抗情绪。杨时是著名的理学家，他上任后即采取措施压制学生的言论自由与爱国行为，同时，极力诋毁王安石的《三经新义》和变法革新，引起了太学学生们的激烈反对，任职只90天就被罢免了。

康王赵构即皇帝位，任命主张和议的黄潜善为中书侍郎，汪伯彦为同知枢密院事，二人互相勾结排斥抗战派张所、傅亮、李纲等，并诬言李纲"为金人所恶，不当为相"。宋高宗听信谗言，罢免了李纲相位。陈东又再次上书极谏，进士欧阳澈也上书为李纲辩冤，支持抵抗金军的侵略。黄潜善却趁机向高宗恶意诽谤陈东与欧阳澈说："不亟诛，将复鼓众伏阙。"于是高宗将陈、欧阳二人杀害。尽管这次正义斗争失败了，但他们的爱国行为却得到广大群众的支持和爱戴，以致"识与不识，皆为流涕"。后世之人对他们的行动也非常钦佩。

宋宁宗朝外戚韩侂胄执政，太学生对韩侂胄把持朝政贪污腐败、卖官鬻爵十分愤恨。有一贵胄赵师睾本是一个小吏，因屡次向韩侂胄行贿，讨好韩侂胄的欢心，累官至大府少卿，后擢司农卿知临安府，又进为工部侍郎。一日韩侂胄与客宴饮于其府中的南园，赵某亦得列座，园内有一山庄，竹篱茅舍，独饶逸趣。侂胄顾客道："这真是田舍景象，但少鸡鸣犬吠呢。"客说鸡犬小事，无关轻重。不料篱间竟有狺狺的声音，震动耳鼓,侂胄未免惊讶。及仔细审视,乃是现任工部侍郎赵师睪在作犬吠,摇头摆尾,如乞怜状,引起与会客人暗暗鄙薄。太学诸生闻之,写有六字诗揭露其卑鄙行为。其诗写道:"堪笔明廷鹓鹭,甘作村庄犬鸡。一日冰山失势,汤烰镬煮刀刲。"可见,太学生对卑鄙无耻谋求升官发财者的愤恨。他们维护正义、关心国事的行为值得称颂。

宋理宗时贾似道专权,景定五年(1264年)彗星出现,理宗下诏,允许朝廷内外直言。太学生叶李、萧规等应诏上书,极力揭发贾似道专权,害民误国。贾似道陷害二人,黥配叶李至漳州,萧规至汀州。又,建宁府教授谢枋得揭发贾似道的罪恶,写有"权奸擅国,敌兵必至,赵氏必亡"等语。漕使陆景思将原稿呈与贾似道,贾似道以大不敬罪放逐"枋得至兴国军"。这些史实都说明太学生和地方官学的教授们都很关心国家命运,并敢于和腐败势力作斗争。

明朝国子监生和儒学诸生仍然参与维护正义的活动。《明史·李时勉传》记载:正统六年(1441年),国子监祭酒李时勉,呈请改建国学。英宗派宦官王振去国子监考察。当时王振掌司礼监,勾结内外官僚,擅作威福,大臣多称他为"翁父"。他到国子监时,李时勉没有卑躬屈膝地优礼接待。于是,王振捏造罪名,"言时勉擅伐官树入家。取中旨与司业赵琬、掌馔金鉴并枷国子监前。官校至,时勉方坐东堂,阅课士卷,徐呼诸生品第高下,顾僚属定甲乙,揭榜乃行。方盛暑,枷三日不解。监生李贵等千余人诣阙乞贷,有石大用者,上章愿以身代。诸生圜集朝门,呼声彻殿庭。振闻诸生不平,恐激变……乃释之"。这次国子监生反抗宦官诬陷李时勉的斗争,最终取得了胜利。这件事既表现了国子监生主持正义,反对强权,敢于斗争的品质;又体现了师生深厚情谊。

明熹宗年间,宦官魏忠贤任司礼秉笔太监,他勾结熹宗的乳母客氏,专断国政,政治日益腐败,引起了正直官员和知识分子的反对,反抗的中心就是江南的东林书院。主持书院的是反对权奸的学者高攀龙、顾宪成等人,他们在讲学之余,讽议朝政,裁量人物,特别是揭露当权太监魏忠贤的罪行。御史崔呈秀父事魏忠贤,因贪赃枉法被高攀龙揭发过,心怀不满,他向魏忠贤报告说,东林书院要杀害他们父子二人。天启五年

(1625年)魏忠贤捏造了一个东林党事件,毁掉东林书院及相关书院,并且把反对他们的师生和与东林书院毫无关系的正直知识分子及官员都视为东林党人逮捕起来。御史李应升、周宗建、黄尊素,及前苏松巡抚周起元、吏部员外郎周顺昌这五人都揭发过魏忠贤的罪行,因此魏忠贤盼咐其爪牙,诬劾周起元、周顺昌。当时周顺昌已经辞职回老家吴县。魏忠贤派东厂缇骑去逮捕周顺昌时,"吴中士民,素感顺昌恩德,至是都代为不平。苏抚毛一鹭,召顺昌到署,开读诏书,顺昌跪听甫毕,外面拥入诸生五六百人,统跪求一鹭,恳他上疏解救。一鹭汗流满面,言语支吾,缇骑见议久不决,手掷锁链,琅然有声,并呵叱道:'东厂逮人,哪个敢来插嘴!'语未已,署外又拥进无数市民,手中都执香一炷,拟为顺昌吁请免逮,可巧听着缇骑大言,便有五人上前,问缇骑道:'圣旨出自皇上,东厂乃敢出旨么?'缇骑还是厉声道:'东厂不出旨,何处出旨?'五人齐声道:'我道是天子命令,所以偕众同来,为周吏部请命,不意出自东厂魏太监。'说着时,大家都哗躁道:'魏太监是朝廷逆贼,何人不知!你等反替他拿人,真是狐假虎威,打!打!打!'说出,各将焚香掷去,一拥而上,纵横殴击,当场缇骑殴毙一人,余众亦皆受伤,逾垣逸去。毛一鹭忙奔入内,至厕所避匿,大众无从找寻,始各散去"①。后来,周顺昌"遂分缮手书,诀别亲友,潜自赴都,入就诏狱",次日即为魏阉杀害,"三日出尸,皮肉皆腐,仅存须发"。于此可见魏忠贤残害正直官员之一斑。尽管这样残酷迫害,府州县学诸生五六百人和市民大众并不畏惧,而勇敢地和邪恶势力开展斗争,这种精神值得赞扬。

以上史实表明国子学、太学和地方学校学生,并不全是埋头读书的"寄生虫"和统治者的追随者、御用文人,而是一些积极维护正义、反对腐败,满腔热血的青年知识分子。

七、官立学校学生待遇和毕业出路

中国古代历朝政府对设立的中央和地方学校学生待遇与毕业出路都很关注,并尽量采取措施解决这个办学中不可回避的学生待遇和毕业

---

① 见蔡东藩《中华野史·卷九·明朝野史》,中国文史出版社2002年版,第112—120页。

出路问题。特将主要朝代的一些做法扼要说明,以作为历史的借鉴与参考。

西汉朝在中央建立太学,凡由正式录取入太学的学生,基本待遇是免缴学费和免除徭役赋税。自动到太学"游学"的学生则由自己解决生活问题。学生的出路按照学习和考试成绩分别授予官职,每年举行一次考试,凡是学通一经者就可以授予最低级的官员。考试的方式是"射策",即将要考试的问题写在"策"上,并按难易程度分为甲、乙科,然后加以覆盖,不使参与考试的学生看到题目,考试时由学生随意抽取,抽到什么"策",就回答上面的问题。按照"射策",甲、乙科取得的成绩给以相应的官职。凡没有考取的学生,留太学继续学习,下次再考。部分学生则通过察举制度进入官员队伍,有的无缘入仕,就自谋出路。

东汉太学学生的待遇和西汉基本相同,学生的出路,除继续采用西汉时实行过的察举制度为官之外,主要还是通过面对全体学生的考试而任以官职。东汉初年又恢复了西汉时设立的甲、乙科射策取士的制度,并多次改革考试办法。到和帝永元十四年(102年)司空徐防建议改革考试方法,"臣以为博士及甲乙策试,宜从其家章句,开五十难以试之。解释多者为上第,引文明者为高说;若不依先师,义有相伐,皆正以为非。《五经》各取上第六人,《论语》不宜射策"[1]。这项建议得到皇帝的批准和公卿们的赞成,于是改革了策试的办法。到汉质帝本初元年(146年)又进行改革,即不分甲乙科,只取高第。"岁满课试,以高第五人补郎中,次五人太子舍人。"[2]桓帝建和元年(147年)增加了补官名额,太学生策试又有些改变。"建和初,诏诸生年十六以上,比郡国明经试,次第上名。高第十五人、上第十六人为郎中,中第十七人为太子舍人,下第十七人为王家郎。"[3]永寿二年(156年),因为太学生人数达到三万多人,而官位又少,不得不改变岁试办法,由一年考一次,改为两年考一次,没有考取的两年后复考,每次考试不限录取名额。具体规定是:"学生满

---

[1] 《后汉书·徐防传》。
[2] 《后汉书·质帝纪》。
[3] 《文献通考·卷四十·学校一》。

二岁试,通二经者,补文学掌故。其不通二经者,须后试,复随辈试之,通二经者亦得为文学掌故。其已为文学掌故者满二岁试,能通三经者擢其高第为太子舍人。其不得第者后试,复随辈试,第复高者亦得为太子舍人。已为太子舍人,满二岁试,能通四经者,推其高第为郎中。其不得第者后试,复随辈试,第复高者亦得为郎中。满二岁试,能通五经者,推其高第补吏,随才而用。其不得者后试,复随辈试,第复高者亦得补吏。"① 尽管考试办法不断进行改革,但是每次考取的人数还是有限,而太学生又多,在太学里有不少青年入学到头发白了都没有考取的老学生。汉灵帝十分同情这些年过花甲的学生,于熹平五年(176年)"试太学生六十以上百余人,除郎中、太子舍人至王家郎、郡国文学吏"②,对这些年过六十的学生举行专门考试,并授予官职,既是为了解决老学生的问题,又是一种敬老的表现。

汉献帝初平四年(193年)又再次考试年老学生,并下诏对年逾六十的学生都授予官职,让他们荣归故乡。《后汉书·献帝纪》写道:初平四年"九月甲午,试儒生四十余人,上第赐位郎中,次太子舍人,下第者罢之。诏曰:'今耆儒年逾六十,去离本土,营求粮资,不得专业。结童入学,白首空归,长委农野,永绝荣望,朕甚愍焉。其依科罢者,听为太子舍人'"。献帝关注和怜惜老年学生是继承先秦以来尊"三老"的一种表现。可是这件事情之后,长安却流传讥讪此事的民谣:"头白皓然,食不充粮。裹衣褰裳,当还故乡。圣主愍念,悉用补郎。舍是布衣,被服玄黄。"③这个民谣反映了当时太学的状况,在那时太学生参加工作十分困难的情况下,出现这种现象却是能够理解的。

就业的太学生,由于各人的机遇不同,志趣各异,地位也就有很大的差别。如范式与孔嵩是太学的同学,范式当了荆州刺史,孔嵩却是新野县里的小卒。《后汉书·独行列传·范式》写道:范式,"受业太学。举州茂才,四迁荆州刺史。友人南阳孔嵩,家贫亲老,乃变名姓,佣为新野

---

① 《文献通考·卷四十·学校一》。
② 《后汉书·灵帝纪》。
③ 《后汉书·献帝纪注》。

街卒。式行部到新野,而县选嵩为导骑迎式。式见而识之,呼嵩,把臂谓曰:'子非孔仲山邪?'对之叹息,语及平生。曰:'昔与子俱曳长裾,游[息]帝学,吾蒙国恩,致位牧伯,而子怀道隐身,处于卒伍,不亦惜乎!'嵩曰:'侯嬴长守于贱业,晨门肆志于抢关。子欲居九夷,不患其陋。贫者士之宜,岂为鄙哉!'式敕县代嵩,嵩以为先佣未竟,不肯去"。这个故事表明二人的境遇有别,抱负不同,因此,一为高官,一处卒伍,都是很正常的不足为奇的社会现象。值得称道的是,范式不以为自己官高而看不起作行伍的同学,孔嵩也不认为自己位卑而感觉到惭愧,他不但不去求范式提拔他,就是范式为了帮助同学,让他任县令也以"先佣未竟"而拒绝了。他们这种行为品德,和那些趋炎附势者比较起来,多么高尚而受到人们的敬仰。

  魏晋南北朝各代战乱不断,当政权稳定时,仍有一些最高统治者下令兴办学校,其中唯有南朝梁武帝在天监四年(505年)举办五学馆的诏令中明确提出了学生的待遇和出路。据《南史·卷七一·儒林传序》:"天监四年,乃诏开五馆,建立国学,总以五经教授,置《五经》博士各一人。于是以平原明山宾、吴郡陆琏、吴兴沈峻、建平严植之、会稽贺玚补博士,各主一馆。馆有数百生,给其饩廪。其射策通明经者,即除为吏,于是怀经负笈者云会矣。"即学生生活待遇由政府供给,出路是通过考试依据成绩,授予官职。

  隋朝在中央建立有国子学和太学、四门学、算学、医学等学校,中央直辖五所官学学生的待遇是:国子学学生享受政府官员待遇,视为从七品,俸禄70石;太学学生视为从八品,俸禄50石;四门学学生视为从九品;非经学的书学学生、算学学生、医学学生以及中央职能机构附属职业技术学校的学生都不受重视,而不入品级,他们的待遇普遍很低。可见,隋朝政府只关心攻读儒学的官僚和富豪子弟,而对于学习其他专业的低级官员及平民子弟,则采取冷漠歧视的态度。

  唐朝各级各类学校的学生,实行食宿免费制度。学校食堂经费有三个来源:一是"公廨钱"的利息收入。武德元年设置公廨钱,由中央各部门以此为本钱做生意,放高利贷,所获收益作为部门官员的俸料钱。高宗乾封元年定百官月俸、食料钱和杂用钱后，公廨钱用作不赋粟者常食，余为百官俸料。到代宗大历六年公廨钱则完全用作伙食费。国子监及其他中央学校公廨钱的收益一般为70%均作为学校学生的食宿费。二是"食利本钱"的利息收入。贞观初年设置食利钱，即中央各部门都设立食堂，食利钱就是设置食堂的本钱，用这些本钱放高利贷，所得收益用为部门食堂的伙食费。宪宗九年调整食利钱，按规定，国子监2644贯250文，太常寺6722贯660文，司天台380贯，太仆寺436贯650文。三是国家以学生人数供给各学校食堂米粮。据《大唐六典·卷一九·司农寺》记载，"国子监学生、针医生，虽未成丁，亦依丁例"。按照唐朝制度，丁男服务于政府部门时，每天给米2升，盐2勺5撮。国子监和太医署的学生依丁男标准供应公粮。其他学校的学生则以国子监和太医署学生为例，同样供给公粮，包括地方经学与医学在内。唐朝开元、天宝年间，全国在校学生6万余人，都享受国家伙食供给。早在公元八世纪，中国就实行大规模的免费教育，这在全世界都是罕见的，它从这个角度证明中国在八世纪时，就是当时世界上先进的发达国家。

唐朝官学的学生毕业后，欲求仕进者，报送国子监，由祭酒、司业、监丞等负责考试，登第者由祭酒复核，报送尚书省礼部，就获得与各地乡贡同等参加省试的资格。科举考试的科目有秀才科，进士科，明经科及明经系各科（五经、三经、二经、学究一经、三礼、三传、史科），明法科，明书科，明算科，开元礼科，道举科，童子科，医科，武科等。在这些科目中主要有秀才科，进士科，明经科，明法科，明书科，明算科。学生经过科举考试合格后，才取得做官的资格。如要做官还需要通过吏部铨选考试，才能授予官职。不过，吏部的考试是很难通过的，如韩愈于德宗贞元八年（792年）考中进士，年二十五岁，其后三试于吏部，都没有通过。至贞元十八年（802年），年三十五时，才授予四门博士职，整整等了十年。他在《上宰相书》中写道："四举于礼部乃一得，三选于吏部卒无成。"可见唐朝的毕业生，特别是"安史之乱"后毕业的学生，找工作还是相当困难。不少士子眼见做官无望，就不参加科举考试而另谋出路，如隐居民间开办私学，或寄意山水追随名师大儒求学、研究学术等，从而形成中唐以后私学发展,学术大师逐渐向乡间移动的现象。至于司天台、太卜寺、太卜署所属职业学校学生毕业后,一般都留在原来所属部门工作。如天文生毕业转补为天文观生;漏刻生毕业转补为典钟典鼓;兽医生毕业补为兽医,艺业优者,进为博士;太卜生毕业,留本署就业。

宋朝官立学校学生入学后,一般都享受公费待遇,由学校提供食宿。神宗时规定,太学上、内两舍学生每月政府津贴1090文,外舍生每月850文。元丰时又规定,三舍生每月一律为1100文。到徽宗崇宁三年(1104年),上、内舍生和外舍生的月津贴又分别提高到1300文和1240文。州、县学生同样享受公费待遇。特别是从宋仁宗朝建立学田制度作为办学经费以后,家庭贫寒的学生,都得到政府的经费资助以完成学业。如北宋末年,余杭府给学员每人每月发米2升、钱24,居家修业者则发米2升、钱20。① 又据《宋史·袁甫传》,袁甫知衢州,十分重视发展地方学校,每年从地方财政中"拨取养士千缗"。在学生毕业后的出路方面,国子生多为七品官以上的官员子弟,享受特权,不必参加学校考试,可以循门荫任子之例,直接由铨试入官而得赐出身。太学学生自神宗实行三舍法后,成绩优秀毕业生即可为官。"如学行卓然尤异者,委主判及直讲保明奏闻,中书考察,取旨除官。"② 元丰时,又规定:"上等以官,中等免礼部试,下等免解试。"③ 而且,太学学生多数为平民子弟,在科举考试中,采取抑制势家,尽量向平民开方便之门,以仁宗朝进士科为例,13科进士中状元的,有12人出身于平民家庭。理宗宝祐四年(1256年)《登科录》记载:570名进士中平民出身的307人,占总数的53.9%。其父辈做官的只129人,占总数的26.6%。在这些做官人中,大都为九品的下级官吏,处于官僚系统的底层。其他各榜的录取情况也大抵相同,足以说明宋朝科举是向平民阶层倾斜。宗学学生出路则享有特权,熙宁时"宗子法"规定:凡宗室贵胄子弟欲获得进士及第,除祖宗袒免亲已做官者迳赴锁庭应试外,其余都往国子监直接参加考试,试卷由礼部单独审

---

① 杨时《龟山集》卷一二。
② 《宋会要辑稿》崇儒一之三一。
③ 《玉海·学校·元丰太学三舍法》。

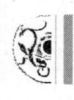

核,十取其半,尽管每次限额只有50人,但录取机会超过一般士子许多。特别是徽宗以后,宗学学生还可以不经考试,而直接授官。律学学生经明法考试,优秀者就可以为官。医学毕业生,由政府统一派遣,成绩属高等者派为尚药局医师以下职,其余充任本学博士、正录,或委以外州医学教授。武学按其成绩授官,书学、算学、画学等都依考试成绩等第给以相应职位。州、县地方官学学生成绩优异者,可以选贡到太学深造。

金朝各级学校的学生,都由政府统一提供生活费用。按规定,学生每月可以得津贴"钱三贯,米五斗"。正由于学生的生活待遇有一定的保障,所以,金朝的教育比辽、夏两个少数民族政权的教育发达,从而加速了女真民族接受汉族文化的过程,推动了我国北方民族地区文化的发展。

元朝中央官学的学生享受免税、免役和国家提供廪赡的待遇。蒙古国子学和回回国子学的见供生享受国子生的一切待遇,而陪堂生的待遇不详。蒙古国子学学生的出路,元世祖至元八年(1271)年规定:"俟生员习学成效,出题试问观其听对精通者,量授官职。"①即成绩优良者不必通过科举考试,就直接授予官职。国子学生员可以通过积分升斋或岁贡考试举充文吏;或者留在国子监充当伴读生,担任斋长。元成宗大德八年(1304年)开始实行国子学岁贡制,规定国子学生员蒙古人、色目人、汉人"三岁贡一人",补为官吏;以后略有增减,改为三岁各贡二人。据《元史·卷八一·选举志一》,仁宗延祐初,由于国子学生员增加,改为岁贡六人,"蒙古授官六品,色目正七品,汉人从七品"。地方官学的正式学生可以享受免差、免役及学粮津贴,还有资格参加岁贡儒吏的考试与贡解考试,成绩合格,"或用为教官,或取为属吏"。因为学官待遇菲薄,所以大多数地方学校学生多争取岁贡或吏员考试,而不愿意举荐为学官。

地方医学生每三年进行一次医学考试,时间在八月,中选者来年春二月赴大都参加更高一级的国家考试,中选者可以入朝任职。阴阳学的

---

① 《元史·卷八一·选举志一》。

学生,有术数精通者,每岁录呈省府,赴都试验,优异者可到司天监或天文台工作。

　　书院在元朝是一种半官半民的教育机构,因此没有国家的统一编制和学生名额。书院主要以院田收入作为经费,院田多收入充足者,书院学生可享受一些生活补助,如果院田少,收入差,则维持书院运转都很困难,学生当然没有物质方面的享受。至于学生出路,元朝政府曾经规定:"自京学及州县以及书院,凡生徒之肄业于是者,守台举荐之,台宪考核之,或用为教官,或取为吏属。"①这就是说,书院学生和地方官学学生的出路基本相同。

　　明朝和清朝学校学生的生活待遇和毕业出路前文已专门介绍,即不赘述。

　　以上列举各朝官学的学生待遇和出路采取的种种措施与具体办法,说明当权者对学生十分关注,反映了各朝的一些特色。

　　第一,在两汉时期官学初步建立和逐渐形成阶段,学生主要来源于士庶阶层,他们有一定的经济实力,加以朝廷在管理上还没有经验可循,因此,对学生的生活待遇没有明确规定,只是免徭役、赋税。对个别贫困学生也没有给以经济资助,而是由他们自己解决生活问题。学生毕业后,一部分成绩优秀者,通过国家考试或察举制度进入官员队伍,大多数则留于民间自谋职业以营生。

　　第二,魏晋时期采用"九品中正"任官制度,为豪门世族大开方便之门,而寒门士庶进入官僚队伍则异常困难。西晋时专门设立"国子学",以培养豪门士族子弟,排斥寒门士庶子弟入国子学,只能到为低级官吏子弟设置的太学就读,而且,因为战争不断,太学时设时停,即使毕业做官的机会也很少,加上战争消耗,国家经济吃紧,因此,这一时期官学生的待遇和出路问题,没有明令规定。国子学学生皆富豪贵胄子弟,既不担心学习期间的生活问题,也不愁毕业后无官可做。到了南北朝,特别是南朝时期,寒门士族的势力逐渐增长,"九品官人法"逐步丧失人心,

---

①《元史·卷八一·选举志一》。

梁武帝干脆采用考试选才办法,不分豪门士庶,唯才录取。为了扶植寒门子弟,还冲破儒学独尊的传统,发展各科学术,南朝相继设立"总明馆"、"四学馆"、"五学馆"等。为了使贫寒学生安心求学,梁武帝专门给"五馆"学生以饩廪,还明确指出了毕业后的出路。

第三,隋唐两朝的官学仍然是培养官员的预备场所,隋朝的国子学、太学、四门学学生,在学习阶段就列入品官系列,享受初级官员的待遇。唐朝国力强盛,重视发展教育,经济较为繁荣,官学的学生普遍享受政府给以的公费待遇。学生毕业,大多数经过科举考试进入官员队伍。

第四,宋朝实行重文政策,加之学术思想活跃,促进着学校教育的改革发展与平民化。对学生就学期间的生活待遇和毕业出路,都制定了周密的政策措施,主要是依据学识水平与品德修养的高低优劣,确定其官职大小,而不计较其身份及出身,并且尽量向平民倾斜,扶植中下阶层子弟进入职官队伍。对于已有任官资格而无官位的候补官员,给予俸禄待遇。这种状况在北宋初期表现尤其明显,亦如汉初一样,贫寒子弟可以自愿入太学就读后而获得官位。产生这些现象的原因,除了当时社会政治经济背景之外,与立朝皇帝出身中下层也有一定的关系。

第五,金、元时期是中国北方少数民族建立的民族政权,而与中原以汉族为中心的政府相对峙。为了稳定民族政权,发展文化经济成为当务之急。于是积极举办学校,给学生以官费供给,毕业以后尽力吸取他们进入官员队伍,以保持政权的长治久安,增强与中原汉族为主的政权相对抗的实力,并试图取而代之。在这种政策的导向之下,促进了民族地区文化、经济的加速发展与民族的相互融和,从而推动了中华民族大家庭的形成。

第六,明、清两朝是中国封建制度进入末期阶段,统治者试图避免封建专制制度已经显现的种种弊端,继续维系这个制度。所以在文教政策上,既重视发展教育,建立各种各级学校,对学生给以优惠待遇,毕业后的出路考虑也较为周详;同时,又加强学校和学生的控制、管理,约束学生的思想行为,若越雷池一步,则予以严厉处分,致使学生手足无措、谨小慎微。尽管如此,到统治政权的后期,仍有许多学生冲破种种樊篱,不受官位的诱惑,不惧残酷的镇压,与封建专制统治开展了积极的斗争,迫使当权者作出某些让步,取得一些胜利,他们这些反抗力量的积累,为加快封建专制制度的灭亡发挥了一定作用。

八、官立学校经费来源的初步探讨

中国古代学校的经费来源,向来为办学者所重视。孔子在春秋末年,兴办私学时就注意妥善解决经费来源问题。从《史记》和《论语》等史料中,可以窥见一些端倪,其经费主要来自于以下几个方面:诸侯国王和高级官员提供的赞助。据《史记·孔子世家》记载,孔子至楚,"昭王将书社地七百里封孔子";至齐,"景公说(悦),将以尼溪田封孔子"。尽管这些封地没有成为事实,但也许给予了其他赏赐。又如孔子至卫,灵公问:"居鲁得禄几何?"对曰:"奉粟六万。"于是,卫灵公也赐粟六万。另,《说苑·杂言》记载,孔子曾经说:"自季孙之赐我千钟,而友益亲。"这些史实都说明孔子获得了王侯的资助。他年少时虽然贫贱,但做官之后,"奉粟六万",收入相当可观,他辞官以后,率领弟子周游列国,又得到许多赠予,拥有的财富一定很多,具备有创办私学的必要条件。孔子学生中有不少来自于达官贵人及富可与诸侯"分庭抗礼"的家庭。他招生的原则是"自行束脩以上,吾未尝无诲焉"。这些富裕家庭的学生"自行束脩以上"是绝对没有困难的,而且还有可能在"以上"之外加倍奉送。孔子凭借这些"赞助费"办学不足为奇,也是能够理解的。孔子学生被聘用后接收单位和学生升任高官后给孔子的回报,也是办学经费的重要来源。孔子的学生很受各个诸侯王的重视,礼聘为官者不少。这些用人的诸侯王,不会对他们的导师没有任何酬谢表示;学生为官后,特别是做了大官俸禄多了,回赠教师也是平常事。所以,孔子十分感叹说:"学也,禄在其中矣。"[①]

上述孔子私学经费来源的途径,开创了中国私学和他以后的官学经费筹集的基本模式,为后世所仿行。而且,许多西方国家的私立学校也采用这些办法,筹集办学基金,其影响远播各方。

---

① 《论语·卫灵公》。

墨子私学的经费来源主要是自力更生。墨子自我表白说，"上无君上之事，下无耕农之难"，足以说明自己有经济来源，无生活困难之忧。墨子成为墨家领袖后，仍然参加手工工匠的生产劳动。能"为木鸢"，又能以三寸之木"为车辖"，并可"任五十石之重"。墨子教导他的弟子掌握了手工生产技术，而且都直接参加生产劳动，他们运用手工技能筹集经费，所以办学费用没有太多的困难。同时，墨子弟子入仕后须将俸禄的一部分缴纳给墨家团体。因为墨家的教义是有财分人，有利交人。据《墨子·耕柱》记载，耕柱子于楚，而遗十金于子墨子曰："后生不敢死，有十金于此，愿夫子之用也。"可见墨家的办学经费是依靠自身的力量解决。

墨子私学创立的这个"自力更生"经费来源模式，仍然为后世所仿效、继承。在汉朝的太学里，就有一些学生为他人佣工，以这种半工半读的方式来获得经济收入，维持生活，继续学业；还有高才生一面学习，一面招收学生进行教学，谋求生活费用，以完成太学的学习，如倪宽、翟方进等。在汉朝的私学中，同样有一面放牧、种地，一面教学、学习，如孙期、张公超等；他们的学生采用这种半耕半读的方式，获得生活资料，或许就是受墨子"自力更生"谋求学习经费影响而采用的方式。国外有些国家的学校学生也采用过"自力更生"、"勤工俭学"的方式以求得生活费用来完成学业，与墨子的做法如出一辙。

战国时期最有影响的齐国稷下学宫，或称"稷下之学"，它是在各派学者广泛建立私学的基础上，逐渐形成的一所高等学府，其办学经费主要由齐王提供。历代齐王都比较重视稷下学宫及其学者们，并依据其不同职位：大夫、上大夫、卿、上卿，给以相应的物资待遇，如田骈列为上大夫，齐王给予的待遇是"资养千钟，徒数百人"。孟子带领他的弟子准备离开学宫时，齐宣王提出"养弟子以万钟"的条件来进行挽留。这些史实说明经费由齐国政府供给。这个办学经费来源模式，对其后的我国办学经费来源也有深刻影响。

汉朝官学的办学经费，由政府临时拨款，没有明确的办学经费制度，而是根据国家的财力，针对教育的急需予以适当划拨，这个做法有些齐王给稷下学宫学者们钱粟的影子。两汉时期私学十分发达,其办学经费则仿照孔子、墨子创立的模式进行筹措。

魏晋南北朝时期,动荡不断,政权更换频繁,一旦政权稳固,仍然建立官学,培育所需人才。其经费由政府划拨,仍旧没有建立教育经费制度。

唐朝建立初期,就制定了中央和地方官学的经费来源制度,即从中央政府和地方政府的各种财政收入中,划拨一部分作为教育事业费,包括教师的工资、学校的营建维修、日常行政开支及各级各类学校官厨费(即教师学生的伙食费)等都由国家财政统一拨给。在公元七世纪初至十世纪初,中国教育经费就由国家包下来,实行中等、高等学校的免费教育,表明唐朝的经济繁荣、国力强大。

宋朝官学的经费,主要来源于政府拨给的助学钱和赐予的学田收入。助学钱由中央或地方政府直接拨给学校。神宗时,"置律学赐钱万五千缗以养生徒"。北宋末年,余杭府给学员每人每月发米2升、钱24,居家修业者则发米2升、钱20。[①] 又据《宋史·袁甫传》,袁甫知衢州,十分重视发展地方学校,每年从地方财政中"拨取养士千缗"。宋朝学田有皇帝恩赐、政府划拨、开明人士捐赠等多种形式。宋朝政府赐给府州学校学田,开始于仁宗天圣元年(1023年),"赐兖州学田",从此作为制度确定下来,规定诸府、州有立学者,都赐田如兖州。景祐二年(1035年),苏州立学,给田5顷以养。元丰六年(1083年)朝廷"诏以永兴军广教禅院没官田三十余顷赐府学养士"。崇宁三年(1104年)福州州学学生达到1200余人,朝廷乃"诏拨诸系官田宅、常平户绝等田以养士",两年后,州学学田就达1003顷又3亩。中央官学得赐学田开始于康定元年(1040年),朝廷赐国子监学田50顷。庆历四年(1044年),"以上清宫田园、邸店,赐国子监",熙宁兴学时,"诏光州固始县户绝田赐国子监,赡生员"。[②] 从此,学田也成为国子监的主要经费来源。到徽宗大观三年(1109年),全国学田总数105990顷,是宋朝公田中的最大一项。

---

① 杨时《龟山集》卷一二。
② 司马光《资治通鉴长编》卷一四六,庆历四年二月乙巳。

以后,南宋各朝都有颁赐学田养士的规定。除了学田之外,政府还划拨房廊屋产给学校使用或出租,将其所得利息作为教育经费;还有少数州学印刷、出售图书获得经济收入,以补充教育经费的不足。因为有了固定的办学经费,宋朝地方的州、县都普遍建立学校,学生享受公费待遇也就有了基本保证。

金朝官学经费来源:一是朝廷拨给钱物或学田;二是地方政府或官员筹集资金、划拨田地作为经费;三是民间与个人捐款或捐赠土地作为学校经费。[①] 章宗泰和元年(1201年)正式颁布《赡学养士法》:"生员给民佃官田,人六十亩,岁支粟三十石。国子生人百八亩,岁给以所入。官掌其数。"[②]依据这项法令计算,京府学生60人,朝廷应赐学田3600亩,岁支粟1800石;国子学生100人,朝廷应赐田10800亩;防御州学生10人,州学应得学田600亩,岁支粟300石。除此之外,地方政府还要筹集经费,弥补学田收入的不足,或是用于学校的扩建与修葺。筹措经费的方式,有买田产助学或捐赠银钱等。如《金史·卷九七·路伯达传》记载:"伯达尝修冀州学,乃市信都、枣强田,以赡学。有司具以闻,上贤之。"路伯达逝世后,朝廷赐钱物给予嘉奖,其妻又将朝廷所赐,赠给州学,买田2000亩,送给学校用于培养人才。又如泰和元年(1201年),修建绥德州学,"凡业学以吏者,约割月俸,余亦率私钱以助,几百万"[③]。泰和三年(1203年),万全县修建庙学,"不问家之有无,一皆出之,以佐经费。于是邑中之民,富者捐财,贫者助力"[④]。正由于学校的教育经费有一定的保障,所以,金朝的教育比辽、夏两个少数民族政权的教育发达。

元朝学校的经费来源,主要依靠朝廷划拨学田的收入。最初学田由地方官掌管,后来为了避免地方官从中渔利,元世祖下令学田"复给本学以便教养"。至元二十九年(1292年)又复下诏:江南州县学田,其岁

---

① 《金史·卷五八·百官志四》。
② 《金史·卷一一·章宗本纪三》。
③ 《金石萃编·卷一五八·绥德州新学记》。
④ 《金文最·卷六六·万全县重修庙学记》。

入听其自掌,春秋释奠外,以廪师生及士之无告者。①

明朝中央的国子监和地方儒学及官立的其他教育机构的经费来源,仍然仿效宋元时期的办法,由政府的财政划拨与颁赐学田的收入,作为学校的办学经费。

明朝教育经费与前代不同的特点是政府把最基层的社学办学经费纳入关注的范围。明朝认真吸取前代农村私学筹集经费的经验,社学经费主要来源于学田收入,而学田又大部分由政府划拨。这些拨给社学的学田,有相当部分是荒田或逃亡在外人家的农田,以及没收寺庙之田。除了政府拨给学田之外,还有私人和众人出钱买田捐给社学,以学田的收入作为学校的经费。除了学田收入之外,租赁店房、设肆经营以及收取市税的收入,也是社学的经费来源之一。②

清朝官立学校经费都由国家财政支付,地方官学同样拥有学田,但其收入不是发放教师薪水和学生廪膳,而是用来赈济贫苦学生和学校办学的补助费。

清朝政府办学经费的特点,主要是把书院的经费纳入官学系统一同考虑解决。自雍正十一年(1733年)开始,由国家财政划拨给省书院和全国著名书院帑金一千两,作为创办书院的经费。雍正在令各省设立书院的诏书中说:"督抚驻扎之所,为省会之地,着该督抚商酌奉行,更各赐帑金一千两。将来士子群居读书,须预为筹划,资其膏火,以垂永久。其不足者,在于有公银内支用。封疆大臣等并有导士子之职,各宜殚心奉行,黜浮崇实,以广国家菁莪棫朴之化,则书院之设,于士习民风,有裨益而无实弊,乃朕之望也。"③从此以后,书院的经费即由政府拨款为主,以及地方官捐助或士民出钱支持等方式,作为书院的经费来源。由于书院的经费有了保障,清朝书院发展迅速,分布地区辽阔,数量有几千所。而且体制完备,有相当于高等、中等、初等的各种类型,面向全国各个阶

---

① 《元史·十七世祖本纪》卷十四。
② 参见李国钧、王炳照主编《中国教育制度通史》(第4卷),山东教育出版社2000年版,第334—338页。
③ 《清朝续文献通考·学校考·卷七十》。

层、各种民族开放。到清末,改书院为学堂时,全国城乡都建立了近代新式学校,为我国近现代教育的发展,奠定了很好的基础。

　　综合上述各代官学经费来源,主要是由政府财政拨款,作为办学的经费。从宋仁宗朝开始,在政府财政拨款的同时,还划拨田产、房店、廊舍给学校使用或出租,以其收入作为办学经费,并支持州学印刷图书出卖,接受私人捐赠学田与助学钱,以为经费的补充,从此历代相沿成习。明朝又允许收取市税与开设店铺赚钱,以补充办学费用,而且,开始关注最基层的社学办学经费的筹集。清朝则将书院经费纳入政府财政支付的范围,为以往各代所不同。可见,在政府出资办学这个大前提之下,还采用了一些其他措施,而且,不只重视中、高等学校的经费来源问题,还注意解决基础教育学校的经费,对私学教育经费也给予了一定的关注和支持。

　　通过撰写《中国古代教学活动简史》,我们发现中国古代教学活动,随着中国古代社会发展和王朝更替,以及思想、学术的演进,经历了以下发展历程:一是夏、商、西周、春秋、战国为古代教学活动萌芽、诞生时期;二是秦朝、西汉和东汉朝为古代教学活动形成时期;三是魏、晋、南北朝、隋朝、唐朝为古代教学活动基本定型时期;四是宋、辽、金、元朝为古代教学活动变革、发展时期;五是明朝、清朝为古代教学活动逐渐衰落时期。

参考文献

1. 司马迁:《史记》,中华书局1982年版;
2. 班固:《汉书》,中华书局1962年版;
3. 范晔:《后汉书》,中华书局1975年版;
4. 陈寿:《三国志》,中华书局1975年版;
5. 房玄龄:《晋书》,中华书局1983年版;
6. 沈约:《宋书》,中华书局1983年版;
7. 肖子显:《南齐书》,中华书局1983年版;
8. 姚思廉:《梁书》,中华书局1983年版;
9. 姚思廉:《陈书》,中华书局1983年版;
10. 魏收:《魏书》,中华书局1983年版;
11. 魏征:《隋书》,中华书局1983年版;
12. 李百药:《北齐书》,中华书局1983年版;
13. 令狐德棻:《周书》,中华书局1983年版;
14. 李延寿:《南史》,中华书局1983年版;
15. 李延寿:《北史》,中华书局1983年版;
16. 刘昫:《旧唐书》,中华书局1983年版;
17. 欧阳修:《新唐书》,中华书局1983年版;
18. 脱脱:《宋史》,上海书店影印本;
19. 脱脱:《辽史》,上海书店影印本;
20. 脱脱:《金史》,上海书店影印本;
21. 宋濂:《元史》,上海书店影印本;
22. 张廷玉等撰:《明史》,中华书局1974年版;

23. 赵尔巽等撰:《清史稿》,中华书局1976年版;

24. 马端临:《文献通考》,四库全书文渊阁影印本;

25. 司马光:《资治通鉴》,中华书局1983年版;

26. 毛礼锐、沈灌群主编:《中国教育通史》,山东教育出版社1985年版;

27. 孟宪承、陈学恂等主编:《中国古代教育史资料》,人民教育出版社1980年版;

28. 张瑞璠主编:《中国教育史研究》(先秦分卷),华东师范大学出版1991年版;

29. 程舜英编著:《两汉教育制度史资料》,北京师范大学出版社1983年版;

30. 熊明安主编:《中国教学思想史》,西南师范大学出版社1989年版;

31. 李国钧主编:《中国书院史》,湖南教育出版社1994年版;

32. 徐仲林、熊明安编著:《中国教育家传略》,云南人民出版社1983年版;

33. 程方平:《辽金元教育史》,重庆出版社1993年版;

34. 孙培青主编:《中国教育史》,华东师范大学出版社2000年版;

35. 苗春德主编:《宋代教育史》,河南大学出版社1992年版;

36. 吴洪成:《中国学校教材史》,西南师范大学出版社1998年版;

37. 熊明安:《中国高等教育史》,重庆出版社1988年版;

38. 李国钧、王炳照主编:《中国教育制度通史》,山东教育出版社2000年版。

后 记

"中国古代教学活动简史"这个课题是多年思考的项目,但一直没有时间和勇气着手开展研究。退休之后,在年轻朋友周洪宇、俞本伐等许多青年人的帮助下,相继完成了"中国近现代教育实验史研究"和"中国当代教育实验史研究"两个课题。2005年春,从美国探亲回来,闲着无事,有研究的时间了,可是这年夏天家里发生不幸变故,和我相处50年的亲密伴侣唐载坤因肝癌突然离开人间,使我失去了继续生活的勇气,什么事情都不想做了。经过女儿和儿子及亲友的劝导,我才逐渐醒悟过来。特别是我的一些亲密学友:刘会、陈时见、吴霓、丁湘、张晓洪、别必亮、任一明、刘茜、赵正、王玲华、冯卫斌、要振生、赵银生、李小鹰、张金福、李海洋、高慎英、刘良华等给予我许多热情帮助和鼓励,在他们取得各种成就的激励下,我又重新燃起了研究的烈火,把已经放弃的项目开展起来。2006年6月,去美国探亲没有什么事做,反复思考拟订了编写计划,回国后开始搜集史料。次年秋,利用再去美国探亲的时机,相继阅读了《史记》、《汉书》、《后汉书》、《中华野史》(1—9卷)、《三国志》等史学著作中的有关部分,并抄写了许多资料,同年底回国又去广州探亲,仍然利用时机继续读书,为编写书稿作准备。2008年10月,以上述亲密学友为核心,为我年满八十,在重庆举行了一次聚会,参加这次活动的还有挚友张传遂、靳玉乐、邓卓明、曾小勇、杨玉辉、陈旭、张建奇、刘向红、何茜、乔芳、曹华清、邱元、刘白玫等,他们来自全国各地,带来很多新信息,在交流中给我极大的鼓舞。正是在这些青年朋友的促进下,我才开始了本书的撰写。所以,我要衷心感谢以上青年朋友,是他们给了我勇气,给予了鼓励和推动。其中,别必亮专门帮助修改书稿,刘良华和高慎英帮我收集了重要的史料,女儿熊鹰、熊焰和儿子熊非为我从各个图书馆借阅图书,以便我及时参阅有关史实。因为有这么多青年人支持、帮助才完成了书稿的写作,我非常感谢他们。

在编写开始时,计划控制在 20 万字左右,但篇幅展开以后,觉得 20 万字不能实现预定目标。如增加容量,短时间内就很难成书。我熟知青年朋友都有很多任务,太忙了,不好意思邀请他们参加这项课题。于是我和在广东第二师范学院工作的女儿熊焰商量,能否抽出时间协助我完成这个项目,她担心我年过八旬,不可过劳,只得表示编写元、明、清三朝的教学活动,因为她还有比较繁重的教学工作与研究任务。所以,应当说明:本书是我和熊焰共同完成的,她除了帮助收集史料,还写了第十三章、十四章、十五章的书稿。

本书的节、目安排前后有些不一致,主要是依据史料多少确定的,希望读者理解。在编写过程中,尽量围绕教师教学和学生活动这两个中心主题,适当予以扩充,但限于史料不足和水平限制,书稿有些先天不足,虽经编审修改、审订,仍有一些令人遗憾之处,还请朋友们原谅,并希望有兴趣的朋友对其中阐述不够的问题,做进一步的研究。

经历了前后 4 年左右时间,终于把多年的心愿了结。将提出的问题是否讲清楚,还请读者评判,错误之处请批评。

熊明安

2011 年 11 月 2 日于成都

重庆出版集团(社)科学学术著作出版基金资助书目

第一批书目

蜱螨学	李隆术 李云瑞 编著
变形体非协调理论	郭仲衡 梁浩云 编著
胶东金矿成因矿物学与找矿	陈光远 邵伟 孙岱生 著
中国天牛幼虫	蒋书楠 著
中国近代工业史	祝慈寿 著
自动化系统设计的系统学	王永初 任秀珍 著
宏观控制论	牟以石 著
法学变革论	文正邦 程燎原 王人博 鲁天文 著

第二批书目

中国自然科学的现状与未来	全国基础性研究状况调研组 中国科学院科技政策局 编著
中国水生杂草	刁正俗 著
中国细颚姬蜂属志	汤玉清 著
同伦方法引论	王则柯 高堂安 著
宇宙线环境研究	虞震东 著
难产(《头位难产》修订版)	凌萝达 顾美礼 主编
中国现代工业史	祝慈寿 著
中国古代经济史	余也非 著
劳动价值的动态定量研究	吴鸿城 著
社会主义经济增长理论	吴光辉 陈高桐 马庆泉 著

中国明代新闻传播史	尹韵公 著
现代语言学研究——理论、方法与事实	陈平 著
艺术教育学	魏传义 主编
儿童文艺心理学	姚全兴 著
从方法论看教育学的发展	毛祖桓 著

第三批书目

奇异摄动问题数值方法引论	苏煜城 吴启光 著
结构振动分析的矩阵摄动理论	陈塑寰 著
中国古代气象史稿	谢世俊 著
临床水、电解质及酸碱平衡	江正辉 主编
历代蜀词全辑	李谊 辑校
中国企业运行的法律机制	顾培东 著
法西斯新论	朱庭光 主编
《易》与人类思维	张祥平 著

第四批书目

计算流体力学	陈材侃 著
中国北方晚更新世环境	郑洪汉等 著
质点几何学	莫绍揆 著
城市昆虫学	蒋书楠 主编
马克思主义哲学与现时代	李景源 主编
马克思主义的经济理论与中国社会主义	项启源 主编
科学社会主义在中国	李凤鸣 张海山 主编
马克思主义历史观与中华文明	王戎笙 主编
莎士比亚绪论——兼及中国莎学	王佐良 著
中国现代诗学	吕进 著
汉语语源学	任继昉 著
中国神话的思维结构	邓启耀 著

重庆出版集团(社)科学学术著作出版基金资助书目

第五批书目

重磁异常波谱分析原理及应用	刘祥重 著
烧伤病理学	陈意生 史景泉 主编
寄生虫病临床免疫学	刘约翰 赵慰先 主编
国民革命史	黄修荣 著
现代国防论	王普丰 王增铨 主编
中国农村经济法制研究	种明钊 主编
走向21世纪的中国法学	文正邦 主编
复杂巨系统研究方法论	顾凯平 高孟宁 李彦周 著
辽金元教育史	程方平 著
中国原始艺术精神	张晓凌 著
中国悬棺葬	陈明芳 著
乙型肝炎的发病机理及临床	张定凤 主编

第六批书目

非线性量子力学理论	庞小峰 著
胆道流变学	吴云鹏 主编
中国蚜小蜂科分类	黄建 著
中国历史时期植物与动物变迁研究	文焕然等 著
中国新闻传播学说史	徐培汀 裘正义 著
列宁哲学思想的历史命运	张翼星 编著
唐高僧义净生平及其著作论考	王邦维 著
中国远征军史	时广东 冀伯祥 著
历代蜀词全辑续编	李谊 辑校

第七批书目

亚夸克理论	焦善庆 蓝其开 著
肝癌	江正辉 黄志强 主编
计算机系统安全	卢开澄 郭宝安 戴一奇 黄连生 编著

声韵语源字典	齐冲天 著
幼儿文学概论	张美妮 巢扬 著
黄河上游地区历史与文物	芈一之 主编
论公私财产的功能互补	忠东 著

第八批书目

长江三峡库区昆虫（上、下册）	杨星科 主编
小波分析与信号处理——理论、应用及软件实现	李建平 主编
世界首例独立碲矿床的成矿机理及成矿模式	银剑钊 著
临床内分泌外科学	朱预 主编
当代社会主义的若干问题
——国际社会主义的历史经验和中国特色社会主义
	江流 徐崇温 主编
科技生产力：理论与运作	刘大椿 主编
世界语言词典	黄长著 著

第九批书目

法医昆虫学	胡萃 主编
储藏物昆虫学	李隆术 朱文炳 编著
15 世纪以来世界主要发达国家发展历程	陈晓律等 著
重庆移民实践对中国特色移民理论的新贡献	罗晓梅 刘福银 主编
中华人民共和国科技传播史	司有和 主编
高原军事医学	高钰琪 主编
现代大肠癌诊断与治疗	孙世良 温海燕 张连阳 主编
城市灾害应急与管理	王绍玉 冯百侠 著

第十批书目

当代资本主义新变化	徐崇温 著
全球背景下的中国民主建设	刘德喜 钱镇 林喆 主著
费孝通九十新语	费孝通 著

中国政治体制改革的心声　　　　　　　　　高　放　著
中国铜镜史　　　　　　　　　　　　　　　管维良　著
中国民间色彩民俗　　　　　　　　　　　　杨健吾　著
发髻上的中国　　　　　　　　　　张春新　苟世祥　著
科幻文学论纲　　　　　　　　　　　　　　吴　岩　著
人类体外受精和胚胎移植技术　　黄国宁　池　玲　宋永魁　编著

第十一批书目

邓小平实践真理观研究　　　　　　　　　王强华等　著
汉唐都城规划的考古学研究　　　　　　　朱岩石　著
三峡远古时代考古文化　　　　　　　　　杨　华　著
外国散文流变史　　　　　　　　　　　　傅德岷　著
变分不等式及其相关问题　　　　　　　　张石生　著
子宫颈病变　　　　　　　　　　　　　　郎景和　主编
北京第四纪地质导论　　　　　　　　　　郭旭东　著
农作物重大生物灾害监测与预警技术　　　程登发等　著

第十二批书目

马克思主义国际政治理论发展史研究　　张中云　林德山　赵绪生　著
现代交通医学　　　　　　　　　　　　　王正国　主编
昆仑植物志　　　　　　　　　　　　　　吴玉虎　主编
河流生态学　　　　　　　　　　袁兴中　颜文涛　杨　华　著
"三农"续论：当代中国农业、农村、农民问题研究　　陆学艺　著
中国古代教学活动简史　　　　　　　　　熊明安　熊　焰　著